Die Behandlung wettbewerbsbeschränkender Vereinbarungen im neuen Kartellrecht Indiens

Europäische Hochschulschriften
Publications Universitaires Européennes
European University Studies

Reihe II
Rechtswissenschaft

Série II Series II
Droit
Law

Bd./Vol. 5254

PETER LANG
Frankfurt am Main · Berlin · Bern · Bruxelles · New York · Oxford · Wien

Arif Sascha Mir

Die Behandlung wettbewerbsbeschränkender Vereinbarungen im neuen Kartellrecht Indiens

Eine vergleichende Gegenüberstellung zu Art. 101 AEUV unter Berücksichtigung des korrespondierenden Verfahrensrechts

PETER LANG
Internationaler Verlag der Wissenschaften

Bibliografische Information der Deutschen Nationalbibliothek
Die Deutsche Nationalbibliothek verzeichnet diese Publikation in der Deutschen Nationalbibliografie; detaillierte bibliografische Daten sind im Internet über http://dnb.d-nb.de abrufbar.

Zugl.: Berlin, Humboldt-Univ., Diss., 2010

Gedruckt auf alterungsbeständigem,
säurefreiem Papier.

11
ISSN 0531-7312
ISBN 978-3-631-61725-0

www.peterlang.de

Vorwort

Die vorliegende Arbeit wurde im Januar 2009 von der Juristischen Fakultät der Humboldt-Universität zu Berlin als Dissertation angenommen.

Rechtsentwicklung, Literatur und Rechtsprechung wurden für das europäische Recht bis März 2010 und – da die Quellen in Deutschland überwiegend nicht verfügbar sind – für das indische Recht bis Anfang 2007 berücksichtigt. Darüber hinausgehend sind stellenweise auch neuere Quellen eingearbeitet worden.

Die Ergebnisse dieser Arbeit resultieren aus den Erkenntnissen, die ich während eines mehrmonatigen Forschungsaufenthalts in Indien gewinnen konnte. Die Fazit-Stiftung hat mich während der Arbeit an meiner Dissertation und während meines Auslandsaufenthalts großzügig durch ein Stipendium unterstützt.

Mein Dank gilt meinem Doktorvater, Herrn Prof. Dr. Theo Bodewig, der mir die Anregung für eine Beschäftigung mit dem indischen Recht gab, für die Betreuung der Arbeit und für seine Tätigkeit als Erstgutachter. Herr Professor Dr. Theo Bodewig gab mir die Möglichkeit, meinem großen Interesse am Kartellrecht nachzugehen und förderte die Fertigstellung der Arbeit in vielfältiger Weise. Mein Dank geht außerdem an Herrn Prof. Dr. Hans-Peter Schwintowski für die sehr schnelle Erstellung des Zweitgutachtens sowie an Herrn Prof. Dr. Dr. h.c. Christian Tomuschat, der den Vorsitz der Prüfungskommission übernommen hat.

Darüber hinaus danke ich Herrn Prof. Rahul Singh von der National Law School of India University in Bangalore für die interessanten Gespräche zum indischen Kartellrecht. Mein Dank gilt schließlich auch Herrn Vinod Dhall, dem damaligen Vorsitzenden der Competition Commission of India, für das Gespräch zu den aktuellen Entwicklungen des indischen Kartellrechts.

Besonderer Dank gebührt schließlich meinen Eltern. Sie haben mir mein Studium ermöglicht, ohne dass es diese Arbeit niemals gegeben hätte. Ihre uneingeschränkte Förderung meiner Ausbildung und Ihre Unterstützung haben diese Arbeit erst ermöglicht. Einen wichtigen Anteil an meiner Arbeit hat außerdem Yasemin. Sie war mir stets eine geduldige Gesprächspartnerin, hat weite Teile der Arbeit Korrektur gelesen und hat mir insbesondere beim Redigieren der Arbeit sehr geholfen. Vor allem aber ist sie eine großartige Partnerin, die diese Zeit für mich zu etwas ganz Besonderem gemacht hat.

Berlin im Juli 2011

Arif Sascha Mir

Inhaltsverzeichnis

Abkürzungsverzeichnis

AEUV	Vertrag über die Arbeitsweise der Europäischen Union – konsolidierte Fassung, Amtsblatt der Europäischen Union vom 09.05.2008, C 115/47
AIR	All India Reporter (Zeitschrift)
bzw.	beziehungsweise
CA	The Competition Act, 2002, No. 12 of 2003, as amended by The Competition (Amendment) Act, 2007
CAT	Competition Appellate Tribunal
CC	Company Cases (Zeitschrift)
CIT	Commissioner of Income Tax
CLA	Corporate Law Adviser (Zeitschrift)
Comp. LJ	Company Law Journal (Zeitschrift)
CPA	The Consumer Protection Act, 1986
CTJ	Consumer Protection and Trade Practices Journal (Zeitschrift)
CUTS	Consumer Unity & Trust Society
DA	The Designs Act, 2000
DGIR	Director General of Investigation and Registration
EG / EG-Vertrag	Vertrag zur Gründung der Europäischen Gemeinschaft vom 25.3.1957, BGBl. II, S. 766
FK	Frankfurter Kommentar zum Kartellrecht
FKVO	Fusionskontrollverordnung, Verordnung (EG) Nr. 139/2004 des Rates vom 20. Januar 2004 über die Kontrolle von Unternehmenszusammenschlüssen, Amtsblatt Nr. L 024 vom 29/01/2004 S. 1 – 22
gem.	gemäß
GIA	Geographical Indications of Goods (Registration and Protection) Act, 1999
G.S.R.	General Rules published in the Gazette of India
GVO	Gruppenfreistellungsverordnung
HK-WettbR	Heidelberger Kommentar zum Wettbewerbsrecht
HL	Hindustan Lever
Horizontalleitlinien	Bekanntmachung der Kommission vom 6. Januar 2001: Leitlinien zur Anwendbarkeit von Artikel 81 EG-Vertrag auf Vereinbarungen über horizontale Zusammenarbeit, ABl. 2001 C 3/2
IBL	Institute for International Business & Law
ICA	Indian Contract Act, 1872
i.S.d.	im Sinne des

i.S.v.	im Sinne von
Leitlinien zwischenstaatlicher Handel	Kommission, Leitlinien über den Begriff der Beeinträchtigung des zwischenstaatlichen Handels in den Artikeln 81 und 82 des Vertrages, Abl. 2004, Nr. C 101/07
LL	Leitlinien
LL zu	Leitlinien zur Anwendung von Art. 81 Absatz 3 EG-Vertrag, Art. 81 Abs. 3 EG Amtsblatt der Europäischen Union vom 27.04.2004, C 101/97
Ltd.	Limited
Mag.	Magazine section
MIC	Monopolies Inquiry Commission
MRTP	Monopolies and Restrictive Trade Practices
No.	number
NPPA	National Pharmaceutical Pricing Authority
OECD	Organisation für wirtschaftliche Zusammenarbeit und Entwicklung (Organisation for Economic Co-operation and Development)
p.	page
PA	The Patents Act, 1970
para.	paragraph
RRTA	Registrar of Restrictive Trade Agreements
RTI	The Right to Information Act, 2005
RTP	restrictive trade practice
RTPE	restrictive trade practice inquiry
SC	Supreme Court (of India)
SCC	Supreme Court Cases (Zeitschrift)
SCL	SEBI & Corporate Laws (Zeitschrift)
SEBI	Securities and Exchange Board of India
Sec.	Section
SEK	Generalsekretariatsdokumente
SICLA	Semiconductor Integrated Circuits Layout-Design Act, 2000
s.o.	siehe oben
S.O.	Notifications published in the Gazette of India
sog.	so genannt
Tax LR	Taxation Law Reports (Zeitschrift)
TMA	Trade Marks Act, 1999
TT-Leitlinien	Leitlinien zur Anwendung von Art. 81 EG-Vertrag auf Technologietransfer-Vereinbarungen, ABl. 2004/C 101/02

u.	und
u.a.	und andere
usw.	und so weiter
v.	vom
verb.	verbunden
verb. Rs.	verbundene Rechtssachen
Vertikal-GVO	Verordnung (EG) Nr. 2790/1999 der Kommission vom 22. Dezember 1999 über die Anwendung von Artikel 81 Absatz 3 des Vertrages auf Gruppen von vertikalen Vereinbarungen und aufeinander abgestimmten Verhaltensweisen, ABl. L 336 vom 29.12.1999, S. 21.
Vertikalleitlinien	Mitteilung der Kommission vom 13. Oktober 2000: Leitlinien für vertikale Beschränkungen [KOM(2000/C 291/01), ABl. C 291 vom 13.10.2000
VO	Verordnung
vol.	volume
Vorb.	Vorbemerkung
w.e.f.	with effect from

1.Teil: Einleitung

Anstoß für die vorliegende Arbeit war der Erlass des indischen „Competition Act, 2002“[1] (CA), mit dem der indische Gesetzgeber eine neue Kartellrechtsordnung für Indien geschaffen hat. Dieses Gesetz wurde entworfen, um das bisherige indische Kartellrecht – den „Monopolies and Restrictive Trade Practices Act, 1969“ (MRTP-Act) – abzulösen. Grund dafür war die Erkenntnis, dass der MRTP-Act den Wettbewerb nur unzureichend vor Kartellen und anderen wettbewerbsbeschränkenden Verhaltensweisen durch Unternehmen schützt.[2]

Das neue indische Kartellrecht soll die positive Wirkung der in Indien seit Anfang der neunziger Jahre durchgeführten Liberalisierungspolitik bewahren, indem es den Wettbewerb vor wettbewerbsbeschränkenden Verhaltensweisen durch Unternehmen schützt. Dem liegt die Erkenntnis zu Grunde, dass die Vorteile eines Liberalisierungsprozesses sich nur dann entfalten und dem Verbraucher vollständig zugute kommen können, wenn nicht private Handelsschranken an die Stelle staatlicher treten.[3]

A. Forschungsbedarf

Infolge der indischen Liberalisierungspolitik kam es zu einer Zunahme der Wirtschafts- und Handelsbeziehungen zwischen Europa und Indien. Die meisten ausländischen Direktinvestitionen in Indien stammen aus der EU und es kommt zunehmend zu Joint Ventures und Firmenkooperationen zwischen europäischen und indischen Unternehmen.[4] Für die in Indien tätigen europäischen Unternehmen ist es von großer praktischer Relevanz, sich mit den Regelungen des indischen Kartellrechts vertraut zu machen. Denn im Falle eines Verstoßes drohen die Unwirksamkeit der vertraglichen Vereinbarungen, die Verhängung von Bußgeldern und die Verurteilung zu Schadensersatzzahlungen.

Dem wachsenden Informationsbedürfnis steht eine geringe Auswahl an Informationsquellen zum indischen Kartellrecht gegenüber:

---

1 Das Gesetz ist online abrufbar auf den Seiten der Competition Commission of India unter: http://www.cci.gov.in/index.php?option=com_content&task=view&id=18 (26. 06.11).

2 Bhattacharjea, S. 8, S. 24.

3 Report of the High Level Committee on Competition Policy and Law (Raghavan Committee Report), Government of India, Department of Company Affairs, New Delhi 2000, abgedruckt in: Mittal, S. 397 ff, para. 3.2-3, 2.8.

4 Mitteilung der Kommission an den Rat, das Europäische Parlament und den Europäischen Wirtschafts- und Sozialausschuss – Eine strategische Partnerschaft zwischen der EU und Indien, KOM (2004) 430 endgültig vom 16.6.2004, {SEK(2004) 768}, Brüssel 2004, S. 6.

Das indische und das internationale Schrifttum haben sich bisher nur sehr vereinzelt mit der Aufarbeitung und Analyse des neuen indischen Kartellrechts befasst. Ein Grund hierfür dürfte darin liegen, dass die wesentlichen materiellrechtlichen Bestimmungen des Competition Act, 2002 erst vor Kurzem in Kraft getreten sind. Der für die vorliegende Arbeit bedeutende Section 3 CA beispielsweise ist erst zum 20. Mai 2009 wirksam geworden – mehr als 6 Jahre nach der Verabschiedung des Competition Act, 2002. Andere Bestimmungen sind noch später in Kraft getreten. Dementsprechend existieren bislang nur sehr wenige Kommissionsentscheidungen bzw. Rechtsprechung zur praktischen Anwendbarkeit der materiellen Regelungen des neuen Kartellgesetzes. Hinzu kommt, dass das Kartellrecht in der Vergangenheit nicht an indischen juristischen Fakultäten gelehrt worden ist, so dass das kartellrechtliche Schrifttum in Indien insgesamt nur wenig ausgeprägt ist.

In der deutschsprachigen Literatur gibt es bisher kein Werk, das sich umfassend mit den Bestimmungen des neuen indischen Kartellrechts über wettbewerbsbeschränkende Vereinbarungen beschäftigt.[5] Die vorliegende Arbeit ist in diesem Bereich zudem die erste, die eine vertiefte Rechtsvergleichung zwischen europäischem und neuem indischen Kartellrecht vornimmt.

B. Ziele, Fragestellung und praktischer Nutzen der Arbeit

Ein wichtiges Ziel der vorliegenden Arbeit ist die Darstellung des neuen indischen Kartellgesetzes und die Analyse aller Bestimmungen, die dem Schutz des Wettbewerbs vor beschränkenden Vereinbarungen, Beschlüssen von Unternehmensvereinbarungen und abgestimmten Verhaltensweisen dienen. Aufgrund der Tatsache, dass bisher weder Rechtsprechung noch Kommissionsentscheidungen zu den materiellrechtlichen Bestimmungen des Competition Act, 2002 existieren, soll die Konkretisierung der einzelnen – insbesondere der unbestimmten – Regelungen des neuen Gesetzes, im Wege der grammatikalischen, systematischen, teleologischen und vor allem historischen Auslegung erfolgen.

Als ein weiteres wesentliches Ziel dieser Arbeit soll die Frage geklärt werden, ob der Wettbewerb in Indien durch den Competition Act, 2002 effektiv vor einer Beeinträchtigung durch wettbewerbsbeschränkende Maßnahmen geschützt ist und ob dieser Schutz in seiner Intensität und seinem Ausmaß dem durch das europäische Kartellrecht gewährten Wettbewerbsschutz entspricht. Zu diesem Zweck sollen die europäischen und indischen Regelungen, mit denen der Wett-

5 In der bisher existierenden deutschen Literatur wurde das indische Kartellrecht nur in kurzen Aufsätzen oder als Randbereich in Praxisratgebern behandelt. Hierbei handelt es sich u.a. um folgende Publikationen: Bfai, Wettbewerbsrecht Indien; Podehl, S. 124-136; Kainth in HK-WettbewerbsR, S. 888-890.

bewerb vor beschränkenden Vereinbarungen, Beschlüssen von Unternehmensvereinigungen und abgestimmten Verhaltensweisen geschützt werden soll, einander gegenübergestellt werden.

Durch die vergleichende Analyse sollen die wesentlichen Gemeinsamkeiten und signifikanten Unterschiede des in Europa und Indien geltenden Kartellrechts herausgearbeitet und bewertet werden. Dies soll im Wesentlichen zu einem Erkenntnisgewinn darüber führen, ob und wie einzelne Regelungen verbessert werden könnten bzw. sollten, um einen umfassenden Wettbewerbsschutz zu gewährleisten. Dabei soll auch auf diejenigen Regelungen des Competition Act, 2002 aufmerksam gemacht werden, die im Sinne eines effektiven Wettbewerbsschutzes verbesserungswürdig erscheinen. Umgekehrt soll aber auch auf inadäquate Regelungen des europäischen Rechts hingewiesen werden.

In praktischer Hinsicht soll die vorliegende Arbeit den Unternehmen, die in Indien geschäftlich tätig werden wollen, als Informationsquelle über das indische Kartellrecht und seine Anforderungen dienen. Die Gegenüberstellung von Gemeinsamkeiten und Unterschieden des europäischen und indischen Kartellrechts, kann den Unternehmen dabei helfen, zu erkennen, ob und gegebenenfalls wie die von ihnen im europäischen Geschäft verwendeten Vertragsklauseln und Bedingungen an die Anforderungen des indischen Rechts angepasst werden müssen.

C. Themeneingrenzung

Aufgrund des Umfangs der Thematik beschränkt sich die Arbeit auf die Regelungen zum Verbot von wettbewerbsbeschränkenden Vereinbarungen, Beschlüssen von Unternehmensvereinigungen und abgestimmten Verhaltensweisen im indischen und europäischen Recht, einschließlich der dazugehörigen Fallgruppen, Ausnahmebestimmungen und verfahrensrechtlichen Regelungen.

Die Vorschriften über den Missbrauch einer marktbeherrschenden Stellung sowie die Fusionskontrollregelungen werden in der vorliegenden Arbeit nicht behandelt.

Sofern in Bezug auf das indische Recht allein von „wettbewerbsbeschränkenden Vereinbarungen“ die Rede ist, sind damit auch Beschlüsse von Unternehmensvereinigungen und abgestimmte Verhaltensweisen erfasst.[6]

D. Methodisches Vorgehen

Als erster Schritt der Rechtsvergleichung werden die einzelnen Bestimmungen des indischen und europäischen Kartellrechts dargestellt und erläutert.

Dabei ist der Teil über das europäische Recht bewusst knapp gefasst, da in diesem Bereich bereits ausreichend vertiefende Literatur existiert.

---

6 Vgl. die Abschnitte 3. Teil, C, I, 2., a) und 3. Teil, C, I, 2., b) dieser Arbeit.

Das Hauptaugenmerk der Arbeit liegt auf der Darstellung und Analyse des Competition Act, 2002. Aufgrund der nur sehr geringfügig existierenden Rechtsprechung und Kasuistik zum neuen Recht liegt der Schwerpunkt darin, den Inhalt und Umfang der unbestimmten Regelungen des neuen indischen Kartellrechts durch grammatikalische, teleologische, systematische und historische Auslegung zu ermitteln. Im Rahmen der historischen Auslegung soll insbesondere auf die Entscheidungspraxis zum alten indischen Kartellgesetz eingegangen werden. Dabei soll untersucht werden, ob die Prinzipien der zum MRTP-Act ergangenen Gerichtsurteile und Kommissionsentscheidungen auf das neue indische Kartellrecht übertragbar sind.

Schließlich werden die ermittelten Gemeinsamkeiten und Unterschiede herausgestellt und – wo es nötig erscheint – kritisch bewertet.

E. Gang der Arbeit

Nach der Formulierung der zu erforschenden Fragestellung im einleitenden ersten Teil der Arbeit soll der zweite Teil dem Leser einen Überblick über das indische Kartellrecht verschaffen. Dazu werden die Rechtsquellen des indischen Kartellrechts genannt und im Einzelnen erläutert. Der Abschnitt beginnt mit einer kurzen Darstellung des bisher geltenden indischen Kartellgesetzes - des Monopolies and Restrictive Trade Practices Act, 1969. Dabei werden unter anderem die Schwächen des bisherigen Rechts aufgezeigt, um die Notwendigkeit für die Schaffung einer neuen Kartellrechtsordnung zu verdeutlichen. Anschließend wird das neue indische Kartellgesetz – der Competition Act, 2002 – in seinen wesentlichen Grundzügen beschrieben. Dieser Überblick ermöglicht die Einordnung der später behandelten Einzelprobleme in den Gesamtkontext des Regelungswerkes. Schließlich wird mit Sec. 27 Indian Contract Act, 1872 eine Regelung aus dem indischen Vertragsrecht dargestellt, die in der Vergangenheit ebenfalls auf bestimmte Arten wettbewerbsbeschränkender Vereinbarungen angewendet worden ist.

Im dritten Teil der Arbeit werden die europäischen Regelungen zum Verbot von wettbewerbsbeschränkenden Vereinbarungen, Beschlüssen von Unternehmensvereinbarungen und abgestimmten Verhaltensweisen den entsprechenden Regelungen des indischen Competition Act, 2002 gegenübergestellt. Dabei werden zunächst die materiellrechtlichen Regelungen dargestellt und analysiert. Dieser Teil der Darstellung ist in die Unterpunkte „Geltungsbereich“, „Verbotsvoraussetzungen“, „Regelbeispiele und Fallgruppen“, „Vereinbarungen im Zusammenhang mit gewerblichen Schutzrechten“, „Verbotsausnahmen- und Befreiungen“ sowie „Rechtsfolgen“ unterteilt. Am Ende des dritten Teils werden dann die Strukturen der Wettbewerbsbehörden und die Kartellverfahren beider Länder miteinander verglichen.

Schließlich werden im vierten Teil der Arbeit die Ergebnisse des Rechtsvergleichs zusammengefasst. An dieser Stelle sollen auch die unter Punkt B aufgeworfenen Fragen beantwortet werden.

2. Teil: Die Rechtsquellen des indischen Kartellrechts

Das indische Kartellrecht ist heute nahezu umfassend im Competition Act, 2002 geregelt. Enthalten sind sowohl Regelungen über wettbewerbsbeschränkende Absprachen zwischen Unternehmen (Sec. 3 CA), Bestimmungen über den Missbrauch einer marktbeherrschenden Stellung (Sec. 4 CA) sowie Vorschriften über die Kontrolle von Zusammenschlüssen (Sec. 5 und 6 CA). Darüber hinaus enthält das Gesetzeswerk eine abschließende Regelung des Kartellverfahrensrechts (Sec. 18 ff.).

Auch die Bestimmungen des Vorgängergesetzes, des Monopolies and Restrictive Trade Practices Act, 1969, sind noch von Relevanz. Der MRTP-Act ist gemäß Sec. 66 (1) CA im Zeitraum von zwei Jahren nach Inkrafttreten des Competition Act, 2002 noch auf alle Fälle bzw. Verfahren anwendbar, die vor diesem Zeitpunkt von der Monopolies and Restrictive Trade Practices Commission (MRTP-Commission) durch Beschwerden, Hinweise oder Anträge erfasst worden sind.

Schließlich findet sich in Sec. 27 Indian Contract Act, 1872 eine Regelung, die zwar kein Kartellrecht im klassischen Sinne darstellt, da sie nicht den Wettbewerb als solchen, sondern die Handelsfreiheit der Marktteilnehmer schützen soll, die aber der Vollständigkeit halber an dieser Stelle genannt wird, da sie in der Vergangenheit auf bestimmte Arten wettbewerbsbeschränkender Vereinbarungen angewendet wurde.

Die Regelungen des MRTP-Act, des Competition Act, 2002 und des Sec. 27 Indian Contract Act, 1872 werden im Folgenden näher erläutert.

A. Der Monopolies and Restrictive Trade Practices Act, 1969

In diesem Abschnitt wird das bisherige indische Kartellrecht – der Monopolies and Restrictive Trade Practices Act, 1969 – behandelt. Neben der Beschreibung der geschichtlichen Entwicklung des Gesetzes soll ein Überblick über die wichtigsten Regelungen und die Schwächen des Gesetzes vermittelt werden.

I. Entstehungsgeschichte des ersten indischen Kartellgesetzes

Zum besseren Verständnis der Entstehungsgeschichte des indischen Kartellrechts, soll zunächst auf die postkoloniale Wirtschaftspolitik Indiens eingegangen werden.

1. Die Wirtschaftspolitik Indiens in den Jahren nach der Unabhängigkeit

Nach der Unabhängigkeit Indiens im August 1947 verfolgte die indische Politik den Aufbau eines gemischten Wirtschaftssystems („mixed economy") mit planwirtschaftlichen und marktwirtschaftlichen Elementen.[7]

Die Grundlage für die neue indische Wirtschaftspolitik bildete die indische Verfassung vom November 1949.[8] Gemäß Artikel 39 lit. c) der Verfassung soll der Staat durch seine Politik sicherstellen, dass das indische Wirtschaftssystem nicht zu einer Konzentration von Wohlstand und Produktionsmitteln zum Nachteil der Gemeinschaft führt.[9]

Die Politik war zu jener Zeit der Ansicht, durch staatliche Lenkung könne ein gleichmäßiges und gerechtes Wachstum der Wirtschaft erreicht und die im Land verbreitete Armut bekämpft werden. Daher wurde im Jahre 1950 eine Planungskommission einberufen, welche zunächst die Ziele der zu errichtenden Planwirtschaft formulierte.[10] Zu diesen Zielen gehörten die Stärkung des öffentlich-rechtlichen Sektors, die Steigerung des indischen Pro-Kopf-Einkommens, die Erreichung von Vollbeschäftigung sowie die Substituierung von Importen.[11] Außerdem sollte die inländische Industrie gefördert und gegenüber ausländischer Konkurrenz geschützt werden. Dieser Protektionismus erklärt sich aus den negativen Erfahrungen Indiens während der Kolonialzeit, in der die indische Industrie aufgrund des enormen Wettbewerbsdrucks durch britische Massenware am Wachstum gehindert wurde.[12]

Die planwirtschaftliche Ära Indiens begann mit der Einführung des ersten Fünfjahresplans für den Zeitraum von April 1951 bis März 1956, gefolgt vom zweiten Plan bis März 1961. Gleichzeitig wurde der „Industries (Development and Regulation) Act, 1951" erlassen, welcher eine durch staatliche Lizenzvergabe gelenkte Industrieentwicklung vorsah. Nach diesem Gesetz mussten private Unternehmen vor jeder Betriebsgründung oder Betriebserweiterung eine staatliche Lizenz beantragen.[13] Diese Lizenzen wurden in der Regel mit Aufla-

---

7 Mit dem Begriff „mixed economy" wurde eine industrielle Entwicklung bezeichnet, die gleichermaßen von Privatunternehmen und von staatseigenen Unternehmen getragen werden sollte. Vgl. Rothermund, Indiens wirtschaftliche Entwicklung, S 147 ff.

8 The Constitution of India, abrufbar unter: Http://india.gov.in/govt/constitutions_india_bak.php#eng (27.01.2009).

9 "The State shall, in particular, direct its policy towards securing...(c) that the operation of the economic system does not result in the concentration of wealth and means of production to the common detriment", Art. 39 (c) Constitution of India.

10 Datt/Sundharam, Indian Economy, S. 155.

11 Datt/Sundharam, Indian Economy, S. 155; Jalan, Economy Prospects, S. 10.

12 Jalan, Economy Prospects, S. 10.

13 Korde, (2005) 63 SCL (Mag.) 144, 149.

gen erteilt, durch die sich die Regierung eine große Kontrollmacht vorbehielt. Festgelegt wurden beispielsweise die Betriebsgröße der Unternehmen, der Produktionsstandort, die Verkaufspreise der Produkte sowie die Zuteilung der knappen Finanzmittel.[14]

In der „Industrial Policy Resolution" von 1956 wurden bestimmte Wirtschaftsbereiche festgelegt, die ausschließlich dem Staat vorbehalten bleiben sollten. Daneben nannte die Resolution Wirtschaftsbereiche, in denen der Staat langfristig die Führung übernehmen sollte, sowie Bereiche, in denen Privatunternehmen tätig werden durften.[15]

2. Konzentrationstendenzen in der indischen Wirtschaft

Gegen Ende des zweiten Fünfjahresplanes wollte die indische Regierung untersuchen, welche Auswirkungen die ersten beiden Fünfjahrespläne auf das Wachstum und die Verteilung des indischen Pro-Kopf-Einkommens gehabt haben. Zu diesem Zweck wurde das „Committee on Distribution of Income and Levels of Living (Mahalanobis Committee)" gegründet, das die relevanten statistischen Daten der indischen Wirtschaft auswertete. Das Komitee kam im Zuge seiner Untersuchungen[16] – unter anderem gestützt durch den Bericht des Hazari Komitees von 1955[17] – zu der Erkenntnis, dass es in den Jahren 1951 bis 1958 zu einer verstärkten Konzentration auf dem indischen Markt gekommen ist. Da dieser Befund im eindeutigen Widerspruch zu dem Leitprinzip der indischen Verfassung in Art. 39 lit. c)[18] stand, sah man die Notwendigkeit für eine umfassendere und profundere Analyse des indischen Marktes.[19]

Dementsprechend wurde im Jahre 1964 die „Monopolies Inquiry Commission (MIC)", damit beauftragt, den Umfang und die Auswirkungen der verstärkten Marktkonzentration in Indien, das Ausmaß von monopolistischen und wettbewerbsbeschränkenden Praktiken in den wichtigsten Wirtschaftsbereichen sowie die ausschlaggebenden Faktoren für solche Verhaltensweisen zu ermitteln. Schließlich sollte die Kommission über die Notwendigkeit gesetzlicher

---

14 Chakravarthy in Metha, Towards a Functional Competition Policy, S. 43.

15 Datt/Sundharam, Indian Economy, S. 176.

16 Report of the Committee on Distribution of Income and Levels of Living, Government of India, Planning Commission, New Delhi 1964.

17 Hazari Committee Report on Industrial Licensing Procedure, Government of India, Ministry of Industry, New Delhi, 1965. Das Hazari Komitee untersuchte das System der staatlichen Lizenzvergabe unter dem Industries (Development and Regulation) Act von 1951.

18 "The State shall, in particular, direct its policy towards securing... that the operation of the economic system does not result in the concentration of wealth and means of production to the common detriment", Art. 39 (c) Constitution of India.

19 Korde, (2005) 63 SCL (Mag.) 144, 149.

Maßnahmen entscheiden und gegebenenfalls Vorschläge für angemessene gesetzliche Regelungen machen.[20]

In ihrem Bericht aus dem Jahre 1965[21] stellte die MIC ein erhebliches Maß an Konzentration in der indischen Wirtschaft fest. Außerdem beschrieb die Kommission verschiedene wettbewerbsbeschränkende und -zerstörende Handelspraktiken großer Unternehmen.[22] Diese Praktiken führten nach Ansicht der Kommission dazu, dass die Verbraucher bei gleichzeitiger Abnahme der Produktqualität höhere Preise für die Produkte zahlen mussten.[23] Andererseits wurde aber auch der Beitrag der großen indischen Konzerne zur Entwicklung der indischen Industrie gewürdigt. Deren große Finanzkraft ermögliche die Errichtung neuer Industriezweige und durch die Zusammenarbeit mit ausländischen Unternehmen eröffneten sie den Zugang zu Technik und Investitionen aus dem Ausland. Dementsprechend empfahl die Kommission, dass eine Konzentration wirtschaftlicher Macht in der Hand großer Konzerne nur dann bekämpft werden sollte, wenn sie eine Bedrohung für die Herstellung und Verteilung von Gütern darstellt.[24] Um den konzentrativen Tendenzen in der indischen Wirtschaft entgegenzuwirken, enthielt der Bericht der MIC darüber hinaus den Entwurf für ein Gesetz gegen monopolistische und wettbewerbsbeschränkende Handelspraktiken („monopolies and restrictive trade practices“). Basierend auf diesen Entwurf wurde wenige Jahre später der „Monopolies and Restrictive Trade Practices Act, 1969 (MRTP-Act)“ erlassen, der am 1. Juni 1970 in Kraft trat.[25]

II. Weiterentwicklung des Gesetzes

Der MRTP-Act, der anfangs zu großen Teilen dem englischen Restrictive Trade Practices Act von 1956 ähnelte[26], war von seinem Inkrafttreten bis heute Gegenstand zahlreicher Ergänzungen und Abänderungen, welche das Erscheinungsbild

20 Korde, (2005) 63 SCL (Mag.) 144, 149.

21 Report of the Monopolies Inquiry Commission, 1965. Volumes I and II, Government of India, Department of Company Affairs, New Delhi, 1965.

22 Ray, MRTP-Act, S. 2.

23 Ray, MRTP-Act, S. 2.

24 Korde, (2005) 63 SCL (Mag.) 144, 150.

25 Notification No. S.O. 1981, 30.5.1970, Gazette of India, Extraordinary, 1970, Part II, Section 3(ii), p. 833.

26 Neben dem englischen Recht haben auch das US-amerikanische, kanadische und australische Kartellrecht bei der Schaffung des MRTP-Act als Vorbild bzw. Richtschnur gedient, Dugar, S. 5.

des Gesetzes erheblich veränderten.[27] Die tiefgreifendsten Veränderungen fanden in den Jahren 1984 und 1991 statt.

Durch den MRTP-Amendment Act von 1984 wurde der MRTP-Act, welcher ursprünglich nur kartellrechtliche Normen beinhaltete, um einen Abschnitt mit Regelungen gegen den unlauteren Wettbewerb erweitert.[28]

1991 schließlich wurde der gesamte Teil aus dem MRTP-Act entfernt, der sich mit der Konzentration wirtschaftlicher Macht – vor allem durch Unternehmenszusammenschlüsse – und mit den Anmeldepflichten beschäftigte. Die Regelungen dieses Abschnitts hatten vorgeschrieben, dass sich Unternehmen, die in den Anwendungsbereich des Gesetzes fielen, für jede Gründung eines neuen Unternehmens, für die Erweiterung bestehender Unternehmen sowie für geplante Unternehmenszusammenschlüsse die vorherige Zustimmung von der MRTP-Kommission einholen müssen.[29] Die Anwendbarkeit des Gesetzes richtete sich bis zu diesem Zeitpunkt nach der Höhe der Vermögenswerte eines Unternehmens.[30] Seit der Entfernung dieses Abschnitts aus dem MRTP-Act ist eine Anmeldeerfordernis für Fusionen nur noch im Companies Act, 1956[31] vorgesehen. Mit anderen Worten fand in Indien seit 1991 keine vorherige Überprüfung von Unternehmenszusammenschlüssen anhand von wettbewerbsrechtlichen Kriterien mehr statt.[32]

III. Struktur und Regelungsschwerpunkte des MRTP-Act

Im folgenden Abschnitt werden die Struktur und die Regelungsschwerpunkte des alten indischen Kartellgesetzes – des Monopolies and Restrictive Trade Practices Act, 1969 – dargestellt. Das Gesetz war in neun Kapitel unterteilt und bestand aus insgesamt 67 Paragrafen („Sections").

---

27 The MRTP (Amendment) Act, 1974 (Act 41 of 1974); the MRTP (Amendment) Act, 1980 (Act 60 of 1980); the MRTP (Amendment) Act, 1982 (Act 30 of 1982, w.e.f. 18.8.1982); the MRTP (Amendment) Act, 1983 (Act 20 of 1983, w.e.f. 15.3.1984); the MRTP (Amendment) Act, 1984 (Act 30 of 1984, w.e.f. 1.8.1984, S.O. 505(E)); the MRTP (Amendment) Act, 1986 (Act 84 of 1986, w.e.f. 1.6.1987); the MRTP (Amendment) Act, 1988 (Act 62 of 1988, w.e.f. 13.12.1988); the MRTP (Amendment) Act, 1991 (Act 58 of 1991, w.e.f. 27.9.1991).

28 Agarwal, S. 39.

29 Chakravarthy in Mehta, Towards a Functional Competition Policy, S. 46.

30 Ab einem Vermögenswert von 100 Crore Rupien (1 Crore entspricht 10.000.000 Rupien). Bei einem Umrechnungswert von 1 EUR= 62,72 Rupien entsprechen 100 Crore Rupien ca. 15,9 Mio. Euro).

31 Sec. 394 und 394a Indian Companies Act, 1956 (No. 1 of 1956). Das Gesetz abrufbar unter: http://www.vakilno1.com/bareacts/companiesact/companiesacts.htm (27.06. 2011).

32 Kumar, (2006) 71 SCL (Mag.) 131, 131.

1. Definitionen und Anwendbarkeit des Gesetzes

Das einleitende erste Kapitel des Monopolies and Restrictive Trade Practices Act, 1969 enthielt, wie bei indischen Gesetzeswerken üblich, die Definitionen der wichtigsten Begriffe, die in dem Gesetz verwendet werden.

Darüber hinaus wurden in Sec. 3 MRTP-Act bestimmte Fälle genannt, in denen der MRTP-Act nicht anwendbar sein sollte.

So war das Gesetz gemäß Sec. 3 (a) und (b) MRTP-Act grundsätzlich nicht auf Staatsunternehmen oder deren Tochtergesellschaften anwendbar, sofern die Regierung nichts anderes bestimmte. Ebenso waren gemäß Sec. 3 (d), (f) MRTP-Act Gewerkschaften, genossenschaftseigene Betriebe sowie die in Sec. 2 (da) MRTP-Act aufgezählten Finanzinstitute grundsätzlich vom Anwendungsbereich des Gesetzes ausgeschlossen. Allerdings hatte die indische Regierung im Jahre 1991 von ihrem Recht aus Sec. 3 (a) MRTP-Act Gebrauch gemacht und verfügt, dass der MRTP-Act ab diesem Zeitpunkt auch auf staatseigene Unternehmen – mit Ausnahme von Verteidigungsunternehmen – einschließlich ihrer Tochtergesellschaften, genossenschaftseigene Betriebe und Finanzinstitute anwendbar sein soll.[33]

Schließlich war der MRTP-Act gemäß Sec. 4 (2) MRTP-Act nur eingeschränkt auf Bank- und Versicherungsgesellschaften sowie auf die indische Staatsbank und ihre Tochtergesellschaften anwendbar.

2. Die Monopolies and Restrictive Trade Practices Commission

Das zweite Kapitel des MRTP-Act enthielt Regelungen über die Schaffung, die Zusammensetzung, die Befugnisse und die Aufgaben der „Monopolies and Restrictive Trade Practices Commission“ (MRTP-Kommission), welche für die Anwendung des Gesetzes zuständig war.

Die MRTP-Kommission bestand aus bis zu acht Mitgliedern sowie einem Vorsitzenden, die von der Zentralregierung ernannt wurden. Des Weiteren gab es das Amt des Generaldirektoren („Director General for Investigation and Registration“), der einleitende Ermittlungen gemäß den Vorschriften des Monopolies and Restrictive Trade Practices Act, 1969 durchführte und der ein Register für eintragungspflichtige wettbewerbsbeschränkende Vereinbarungen pflegte, Sec. 8 (1) MRTP-Act. In den Sec. 10 und 11 MRTP-Act war geregelt, in welchen Fällen die MRTP-Kommission und der Generaldirektor Ermittlungen durchführen konnten.

Die MRTP-Kommission hatte die Befugnis, einstweilige Maßnahmen zu erlassen[34] sowie der Regierung oder anderen Personen, einschließlich Verbrau-

33 Chakravarthy, (2000) 38 CLA (Mag.) 39, 42.

34 Sec. 12A MRTP-Act.

chern, Schadensersatz nach den Bestimmungen des MRTP-Act zuzusprechen, Sec. 12B MRTP-Act.

Gemäß Sec. 12C MRTP-Act hatte sie außerdem die Möglichkeit, sich zur Durchführung ihrer Anordnungen an die örtlich zuständigen Gerichte zu wenden, wenn sie nicht die Kapazitäten besitzt, diese selbst durchzusetzen.

3. Konzentration wirtschaftlicher Macht

Das dritte Kapitel, welches unter der Überschrift „Concentration of Economic Power“ ursprünglich das Anmelde- und Genehmigungsverfahren für geplante Unternehmensgründungen, -erweiterungen oder -zusammenschlüsse regelte, enthielt seit der Reform von 1991 nur noch drei Bestimmungen[35], welche die Aufspaltung und Entflechtung von Unternehmen betrafen.

4. Monopolistic trade practices

Kapitel 4 des Monopolies and Restrictive Trade Practices Act, 1969 (Sec. 31 ff. MRTP-Act) beschäftigte sich mit den so genannten „monopolistic trade practices“. Darunter waren gemäß Sec. 2 (i) MRTP-Act alle Handelspraktiken zu verstehen, welche die Wirkung (oder wahrscheinliche Wirkung) hatten, Preise von Gütern oder Dienstleistungen ungerechtfertigt aufrechtzuerhalten, oder die auf sonstige Weise die Produktion, das Angebot oder die Lieferung von Gütern beschränkten sowie solche, die ungerechtfertigt zur Verhinderung oder Abnahme von Wettbewerb im Bereich der Produktion, der Lieferung oder des Angebots von Gütern bzw. Dienstleistungen führten. Außerdem waren Verhaltensweisen umfasst, welche zu einer ungerechtfertigten Steigerung der Produktionskosten von Waren bzw. der Bereitstellungskosten für Dienstleistungen führten. Das Gleiche galt für Verhaltensweisen, die in ungerechtfertigter Weise zu Preissteigerungen von Waren oder Dienstleistungen führten oder die ungerechtfertigte Profitsteigerungen zur Folge hatten. Schließlich waren auch alle unfairen Methoden oder betrügerischen Verhaltensweisen umfasst, die die Verhinderung oder Abnahme des Wettbewerbs im Bereich der Produktion, der Belieferung oder des Angebots von Waren bzw. Dienstleistungen bewirkten.

Auffällig ist, dass es bei der Definition der „monopolistic trade practices“ nicht auf eine marktbeherrschende Stellung des handelnden Unternehmens ankam. Allerdings setzten die unter dieser Regelung gefassten Praktiken allesamt eine gewisse Marktstärke der handelnden Unternehmen voraus.[36]

Solche monopolistischen Handelspraktiken wurden gemäß Sec. 32 MRTP-Act per se als dem öffentlichen Interesse abträglich angesehen, es sei denn, sie waren gesetzlich erlaubt oder sie waren notwendig, um die Verteidigung oder

---

35 Sec. 27 – 27B MRTP-Act.

36 Podehl, S. 125.

Sicherheit Indiens zu gewährleisten, die Grundversorgung der Gemeinschaft sicherzustellen oder eine Vereinbarung durchzuführen, bei der der Staat als Vertragspartner agiert.

Wurde durch die MRTP-Kommission festgestellt, dass ein Unternehmen solchen monopolistischen Handelspraktiken nachging oder dass solche Praktiken in einem bestimmten Produkt- oder Servicemarkt in Indien vorherrschten, so hatte die indische Zentralregierung die Befugnis, den betreffenden Unternehmen die Fortführung dieser Praktiken zu untersagen, Sec. 31 (2A) (a) und (b) MRTP-Act. Außerdem standen der Regierung die Maßnahmen nach Sec. 32 (3) (a) – (g) MRTP-Act zur Verfügung. Dazu gehörte beispielsweise die Befugnis, die Produktion der betreffenden Produkten zu regeln, deren Verkaufspreise festzusetzen, Qualitätsstandards für die Produkte vorzuschreiben oder zu bestimmen, wie groß der Gewinnanteil der Unternehmen an den betreffenden Produkten höchstens sein durfte.

Die Einleitung des Verfahrens konnte im Falle monopolistischer Handelspraktiken auf verschiedene Arten erfolgen. Hatte die indische Zentralregierung die Vermutung, dass bestimmte Unternehmen sich monopolistischer Handelspraktiken bedienten oder dass solche Praktiken in einem bestimmten Produkt- oder Dienstleistungsmarkt vorherrschten, so konnte sie diese Annahme an die Kommission weiterleiten, die dann dazu verpflichtet war, den Sachverhalt zu untersuchen und der Regierung über die Ergebnisse der Ermittlung Bericht zu erstatten, Sec. 31 (1) MRTP-Act. Außerdem konnte die Kommission auch auf einen Antrag des Director General of Investigation and Registration (Generaldirektor) hin oder von sich aus („sua sponte“) ein Ermittlungsverfahren beginnen. Der von der Regierung ernannte Generaldirektor unterstützte die MRTP-Kommission bei ihren Ermittlungen und führte das Register der nach dem MRTP-Act registrierungspflichtigen Vereinbarungen[37], Sec. 8 (1) MRTP-Act. So führte er beispielsweise vorbereitende Untersuchungen durch, anhand derer Ergebnisse die Kommission sich entscheiden konnte, ob sie ein Ermittlungsverfahren einleitet oder nicht.[38]

Kam die Kommission im Zuge ihrer Ermittlungen zu dem Ergebnis, dass eine monopolistische Handelspraktik vorlag, die dem Allgemeinwohl entgegenläuft, so musste sie der Regierung darüber Bericht erstatten, Sec. 31 (2) MRTP-Act. Daraufhin konnte die Regierung die in Sec. 31 (2A) (a), (b) und 31 (3) (a) – (g) beschriebenen Maßnahmen erlassen.

---

37 Die registrierungspflichtigen wettbewerbsbeschränkenden Vereinbarungen waren in Sec. 33 (1) (a) – 33 (1) (l) MRTP-Act aufgeführt.

38 Singh, S. 16.

5. Restrictive trade practices

Kapitel 5 des MRTP-Act behandelte die Registrierung und Kontrolle beschränkender und unlauterer Handelspraktiken („restrictive trade practices").

Sec. 33 (1) MRTP-Act listete alle Vereinbarungen auf, die als beschränkende Handelspraktiken im Sinne des MRTP-Act galten und legte die Registrierungspflicht für diese fest. Darunter fielen Vereinbarungen, die Käufer- oder Verkäufergruppen beschränken Kopplungsvereinbarungen, Ausschließlichkeitsvereinbarungen, Preis- oder Konditionsabsprachen, Vereinbarungen über Rabatte, Preisbindungen, Lieferverweigerungen oder Marktaufteilungen, Produktionsbeschränkungen, Kampfpreise, Submissionsabsprachen sowie Vereinbarungen, durch die bestimmte Personen aus einem Handelsverband ausgeschlossen werden, obwohl diese im selben Bereich wie die anderen Verbandsmitglieder tätig sind und ihre Handelstätigkeit nach Treu und Glauben ausführen, Sec. 31 (1) (a) – (k) MRTP-Act. Zu den beschränkenden Handelspraktiken zählten gemäß Sec. 31 (1) (l) MRTP-Act außerdem alle Vereinbarungen, die der Vollstreckung bzw. Durchführung der genannten beschränkenden Praktiken dienten.

Alle Vereinbarungen, die in diesem Sinne als beschränkende Handelspraktik („restrictive trade practice") einzustufen waren, mussten innerhalb von 60 Tagen, nachdem sie getroffen worden sind, an den Generaldirektor gemeldet werden, Sec. 35 MRTP-Act.

Neben der Regelung in Sec. 33 MRTP-Act, die ausschließlich beschränkende Handelspraktiken in Form von Vereinbarungen erfasste, enthielt Section 2 (o) MRTP-Act eine allgemeine Definition des Begriffs der „beschränkenden Handelspraktik" („restrictive trade practice") im Sinne des Monopolies and Restrictive Trade Practices Act. Beschränkend im Sinne des MRTP-Act war demnach „jede Handelspraktik, die tatsächlich oder wahrscheinlich die Wirkung hat, dass der Wettbewerb verhindert, verzerrt oder beschränkt wird." Außerdem nannte die Vorschrift zwei Regelbeispiele. Gemäß Sec. 2 (o) (i) MRTP-Act galt eine „Handelspraktik" dann als wettbewerbsbeschränkend, wenn sie darauf abzielt oder dazu führt, dass der „Fluss von Ressourcen oder Kapital in den Produktionsstrom behindert oder blockiert wird." Zum anderen galt dies gemäß Sec. 2 (o) (ii) MRTP-Act auch für Handelspraktiken, die zu einer „Manipulation von Preisen oder Lieferbedingungen führen oder die die Nachschubversorgung bzw. die Lieferungen auf dem Güter- oder Dienstleistungsmarkt in solch einer Art und Weise beeinträchtigen, dass dem Verbraucher ungerechtfertigte Kosten oder Beschränkungen aufgebürdet werden".

Die Befugnisse der MRTP-Kommission in Bezug auf solche wettbewerbsbeschränkenden Handelspraktiken waren in Sec. 37 MRTP-Act geregelt. War die Kommission aufgrund ihrer Ermittlungen der Ansicht, dass die beschränkenden Handelspraktiken „dem öffentlichen Interesse abträglich" waren, so konnte sie die weitere Durchführung dieser Handlungen gemäß Sec. 37 (1) (a) MRTP-Act verbieten und diese für die Zukunft untersagen. Außerdem konnte sie beschränkende Vereinbarungen für nichtig erklären oder Änderungen anordnen, Sec. 37 (1) (b) MRTP-Act.

Sec. 38 (1) MRTP-Act zählte unter den Ziffern (a) – (k) Sachverhalte auf, in denen beschränkende Vereinbarungen nicht als „dem öffentlichen Interesse abträglich" anzusehen waren und die somit kein Eingriffsrecht der Kommission begründeten. Solche Ausnahmen waren z.B. dann gegeben, wenn die Beschränkung notwendig war, um die Öffentlichkeit vor Schäden durch die Benutzung des Produkts zu schützen, wenn die Beseitigung der beschränkenden Handelspraktik einen dauerhaften nachteiligen Effekt auf die Arbeitslosigkeit in einem bestimmten Gebiet gehabt hätte, wenn die beschränkende Praktik den Wettbewerb nicht wesentlich beeinträchtigte, wenn die beschränkende Handelspraktik der Verteidigung Indiens diente oder wenn sie zur Versorgung der Bevölkerung mit essentiellen Produkten oder Dienstleistungen notwendig war. Lag keiner der genannten Fälle vor, so bestand die gesetzliche Vermutung, dass eine beschränkende Handelspraktik dem „öffentlichen Interesse abträglich" war, Sec. 38 (1) 1. HS MRTP-Act.

Gemäß Sec. 39 (1) MRTP-Act waren Vertikalvereinbarungen, die die Festsetzung von Mindestpreisen für den Wiederverkauf von Gütern in Indien zum Gegenstand hatten, ex lege nichtig.

Sec. 39 (3) MRTP-Act stellte klar, dass dieses Gesetz grundsätzlich auch auf patentierte Produkte – einschließlich solcher Produkte, die durch ein patentiertes Verfahren hergestellt worden sind – sowie auf Markenprodukte anwendbar war. Jedoch durfte ein Patent- oder Markenrechtsinhaber ungeachtet dessen in einem Lizenzvertrag den Verkaufspreis festlegen, Sec. 39 (3) MRTP-Act.

6. Unfair trade practices

Der letzte wichtige Anwendungsbereich des MRTP-Act betraf die so genannten „unfair trade practices". Sec. 36A MRTP-Act definierte diese als Praktiken, die sich zum Zwecke der Verkaufsförderung unfairer Methoden bzw. unfairer oder irreführender Verhaltensweisen bedienen. Zur Präzisierung listeten Sec. 36 A (1) (i) – (x) und 36 A (2) – (5) MRTP-Act Regelbeispiele für unlautere Handelspraktiken auf.

Schließlich wurden im MRTP-Act die Ermittlungsbefugnisse der Kommission und des Generaldirektors geregelt[39] sowie diejenigen Maßnahmen, welche die Kommission zur Abhilfe im Falle unlauterer Handelspraktiken treffen konnte, Sec. 36D und 36E MRTP-Act.

39 Sec. 36B und 36C MRTP-Act.

7. Strafen

Durch das Kapitel VIII des MRTP-Act wurden bestimmte Verstöße gegen das Gesetz pönalisiert. Danach konnten sowohl Freiheitsstrafen als auch Geldstrafen verhängt werden. Schwere Freiheitsstrafen drohten beispielsweise bei Zuwiderhandlungen gegen Anordnungen, die die Regierung im Falle von monopolistischen oder beschränkenden Handelspraktiken erlassen hat. Sec. 50 (2) MRTP-Act sah in solchen Fällen Freiheitsstrafen von 6 Monaten bis zu 3 Jahren beim ersten Verstoß sowie Freiheitsstrafen von 2 Jahren bis zu 7 Jahren im Falle eines wiederholten Verstoßes vor. Bei Zuwiderhandlungen gegen Anordnungen, die die MRTP-Kommission im Falle unlauterer Handelspraktiken getroffen hatte, sah das Gesetz in Sec. 48C MRTP-Act eine Haftstrafe von 6 Monaten bis zu 3 Jahren oder eine Geldstrafe von bis zu 10 Lakh Rupien[40] vor. Bei Verstößen gegen eine Teilungsanordnung der Kommission konnte gemäß Sec. 46 MRTP-Act sogar eine Freiheitsstrafe von bis zu 5 Jahren verhängt werden.

Strafbewehrt waren darüber hinaus die Nichtregistrierung registrierungspflichtiger Vereinbarungen[41], die Nichtübermittlung oder Falschübermittlung angeforderter Informationen an die Kommission bzw. den Generaldirektor[42] sowie die Festsetzung von Mindestpreisen.[43]

IV. Die Schwächen des MRTP-Act

Der MRTP-Act wies eine Vielzahl von Mängeln auf, die der wirksamen Bekämpfung wettbewerbsbeschränkender Praktiken entgegenstanden. Trotz mehrerer Gesetzesänderungen bestanden bis zum Schluss zahlreiche Unzulänglichkeiten – sowohl in dem Gesetzeswerk selbst als auch bei dessen Anwendung.

1. Inhärente Mängel des MRTP-Act

Bezüglich der inhärenten Mängel des Gesetzes sind zunächst die begrenzten Befugnisse der MRTP-Kommission zu kritisieren. So konnten bestimmte Rechtsfolgen des MRTP-Act nur durch die indische Regierung angeordnet werden. Ein Beispiel dafür ist die Anordnung der Unternehmensspaltung gemäß Sec. 27A MRTP-Act im Falle so genannter monopolistischer Handelspraktiken („monopolistic trade practices"). Diese Abhängigkeit der Kommission von der indischen Regierung sowie das komplizierte Verfahren führten dazu, dass in der Vergangenheit nur sehr wenige solcher Fälle Gegenstand des indischen Kartellverfahrens gewesen sind und dass in den 35 Jahren der Kommissionstätigkeit

40 1 Lakh entsprechen 100000 Rupien. 10 Lakh Rupien entsprechen einer Million Rupien. Bei einem Kurs von 1 EUR= 62,72 Rupien entsprechen 10 Lakh ca. 15.900 EUR.

41 Sec. 48 MRTP-Act.

42 Sec. 49 MRTP-Act.

43 Sec. 51 MRTP-Act.

nicht in einem einzigen Fall eine Sanktion wegen monopolistischer Handelspraktiken ausgesprochen wurde.[44]

Was die Fälle beschränkender Handelspraktiken im Sinne von Sec. 2 (o) MRTP-Act betrifft, so ist zu bemängeln, dass die Kommission nicht aus eigenem Antrieb tätig werden konnte. Gemäß Sec. 37 (1) MRTP-Act konnte sie nur dann Ermittlungen einleiten, wenn ihr die wettbewerbsbeschränkenden Vereinbarungen vorgelegt wurden[45]; ein Tätigwerden „von Amts wegen" war nicht vorgesehen.[46]

Zu kritisieren ist auch der im Gesetz vorgesehene Ausschluss von staatlichen bzw. staatlich kontrollierten Unternehmen und deren Tochtergesellschaften aus dem Anwendungsbereich des Gesetzes gemäß Sec. 3 MRTP-Act. Diese Privilegierung öffentlich-rechtlicher Unternehmen führte zu einer Einschränkung der Kontrollmöglichkeiten in Bezug auf beschränkende und monopolistische Handelspraktiken.[47] Zwar sah das Gesetz vor, dass die Regierung anderweitige Bestimmungen erlassen kann, was diese im Jahre 1991 per Bekanntmachung auch getan hat[48], dennoch ist es zu bemängeln, dass das Gesetz im Grundsatz von der Nichtanwendbarkeit des Kartellrechts auf die genannten Unternehmen ausging und dass es in den Händen der jeweiligen Regierung lag, durch bloße Bekanntmachung über die wettbewerbsrechtliche Kontrolle von Staatsunternehmen zu entscheiden.

Häufiger Anlass zur Kritik waren auch die rudimentären Fusionskontrollbestimmungen des MRTP-Act. Im Jahre 1991 ist im Zuge der Liberalisierung der indischen Wirtschaftspolitik der Abschnitt über das Anmeldeerfordernis geplanter Unternehmenszusammenschlüsse und -erweiterungen[49] aus dem Gesetz entfernt worden. Begründet wurde dieser Schritt damit, dass das Anmeldeerfordernis ein Hindernis bei der schnellen Implementierung von Industrieprojekten darstelle.[50] Dies führte dazu, dass in Indien seit diesem Zeitpunkt keine Vorabkontrolle von Unternehmenszusammenschlüssen aus wettbewerbsrechtlicher Sicht mehr stattfand.

Letztlich fällt bei einer Durchsicht des Gesetzes auf, dass bestimmte wettbewerbsbeschränkende Praktiken, wie zum Beispiel Kartelle, Boykotte, Kampfpreise und Gebotsabsprachen, nicht explizit im Gesetz genannt wurden. Zwar sind viele der genannten Praktiken im Laufe der Zeit durch MRTP-Kommission

---

44 Chakravarthy in Metha, Towards a Functional Competition Policy, S. 46.

45 Im Wortlaut: „The Commission may inquire into any restrictive trade practice (...) which may come before it for inquiry (...)".

46 Ramappa, S. 18.

47 Ramappa, S. 19.

48 Chakravarthy, (2000) 38 CLA (Mag.) 39 (42).

49 Sec. 20 – 26 MRTP-Act.

50 Ramappa, S. 18.

und Rechtssprechung unter die bestehenden Regelungen des MRTP-Act subsumiert worden, jedoch wäre eine ausdrückliche Behandlung solcher wettbewerbsbeschränkender Verhaltensweisen im Kartellgesetz zu bevorzugen gewesen.[51]

2. Mängel bei der Implementierung des MRTP-Act

Neben den inhaltlichen Mängeln des Gesetzes gab es auch Unzulänglichkeiten bei der Anwendung des MRTP-Act.

Dabei ist vor allem die Zurückhaltung der MRTP-Kommission und der indischen Regierung im Kampf gegen die stark konzentrierten Marktstrukturen, die bereits vor Inkrafttreten des MRTP-Act in Indien vorherrschten, zu nennen. Anstatt von ihrem Recht aus Sec. 27 MRTP-Act Gebrauch zu machen, die Aufspaltung bzw. Teilung von Unternehmen anzuordnen, beließ die indische Regierung es dabei, den Unternehmen in einigen wenigen Fällen Exportverpflichtungen aufzuerlegen.[52]

Ein wesentliches Hindernis bei der Implementierung des MRTP-Act war schließlich der Umstand, dass die finanziellen Mittel der Monopolies and Restrictive Trade Practices Commission äußerst gering waren. Ein von der „Consumer Unity & Trust Society“ (CUTS) durchgeführter Vergleich der finanziellen Ausstattung der Kartellbehörden von sieben Entwicklungsländern in den Jahren 2000 bis 2002 zeigte auf, dass die indische Kartellbehörde prozentual gesehen, im Verhältnis zum Gesamthaushalt des Landes, den geringsten Etat zur Verfügung hatte.[53]

Letztlich ist die erschwerte Erreichbarkeit der MRTP-Kommission zu bemängeln. Diese hatte ihren Sitz ausschließlich in Delhi und besaß weder eine eigene Homepage, noch war sie per E-Mail erreichbar. Das Fehlen regionaler Zweigstellen und die damit verbundenen zeitlichen und finanziellen Aufwendungen hinderten viele Unternehmen daran, die Hilfe der Kartellbehörde in Anspruch zu nehmen.[54]

---

51 So auch: Chakravarthy in Metha, Towards a Functional Competition Policy, S. 46.

52 Ramappa, S. 18.

53 Von 2000 bis 2002 untersuchte das CUTS die Wettbewerbsrechte der Länder Indien, Sri Lanka, Pakistan, Kenia, Südafrika, Tansania und Sambia. Dabei stellte es fest, dass die Kartellbehörden aller anderen sechs Länder im Verhältnis zu den Gesamtausgaben des jeweiligen Landeshaushalts ein höheres Budget zur Verfügung hatten als Indien. In Indien betrug der Anteil in den Jahren 2000-2002 0.0009 %. In Sambia betrug dieser Anteil im selben Zeitraum 0.05 %, Pradeep S. Mehta, “The New Competition Law, Sans The Wherewithal?” vom 23.12.2002, http://www.cuts-international.org/article%20comp.htm#New%20Law (27.06.2011); Chakravarthy in Metha, Towards a Functional Competition Policy, S. 46, 47.

54 Ramappa, S. 19.

B. Der Competition Act, 2002

I. Historische Entstehung des Gesetzes

1. Die Neuausrichtung der indischen Wirtschaftspolitik

Ein entscheidender Faktor für die Reformierung des indischen Kartellrechts war der Liberalisierungsprozess der indischen Wirtschaft seit Beginn der neunziger Jahre. Lag der Schwerpunkt der Wirtschaftspolitik bis in die achtziger Jahre noch auf der Protektion inländischer Unternehmen, der Förderung von Großindustrien und der weitgehenden Import-Substitution, so wurde durch die neue indische Regierung unter Premierminister Narsimharao und Finanzminister Singh eine neue Ära der indischen Wirtschaftspolitik eingeleitet, die sich den Prinzipien der Liberalisierung, Privatisierung und Globalisierung verschrieb. Am 24. Juli 1991 wurde dazu die so genannte „New Industrial Policy Resolution“[55] verkündet, der eine Vielzahl tief greifender Wirtschaftsreformen folgte.[56] Dazu gehörten die Abschaffung staatlicher Monopole – mit Ausnahme einiger strategisch wichtiger Wirtschaftsbereiche[57] –, die Erhöhung der Grenze für Beteiligungen ausländischer Unternehmen an indischen Gesellschaften von 40 auf 51 %[58], die Reduzierung von Einfuhrbeschränkungen[59], die Reduzierung von Zollsätzen[60] und die Abwertung der indischen Rupie um 20 Prozent.[61] Einer der wichtigsten Schritte war zudem die weitgehende Abschaffung des indischen Li-

55 Statement on Industrial Policy, Government of India, Ministry of Industry, New Delhi, July 24 th, 1991, zu finden unter: http://siadipp.nic.in/publicat/nip0791.htm (27.06.2011).

56 Chakravarthy, (2001) 42 CLA (Mag.) 8, 15.

57 Militärausrüstungen und Verteidigungsmittel, Atomenergie, Kohleförderung, Erdölförderung, bestimmte Bodenschätze und der Bahnverkehr, Luthra, S. 50.

58 Durch die Änderung des „Foreign Exchange Practices Act“ werden Beteiligungen an indischen Unternehmen mit einer Höhe von bis zu 51 % heute automatisch genehmigt. Höhere Beteiligungen sind in speziellen Fällen und nach vorheriger Zustimmung durch die Reserve Bank of India, das Foreign Investment Promotion Board bzw. das Sekretariat for Industrial Approvals zulässig (Luthra, S. 50, S. 87).

59 Bis zu diesem Zeitpunkt setzte die Einfuhr nahezu aller Konsumgüter nach Indien eine staatliche Genehmigung (Einwilligung im rechtlichen Sinn) voraus. Diese war nur äußerst schwer zu erhalten. Denn sie setzte die „Unentbehrlichkeit“ des geplanten Imports sowie die „indienweite Nichtverfügbarkeit“ des betreffenden Produkts voraus. Konnte eine einheimische Produktion des Produkts nachgewiesen werden, so wurde die Importgenehmigung (Einwilligung im rechtlichen Sinn) nicht erteilt, unabhängig vom Preis oder von der Qualität des Produkts, Chakravarthy, (2001) 42 CLA (Mag.) 8, 16.

60 Der Höchstzollsatz für Importe sank von 335 % im Jahre 1990 auf 40 % im Jahr 2000, Chakravarthy, (2001) 42 CLA (Mag.) 8, 17.

61 Luthra, S. 49 f.

zenzierungssystems. In einer Vielzahl von Wirtschaftsbereichen durften Unternehmen zuvor nur mit staatlicher Lizenz tätig werden, wodurch der Staat große Einflussmöglichkeiten auf die Unternehmen hatte. So wurden beispielsweise Lizenzen für die Herstellung bestimmter als wichtig betrachteter Güter, wie zum Beispiel Speiseöl, Zucker, Dünger, pharmazeutische Produkte, Aluminium, Zement, Stahl, Kohle und Benzin, mit Auflagen bezüglich der zu produzierenden Menge und der Höhe der Verkaufspreise erteilt. Durch die Reformen im Jahre 1991 wurde die Anzahl der lizenzbedürftigen Industriebereiche stark reduziert.[62]

Schließlich wurde der MRTP-Act im Zuge der Reformen geändert, was unter anderem zum Wegfall des staatlichen Genehmigungserfordernisses für Unternehmenszusammenschlüsse führte.[63]

Zusammenfassend bedeutete die Verkündung der „New Industrial Policy Resolution" einen radikalen Wechsel in der indischen Handels-, Investitions- und Wirtschaftspolitik, die den bis heute andauernden indischen Liberalisierungs- und Privatisierungsprozess bestimmt.

Insbesondere aufgrund des Wegfalls aller mengenmäßigen Einfuhrbeschränkungen seit April 2001 und der starken Herabsetzung der Einfuhrzölle auf Drängen der WTO muss Indien sich heute dem harten ausländischen Wettbewerb stellen.[64] Aus diesem Grund benötigt Indien ein modernes Wettbewerbsrechts, das der neuen Marktsituation angepasst ist und das internationale Kartelle daran hindert, ihre wettbewerbsschädigenden Tätigkeiten auf Indien auszudehnen.[65]

Der MRTP-Act entstand in einer Ära der Planwirtschaft und der weitgehenden staatlichen Kontrolle von Wettbewerbsparametern, wie Markteintritt, Preisen, Produktionsumfang und Absatzgebieten. Dieses wirtschaftliche Umfeld bestimmte die einzelnen Regelungen des MRTP-Act. Aufgrund seines begrenzten Anwendungsbereichs und der bereits dargestellten[66] Mängel ist das Gesetz – trotz zahlreicher Reformierungsversuche – inadäquat, um einen liberalisierten Markt ausreichend vor Wettbewerbsbeschränkungen zu schützen.

2. Das „High Level Committee on Competition Policy and Law"

Im Jahr 1999 wurden die ersten Schritte eingeleitet, um das indische Wettbewerbsrecht zu modernisieren.

62 Die Bereiche, in denen Unternehmen nur mit staatlicher Lizenz tätig werden durften, wurden durch die Reform zunächst auf eine Zahl von 18 und später auf 7 reduziert, Chakravarthy, (2001) 42 CLA (Mag.) 8, 15.

63 Ramappa, S. 18.

64 Viswanathan, 43.

65 Viswanathan, 43.

66 Siehe oben: 2. Teil, A, IV, 1.

Nach dem Vorbild der 1996 durch die WTO-Ministerkonferenz in Singapur beschlossenen Arbeitsgruppe „Trade and Competition Policy“ richtete das indische Handelsministerium eine Expertengruppe ein, um die Zusammenhänge zwischen Handels- und Wettbewerbspolitik zu untersuchen. Die Expertengruppe stellte in ihrem Bericht vom Januar 1999 fest, dass Indien ein Wettbewerbsrecht benötigt, das geeignet ist, einen fairen Wettbewerb zu fördern und wettbewerbswidrigen Praktiken auf dem indischen Markt wirksam entgegenzutreten.[67]

Basierend auf diesen Bericht beauftragte die indische Regierung im Oktober 1999 das „High Level Committee on Competition Policy and Competition Law“ unter dem Vorsitz von V.S. Raghavan damit, Regelungen für ein modernes, den internationalen Entwicklungen angepasstes indisches Kartellrecht auszuarbeiten. In diesem Zusammenhang sollte das Expertenkomitee auch entscheiden, ob das gewünschte Ziel mit der Reform des MRTP-Act erreicht werden kann oder ob es der Schaffung eines neuen Gesetzes bedarf.[68]

Der Bericht[69], den das Komitee im Mai 2000 vorlegte, beginnt mit der differenzierten Betrachtung der indischen Wirtschaftspolitik. Darin wird zunächst festgestellt, dass die verschiedenen Bereiche der Handels- und Wirtschaftspolitik Indiens unterschiedliche Zwecke verfolgen und dadurch in Konflikt zueinander und insbesondere zu den Zielen der Wettbewerbspolitik stehen.[70] Ausgehend von dieser Analyse empfahl das Expertenkomitee der Regierung, bestimmte Maßnahmen zu treffen, um die Grundvoraussetzung für die reibungslose und wirksame Implementierung des neuen Kartellrechts zu schaffen.

a) Allgemeine wirtschaftspolitische Empfehlungen des Komitees

Neben der Aufhebung des MRTP-Act, für die sich das Komitee in seinem Bericht aussprach, empfahl es auch die Aufhebung bzw. Abänderung weiterer Gesetze mit wettbewerbsbeschränkender Wirkung. Das High Level Committee nannte im Einzelnen den „Sick Industrial Companies Act, 1985“[71], den “Urban

67 Chakravarthy in Metha, Towards a Functional Competition Policy, S. 48.

68 Srinivasan, (2000) 38 CLA (Mag.) 33, 34.

69 Report of the High Level Committee on Competition Policy and Law (Raghavan Committee Report), Government of India, Department of Company Affairs, New Delhi 2000, abgedruckt in: Mittal, S. 397 ff.

70 Der Bericht nennt die Industriepolitik, die Politik zur Förderung von Kleinunternehmen, Privatisierungsbestrebungen, Handels- und Außenhandelspolitik, Arbeitsmarktpolitik, Report of the High Level Committee, para. 2.1.

71 “It is better to repeal the Sick Industries Act itself”, Report of the High Level Committee, para. 2.2 (h); das Gesetz ist durch den “Sick Industrial Companies Repeal Act, 2003” aufgehoben worden, http://www.taxmann.net/SM2006/sickrepeal.htm (27.03. 2010).

Land Ceiling Act 1976"[72], den „Industries (Development and Regulation) Act 1951"[73] und den "Industrial Disputes Act, 1947"[74].

Das Expertenkomitee hielt es in seinem Bericht zudem für notwendig, die Reservierung bestimmter Produkte für die Produktion durch Kleinunternehmen schrittweise zu reduzieren und auf lange Sicht endgültig abzuschaffen.[75] Bisher dürfen eine Reihe von Produkten zum Schutz des so genannten „small scale" – Sektors in Indien grundsätzlich nur von Kleinunternehmen hergestellt werden.[76] Die Qualifizierung als Kleinunternehmen in diesem Sinne richtet sich nach dem Wert seiner Anlagen und Maschinen, der den Betrag von 10 Mio. Rupien nicht übersteigen darf.[77] Mittlere und große Unternehmen dürfen die betreffenden Produkte nur dann herstellen, wenn sie sich verpflichten, 50 % ihrer Produktion zu exportieren.

Schließlich empfahl das Komitee die Privatisierung von Unternehmen in allen Wirtschaftssektoren, mit Ausnahme derer, die für die Ausübung der souveränen Funktionen des Staates, für die Verteidigung Indiens oder für die staatliche Sicherheit notwendig sind.[78]

b) Empfehlungen des Expertenkomitees in Bezug auf das Wettbewerbs- und Kartellrecht

In Bezug auf das indische Kartellrecht sprach das High Level Committee on Competition and Law in seinem Bericht nach eingehender Analyse der Schwächen des MRTP-Act und unter Berücksichtigung der Kartellrechte verschiedener Industrienationen[79] folgende Empfehlungen aus:

---

72 "Urban Land Ceiling Act schould be repealed", Report of the High Level Committee, para. 2.2 (j).

73 "The Industries (Development and Regulation) Act, 1951, may no longer be necessary except for location (avoidance of urban-centric location), for environmental protection and for monuments and national heritage protection consideration, etc.", Report of the High Level Committee, para. 2.2 (b).

74 "The Industrial Disputes Act, 1947, and the connected statutes need to be amended to provide for an easy exit to the non-viable, ill-managed and inefficient units subject to their legal obligations in respect of their liabilities", Report of the High Level Committee, para. 2.2 (g).

75 Report of the High Level Committee, para. 2.2 (c).

76 Die aktuelle Liste der dem „Smal-scale-Sektor" vorbehaltenen Produkte ist abrufbar unter: www.smallindustryindia.com/publications/reserveditems/resvex.htm (27.01. 2009).

77 Http://www.smallindustryindia.com/ssiindia/definition.htm (27.01.2009).

78 Report of the High Level Committee, para. 2.2 (f). Vergleiche auch Rn 57.

79 Insbesondere das amerikanische, das europäische, das englische und das japanische Kartellrecht wurden vom High Level Commmittee on Competition Policy and Law untersucht, Report of the High Level Committee, para. 4.1.4.

Der MRTP-Act sollte abgeschafft werden und durch ein neu zu kodifizierendes indisches Kartellgesetz mit einer unabhängigen Kartellbehörde abgelöst werden.[80]

Die Regelungen über die unlauteren Verhaltensweisen sollten künftig nicht mehr im Kartellgesetz, sondern aufgrund ihrer hauptsächlich verbraucherschützenden Wirkung ausschließlich im „Consumer Protection Act“ geregelt werden.[81]

Ein modernes Kartellrecht muss nach Ansicht des Komitees Regelungen über wettbewerbsbeschränkende Vereinbarungen und über den Missbrauch marktbeherrschender Stellungen sowie Bestimmungen zur Fusionskontrolle enthalten.[82]

Das neue Wettbewerbsrecht sollte auf alle Arten von Vereinbarungen zwischen Unternehmen anwendbar sein. Dementsprechend sollen sowohl horizontale[83] als auch vertikale[84] Vereinbarungen in den Anwendungsbereich des Gesetzes fallen.[85]

Bestimmte wettbewerbswidrige Praktiken, wie zum Beispiel Quantitäts- und Preisabsprachen, Gebietsabsprachen und Kartelle sollen nach Ansicht des High Level Committee ex lege als wettbewerbsbeschränkend gelten.[86] Eine Ausnahme sollte allerdings für solche Vereinbarungen bestehen, die zu einer Verbesserung der Produktion und des Absatzes führen und die zum technischen und wirtschaftlichen Fortschritt beitragen, wenn der Verbraucher in gerechter Weise daran beteiligt wird.[87]

Das Komitee kam darüber hinaus zu der grundsätzlichen Erkenntnis, dass nicht die marktbeherrschende Stellung eines Unternehmens selbst, sondern nur der Missbrauch einer solchen Stellung wettbewerbsschädigend ist.[88] Zur Ermittlung einer marktbeherrschenden Stellung sollte das Gesetz keinen prozentualen Wert festsetzen. Vielmehr müsste die Frage, ob eine marktbeherrschende Stel-

---

80 Report of the High Level Committee, para. 7.4.2.

81 Report of the High Level Committee, para. 4.2; Srinivasan, (2000) 38 CLA (Mag.) 33, 34.

82 Report of the High Level Committee, para. 3.1.

83 D.h. Vereinbarungen zwischen Unternehmen, die auf derselben Marktstufe tätig sind.

84 Vereinbarungen zwischen Akteuren auf unterschiedlichen Wirtschaftsstufen.

85 Report of the High Level Committee, para. 3.3.

86 Report of the High Level Committee, para. 3.4.

87 Para. 3.4 des Report of the High Level Committee spricht davon, dass diese Vereinbarungen milder zu beurteilen sind („should be dealt with leniently“).

88 Report of the High Level Committee, para. 3.6; Srinivasan, (2000) 38 CLA (Mag.) 33, 34.

lung vorliegt, anhand einer Analyse der Marktstruktur unter Berücksichtigung der Größe und Anzahl der Konkurrenten beantwortet werden.[89]

Zur Kontrolle von Unternehmenszusammenschlüssen ist nach Ansicht des High Level Committee on Competition Policy and Law ein Anmeldeverfahren notwendig, welches gesetzlich vorgeschrieben werden sollte. Gleichzeitig wurde aber davor gewarnt, den Wachstums- und Restrukturierungsprozess der indischen Wirtschaft übermäßig zu belasten. Das Komitee äußerte seine Ansicht, dass sich indische Unternehmen aufgrund ihrer relativ kleinen Größe zusammenschließen müssen, um im globalen Wettbewerb bestehen zu können.[90] Aus diesem Grund spricht es sich dafür aus, die Schwellenwerte für das Anmeldeerfordernis nicht zu niedrig anzusetzen.[91] Um den Unternehmen Planungssicherheit zu geben und Investitionsentscheidungen nicht unnötig zu verzögern, sollte ein Zusammenschluss als genehmigt gelten, wenn dieser von der Kommission nicht innerhalb einer Frist von 90 Tagen durch einen mit einer Begründung versehenen Bescheid versagt wird.[92]

Alle staatlichen Monopole und öffentlich-rechtlichen Unternehmen sollten in den Anwendungsbereich des Kartellrechts fallen, um mögliche von ihnen ausgehende Wettbewerbsbeeinträchtigungen zu unterbinden. Jegliche Ungleichbehandlung zugunsten des öffentlichen Sektors und jede Bevorzugung regierungseigener Unternehmen, mit Ausnahme solcher, die die staatliche Sicherheit betreffen, sollte beseitigt werden.[93]

Das neue Gesetz sollte die Möglichkeit vorsehen, auch auf internationale Kartelle Einfluss zu nehmen, die zu einer Wettbewerbsbeeinträchtigung in Indien führen.[94]

Letztlich empfahl das High Level Committee, dass das neue Gesetz die Errichtung eines Fonds zum Zwecke der so genannten „competition advocacy" vorsieht. Mit dieser „Fürsprache für das Wettbewerbsrecht" soll zum einen durch Aufklärung und Information das Bewusstsein der Öffentlichkeit für die Wichtigkeit des Kartellrechts als Bestandteil der indischen Wirtschaftspolitik

---

89 Report of the High Level Committee, para. 3.5; Roy, The proposed new competition policy – An analysis, (2000) 28 SCL (Mag.) 83, 85.

90 Report of the High Level Committee, para. 3.9.

91 Die vorgeschlagene Grenze ist bei einem Vermögenswert der zusammengeschlossenen Einheit in Höhe von 5.000.000.000 Rupien (79,5 Mio. EUR bei einem Kurs von 1 EUR= 62,72 Rupien) bzw. einem Vermögenswert der Unternehmensgruppe zu der die zusammengeschlossenen Unternehmen gehören in Höhe von 20.000.000.000 Rupien (318 Mio. Euro bei einem Kurs von 1 EUR= 62,72 Rupien) erreicht, Report of the High Level Committee, para. 3.10.

92 Report of the High Level Committee, para. 3.10.

93 Report of the High Level Committee, para. 3.5.2 (6).

94 Report of the High Level Committee, para. 4.2.7 und 5.3.9.

gestärkt werden. Zum anderen soll die Kommission bei der Ausgestaltung der indischen Wirtschaftspolitik mit den zuständigen Regierungsstellen bzw. Ministerien zusammenarbeiten und ihnen Informationen zur Verfügung stellen, um aktiv auf die Förderung des Wettbewerbs auf dem indischen Binnenmarkt, z.B. durch die Verringerung von Markteintrittsschranken, sowie auf die weitere Deregulierung und Liberalisierung der Wirtschaft einzuwirken.[95]

3. Der Einfluss internationaler Abkommen auf die Entstehung des Competition Act, 2002

Es gibt kein internationales Abkommen, das Indien zur Schaffung eines neuen Kartellrechts verpflichtet hat.

Allerdings hat die Mitgliedschaft Indiens in der WTO in verschiedener Hinsicht die Schaffung eines indischen Kartellrechts beeinflusst.

Zum einen haben die Pläne der WTO zur Schaffung eines internationalen Kartellrechts eine gewisse Anreizwirkung für die Reformierung des indischen Kartellrechts gehabt. So wurde im Zuge der Schaffung des Competition Act 2002 das Ziel bzw. die Hoffnung geäußert, dass dem neuen indischen Kartellrecht eine Vorbildfunktion für das von der WTO geplante Wettbewerbsrecht zukommt.[96]

Zum anderen haben wirtschaftspolitische WTO-Verpflichtungen Indiens indirekt zur Schaffung eines neuen Kartellrechts beigetragen. So ist der Competition Act 2002 nach Ansicht des High Level Committee notwendig, um wirksam gegen die mit der Umsetzung von WTO-Verpflichtungen einhergehenden wettbewerbswidrigen Praktiken vorzugehen. Denn es wird befürchtet, dass es aufgrund der Abschaffung nahezu aller quantitativen Einfuhrbeschränkungen[97] in Indien und der zunehmenden Senkung von Importzöllen künftig vermehrt zu wettbewerbswidrigen Praktiken in Indien kommen wird.[98]

Basierend auf den Empfehlungen des „High Level Committee on Competition Policy and Law“ wurde ein Entwurf des neuen Kartellrechts ausgearbeitet und der indischen Regierung vorgelegt. Nach Beratungen der Regierung mit den zuständigen Ministerien und Industrieorganisationen und nach Abänderung mehrerer strittiger Punkte des Gesetzesentwurfs wurde das Gesetz ins indische Parlament eingebracht und schließlich im Dezember 2002 von diesem beschlossen. Der Competition Act, 2002 erhielt am 13. Januar 2003 die Zustimmung des

95 Report of the High Level Committee, para. 6.4.7 und 6.4.8.

96 Report of the High Level Committee, para. 1.2.6; Viswanathan, S. 44.

97 Im Rahmen der Uruguay Runde der Welthandelsorganisation hatte sich Indien zur Abschaffung bestehender Einfuhrbeschränkungen bis zum April 2001 verpflichtet, Goldar, S. 1.

98 Report of the High Level Committee, para. 3.12 und 5.1.1.

indischen Präsidenten und trat am 14. Januar 2003 mit seiner Bekanntmachung in der „Gazette of India" – allerdings nur partiell – in Kraft.[99]

II. Verzögerte Implementierung des neuen Gesetzes

1. Ursprünglicher Zeitplan des Inkrafttretens des Competition Act, 2002

Während der Entstehungsphase des Competition Act 2002 wurde von Seiten indischer Industrieverbände, insbesondere von der „Bhutan Chamber of Industry and Commerce" sowie dem Verband „The Associated Chambers of Industry and Commerce", die Befürchtung geäußert, das neue Gesetz könne das Wachstum der im internationalen Vergleich kleinen indischen Unternehmen übermäßig behindern. Auf das Bestreben dieser Verbände hin, die sich für eine Übergangsphase bezüglich der Wirksamkeit des neuen Gesetzes aussprachen, legte die indische Regierung einen Zeitplan für die Inkraftsetzung des Competition Act 2002 fest, der drei Stufen der Implementierung des Gesetzes vorsah:

Zunächst sollten nur die formellen Normen bezüglich der neu zu schaffenden Competition Commission of India in Kraft treten. Im ersten Jahr ihres Bestehens sollte sich die Kartellbehörde ausschließlich mit dem so genannten „Competition Advocacy" sowie der Schulung von Beamten und Mitarbeitern beschäftigen. Im zweiten Jahr dann sollten die materiellen Regelungen über wettbewerbswidrige Praktiken und über den Missbrauch einer marktbeherrschenden Stellung wirksam werden. Im dritten Jahr sollte es dann zum vollen Inkrafttreten des gesamten Gesetzes, einschließlich des Abschnitts über die Fusionskontrolle, kommen.[100]

Zur Realisierung dieser sukzessiven Gesetzesimplementierung bestimmt Sec. 1 (3) CA, dass die Regierung durch Notifizierung bzw. Mitteilung in der „Gazette of India" über den Zeitpunkt des Inkrafttretens der einzelnen Bereiche des Gesetzes entscheidet.

2. Tatsächliche Dauer der Implementierung

Nach dem ursprünglich von der Regierung aufgestellten Zeitplan hätte es schon im Jahr 2005 zur vollen Anwendbarkeit des neuen Kartellrechts kommen sollen. Dieser Zeitplan für die Implementierung des Competition Act 2002 (CA) ist allerdings weit überschritten worden. Noch bis vor kurzem war der Monopolies and Restrictive Trade Practices Act in wesentlichen Bereichen des Kartellrechts anwendbar.

99 Chakravarthy in Metha, Towards a Functional Competition Policy, S. 48; Kumar, (2006) 71 SCL (Mag.) 131, 132.

100 93rd Report on the Competition Bill, 2001, para. 8.1.1; Srinivasan, (2003) 52 CLA (Mag.) 1, 6.

Im Jahre 2003 sind zunächst – entsprechend dem Zeitplan – die verfahrensrechtlichen Teile, die die Errichtung der „Competition Commission of India" und die Ernennung der Kommissionsmitglieder betreffen, sowie der Abschnitt über das „Competition Advocacy" in Kraft getreten.[101] Außerdem hat die Regierung auf der Grundlage von Sec. 63 (2) (a) CA i.V.m. Sec. 9 CA die „Competition Commission of India (Term of the Selection Committee and the manner of selection of panel of names) Rules, 2008" erlassen, die das Verfahren für die Einstellung von Kommissionsmitgliedern und Vorsitzendem der Kommission im Einzelnen regeln.[102] Ferner wurden Regelungen über den Amtseid und über das Gehalt der Kommissionsmitglieder getroffen.[103] Schließlich ernannte die Regierung ein Kommissionsmitglied[104] sowie den Vorsitzenden[105] der Competition Commission.

Erst zum 20. Mai 2009 sind dann die Bestimmungen des Competition Act, 2002 zum Verbot wettbewerbsbeschränkender Vereinbarungen und Verhaltensweisen und zum Verbot des Missbrauchs einer marktbeherrschenden Stellung in Kraft getreten. Die Bestimmungen zur Fusionskontrolle sind schließlich zum 1. Juni 2011 in Kraft getreten.

3. Die Anrufung des Supreme Court

Hauptursächlich für die Verzögerung bei der Umsetzung des Competition Act 2002 war eine so genannte „Writ Petition" vor dem indischen Supreme Court. Darunter versteht man in Indien den schriftlichen Antrag auf Durchführung ei-

---

101 Mit der Notifizierung S.O. 340(E) vom 31.3.2003 traten folgende Regelungen in Kraft: Sec. 1 CA, Sec. 2 (d), (g), (j) - (l) und (n) CA, Sec. 8 – 10 CA, Sec. 14 CA, Sec. 16 CA, Sec. 17 CA, Sec. 63 (1) CA und Sec. 63 (2) (a), (b) und (d) bis (g) und (n) CA; mit der Notifizierung S.O. 715(E) vom 19.6.2003 traten folgende Regelungen in Kraft: (die restlichen Regelungen von) Sec. 2 CA, Sec. 7 CA, Sec. 11 – 13 CA, Sec. 15 CA, Sec. 22 CA, Sec. 23CA , Sec. 36 CA, Sec. 49-62 CA, (die restlichen Regelungen von) Sec. 63 CA, Sec. 64 und Sec. 65 CA. Der aktuelle Stand der Notifizierungen kann unter http://www.cci.gov.in/index.php?option=com_content&task=view&id=21 (27.06. 11) eingesehen werden.

102 G.S.R. 111(E), dated 27.02.08; abrufbar unter http://www.cci.gov.in/ index.php? option=com_content&task=view&id=19 (27.06.11).

103 The Competition Commission of India (Oath of Office and of Secrecy for Chairperson and other members) Rules, 2003, dated 23.09.2003, G.S.R 757(E); The Competition Commission of India (Salary, Allowances and other Terms and Conditions of Service of Chairperson and other Members) Rules, 2003, dated 06.10.2003, G.S.R 784(E). Die Regelwerke sind abrufbar unter http://www.cci.gov.in/index.php?option=com_ content&task= view&id=19 (27.06.11).

104 Herrn Vinod K. Dhall, Notification S.O. 1199 (E), datet 14.10.2003; abrufbar unter http://www.cci.gov.in/index.php?option=com_content&task=view&id=21 (27.06.11).

105 Herrn Dipak Chatterji, Notification S.O. 1200 (E), datet 14.10.2003; abrufbar unter http://www.cci.gov.in/index.php?option=com_content&task=view&id=19 (27.06.11).

nes Verfahrens „im öffentlichen Interesse“. Rechtgrundlage für diese Popularklage ist der durch richterliche Rechtsfortbildung geschaffene Anspruch auf „Public Interest Litigation“. Danach ist es in Indien grundsätzlich möglich, Rechte, die einem selbst nicht zustehen, in fremdem Namen geltend zu machen.[106]

Kurz nach Vollzug der ersten Implementierungsstufe des Competition Act, 2002 wendete sich der Rechtanwalt Brahm Dutt mit einer Writ Petition gegen die Ernennung von Dipak Chatterjee, einem ehemaligen Staatssekretär für den Bereich Handel, zum Vorsitzenden der neuen Kartellbehörde sowie gegen die entsprechenden Ernennungsbestimmungen im Competition Act, 2002 und in den „Competition Commission of India (Selection of Chairperson and Other Members of the Commission) Rules, 2003“.[107] Darüber hinaus wollte er eine so genannte „writ of mandamus“ erwirken, mit der das Gericht anordnen soll, dass die indische Regierung eine Person zum Vorsitzenden ernennt, die zuvor als High Court Richter in Indien tätig war.[108]

Die Klage wurde damit begründet, dass es sich bei der Wettbewerbskommission im Sinne des Competition Act, 2002 um eine gerichtsähnliche Institution handelt, da die Behörde in wesentlichen Bereichen mit rechtsprechenden Befugnissen ausgestattet ist. Vor dem Hintergrund des in der Verfassung verankerten Grundsatzes der Gewaltenteilung dürfe daher nur der Chief Justice of India oder sein Vertreter über die Ernennung des Vorsitzenden der Wettbewerbsbehörde entscheiden. Außerdem könne nur ein ehemaliger Chief Justice, ein ehemaliger Supreme Court Richter oder ein ehemaliger High Court Richter zum Vorsitzenden der Wettbewerbsbehörde gewählt werden. Jemand mit geringerer juristischer Qualifikation oder eine Person aus der Verwaltung sei dagegen nicht in der Lage, einer Behörde vorzustehen, die judikative Funktionen ausübt.[109]

Die Vertreter der beklagten „Union of India“ dagegen erwiderten, dass es sich bei der Wettbewerbskommission um eine Behörde mit regulierendem Charakter handelt, d.h. dass deren Tätigkeitsschwerpunkt darin liegt, unternehmerisches Verhalten auf seine Vereinbarkeit mit dem Wettbewerbsrecht zu überprüfen und gegebenenfalls Maßnahmen anzuordnen, um wettbewerbswidrige Praktiken abzustellen. Zu diesem Zwecke benötige die Behörde Mitarbeiter mit entsprechender wirtschaftlicher Expertise. Personen mit rein juristischer Ausbil-

---

106 "Where a person or class of persons to whom legal injury is caused by reason of violation of a fundamental right is unable to approach the court for judicial redress on account of poverty or disability or socially or economically disadvantaged position, any member of the public acting bona fide can move the court for relief…“, *Bandhua Mukti Morcha vs. Union of India*, AIR 1984 SC 802, 813.

107 Brahm Dutt v. Union of India, (2005) 57 SCL 429 = (2005) 64 CLA 214 ff.

108 Brahm Dutt v. Union of India, (2005) 64 CLA, 214, 217.

109 Brahm Dutt v. Union of India, (2005) 64 CLA, 214, 217.

dung fehle in der Regel die entsprechende Sachkenntnis. Außerdem sei der Grundsatz der Gewaltenteilung deshalb nicht verletzt, weil die Entscheidungen über die Ernennung der Kommissionsmitglieder gerichtlich durch High Courts bzw. durch das indische Supreme Court überprüft werden könnten. Schließlich wurde angeführt, dass Indien nicht das erste Land sei, in dem der Vorsitzende der Wettbewerbsbehörde nicht aus dem juristischen Bereich kommt. Dementsprechend sei die mit der Writ Petition erhobene Klage abzulehnen.

Während der Anhängigkeit der betreffenden Klage erklärten die Vertreter der Indischen Republik, dass die indische Regierung beabsichtigt, den Competition Act und die beanstandete Bestimmung 3 der „Competition Commission of India (Selection of Chairperson and Other Members of the Commission) Rules, 2003“ so abzuändern, dass die Mitglieder künftig von einem Komitee unter dem Vorsitz des Chief Justice of India oder seines Stellvertreters gewählt werden. Der Standpunkt, dass der Vorsitzende nicht zwangsläufig ein Richter sein muss, wurde beibehalten.

Daraufhin entschied das Gericht, die Begründetheit der erhobenen Writ Petition erst dann zu beurteilen, wenn das Parlament die entsprechenden Änderungen beschlossen hat. Damit wurden in der Entscheidung vom 20.1.2005 alle Fragen betreffend der Rechtmäßigkeit des Competition Act, 2002 – insbesondere im Hinblick auf Sec. 8 (2) CA und der Bestimmung 3 der „Competition Commission of India (Selection of Chairperson and Other Members of the Commission) Rules, 2003“ – offen gelassen.

Allerdings setzte das oberste Gericht das Verfahren nicht aus, ohne einige bedeutende Anmerkungen zu seiner Rechtsauffassung vorzunehmen: Danach sei es im Hinblick auf die neu zu errichtende Competition Commission of India angebracht, die Schaffung von zwei getrennten Gremien in Erwägung zu ziehen, wobei das eine hauptsächlich beratende und regulierende Befugnisse und das andere überwiegend rechtsprechende Aufgaben haben sollte. Darüber hinaus wäre die Schaffung einer Appellationsinstanz ein richtiger Schritt, um angemessen auf die gegen den Competition Act erhobene Kritik zu reagieren. Letztlich stellte das Gericht klar, dass die Kommission nach der derzeitigen Fassung des Gesetzes unbestreitbar gerichtliche bzw. gerichtsähnliche Funktionen wahrnimmt.[110]

4. Der Competition (Amendment) Bill, 2007

Infolge der Writ Petition vor dem indischen Supreme Court und aufgrund der Ausführungen des Gerichts brachte die indische Regierung den Competition (Amendment) Bill, 2006, später ersetzt durch den Competition (Amendment)

110 Brahm Dutt v. Union of India, (2005) 64 CLA 214, 218.

Bill, 2007[111], in das indische Parlament ein. Nach Verabschiedung durch die beiden Kammern des indischen Parlaments im November 2007 trat dieser dann als „The Competition (Amendment) Act, 2007" in Kraft.[112] In Folge dessen kam es zu umfangreichen Änderungen am Competition Act 2002, die wesentlich über das hinausgingen, was notwendig gewesen wäre, um den erhobenen Vorwurf eines Verstoßes gegen den Gewaltenteilungsgrundsatz auszuräumen.

Die größte strukturelle Veränderung durch den Competition (Amendment) Act, 2007 war die Integration des neuen Kapitels VIIIA in den Competition Act, 2002, welches die Schaffung eines so genannten „Competition Appellate Tribunal" vorsieht.[113] Dieses aus einem Vorsitzenden und bis zu zwei weiteren offiziellen Mitgliedern bestehende[114], quasi-gerichtliche Organ soll zum einen als Berufungsinstanz dienen[115] und zum anderen für die Gewährung von Schadensersatz bei Verstößen gegen den Competition Act, 2002 zuständig sein[116]. Zum Vorsitzenden des „Competition Appellate Tribunal" soll nur ein Supreme Court Richter oder der oberste Richter eines High Court gewählt werden können.[117] Die Mitglieder des Tribunals werden durch ein Auswahlkomitee vorgeschlagen, das unter der Leitung des obersten Richters am indischen Supreme Court oder seines Stellvertreters steht, und sie werden anschließend von der Regierung ernannt, Sec. 53E CA.

Gegen Urteile des „Competition Appellate Tribunal" kann der indische Supreme Court angerufen werden, Sec. 53T CA.

Durch den Competition (Amendment) Act, 2002 wurde die ursprüngliche Kompetenz der Competition Commission zur Gewährung von Schadensersatz aufgehoben.[118] Auch die ursprünglich vorgesehene Aufteilung der Wettbewerbskommission in so genannte „Benches" wurde abgeschafft.[119]

---

111 The Competition (Amendment) Bill, 2007 a bill to amend the Competition Act, 2002, Bill No. 70 of 2007, zu finden unter: http://164.100.24.219/BillsTexts/LSBillTexts/asintroduced/competition%202007.pdf (27.01.2009).

112 Der Gesetzesentwurf des Ergänzungsgesetzes ist vom indischen Parlament am 10.09.2007 verabschiedet worden, http://pib.nic.in/release/release.asp?relid=31145 (27.01.2009).

113 Sec. 53A-53U CA.

114 Sec. 53C CA.

115 Sec. 53B CA.

116 Sec. 53N CA.

117 Sec. 53D CA.

118 Aufhebung von Sec. 34 CA a.F. durch clause 27 Competition (Amendment) Bill 2007.

119 Änderung von Sec. 22 CA a.F. durch clause 17 Competition (Amendment) Bill 2007; Aufhebung von Sec. 23 – 25 CA a.F. durch clause 18 Competition (Amendment) Bill 2007.

III. Struktur des Competition Act, 2002

Der Competition Act 2002, zuletzt abgeändert durch den Competition (Amendment) Act 2007, ist in insgesamt 10 Kapitel unterteilt (Chapter I – IX).[120] Zu den ursprünglich neun Kapiteln kam durch den Competition (Amendment) Act, 2007 das Kapitel VIIIA hinzu. An der Nummerierung der übrigen Kapitel wurde hierdurch nichts geändert.

Im ersten Kapitel des Gesetzes finden sich neben Regelungen über den Geltungsbereich und den Zeitpunkt des Inkrafttretens des Competition Act, 2002 die Definitionen der wesentlichen Begriffe des Gesetzes.

Das zweite Kapitel enthält die materiellen Kernregelungen des neuen Kartellrechts, nämlich Regelungen über das Verbot wettbewerbsbeschränkender Vereinbarungen und abgestimmter Verhaltensweisen[121], den Missbrauch einer marktbeherrschenden Stellung[122] sowie Bestimmungen zur Fusionskontrolle[123].

Kapitel III bis V enthalten Regelungen über die Errichtung, die Befugnisse und die Pflichten der Competition Commission of India sowie Bestimmungen über den sog. „Director General", der die Kommission bei Ermittlungen gegen mutmaßliche Gesetzesverstöße unterstützt.

Die Rechtsfolgen für festgestellte Verstöße gegen das Gesetz finden sich im vierten Kapitel des Competition Act, 2002. Kapitel VII behandelt das so genannte „Competition Advocacy", also das öffentliche Eintreten der Kommission für den Wettbewerb bzw. das Wettbewerbsrecht in Indien.

Das durch den Competition (Amendment) Act 2007 neu eingefügten Kapitel VIIIA regelt die Schaffung und die Aufgaben des Competition Appellate Tribunal, einem quasi-juristischen Organ, welches für Schadensersatzverfahren in Kartellsachen zuständig ist und gleichzeitig als Rechtsmittelinstanz fungiert.

Kapitel VIII und IX schließlich enthalten Regelungen über die Finanzmittel und die Buchführung der Kommission sowie weitere allgemeine Regelungen, die den gesamten Competition Act, 2002 betreffen.

C. Sec. 27 Indian Contract Act

Sec. 27 Indian Contract Act ist eine Norm des indischen Vertragsgesetzes, die zum Ziel hat, Beschränkungen der freien Gewerbeausübung bzw. des freien Handels („restraint of trade") zu beseitigen. Unter diese Regelung sind in der

---

120 Zu den ursprünglich neun Kapiteln kam durch den Competition Amendmend Act, 2007 das Kapitel VIIIA hinzu. An der Nummerierung der übrigen Kapitel wurde hierdurch nichts geändert.

121 Section 3 CA.

122 Section 4 CA.

123 Section 5 und 6 CA.

Vergangenheit unter anderem auch kartellrechtliche Fragestellungen subsumiert worden.

Gemäß Sec. 27 Indian Contract Act, 1872 (ICA) sind alle Vereinbarungen, durch die eine Person in der Ausübung eines rechtmäßigen Berufs, Gewerbes oder Geschäfts beschränkt wird, nichtig. Eine Ausnahme besteht für Verträge, bei denen der Goodwill eines Unternehmens verkauft wird.[124] Im Rahmen solcher Veräußerungsverträge können die Vertragsparteien eine angemessene und lokal beschränkte Wettbewerbsklausel vereinbaren, welche dem Verkäufer verbietet, mit dem Käufer in Wettbewerb zu treten.

I. Historische Entstehung

Sec. 27 ICA ist der Regelung in Sec. 883 des Civil Draft Code of the State of New York nachgebildet worden – einer Regelung, die im Staat New York selbst nie in Kraft getreten ist. Mit Übernahme dieser Norm hat der Gesetzgeber den Bereich der Handels- bzw. Geschäftsbeschränkungen in Indien bewusst restriktiv geregelt und sich damit bei der Behandlung solcher Beschränkungen deutlich von der Rechtsaufassung des damaligen englischen Common Law abgegrenzt.[125] Der Grund dafür war, dass der indische Handel zum Ende des 19. Jahrhunderts im Gegensatz zum englischen noch im absoluten Anfangsstadium steckte und daher keine Ausnahme für Vereinbarungen zugelassen werden sollte, die den gewerblichen Handel in irgendeiner Weise beschränkt.[126]

II. Regelungsumfang

Seit der Schaffung des Indian Contract Act, 1872 – und damit lange vor der Existenz eines indischen Kartellgesetzes – sind bestimmte wettbewerbsbeschränkende Vereinbarungen von Sec. 27 ICA umfasst worden. Zu den Fallgruppen, die unter diese Regelung subsumiert wurden, zählen unter anderem Ausschließlichkeitsvereinbarungen[127], Wettbewerbsverbote in Unternehmens-

---

124 *Sec. 27 Indian Contract Act (Agreement in restraint of trade void):* Every agreement by which anyone is restrained from exercising a lawful profession, trade or business of any kind, is to that extent void. *Exception 1. Saving of agreement not to carry on business of which goodwill is sold:* One who sells the goodwill of a business, may agree with the buyer to refrain from carrying on a similar business, within specified local limits, so long as the buyer, or any person deriving title to the goodwill from him, carries on a like business therein: Provided that such limits appear to the courts reasonable, regard being had to the nature of the business.

125 Dutt on Contract, Sec. 27, para. 1.

126 Pollock/Mulla, Sec. 27, S. 810.

127 Insbesondere Alleinbelieferungsvereinbarungen wurde Anfang des 20. Jahrhunderts aufgrund dieser Regelung in Indien für nichtig erklärt, vgl. die Entscheidungen Abdul

kauf- und Arbeitsverträgen und beschränkende Vereinbarungen in Dienstleistungsverträgen.[128]

Mit Inkrafttreten des ersten indischen Kartellgesetzes im Jahre 1970 verlor Sec. 27 ICA allerdings an praktischer Relevanz für den Großteil der kartellrechtlichen Fälle. Seit diesem Zeitpunkt wird die Norm ausschließlich auf die Fallgruppe vertraglich vereinbarter Wettbewerbsverbote angewendet. Dabei wird zwischen Wettbewerbsverboten in Arbeits-, Franchise-, Handelsvertreterverträgen auf der einen Seite und solchen in Unternehmensveräußerungsverträgen auf der anderen Seite differenziert.

Im Hinblick auf die erstgenannten Fälle gilt im indischen Recht der Grundsatz, dass Wettbewerbsverbote für den Zeitraum nach Beendigung eines Arbeitsverhältnisses bzw. eines Handelsvertreter- oder Franchisevertrags grundsätzlich nichtig sind.[129] Das gilt auch dann, wenn der Vertrag mit einem ausländischen Partner in einem Land geschlossen wird, in dem solch ein nachträgliches Wettbewerbsverbot eigentlich zulässig ist.[130] Wettbewerbsverbote, deren Dauer auf die Laufzeit des jeweiligen Arbeits-, Kauf-, Handelsvertreter- oder Franchisevertrags beschränkt sind, sind dagegen grundsätzlich zulässig, sofern sie nicht skrupellos, unverhältnismäßig oder einseitig sind.[131]

Für Wettbewerbsverbote, die im Zusammenhang mit dem Verkauf eines Unternehmens vereinbart werden, sieht Sec. 27 ICA dagegen eine Legalausnahme vor. Nach dem Wortlaut dieser Norm darf im Zusammenhang mit dem „Verkauf des Goodwills" eines Unternehmens vereinbart werden, dass der Verkäufer nicht mit dem Käufer in Wettbewerb tritt. Voraussetzung ist, dass dieses Verbot auf ein bestimmtes Gebiet begrenzt ist und vom Gericht als verhältnismäßig angesehen wird. Dabei geht der Gesetzgeber im Regelfall davon aus, dass der Goodwill eines Unternehmens nicht allein, sondern immer im Zusammenhang mit einem Unternehmen verkauft wird.[132] In der Praxis ist diese Ausnahmeregelung auf alle Verträge über den Verkauf von Goodwill anwendbar, das heißt auf alle Unternehmenskaufverträge, bei denen der Kaufpreis die bloßen materiellen Vermögenswerte des Unternehmens übersteigt.

Abgesehen von den hier aufgezählten Fallgruppen ist Sec. 27 ICA seit Inkrafttreten des indischen Monopolies and Restrictive Trade Practices Act, 1969

Karim v. Sheikh Dubar, AIR 1937 Oudh 445, 445 und Har Bilas v. Mahadeo Prasad, AIR 1931 All 539, 540.

128 Pollock/Mulla, Sec. 27, p. 813.

129 Superintendence Co. of India Pvt. Ltd. v. Krishan Murgai, AIR 1980, 1980 SC 1717 (1723); Gujarat Bottling Co Ltd. v. Coca Cola Co, AIR 1995 SC 2372, 2385.

130 Taprogge Gesellschaft mbH v. IAEC India Ltd., AIR 1988, Bom. 157, 157 und 166.

131 Pollock/Mulla, Sec. 27, S. 831 f.; Gujarat Bottling Co Ltd. v. Coca Cola Co, AIR 1995 SC 2372, 2385.

132 Dutt on Contracts, Sec. 27, para. 7.

nicht auf wettbewerbsbeschränkende Vereinbarungen und abgestimmte Verhaltensweisen angewendet worden.

3. Teil: Analyse und Vergleich der einzelnen Bestimmungen des indischen und europäischen Kartellrechts

A. Einleitung

In diesem Abschnitt werden die einzelnen Bestimmungen des neuen indischen Kartellrechts analysiert und den entsprechenden Regelungen des europäischen Kartellrechts gegenübergestellt. Dabei beschränkt sich die Darstellung auf diejenigen Bestimmungen, welche dem Schutz des Wettbewerbs vor beschränkenden Vereinbarungen und abgestimmten Verhaltensweisen zwischen Marktteilnehmern dienen. Die einschlägige Rechtsprechung sowie das korrespondierende Verfahrensrecht werden mitberücksichtigt.

In Indien befinden sich die entsprechenden Regelungen über wettbewerbsbeschränkende Vereinbarungen überwiegend im Competition Act 2002. Für Altfälle und für die Interpretation des neuen Gesetzes ist zudem der Monopolies and Restrictive Trade Practices Act, 1969 relevant. Wie bereits erläutert, enthält Sec. 27 Indian Contract Act darüber hinaus Regelungen zur Problematik der Wettbewerbsverbote.

Das europäische Wettbewerbsrecht ist im primären Gemeinschaftsrecht in den Artikeln 101 bis 106 AEUV (ex-Art. 81 bis 86 EG) geregelt, wobei für die hier behandelten Rechtsprobleme im Wesentlichen das Kartellverbot des Art. 101 AEUV einschlägig ist. Diese Norm verbietet alle Vereinbarungen zwischen Unternehmen, Beschlüsse von Unternehmensvereinigungen und aufeinander abgestimmten Verhaltensweisen, die eine Wettbewerbsbeschränkung bezwecken oder bewirken. Neben dem Primärrecht existieren zahlreiche Wettbewerbsbestimmungen im sekundären Gemeinschaftsrecht. Dazu gehören die vom Rat erlassene Kartellverfahrensverordnung Nr. 1/2003[133] sowie die Gruppenfreistellungsverordnungen der Kommission[134]. Daneben geben die zahlreichen

---

133 Verordnung (EG) Nr. 1/2003 des Rates vom 16. Dezember 2002 zur Durchführung der in den Artikeln 81 und 82 des Vertrags niedergelegten Wettbewerbsregeln, Amtsblatt Nr. L 001 vom 04/01/2003 S. 0001 – 0025.

134 Verordnung (EG) Nr. 2790/1999 der Kommission vom 22. Dezember 1999 über die Anwendung von Artikel 81 Absatz 3 des Vertrages auf Gruppen von vertikalen Vereinbarungen und aufeinander abgestimmten Verhaltensweisen, ABl. Nr. L 336 vom 29.12.1999, S. 21 ff.; Verordnung (EG) Nr. 2658/2000 der Kommission vom 29. November 2000 über die Anwendung von Artikel 81 Absatz 3 des Vertrags auf Gruppen von Spezialisierungsvereinbarungen (GVO für Spezialisierungsvereinbarungen), ABl. Nr. L 304 vom 5.12.2000, S. 3 ff.; Verordnung (EG) Nr. 2659/2000 der Kommission vom 29. November 2000 über die Anwendung von Artikel 81 Absatz 3 des Vertrages

Bekanntmachungen, Mitteilungen und Leitlinien der Kommission, die keine Rechtsnormqualität sondern lediglich „Hinweischarakter“ haben, Hinweise über die Auslegung kartellrechtlicher Begriffe und über die Anwendung des Gesetzes auf wettbewerbsbeschränkende Vereinbarungen, Beschlüsse und abgestimmte Verhaltensweisen.[135]

Die nachfolgende Vergleichsanalyse des indischen und europäischen Kartellverbots ist in verschiedene Themenbereiche untergliedert. Innerhalb dieser Abschnitte werden jeweils zuerst die indischen und dann die europäischen Kartellbestimmungen dargestellt und interpretiert. Zum Abschluss jedes Unterabschnitts werden die gefundenen Ergebnisse zusammenfasst und gegenübergestellt, um die Gemeinsamkeiten und Unterschiede hervorzuheben.

B. Geltungsbereich der Normen

I. Indisches Recht

1. Sachlicher Geltungsbereich

Grundsätzlich ist der Competition Act, 2002 auf alle Wirtschaftsbereiche und Arten von Unternehmen anwendbar. Sec. 2 (h) CA setzt zwar voraus, dass ein Unternehmen im Rahmen seiner Tätigkeit Güter produzieren, lagern, liefern, vertreiben, beschaffen oder kontrollieren bzw. Dienstleistungen erbringen muss oder im Bereich des Ankaufs, Haltens, Zeichnens oder Handelns mit Aktien, Schuldscheinen oder anderen Wertpapieren tätig sein muss, um als Unternehmen im Sinne des Competition Act, 2002 zu gelten. Die hier behandelten Regelungen des indischen Kartellrechts – insbesondere das Kartellverbot – sind aber nicht nur auf „Unternehmen“ in diesem Sinne, sondern darüber hinaus auch auf (natürliche und juristische) „Personen“ anwendbar. Der Personenbegriff gemäß Sec. 2 (l) CA ist nicht auf bestimmte Arten des wirtschaftlichen Handelns oder auf bestimmte Wirtschaftsbereiche beschränkt.

---

auf Gruppen von Vereinbarungen über Forschung und Entwicklung, Amtsblatt Nr. L 304 vom 05/12/2000 S. 7 ff.; Verordnung (EG) Nr. 772/2004 der Kommission vom 27. April 2004 über die Anwendung von Artikel 81 Absatz 3 EG-Vertrag auf Gruppen von Technologietransfer-Vereinbarungen (GVO für Technologietransfervereinbarungen), Amtsblatt Nr. L 123 vom 27/04/2004 S. 11 ff; Verordnung (EG) Nr. 358/2003 der Kommission vom 27. Februar 2003 über die Anwendung von Artikel 81 Absatz 3 EG-Vertrag auf Gruppen von Vereinbarungen, Beschlüssen und aufeinander abgestimmten Verhaltensweisen im Versicherungssektor; Amtsblatt Nr. L 053 vom 28/02/2003 S. 8 ff; Verordnung (EG) Nr. 1400/2002 der Kommission vom 31. Juli 2002 über die Anwendung von Artikel 81 Absatz 3 des Vertrags auf Gruppen von vertikalen Vereinbarungen und aufeinander abgestimmten Verhaltensweisen im Kraftfahrzeugsektor, Amtsblatt Nr. L 203 vom 01/08/2002, S. 30.

135 Mäger-Mäger, 1. Kap., Rn. 11.

Die indische Regierung hat gemäß Section 54 CA allerdings das Recht, durch öffentliche Bekanntmachung („notification“) Ausnahmen für den Anwendungsbereich des Gesetzes zu bestimmen. So können bestimmte Unternehmen vom Anwendungsbereich des Gesetzes ausgenommen werden, wenn dies für die Sicherheit des Staates oder zugunsten des öffentlichen Interesses notwendig ist, Sec. 54 (a) CA. Auch Unternehmen, die im Auftrag der indischen Bundesregierung oder einer indischen Landesregierung hoheitliche Funktionen wahrnehmen, können gemäß Sec. 54 (c) CA vom Anwendungsbereich des Gesetzes befreit werden. Außerdem können solche Praktiken oder Vereinbarungen vom Anwendungsbereich des Competition Act, 2002 ausgenommen werden, die der Erfüllung von Verpflichtungen dienen, die Indien durch Staatsverträge, Abkommen oder Konventionen mit einem oder mehreren anderen Staaten eingegangen ist, Sec. 54 (b) CA.

Eine Ausnahmeregelung besteht gemäß einer Bekanntmachung der indischen Regierung aus dem Jahre 1991[136] für alle staatlichen bzw. staatlich kontrollierten Unternehmen, die im Bereich der Produktion von Waffen oder sonstiger Verteidigungsausrüstung oder im Bereich der Erzeugung von Atomenergie tätig sind. Eine weitere Ausnahme besteht im Hinblick auf Arzneimittel. Deren Verkaufspreise werden zu einem großen Teil durch die Drugs (Prices Control) Order[137] der Regierung aus dem Jahre 1995 festgesetzt, um die Qualität der Produkte auf dem Pharmasektor und die Verfügbarkeit essentieller Medikamente für breite Bevölkerungsschichten zu gewährleisten. Dementsprechend fallen Abmachungen zwischen Pharmazieunternehmen und ihren Händlern, mit denen die Wiederverkaufspreise für Arzneimittel festgelegt werden, weder bisher noch in Zukunft unter das kartellrechtliche Verbot der Preisbindung der zweiten Hand, sofern diese Preise mit den Vorgaben der Drugs (Price Control) Order, 1995 übereinstimmen.[138]

2. Räumlicher Geltungsbereich

Gemäß Sec. 1 (2) CA erstreckt sich der Competition Act auf ganz Indien, mit Ausnahme des Bundesstaates „Jammu und Kashmir“. Diese Regelung ist vor

136 Notification G.S.R. No. 605(E), Gazette of India - Extraordinary, Part II, Section 3 (1), 27.9.1991, Ministry of Finance, Department of Economic Affairs, New Delhi 1991.

137 Drugs (Prices Control) Order 1995, Gazette of India – Extraordinary, Part II, Section 3, Sub-Section (ii), 6.1.1995, Ministry of Chemicals and Fertilizers, Department of Chemicals and Petrochemicals, New Delhi 1995. Rechtsgrundlage war Sec. 3 des Essential Commodities Act, 1955 (10 of 1955).

138 Dugar, S. 755.

dem Hintergrund des Art. 370 der indischen Verfassung zu verstehen, in dem Jammu und Kashmir ein Sonderstatus partieller Autonomie eingeräumt wird.[139]

3. Extraterritoriale Anwendbarkeit

Der Competition Act sieht in Sec. 32 CA ausdrücklich vor, dass die Competition Commission of India auch bei im Ausland oder von ausländischen Unternehmen begangenen Verstößen gegen den Competition Act, 2002 tätig werden kann, wenn der Wettbewerbsverstoß eine spürbar negative Wirkung auf den Wettbe-

---

139 Art. 370 Constitution of India: "Temporary provisions with respect to the State of Jammu and Kashmir.—(1) Notwithstanding anything in this Constitution,—

(*a*) the provisions of article 238 shall not apply in relation to the State of Jammu and Kashmir;

(*b*) the power of Parliament to make laws for the said State shall be limited to—

(*i*) those matters in the Union List and the Concurrent List which, in consultation with the Government of the State, are declared by the President to correspond to matters specified in the Instrument of Accession governing the accession of the State to the Dominion of India as the matters with respect to which the Dominion Legislature may make laws for that State; and

(*ii*) such other matters in the said Lists as, with the concurrence of the Government of the State, the President may by order specify.

Explanation.— For the purposes of this article, the Government of the State means the person for the time being recognised by the President as the Maharaja of Jammu and Kashmir acting on the advice of the Council of Ministers for the time being in office under the Maharaja's Proclamation dated the fifth day of March, 1948;

(*c*) the provisions of article 1 and of this article shall apply in relation to that State;

(*d*) such of the other provisions of this Constitution shall apply in relation to that State subject to such exceptions and modifications as the President may by order specify:

Provided that no such order which relates to the matters specified in the Instrument of Accession of the State referred to in paragraph (*i*) of sub-clause (*b*) shall be issued except in consultation with the Government of the State:

Provided further that no such order which relates to matters other than those referred to in the last preceding proviso shall be issued except with the concurrence of that Government.

(2) If the concurrence of the Government of the State referred to in paragraph (*ii*) of sub-clause (*b*) of clause (1) or in the second proviso to sub-clause (*d*) of that clause be given before the Constituent Assembly for the purpose of framing the Constitution of the State is convened, it shall be placed before such Assembly for such decision as it may take thereon.

(3) Notwithstanding anything in the foregoing provisions of this article, the President may, by public notification, declare that this article shall cease to be operative or shall be operative only with such exceptions and modifications and from such date as he may specify:

Provided that the recommendation of the Constituent Assembly of the State referred to in clause (2) shall be necessary before the President issues such a notification."

werb in dem relevanten Markt in Indien hat oder wahrscheinlich haben wird.[140] Bezogen auf die in dieser Arbeit behandelten wettbewerbsbeschränkenden Vereinbarungen und abgestimmten Verhaltensweisen sind insbesondere die Punkte (a), (b) und (f) des Sec. 32 CA relevant: Gemäß Sec. 32 (a) und (b) CA darf die Kommission tätig werden, wenn eine wettbewerbsbeschränkende Vereinbarung im Sinne des Sec. 3 CA außerhalb Indiens getroffen wurde oder wenn die Parteien einer solchen Vereinbarung nicht aus Indien kommen. Darüber hinaus kann sie in Fällen aktiv werden, in denen Praktiken oder Handlungen als Folge einer gegen Sec. 3 CA verstoßenden Vereinbarung im Ausland ausgeführt werden, Sec. 32 (f) CA. Das entscheidende Kriterium ist allein die tatsächliche oder wahrscheinliche spürbar negative Wirkung auf den Wettbewerb innerhalb Indiens.

Eine Schwachstelle des Sec. 32 CA in seiner bisherigen Fassung bestand darin, dass er seinem Wortlaut nach die Kommission lediglich dazu ermächtigte, in den genannten Fällen „Ermittlungen einzuleiten". Darüber hinausgehende Kommissionsbefugnisse waren in Sec. 32 CA a.F. nicht vorgesehen, so dass diese Regelung lediglich ein „stumpfes Schwert" im Kampf gegen wettbewerbsbeschränkende Tätigkeiten internationaler Konzerne war. Der indische Gesetzgeber hat diese Schwäche erkannt und reagiert: Nach der Gesetzesänderung durch den Competition (Amendment) Act, 2007 ist die Competition Commission gemäß Sec. 32 CA nunmehr befugt, in Übereinstimmung mit den Bestimmungen des Competition Act, 2002 alle Anordnungen zu treffen, die sie für geeignet hält.[141]

Die Vorgängernorm des Sec. 32 CA war Sec. 14 MRTP-Act, der seinem Wortlaut nach wesentlich enger als die Neuregelung war, aber weit ausgelegt wurde. Gemäß Sec. 14 MRTP-Act konnte die MRTP-Kommission auch in Fällen, in denen die Parteien einer verbotenen „beschränkenden Handelspraktik" ihr Geschäft nicht in Indien betreiben, die Rechtsfolgen des MRTP-Act anordnen, allerdings nur hinsichtlich derjenigen Teile der verbotenen Praktiken, die in Indien ausgeführt wurden.[142] Die indische Wettbewerbsbehörde sah den Tatbe-

140 "..has, or is likely to have, an appreciable adverse effect on competition in the relevant market in India", Sec. 32 CA.

141 Sec. 32 CA a.E.:„...and pass such orders as it may deem fit in accordance with the provisions of this Act, Sec. 32 CA".
Sec. 32 CA a.F. wurde abgeändert durch Sec. 20 (b) Competition (Amendment) Act 2007.

142 Sec. 14 MRTP-Act: "Where any practice substantially falls within monopolistic, restrictive, or unfair, trade practice, relating to the production, storage, supply, distribution or control of goods of any description or the provision of any services and any party to such practice does not carry on business in India, an order may be made under this Act with respect to that part of the practices which is carried on in India."

stand der „Ausführung“ der verbotenen Handelspraktiken immer dann als erfüllt an, wenn es aufgrund der verbotenen Praktiken zu einer offensichtlichen Verzerrung, Beschränkung oder Beseitigung des Wettbewerbs in Indien gekommen war.[143] Die MRTP-Kommission ging in der Praxis auch dann gegen in Indien ausgeführte Handelspraktiken vor, wenn der zugrunde liegende Vertrag außerhalb Indiens unterzeichnet worden war.[144] Der indische Supreme Court billigte diese Praxis der extraterritorialen Anwendbarkeit des MRTP-Act. Er stellte fest, dass die indische Kartellbehörde auch dann zuständig ist, wenn eine Vereinbarung außerhalb Indiens getroffen wird oder die Parteien der Vereinbarung ihren Sitz nicht in Indien haben. Das als „effects doctrine“ bezeichnete Prinzip, nach dem es lediglich darauf ankommt, ob die betreffende Vereinbarung eine Auswirkung auf den inländischen Wettbewerb hat, sei auch in Indien anwendbar. [145]

Dies macht deutlich, dass es sich bei Sec. 32 CA letztlich um eine Kodifizierung der bisherigen Rechtsprechung zur extraterritorialen Anwendbarkeit des indischen Kartellrechts handelt. Mithin ist diese Rechtsprechung bei der Auslegung des Sec. 32 CA zu berücksichtigen.

Im Einklang mit der Regelung zur extraterritorialen Anwendbarkeit in Sec. 32 CA steht auch der Wortlaut des Sec. 3 (1) CA, der eine „spürbar negative Wirkung auf den Wettbewerb innerhalb Indiens“ verlangt und damit ebenfalls auf die „effects doctrine“ bzw. auf das Auswirkungsprinzip abstellt.

II. Europäisches Recht, Art. 101 Abs. 1 AEUV (ex-Art. 81 Abs. 1 EG)

1. Sachlicher Geltungsbereich

Die Wettbewerbsregeln des AEU-Vertrages gelten grundsätzlich für alle Wirtschaftsbereiche und Tätigkeiten, die der Vertrag nicht ausdrücklich von der Anwendung ausnimmt.[146]

Für den Bereich der Landwirtschaft ist in Art. 42 AEUV (ex-Art. 36 EG) eine Einschränkung vorgesehen. Danach finden die Wettbewerbsregeln des AEU-Vertrages auf die Produktion landwirtschaftlicher Erzeugnisse und den Handel mit diesen nur soweit Anwendung, wie dies vom Rat im Rahmen des Artikels 43 Abs. 2 und 3 AEUV (ex-Art. 37 Abs. 2 und 3 EG) unter Berücksichtigung der Ziele der gemeinsamen Agrarpolitik bestimmt wird. Von dieser

---

143 Jugaldas Damodar Mody Co., (1983) 3 Comp. LJ 221, 226; Alkali Manufacturers Association of India v. American Natural Soda Ash Corporation (1998) 92 CC 206, 223.

144 Ballarpur Industries Ltd. v. Cinarmas (1996) 87 CC 159, 174.

145 Haridas Exports v. All India Float Glass Manufacturers (2002) 111 CC 617, 637.

146 EuGH, 27.1.1987, Rs. 45/85, Verband der Sachversicherer/Kommission, Slg. 1987, 405, 451.

Ermächtigung hat der Rat in der VO Nr. 1184/2006[147] Gebrauch gemacht. Gemäß Art. 2 Abs. 1 VO 1184/2006 gilt Art. 81 EG (jetzt Art. 101 AEUV) nicht für Vereinbarungen, Beschlüsse und Verhaltensweisen, die wesentlicher Bestandteil einer einzelstaatlichen Marktordnung sind oder die zur Verwirklichung der Ziele des Art. 33 EG (jetzt Art. 39 AEUV) notwendig sind.[148] Außerdem soll Art. 81 EG (jetzt Art. 101 AEUV) ausdrücklich nicht für Vereinbarungen, Beschlüsse und Verhaltensweisen von landwirtschaftlichen Erzeugerbetrieben oder Vereinigungen von solchen Erzeugerbetrieben aus einem Mitgliedsstaat gelten, soweit diese ohne Preisbindung die Erzeugung oder den Absatz landwirtschaftlicher Erzeugnisse oder die Benutzung gemeinschaftlicher Einrichtungen für die Lagerung, Be- oder Verarbeitung landwirtschaftlicher Erzeugnisse betreffen, es sei denn, die Kommission stellt fest, dass dadurch der Wettbewerb ausgeschlossen wird oder die Ziele des Art. 33 EG (jetzt Art. 39 AEUV) gefährdet werden. Weitere kartellrechtliche Sonderregelungen finden sich in den EU-Agrarmarktordnungen.[149]

Art. 346 Abs. 1 lit. b) AEUV (ex-Art. 296 Abs. 1 lit. b) EG) enthält darüber hinaus eine Ausnahmebestimmung für mitgliedsstaatliche Maßnahmen, die – nach Ansicht des Mitgliedsstaates – für die Wahrung wesentlicher Sicherheitsinteressen erforderlich sind, soweit sie die Erzeugung von Waffen, Munition und Kriegsmaterial oder den Handel damit betreffen, sofern diese Maßnahmen nicht die Wettbewerbsbedingungen hinsichtlich der nicht eigens für militärische Zwecke bestimmten Waren auf dem Gemeinsamen Markt beeinträchtigen. Auf Grundlage dieser Bestimmung können Mitgliedsstaaten Ausnahmen für das Wettbewerbsrecht schaffen.[150]

2. Räumlicher Geltungsbereich

Der räumliche Geltungsbereich der europäischen Wettbewerbsregeln des AEU-Vertrags erstreckt sich gemäß Art. 52 Abs. 1 EUV auf alle 25 Mitgliedsstaaten der Europäischen Union.[151]

---

147 Verordnung Nr. 1184/2006 v. 24.7.2006 zur Anwendung bestimmter Wettbewerbsregeln auf die Produktion landwirtschaftlicher Erzeugnisse und den Handel mit diesen Erzeugnissen, ABl. EU Nr. L 214 v. 4.8.2006, S. 7.

148 Diese umfassen die Produktivitätssteigerung in der Landwirtschaft, die Erhöhung des Pro-Kopf-Einkommens der in der Landwirtschaft tätigen Personen, die Stabilisierung der Märkte, die Sicherstellung der Versorgung und die Belieferung der Verbraucher zu angemessenen Preisen, Art. 39 (1) (a) – (g) AEUV.

149 Vgl. Immenga/Mestmäcker-Schweizer, Abschnitt VIII Landwirtschaft, Kommentierung VO Nr. 26, Rn. 85.

150 Grabitz/Hilf-Aicher/Schuhmacher, Art. 81 EGV, Rn. 30.

151 Zusätzlich gelten die Verträge nach Maßgabe der Art. 349 und 355 AEUV in den dort genannten Gebieten.

Eine dem Art. 101 AEUV entsprechende Regelung findet sich in Art. 53 des Abkommens über den europäischen Wirtschaftsraum (EWR)[152]. Dieses Abkommen gilt für die Mitgliedsstaaten der Europäischen Gemeinschaft und für die EFTA-Staaten[153] mit Ausnahme der Schweiz und führt damit praktisch zu einer Ausdehnung des Geltungsbereichs der Wettbewerbsregeln des AEU-Vertrags auf die Länder Liechtenstein, Island und Norwegen.[154]

3. Extraterritoriale Anwendbarkeit des Kartellverbots

Art. 101 AEUV ist grundsätzlich auf alle Unternehmen anwendbar, unabhängig davon, in welchem Land diese ihren Sitz haben oder nach welchem Recht sie gegründet worden sind.[155]

Bezüglich der Anwendbarkeit des europäischen Kartellrechts in Fällen, in denen die tatbestandlichen Handlungen außerhalb der Europäischen Gemeinschaft vorgenommen werden, existiert keine ausdrückliche Regelung im AEU-Vertrag. Nach dem Territorialitätsprinzip sind die europäischen Wettbewerbsregeln jedenfalls dann anwendbar, wenn wenigstens Teilhandlungen des kartellrechtlichen Verhaltens innerhalb der Europäischen Gemeinschaft durchgeführt worden sind.[156]

Fraglich ist, ob darüber hinaus auch das Auswirkungsprinzip bzw. die effects doctrine gilt. Nach diesem Prinzip würden die Verbote der Art. 101 AEUV (ex-Art. 81 EG) und 102 AEUV (ex-Art. 82 EG) auch dann Anwendung finden, wenn die tatbestandserfüllenden Handlungen außerhalb des Geltungsbereichs vorgenommen werden, sich aber innerhalb des Geltungsbereichs der Normen auswirken.[157]

Die Kommission[158], der EuG[159] sowie die herrschende Meinung in der Literatur[160] sind der Auffassung, dass sich der internationale Anwendungsbereich des europäischen Kartellrechts nach dem Auswirkungsprinzip bestimmt.

---

152 Abkommen über den Europäischen Wirtschaftsraum, Amtsblatt Nr. L 001 vom 03/01/1994, S. 3 – 36.

153 Island, Norwegen, Liechtenstein und die Schweiz.

154 Bechtold, Einleitung, Rn. 4.

155 Bechtold, Einleitung, Rn. 16.

156 Bieber, S. 50.

157 Ritter/Braun, S. 71/72.

158 Kommission, 7.6.2001, ABl. Nr. L 152/24, 42 u. 47, Rn 182, 234 – Aminosäuren.

159 EuG, 25.3. 1999, Rs. T-102/96, Gencor / Lonroh, Slg. 1999, II-753, Rn. 76 ff., 89 ff.

160 Goyder, S. 502; Emmerich, Bellamy/Child, Rn. 2-147 f.; Bieber, S. 50; Mäger, 1. Kapitel, Rn. 18; Schröter-Schröter, Vorb. zu den Art. 81 bis 85, Rn. 85; Mestmäcker/Schweitzer, § 6, Rn. 6, 9, 34, 45; a.A.: Mann, Frederick Alexander, The doctrine of international jurisdiction revisited after twenty years, Rec. Cours 1984 III, 9, 86f.; kritisch auch Gleiss/Hirsch Einl. Rn. 27ff.

Der EuGH hat das Auswirkungsprinzip in der Vergangenheit weder befürwortet noch ausdrücklich abgelehnt. Auch wenn das Gericht in seiner Rechtsprechung durchaus auf die Gemeinschaftsauswirkung abstellt, hat es bisher stets am Erfordernis der „Durchführung im Gemeinsamen Markt“ und damit am Territorialitätsprinzip festgehalten.[161] Durch eine weite Auslegung des Begriffs der „Durchführung“[162] kam der EuGH in den bisherigen Fällen zu Ergebnissen, wie sie auch bei Anwendung des Auswirkungsprinzips erzielt worden wären. Eine Heranziehung der effects doctrine war daher bislang nicht erforderlich.

Der Anknüpfung an das reine Auswirkungsprinzip, wie sie von der Kommission und dem überwiegenden Teil des Schrifttums befürwortet wird, ist im Ergebnis zuzustimmen. Bereits der Wortlaut des Art. 101 AEUV, wonach alle Vereinbarungen, Beschlüsse von Unternehmensvereinigungen und abgestimmte Verhaltensweisen verboten sind, die eine Einschränkung des Wettbewerbs innerhalb des gemeinsamen Marktes bezwecken oder „bewirken“, macht deutlich, dass das europäischen Kartellrecht auf dem Auswirkungsprinzip aufbaut. Das Auswirkungsprinzip dient zudem dem Gesetzeszweck des europäischen Kartellrechts, den Wettbewerb innerhalb des Binnenmarkts vor Verfälschungen zu schützen[163], am besten, da es den europäischen Markt auch dann effektiv vor wettbewerbsbeschränkenden Vereinbarungen, Beschlüssen von Unternehmensvereinigungen und abgestimmten Verhaltensweisen schützt, wenn diese von außerhalb auf den Binnenmarkt einwirken.

Bei der Anwendung des Auswirkungsprinzips sind die völkerrechtlichen Grenzen zu beachten. Dies sind im Einzelnen das Verbot des Rechtsmissbrauchs, der Grundsatz der Interessensabwägung, der Grundsatz der Angemessenheit und das Interventionsverbot, welches es einem Staat verbietet, auf einen fremden Wirtschaftsverkehr einzuwirken.[164]

III. Zusammenfassung und Vergleich

1. Geltungsbereich der Gesetze

Der Competition Act, 2002 ist in seiner aktuellen Fassung grundsätzlich auf alle indischen Unternehmen und Industrien anwendbar. Ausnahmebereiche bestehen im Bereich des Rüstungs-, Atomenergie- und Pharmasektors.[165] Die indische

161 Immenga/Mestmäcker-Rehbinder, IntWbR, Rn. 7.

162 Im Zellstoff-Fall (EuGH, 27.9.1988, verb. Rs. 89/85, Zellstoffhersteller, Slg. 1988, 5193, 5243) genügten dem EuGH bloße Lieferungen in den gemeinsamen Markt, ohne dass eine organisierte Geschäftstätigkeit mittels Niederlassungen oder Tochtergesellschaften im Gemeinsamen Markt vorliegen musste.

163 Vgl. Art. 101 Abs. 1 AEUV.

164 Bechtold, Einleitung, Rn. 17.

165 Siehe oben, 3. Teil, B, I, 1.

Regierung hat darüber hinaus die Möglichkeit, unter den in Sec. 54 CA genannten Voraussetzungen weitere Ausnahmen vom Kartellrecht zu bestimmen.

Die Ausnahmen für den Rüstungs- und Atomenergiebereich sind aus sicherheitspolitischen Gründen verständlich. Auch der Umstand, dass bestimmte, in der Drugs (Prices Control) Order, 1995 genannte Pharmazeutika der Preisbindung unterliegen, erscheint nachvollziehbar. Denn der Grund für diese Preisbindung ist die Sicherstellung der Versorgung der Bevölkerung mit lebenswichtigen und prophylaktischen Medikamenten zu einem günstigen Preis bei gleichzeitiger Sicherung eines hohen Qualitätsstandards. Außerdem sollten die Pharmaunternehmen gestärkt werden, um eine kosteneffektive Produktion neuer Medikamente und die Nutzung neuer Technologien zu fördern.[166]

Das europäische Kartellrecht erfasst ebenfalls grundsätzlich alle Wirtschaftsbereiche.[167] In Bezug auf den Rüstungssektor und zur Wahrung wesentlicher Sicherheitsinteressen können die Mitgliedsstaaten aber Ausnahmebestimmungen von den Wettbewerbsregeln erlassen, Art. 346 Abs. 1 lit. b AEUV (ex-Art. 296 Abs. 1 lit. b EG).

Zugunsten der gemeinsamen Agrarpolitik bestehen außerdem gemäß der VO 1184/2006 Ausnahmen für landwirtschaftliche Betriebe und deren Vereinigungen. Diese Verordnung ersetzt die VO 26/1962, die ursprünglich eingeführt worden war, weil der Gesetzgeber Maßnahmen zur Marktstabilisierung aufgrund besonderer ökonomischer Rigiditäten und Risiken auf den Agrarmärkten, wie zum Beispiel der Länge der Produktionsdauer, der Ungewissheit des Produktionserfolges, der zersplitterten Angebotsstruktur und der fehlenden Produktumstellungsflexibilität, für erforderlich gehalten hat.[168] In der Praxis allerdings hat die europäische Bereichsausnahme für den Agrarsektor wenig Relevanz erlangt. Bis auf einen Fall, zugunsten der französischen Marktordnung für Frühkartoffeln[169], hat die Kommission die Anwendbarkeit der Bereichsausnahme stets verneint.[170] Angesichts des Umstands, dass der europäische Agrar-

166 Vgl. "Drug Pricing and Objectives", National Pharmaceutical Pricing Authority (NPPA), Government of India, New Delhi, http://nppaindia.nic.in/frequent.html#1 (27.01.2009), Unterpunkt A).

167 Siehe oben, 3. Teil, B, II, 1.

168 „Ausnahmebereiche des Kartellrechts – Stand und Perspektiven der 7. GWB-Novelle", Diskussionspapier des Bundeskartellamts Anlässlich der Tagung des Arbeitskreises Kartellrecht am 29. September 2003 in Bonn, http://www.bundeskartellamt.de/wDeutsch/download/pdf/AKK_03.pdf (27.06.11), S. 28.

169 Entscheidung der Kommission, 18.12.1987, ABl. L 59 vom 14. März 1988, S. 25 ff. – Frühkartoffeln.

170 „Ausnahmebereiche des Kartellrechts – Stand und Perspektiven der 7. GWB-Novelle", Diskussionspapier des Bundeskartellamts Anlässlich der Tagung des Arbeitskreises Kartellrecht am 29. September 2003 in Bonn, http://www.bundeskartellamt.de/wDeutsch/download/pdf/AKK_03.pdf (27.06.11), S. 27/28.

sektor wie kein anderer Bereich durch Subventionen geprägt ist – wodurch das wettbewerbliche Geschehen auf diesen Märkten sowohl innerhalb als auch außerhalb Europas erheblich beeinflusst wird – ist es zu begrüßen, dass diese Ausnahme vom Kartellrecht restriktiv angewendet wird. Darüber hinaus kann auch grundsätzlich bezweifelt werden, ob die im Jahre 1962 eingeführte Bereichsausnahme überhaupt noch aufrechterhalten werden sollte.

2. Extraterritorialität

Sowohl in Europa als auch in Indien wird das Kartellrecht auch auf grenzüberschreitende Sachverhalte angewendet. Genauso wie im europäischen Kartellrecht[171] kommt es in Indien gemäß Sec. 32 (b), (c) und (e) CA nicht auf die Nationalität oder den Sitz der Parteien einer Vereinbarung an.

Die Anwendbarkeit des Kartellrechts auf außerhalb Indiens getroffene Vereinbarungen richtet sich gemäß Sec. 32 CA nach dem Auswirkungsprinzip. Das indische Recht ist immer dann anwendbar, wenn der Wettbewerbsverstoß sich tatsächlich oder wahrscheinlich nachteilig auf den Wettbewerb in dem relevanten Markt in Indien auswirkt. Damit wendet das neue indische Kartellrecht ein Prinzip an, zu dem sich die meisten Kartellrechtsordnungen bekennen.[172] Dies ist zugunsten eines wirksamen Wettbewerbsschutzes begrüßenswert, da es den Zielen des Kartellrechts, besser als das Territorialitätsprinzip, nachkommt.

Bezogen auf das europäische Kartellrecht wird die Anwendbarkeit des Auswirkungsprinzips von der Kommission, der herrschenden Meinung im Schrifttum und dem EuG befürwortet. Der EuGH hat – ohne die effects doctrine ausdrücklich abzulehnen – bisher am Erfordernis der „Durchführung im Gemeinsamen Markt“ und damit am Territorialitätsprinzip festgehalten.[173] Allerdings hat er in der Vergangenheit durch die Unterscheidung zwischen dem Ort der Absprache und dem Ort der Durchführung und durch ein extensives Verständnis des Begriffs der „Durchführung“[174] die extraterritoriale Anwendbarkeit des europäischen Kartellrechts auch ohne Bezugnahme auf die effects doctrine begründen können. Durch diese Methode kommt der EuGH in der Regel[175] zu

171 Siehe oben, 3. Teil, B, II, 3.
172 Vgl. Bechtold, Einleitung, Rn. 16.
173 Immenga/Mestmäcker-Rehbinder, IntWbR, Rn. 7.
174 Vgl. EuGH, 27.9.1988, verb. Rs. 89/85, Zellstoffhersteller, Slg. 1988, 5193, 5243.
175 Ein Unterschied besteht allerdings in dem Fall von Marktaufteilungskartellen. Hier hätte das Abstellen auf die Durchführung der Vereinbarung im Gemeinsamen Markt die Konsequenz, dass auf die beteiligten Unternehmen, die absprachegemäß dem Gemeinsamen Markt fernbleiben, das europäische Kartellrecht nicht anwendbar wäre, Immenga/Mestmäcker-Rehbinder, IntWbR, Rn. 9.

demselben Ergebnis wie bei der direkten Anwendung des Auswirkungsprinzips.[176]

C. Verbotsvoraussetzungen

I. Indisches Recht, Section 3 (1) CA

Sec. 3 (1) des indischen Competition Act, 2002 beinhaltet das Verbot wettbewerbsbeschränkender Vereinbarungen in Indien. Danach dürfen Unternehmen, Unternehmensvereinigungen, Personen und Personenvereinigungen keine Vereinbarungen über die Produktion, die Lieferung, oder die technische Entwicklung von Waren, über Investitionen und Märkte oder über die Erbringung von Dienstleistungen treffen, die eine spürbar nachteilige Auswirkung auf den Wettbewerb in Indien haben oder wahrscheinlich haben werden.

Neben dieser Generalklausel finden sich in Sec. 3 (3) CA Regelbeispiele für Verhaltensweisen, bei deren Vorliegen eine „spürbar nachteilige Auswirkung auf den Wettbewerb" im Sinne von Sec. 3 (1) CA per se angenommen wird.

Neben den Regelbeispielen aus Sec. 3 (3) CA zählt Sec. 3 (4) CA (vertikale) Fallgruppen von Vereinbarungen auf, die gegen Sec. 3 (1) CA verstoßen, wenn sie eine spürbar nachteilige Auswirkung auf den Wettbewerb in Indien haben oder wahrscheinlich haben werden.

1. Normadressaten

Section 3 (1) CA zählt vier Gruppen von Adressaten auf. Die Norm richtet sich an Unternehmen, Unternehmensvereinigungen, Personen und Personenvereinigungen.

Unternehmen im Sinne des Gesetzes sind alle – natürliche und juristische – Personen oder staatliche Stellen, die Waren bzw. Güter produzieren, lagern, liefern, vertreiben, beschaffen oder kontrollieren, die Dienstleistungen erbringen oder die im Bereich des Ankaufs, Haltens, Zeichnens oder Handelns mit Aktien, Schuldscheinen oder anderen Wertpapieren tätig sind. Dies gilt jedoch nicht, soweit die genannten Tätigkeiten im Zusammenhang mit der Erfüllung von Hoheitsaufgaben stehen, Sec. 2 (h) CA.[177]

Was unter einer Person im Sinne dieses Gesetzes zu verstehen ist, ist in Sec. 2 (l) CA definiert. Danach umfasst dieser Begriff neben natürlichen Personen auch die sog. „Hindu undivided family"[178], Gesellschaften, Partnerschaftsgesell-

---

176 Bechtold, Einleitung, Rn. 16.

177 Als Beispiel für die Ausübung von Hoheitsaufgaben werden Tätigkeiten indischer Ministerien im Zusammenhang mit Atomenergie, Währung, Verteidigung und Raumfahrt genannt, Sec. 2 (h) CA.

178 Die „Hindu undivided family" (ungeteilte Familiengemeinschaft) ist ein Rechtssubjekt des Hindu Law und gilt nach dem indischen Einkommenssteuerrecht als eine Person.

schaften, Personenvereinigungen oder Personengesellschaften unabhängig von ihrer Registereintragung, Staatsunternehmen, ausländische juristische Personen, Genossenschaften, Kommunalbehörden und alle sonstigen juristischen Personen.

2. Vereinbarung

a) Definition

Die durch den Tatbestand des Sec. 3 (1) CA verbotene Handlung ist das Treffen einer Vereinbarung („enter into an agreement"). Der Begriff der Vereinbarung ist in Sec. 2 (b) des Competition Act legaldefiniert: Eine Vereinbarung umfasst danach jede Absprache („arrangement"), Verständigung („understanding") und abgestimmte Verhaltensweise („action in concert"), unabhängig davon, ob diese förmlich bzw. schriftlich getroffen wird oder ob sie gerichtlich durchsetzbar sein soll. Unter den Begriff „arrangement" versteht man im indischen Recht ein kommunikatives bzw. ein den Austausch von Ansichten beinhaltendes Verhalten, welches die jeweils andere Partei dazu veranlasst, ein bestimmtes Verhalten des Gegenübers zu erwarten.[179] Als Absprache im Sinne des indischen Kartellrechts gilt jedes kommunikative Verhalten von zwei oder mehreren Parteien, das ein bestimmtes Verhalten der beteiligten Parteien zur Folge hat.[180] Der Begriff der abgestimmten Verhaltensweisen wird später unter Punkt b) näher erläutert.

Bei dem Verbot des Sec. 3 (1) CA kommt es nicht darauf an, in welcher Form oder auf welche Art und Weise die Vereinbarung getroffen wurde; maßgeblich ist allein das Resultat bzw. die Wirkung der koordinierten Handlung. Es ist auch unerheblich, ob die Mittel oder die Art und Weise, mit der die gesetzeswidrigen Ziele verfolgt werden, ihrerseits unrechtmäßig sind oder nicht. Eine verbotene Vereinbarung in diesem Sinne setzt nicht notwendigerweise eine schriftliche oder mündliche Einigung voraus, sondern kann sich auch aus den Umständen ergeben.[181]

Der Begriff „agreement" im Sinne des Sec. 3 (1) CA umfasst sowohl horizontale als auch vertikale Vereinbarungen. Horizontale Vereinbarungen sind dabei solche zwischen Marktteilnehmern, die auf derselben Wirtschaftsstufe tä-

---

Die „Hindu undivided family" umfasst alle Abkömmlinge des Stammesvaters (Karta), einschließlich deren Ehefrauen und unverheirateten Töchtern. Siehe „The constitution of a Hindu undivided family", Indian Express Newspapers, Artikel vom 2.3.1998, http://www.expressindia.com/fe/daily/19980302/06155574.html (27.06.2011); Mittal, S. 61.

179 „The word arrangement suggests a common course of conduct or behaviour involving some sort of communication or exchange of views between the parties, each of whom is led to expect that the others will act in a certain way.", Dugar, S. 628.

180 Dugar, S. 629.

181 Mittal, S. 80.

tig sind, wie beispielsweise Vereinbarungen zwischen Herstellern gleicher oder ähnlicher Produkte. Vertikale Vereinbarungen werden dagegen zwischen Unternehmen geschlossen, die auf unterschiedlichen Marktstufen tätig sind; dazu zählen beispielsweise Vereinbarungen zwischen Produzenten und Großhändlern.[182]

Fraglich ist, ob Beschlüsse von Unternehmensvereinigungen auch von Sec. 3 (1) CA umfasst werden. Der Wortlaut der Norm spricht zunächst einmal dagegen, denn im Gegensatz zu Art. 101 AEUV sind „Beschlüsse" von Unternehmensvereinigungen nicht ausdrücklich aufgeführt. Dem Wortlaut nach kann Sec. 3 (1) CA daher nur dann auf eine Unternehmensvereinigung angewendet werden, wenn diese mit einem Dritten – sei es eine andere Unternehmensvereinigung oder ein Unternehmen – eine Vereinbarung trifft.

Möglicherweise kann in dem Beschluss einer Unternehmensvereinigung aber gleichzeitig eine Vereinbarung zwischen den beteiligten Mitgliedsunternehmen gesehen werden. Wie oben erläutert, umfasst eine Vereinbarung gemäß Sec. 2 (b) CA jede Absprache oder Verständigung, unabhängig davon, ob diese schriftlich oder unförmlich getroffen wird oder ob sie gerichtlich durchsetzbar sein soll oder nicht, sowie jede abgestimmte Verhaltensweise. Wenn ein Beschluss oder ein bestimmtes Verhalten eines Verbandes infolge gemeinschaftlicher Willensbildung durch die Mitgliedsunternehmen zustande kommt, liegt hierin zumindest eine Verständigung zwischen den Unternehmen und damit auch eine Vereinbarung im Sinne des Competition Act vor. Empfehlungen des Verbands an die Mitgliedsunternehmen bewirken bei Befolgung eine Verhaltenskoordinierung zwischen den Mitgliedsunternehmen, so dass auch in diesem Fall das Vorliegen einer abgestimmten Verhaltensweise und damit einer Vereinbarung im Sinne des Sec. 2 (b) CA angenommen werden kann. Diese Auffassung wurde auch von der indischen Wettbewerbkommission vertreten: Wettbewerbsbeschränkende Praktiken von Unternehmensvereinigungen wurden in der Vergangenheit regelmäßig als Vereinbarungen aller an der Entscheidungsfindung bzw. -umsetzung beteiligten Unternehmen qualifiziert.[183]

Schließlich werden in Fällen, in denen ein Handelsverband eine Vereinbarung mit Dritten schließt, alle Mitgliedsunternehmen des Verbands als Parteien der Vereinbarung angesehen.[184]

---

182 Mittal, S. 79

183 So in RRTA v. Alkali Manufacturers of India, RTP Enquiry No. 26/1984, Entscheidung vom 29.5.1985, 1985 2 Comp. LJ. 436 ff.; Tirunelveli District Lorry Owners Association, (1984) 2 Comp. LJ. 290 f.; Dugar, S. 730.

184 Dugar, S. 628.

b) Abgestimmte Verhaltensweisen und paralleles Verhalten

Aus der weiten Definition in Sec. 2 (b) CA ergibt sich, dass der Begriff der Vereinbarung im Sinne des Competition Act auch die so genannten abgestimmten Verhaltensweisen („action in concert“) umfasst. In der indischen Literatur wird darunter jede Form der Koordinierung zwischen Unternehmen verstanden, die noch nicht zum Abschluss eines Vertrages gediehen ist, jedoch bewusst eine praktische Kooperation an die Stelle des mit Risiken verbundenen Wettbewerbs treten lässt.[185] Diese Definition ist nahezu identisch mit der Definition der europäischen Rechtsprechung.[186]

Eine Schwierigkeit besteht darin, die verbotene Koordinierung in Form von abgestimmten Verhaltensweisen von einem zulässigen Parallelverhalten von Unternehmen abzugrenzen. Dazu äußerte sich auch das „High Level Committee“ in seinem Bericht zur Schaffung eines neuen indischen Kartellrechts: Demnach „muss zwischen verbotenen Praktiken im Sinne des Kartellverbots und zwischen völlig legitimen wirtschaftlichem bzw. unternehmerischem Handeln als Reaktion auf eine bestimmte Marktsituation“ unterschieden werden. Als Beispiel wird eine Situation genannt, bei der mehrere Wettbewerber auf einem Markt gleichermaßen von gestiegenen Produktionskosten betroffen sind und infolgedessen ihre Produktpreise anheben. Steigere ein Unternehmen in dieser Situation die Preise für sein Produkt, so werden die übrigen Unternehmen dieser Preissteigerung in der Regel unmittelbar folgen. Eine solche Preisanpassung könne nicht als illegal angesehen werden, da sie nicht auf Absprachen basiere, sondern allein auf wirtschaftlichen Prämissen. Dementsprechend würde es die Realitäten des Marktes ignorieren, wenn man in solchen Fällen von einem bewussten Zusammenwirken der betreffenden Unternehmen ausgehen würde.[187]

Auch die MRTP-Kommission verneinte in ihrer Entscheidungspraxis das Vorliegen einer abgestimmten Verhaltensweise, in Fällen, in denen mehrere verarbeitende Unternehmen ihre Preise parallel zu zuvor gestiegenen Kosten von Rohmaterialien anheben, ohne dass es Beweise für eine Absprache zwischen ihnen gibt.[188]

---

185 Mittal, S. 87.

186 Die europäische Rechtsprechung versteht unter einer abgestimmten Verhaltensweise „eine Koordinierung zwischen Unternehmen, die zwar noch nicht zum Abschluss eines Vertrages im eigentlichen Sinne gediehen ist, jedoch bewusst eine praktische Zusammenarbeit an die Stelle des mit Risiken verbundenen Wettbewerbs treten lässt", EuGH, 14.7.1972, Rs. 48/69, Imperial Chemical Industries (ICI) / Kommission, Slg. 1972, 619, Rn. 64/67 – Farbstoffe.

187 Report of the High Level Committee, para. 4.3.3.

188 Alkali and Chemical Corporation of India Ltd. And Bayer (India) Ltd., RTP Enquiry No. 21/1981, Entscheidung vom 3.7.1984, (1984) 3 Comp.LJ 268, 269.

Anders hat die MRTP-Kommission im Falle zweier Eishersteller in Indien entschieden, die zusammen einen Marktanteil von 80 % am indischen Markt für Speiseeis hatten. Aufgrund der Tatsache, dass die Preise bei einer großen Anzahl der angebotenen Eissorten bei beiden Unternehmen übereinstimmten und dass die Unternehmen bei Preiserhöhungen, Rabattaktionen und der Einführung neuer Eissorten jeweils dem anderen Unternehmen folgten, kam die Kommission aufgrund der „überwiegenden Wahrscheinlichkeit" zu dem Schluss, dass die beiden Unternehmen ihr Verhalten untereinander abgestimmt haben.[189]

c) Mindestens zwei Parteien

Eine Vereinbarung im Sinne des Competition Act setzt die Beteiligung von mindestens zwei selbstständigen Parteien voraus. Sie ist von einseitigen Maßnahmen abzugrenzen. Als einseitige Maßnahme in diesem Sinne ist das koordinierte Vorgehen zwischen einer Muttergesellschaft und ihrer hundertprozentigen Tochter zu verstehen. In einer solchen Konstellation sind Mutter- und Tochtergesellschaft bei der Anwendung des Kartellverbots als eine Einheit bzw. als eine Partei zu behandeln.[190]

d) Kartelle

Kartelle führen in der Regel zu einer besonders starken Beeinträchtigung des Wettbewerbs. Sie bilden einen Unterfall der Vereinbarung im Sinne des Sec. 3 (1) CA und finden gesonderte Erwähnung in Sec. 3 (3) CA, der sich mit „per se" verbotenen Wettbewerbsbeschränkungen beschäftigt.

Der Begriff des Kartells ist in Sec. 2 (c) CA legaldefiniert: Danach ist ein Kartell eine Verbindung von Herstellern, Verkäufern, Lieferanten, Händlern oder Dienstleistungsunternehmen, in deren Rahmen die Beteiligten durch Vereinbarung untereinander die Herstellung, den Vertrieb, den Verkauf oder den Preis von Waren oder Dienstleistungen – bzw. den Handel mit diesen – beschränken, kontrollieren oder zu kontrollieren versuchen.

Diese sehr weite Definition geht über das Verständnis des Kartellbegriffs in der bisherigen indischen Rechtsprechung hinaus, wonach ein Kartell eine Verbindung von Herstellern ist, die durch Vereinbarung untereinander versuchen, die Herstellung, den Verkauf und den Preis eines Produkts zu kontrollieren, um in einem bestimmten Industriebereich oder bezogen auf eine bestimmte Handelsware eine Monopolstellung zu erlangen.[191]

Eine solche Kartellbildung bezweckt durch Abmachungen über die Preise, die produzierte Menge oder die Marktanteile den Wettbewerb zwischen den

189 Ghai Enterprises Private Limited and Kwality Ice Creams, RTP Enquiry No. 18/1983, Entscheidung vom 5.2.1986, zit. nach Dugar, S. 696.

190 Mittal, S. 89.

191 Union of India v. Hindustan Development Corporation (1993) 3 SCC 499, 529.

Parteien auszuschalten und so auf lange Sicht die Gewinnsituation der beteiligten Unternehmen zu verbessern.[192]

Mit Betonung auf die praktischen Schwierigkeiten, solch eine Vereinbarung bzw. Abstimmung zwischen den Unternehmen nachzuweisen, stellte die indische Rechtsprechung fest, dass sich ein Zusammenwirken („act in concert“) auch aus den Umständen ergeben kann.[193] Verlangen beispielsweise zwei Wettbewerber für mehrere von ihnen hergestellte Produkte exakt die gleichen Preise, obwohl ihre Produktionskosten nachweislich variieren und sie in verschiedenen Teilen des Landes tätig sind, so spricht dieser Umstand für das Vorliegen eines kollusiven Zusammenwirkens zwischen diesen Herstellern und die Last, das Gegenteil zu beweisen, liegt bei ihnen.[194]

3. „Mit Bezug auf“ die Herstellung, Lieferung usw.

Die durch Sec. 3 (1) CA verbotenen Vereinbarungen werden dahingehend qualifiziert, dass es sich um Vereinbarungen mit Bezug auf die Herstellung, die Lieferung, den Vertrieb, die Lagerung oder den Erwerb von Waren oder um Vereinbarungen in Bezug auf die Bereitstellung bzw. Zurverfügungstellung von Dienstleistungen handeln muss.[195]

Der Ausdruck „mit Bezug auf“ im Sinne dieser Norm ist weit zu verstehen und bedeutet, dass die Vereinbarung in irgendeiner Beziehung zu den genannten Tätigkeiten steht.[196]

Der Begriff der Waren im Sinne des CA stimmt gemäß Sec. 2 (i) CA mit dem Begriff der Waren im Sinne des „Sale of Goods Act, 1930“ überein. Nach diesem Gesetz ist jede Art beweglichen Eigentums mit Ausnahme von einklagbaren Forderungen und Geld vom Warenbegriff umfasst.[197] Außerdem fallen gemäß Sec. 2 (i) CA unter den Begriff der Waren alle hergestellten, bearbeiteten oder geförderten Erzeugnisse sowie Schuldscheine und Aktien nach ihrer Zuteilung. Der Begriff umfasst sowohl Waren, die in Indien angeboten, vertrieben oder kontrolliert werden als auch solche, die nach Indien importiert worden sind.

Eine Legaldefinition des Dienstleistungsbegriffs findet sich in Sec. 2 (u) Competition Act, 2002.[198]

---

192 Mittal, S. 90.

193 Commissioner of Income Tax (CIT) v. East Coast Commercial Co. Ltd., AIR 1967, SC 765, 772.

194 Bengal Tools Limited and Others, RTPE 120/ 1984, (1988) 63 CC 468, 468.

195 “Agreement in respect of production, supply, distribution, storage, aquisition, or control of goods or provision of services“, Sec. 3 (1) CA.

196 Mittal, S. 87.

197 Sec. 2 (vii) Sale of Goods Act, 1930; Dugar, S. 636.

198 Sec. 2 (u) CA: "service" means service of any description which is made available to potential users and includes the provision of services in connection with business of

4. Wettbewerbsbeeinträchtigung

Verboten sind Vereinbarungen im Sinne von Sec. 3 (1) CA nur dann, wenn sie tatsächlich oder wahrscheinlich eine spürbar negative Auswirkung auf den Wettbewerb innerhalb Indiens haben („which causes or is likely to cause an appreciable adverse effect on competition within India").[199]

Die Prüfung einer solchen Wettbewerbsbeeinträchtigung erfolgt nach der Systematik des Gesetzes in einem zweistufigen Verfahren: Zuerst wird die Kartellbehörde bzw. das Gericht überprüfen, ob die fragliche Vereinbarung unter eine Fallgruppe des Sec. 3 (3) CA subsumiert werden kann. Ist dies der Fall, so wird das Vorliegen einer „spürbar negativen Auswirkung auf den Wettbewerb" vermutet. Andernfalls muss die tatsächliche oder wahrscheinliche negative Auswirkung der betreffenden Vereinbarung auf den Wettbewerb innerhalb Indiens ermittelt werden. Neben einer genauen Bestimmung des Wettbewerbsbegriffs setzt dies voraus, dass der relevante Markt, der durch die in Frage stehende Vereinbarung betroffen ist, abgegrenzt und analysiert wird.[200]

a) Der Wettbewerbsbegriff

Im Competition Act, 2002 findet sich keine Definition des Wettbewerbsbegriffs. In der indischen Literatur und Rechtsprechung wird der Wettbewerbsbegriff entsprechend der von der Weltbank benutzten Definition verwendet. Danach ist der Wettbewerb eine Marktsituation, in welcher Unternehmen und sonstige Verkäufer unabhängig voneinander um die Gunst des Käufers kämpfen, um ein Unternehmensziel – wie z.B. einen bestimmten Gewinn, Umsatz oder Marktanteil – zu erreichen.[201] Geschützt wird sowohl der aktuelle als auch der potenzielle Wettbewerb.[202]

---

any industrial or commercial matters such as banking, communication, education, financing, insurance, chit funds, real estate, transport, storage, material treatment, processing, supply of electrical or other energy, boarding, lodging, entertainment, amusement, construction, repair, conveying of news or information and advertising.

199 Im Rahmen dieser Arbeit werden zur Beschreibung einer solchen „negativen Auswirkung auf den Wettbewerb" alternativ auch die Begriffe „Wettbewerbsbeeinträchtigung" und „Wettbewerbsbeschränkung" verwendet.

200 Ramappa, S. 71.

201 World Bank/OECD, A Framework for the Design and Implementation of Competition Law and Policy, S. 1; Mittal, S. 83.

202 Der Schutz des potenziellen Wettbewerbs ergibt sich aus den Regelungen in Sec. 19 (3) (a) und (c) CA.

b) Der relevante Markt

Sec. 2 (r) CA stellt fest, dass der relevante Markt von der Kommission sowohl unter Bezugnahme auf den relevanten Produktmarkt als auch auf den relevanten geografischen Markt bestimmt wird.

Ebenso bestimmt Sec. 19 (5) CA, dass die Competition Commission bei der Bestimmung des relevanten Marktes sowohl den relevanten geografischen Markt als auch den relevanten Produktmarkt angemessen berücksichtigen soll.

aa) Der relevante geografische Markt

Der relevante geografische Markt umfasst nach der Definition des Sec. 2 (s) CA das Gebiet, in dem die Wettbewerbsbedingungen für das Angebot oder die Nachfrage von Waren oder Dienstleistungen homogen sind und sich deutlich von den Wettbewerbsbedingungen benachbarter Gebiete unterscheiden.

In Sec. 19 (6) CA sind darüber hinaus eine Reihe von Umständen aufgezählt, welche die Kommission bei der Bestimmung des relevanten geografischen Marktes bzw. bei der Bestimmung der Homogenität der Wettbewerbsbedingungen zu berücksichtigen hat: Dazu gehören das Bestehen regulatorischer Handelsbarrieren, regionale Anforderungen bezüglich der Produktspezifikation, die nationale Beschaffungspolitik, angemessene Vertriebseinrichtungen, Transportkosten, Sprache, Verbrauchervorlieben und das Bedürfnis der Verbraucher nach einem schnellen Kundendienst. Nur ein Gebiet, in dem die genannten Faktoren einheitlich sind, kann den relevanten geografischen Markt bilden.

bb) Der relevante Produktmarkt

Der relevante Produktmarkt wird in Sec. 2 (t) CA definiert. Er umfasst alle Waren oder Dienstleistungen, die vom Konsumenten als austauschbar bzw. substituierbar angesehen werden, sei es aufgrund der typischen Eigenschaften, des Preises oder des bestimmungsgemäßen Gebrauchs des Produkts oder der Dienstleistung.

Sec. 19 (7) CA zählt weitere Aspekte auf, hinsichtlich derer eine Austauschbarkeit aus Konsumentensicht bestehen muss. Genannt sind im Einzelnen die physikalischen bzw. technischen Eigenschaften des Produkts oder der Dienstleistung, der vorgesehene Endverbrauch, der Preis, Verbraucherpräferenzen sowie die Existenz spezialisierter Hersteller.

c) Negative Wirkung

Nachdem der zu betrachtende Markt eingegrenzt ist, muss ermittelt werden, ob es auf diesem Markt zu einer negativen Wirkung für den Wettbewerb bzw. zu einer Wettbewerbsbeeinträchtigung gekommen ist – beziehungsweise, ob der Eintritt einer solchen Beeinträchtigung wahrscheinlich ist.

Nach der bisherigen Rechtsprechung zu der Vorgängerregelung des Sec. 3 (1) CA kann immer dann von einer Wettbewerbsbeeinträchtigung gesprochen werden, wenn den Verbrauchern durch die Praktiken der Unternehmen unangemessene Kosten oder Beschränkungen auferlegt werden und so das öffentliche Interesse geschädigt wird.[203] Eine Beschränkung in diesem Sinne ist insbesondere dann gegeben, wenn eine Vereinbarung zur Reduzierung oder Eliminierung des Wettbewerbs führt.[204] Diese Definition der Wettbewerbsbeeinträchtigung kann allerdings nicht vollständig auf das neue Recht übertragen werden. Denn im Gegensatz zum alten Recht, wo der Schutz des öffentlichen Interesses („public interest") als Leitmotiv fungierte, wird dieser auslegungsbedürftige Begriff im Competition Act, 2002 nur am Rande erwähnt.[205]

Sec. 19 (3) CA führt eine Reihe von Gesichtspunkten auf, die von der Kommission bei der Beurteilung, ob die in Frage stehende Vereinbarung eine wettbewerbsbeeinträchtigende Wirkung hat oder nicht, beachtet werden müssen. Die Aufzählung differenziert zwischen möglichen negativen Folgen einer solchen Vereinbarung und zwischen potenziell positiven Effekten für den Wettbewerb auf dem relevanten Markt. Im Hinblick auf die negativen Effekte soll die Kommission vor allem berücksichtigen, ob die Vereinbarung zur Errichtung von Markteintrittsbarrieren führt (Sec. 19 (3) (a) CA) oder ob sie den Markteintritt potenzieller Wettbewerber vollständig verhindert und so zu einer Eliminierung des Wettbewerbs führt (Sec. 19 (3) (c) CA). Weiterhin ist zu untersuchen, ob die Vereinbarung zur Verdrängung von Wettbewerbern aus dem Markt führt, Sec. 19 (3) (b) CA. Hinsichtlich möglicher positiver Effekte muss gemäß Sec. 19 (3) (d) CA untersucht werden, ob die Vereinbarung bewirkt, dass den Verbrauchern bestimmte Vorteile oder Gewinne zufließen. Außerdem ist zu berücksichtigen, ob es zu Verbesserungen bei der Erzeugung oder Verteilung von Waren oder dem Angebot von Dienstleistungen kommt (Sec. 19 (3) (e) CA) oder ob die betreffende Vereinbarung zur Förderung des technischen, wissenschaftlichen oder wirtschaftlichen Fortschritts beiträgt, Sec. 19 (3) (d) CA.

Eine Verbesserung der Produktion oder Verteilung von Waren im Sinne von Sec. 19 (3) (e) CA liegt dann vor, wenn es durch eine bessere Auslastung von Produktionsfaktoren oder durch eine Optimierung der Produktionsverfahren zu Kostensenkungen kommt oder wenn infolge der Vereinbarung die Bandbreite der angebotenen Waren oder Dienstleistungen steigt. Zur Förderung des technischen oder wirtschaftlichen Fortschritts trägt eine Vereinbarung immer dann bei, wenn sie durch die Ausnutzung von Größenvorteilen zu Produktivitätssteigerun-

---

203 Haridas Exports v. All India Float Glass Manufacturerers (2002) 111 CC (SC), 617, 636.

204 Ramappa, S. 71.

205 Vgl. insbesondere Sec. 54 CA. Daneben kommt dieser Begriff in Sec. 11 (1) (e) CA, Sec. 56 (1) (c) CA und dem neu eingefügten Sec. 56k (1) (f) CA vor.

gen führt oder wenn es durch die Vereinbarung zu zunehmender Spezialisierung im Bereich der Forschung und Entwicklung kommt, was wiederum in einer Beschleunigung bzw. Stärkung von Innovationen und technischer Entwicklung resultiert.[206]

Zur Beantwortung der Frage, ob die betreffende Vereinbarung insgesamt gesehen eine wettbewerbsbeeinträchtigende Wirkung hat oder nicht, muss die Kommission im Zuge einer Gesamtbetrachtung sowohl die negativen als auch die möglichen positiven Auswirkungen der in Frage stehenden Vereinbarung in ihre Erwägungen mit einfließen lassen. Sie ist dabei nicht auf die in Sec. 19 (3) CA genannten Faktoren beschränkt, da diese Regelung ihrem Wortlaut nach keinen abschließenden Charakter hat. Die Kommission kann daher grundsätzlich alle in Frage kommenden wettbewerbsfördernden oder -beschränkenden Wirkungen in ihren Abwägungsprozess mit einbeziehen.

d) Tatsächlich oder wahrscheinlich verursacht

Die Wettbewerbsbeschränkung muss nicht zwingend eingetreten sein, um einen Verstoß gegen das Wettbewerbsverbot zu begründen. Vielmehr kommt es gemäß Sec. 3 (1) CA darauf an, dass die Vereinbarungen „tatsächlich oder wahrscheinlich" eine negative Auswirkung auf den Wettbewerb haben.

Daraus lassen sich folgende Schlüsse ziehen: In Fällen, in denen ein Wettbewerbsverstoß festgestellt wurde, muss dieser kausal auf die betreffende Vereinbarung zurückzuführen sein. In Fällen, in denen eine wettbewerbsbeeinträchtigende Wirkung noch nicht eingetreten ist, muss es zumindest wahrscheinlich sein, dass die Vereinbarung zu einer solchen Wettbewerbsschädigung führt. Dabei wird die Art der Wahrscheinlichkeit durch das Gesetz nicht näher qualifiziert. Dem Wortlaut nach genügt jeder Grad der Wahrscheinlichkeit, um den Tatbestand des Sec. 3 (1) CA zu erfüllen.

Auf die Intention der beteiligten Parteien hinsichtlich der Begehung eines Wettbewerbsverstoßes kommt es dabei nicht an.[207]

5. Spürbarkeit der negativen Wirkung

Gemäß Sec. 3 (1) CA muss die Vereinbarung eine spürbar negative Auswirkung („appreciable adverse effect") auf den Wettbewerb haben. Spürbarkeit in diesem Sinne bedeutet, dass ein substantieller Teil des Marktes von der Wettbewerbsschädigung betroffen sein muss.[208]

Die Frage der Spürbarkeit einer Wettbewerbsbeschränkung wird in Indien nicht anhand eines bestimmten Schwellenwertes bestimmt. Die Bestimmung der Spürbarkeit einer Wettbewerbsbeschränkung erfolgt jeweils anhand der kon-

206 Ramappa, S. 85-86.
207 Mittal, S. 80.
208 Ramappa, S. 71.

kreten Umstände des jeweiligen Einzelfalles. Zu den Kriterien, die dabei eine Rolle spielen, gehören unter anderem der Prozentsatz des kontrollierten Geschäfts bzw. der prozentuale Marktanteil, die Stärke des verbleibenden Wettbewerbs sowie die wahrscheinliche Entwicklung des betreffenden Wirtschaftszweigs.[209]

Nur bei sehr kleinen Marktanteilen wird die Spürbarkeit einer Wettbewerbsbeschränkung nach der indischen Rechtpraxis allein aufgrund des Marktanteils ausgeschlossen. So verneinte die bisherige indische Wettbewerbskommission das Vorliegen einer Wettbewerbsbeschränkung in einem Fall, in dem die Unternehmen einer wettbewerbsbeschränkenden Vereinbarung lediglich einen Marktanteil von 1,45 % am relevanten Markt innehatten, da dieser keinen „wesentlichen Grad" erreiche.[210] Insgesamt gibt es bisher nur wenige Fälle, in denen sich die Kommission ausdrücklich zur Frage der Spürbarkeit geäußert hat.

6. Innerhalb Indiens

Nach dem Wortlaut des Sec. 3 (1) CA muss die Vereinbarung eine spürbar negative Wirkung auf den Wettbewerb „innerhalb Indiens" haben. Bereits der Wortlaut dieser Norm macht deutlich, dass es nicht darauf ankommt, dass die Vereinbarung auch in Indien getroffen worden ist. Vielmehr ist es wesentlich, ob sich diese auf den indischen Markt auswirkt oder nicht (Auswirkungsprinzip). Dafür spricht auch die Regelung zur extraterritorialen Anwendung des Kartellrechts in Sec. 32 CA.

II. Europäisches Recht, Art. 101 Abs. 1 AEUV (ex-Art. 81 Abs. 1 EG)

1. Adressaten der Norm: Unternehmen und Unternehmensvereinigungen

Die Adressaten von Artikel 101 AEUV (ex-Art. 81 EG) sind Unternehmen und Unternehmensvereinigungen. Der Unternehmensbegriff ist dabei weit zu verstehen. Er umfasst jede eine wirtschaftliche Tätigkeit ausübende Einheit, unabhängig von ihrer Rechtsform und der Art ihrer Finanzierung.[211] Diese Einheit muss aus einer einheitlichen Organisation persönlicher, materieller und immaterieller Mittel bestehen, die einen bestimmten wirtschaftlichen Zweck verfolgt und an einer Zuwiderhandlung im Sinne des Art. 101 AEUV beteiligt sein kann.[212] Das Merkmal der wirtschaftlichen Tätigkeit setzt grundsätzlich die Erbringung von Leistungen gegen Entgelt – nicht aber zwingend eine Gewinnerzielungsabsicht –

209 Mittal, S. 82.
210 DGIR v. UB-MEC Batteries (1996) 87 CC 891, 897.
211 EuGH, 23.4.1991, Rs. C-41/90, Höfner/Macrotron, Slg. 1991, I-1979, 1985, Rn. 21.
212 Bechtold, Art. 81 EG, Rn. 9.

voraus.[213] Auch natürliche Personen können nach dieser Definition Unternehmen i.S.d. Art. 101 AEUV sein.[214] Dasselbe gilt für Staaten und Hoheitsträger.[215] Art. 101 AEUV findet dagegen keine Anwendung auf rein hoheitliche Tätigkeiten.[216]

Gemäß Art. 106 Abs. 1 AEUV (ex-Art. Art. 86 Abs. 1 EG) müssen die Mitgliedsstaaten Art. 101 AEUV auch im Hinblick auf öffentliche Unternehmen beachten. Darunter versteht man solche Unternehmen, auf die die öffentliche Hand einwirken kann, ohne auf hoheitliche Mittel angewiesen zu sein.[217] Allerdings können die Handlungen eines Mitgliedsstaates gemäß Art. 106 Abs. 2 AEUV (ex-Art. 86 Abs. 2 EG) gerechtfertigt werden, wenn es sich um Unternehmen handelt, die mit Dienstleistungen von allgemeinem wirtschaftlichem Interesse betraut sind.

Unter Unternehmensvereinigungen sind vor allem Unternehmensverbände zu verstehen. Diese sind nur insoweit von Art. 101 AEUV betroffen, als sie das Verhalten von Unternehmen im Wettbewerb koordinieren.[218]

2. Vereinbarungen, Beschlüsse und abgestimmte Verhaltensweisen

a) Vereinbarungen

„Vereinbarungen zwischen Unternehmen" ist der erste in Art. 101 Abs. 1 AEUV genannte Koordinierungstatbestand, welcher als Mittel der Wettbewerbsbeschränkung verboten ist. Der Begriff der Vereinbarung wird weit ausgelegt. Unter einer Vereinbarung im Sinne des Art. 101 Abs. 1 AEUV ist jede förmliche oder formlose, ausdrückliche oder stillschweigende Willenseinigung zwischen zwei oder mehreren natürlichen oder juristischen Personen zu verstehen, durch die das Marktverhalten wenigstens eines Partners geregelt wird.[219] Nach der Rechtsprechung genügt es, wenn die Unternehmen ihren gemeinsamen Willen zum Ausdruck gebracht haben, sich auf dem Markt in einer bestimmten Weise zu verhalten.[220] Dabei kommt es nicht darauf an, ob die Willenseinigung schriftlich, mündlich oder konkludent erfolgt. Unerheblich ist es auch, ob die Unternehmen rechtlich verpflichtet waren oder sich für rechtlich verpflichtet

---

213 EuGH, 16.11.1995, Rs. C-244/94, Fédération francaise des sociétés d'assurance/ Ministère de l'Agriculture et de la Pêche, Slg. 1995, I-4013, 4030, Rn. 21.

214 Ritter/Braun, S. 45.

215 Bechtold, Art. 81 EG, Rn. 16.

216 Langen/Bunte-Bunte, Art. 81, Generelle Prinzipien, Rn. 10; EuGH, 4.5.1988, Rs. 30/87, Bodson v. Pompes Funbres, Slg. 1988, 2479, 2507, Rn. 18, 35.

217 Bechtold, Art. 86 EG, Rn. 16.

218 Mäger-Mäger, 1.Kap., Rn. 12.

219 EuGH, 15.7.1970, Rs. 41/69, ACF Chemiefarma/Kommission, Slg. 1970, 661, 696, Rn. 110 f.

220 EuG, 26. 10. 2000, Rs. T-41/96, Bayer/Kommission, Slg. 2000, II-3383, Rn. 67.

hielten, die Absprache einzuhalten. Auch so genannte gentlemen's agreements, also Absprachen mit bloßer wirtschaftlicher, gesellschaftlicher oder moralischer Verbindlichkeit bzw. Sanktionierung, werden von Art. 101 Abs. 1 AEUV erfasst.[221]

Unter den Begriff der Vereinbarung fallen sowohl horizontale Vereinbarungen zwischen Unternehmen auf derselben Wirtschaftsstufe als auch vertikale Vereinbarungen zwischen Unternehmen auf verschiedenen Marktstufen.[222]

Abzugrenzen ist der Begriff der Vereinbarung von einseitigen Maßnahmen. Einseitige Maßnahmen liegen immer dann vor, wenn das Verhalten der Beteiligten lediglich Ausdruck der einseitigen Politik einer der Vertragsparteien ist und nicht mindestens eine stillschweigende Zustimmung der anderen Vertragspartei angenommen werden kann.[223]

Grundvoraussetzung für das Vorliegen einer Vereinbarung ist die Selbstständigkeit der beteiligten Parteien.[224] Konzernzugehörige Unternehmen, die eine wirtschaftliche Einheit bilden, in deren Rahmen die Tochtergesellschaft ihr Vorgehen auf dem Markt nicht autonom – d.h. unabhängig von ihrer Muttergesellschaft – bestimmten kann[225], können untereinander keine Vereinbarung im Sinne des Art. 101 Abs. 1 AEUV schließen (sog. Konzernprivileg).[226]

b) Beschlüsse von Unternehmensvereinigungen

Als weiteres Tatbestandsmerkmal sind in Art. 101 Abs. 1 AEUV „Beschlüsse von Unternehmensvereinigungen" genannt. Durch Beschlüsse von Unternehmensvereinigungen werden die rechtlichen Beziehungen zwischen der Unternehmensvereinigung und den Beschlussadressaten bzw. zwischen den beteiligten Unternehmen geregelt. Dies geschieht auf der Grundlage einer Satzung, eines Gesellschaftsvertrages oder einer Geschäftsordnung durch den sich die beteiligten Unternehmen zu einer organisatorischen Einheit zusammengeschlossen haben.[227]

---

221 EuGH, 15.7.1970, Rs. 41/69, ACF Chemiefarma/Kommission, Slg. 1970, 661, 696, Rn. 112.

222 Bechtold, Art. 81 EG, Rn. 33.

223 Langen/Bunte-Bunte, Art. 81, Generelle Prinzipien, Rn. 28.

224 MüKo-Paschke, Art. 81 EG, Rn. 21.

225 Dieses Kriterium ist vom EuGH in dem Fall bejaht worden, in dem die Muttergesellschaft sämtliche Geschäftsanteile der Tochtergesellschaft hält und (mittelbar) die Aktivitäten der Tochtergesellschaft steuert EuGH, 24.10.1996, Rs. C-73/95, Viho, Slg. 1996, I-5457, Rn. 15.

226 EuGH, 31.10.1974, Rs. 15/74, Centrafarm/Sterling Drug, Slg. 1974, 1147, Rn. 41; EuGH, 4.5.1988, Rs. 30/87, Bodson, Slg. 1988, 2479, Rn. 19; EuGH, 14.7.1972, Rs. 48/69, ICI / Kommission, Slg. 1972, 619, Rn. 134 – Farbstoffe. Kritisch: Amato/ Ehlermann-Townley, S. 18.

227 Langen/Bunte-Bunte, Art. 81, Generelle Prinzipien, Rn. 26.

Ein Beschluss i.S.d. Art. 101 Abs. 1 AEUV liegt dann vor, wenn darin der gemeinsame Wille der beteiligten Unternehmen zum Ausdruck kommt, das Marktverhalten ihrer Mitglieder zu koordinieren.[228]

Die Beschlüsse der Unternehmensvereinigungen müssen grundsätzlich – zumindest mittelbar – rechtlich oder faktisch verbindlich sein.[229] Allerdings kann ein Beschluss auch dann vorliegen, wenn er zwar seinem Wortlaut nach als unverbindliche Empfehlung bezeichnet ist, aber dennoch ein Ausdruck des Willens des Verbandes war, das Verhalten seiner Mitglieder auf dem Markt zu koordinieren, und wenn er geeignet ist, diese Wirkung zu erzielen.[230] Auf die Verbindlichkeit soll es aber dann nicht mehr ankommen, wenn die Empfehlung angenommen und befolgt wurde.[231]

c) Aufeinander abgestimmte Verhaltensweisen

Das Merkmal der abgestimmten Verhaltensweisen i.S.d. Art. 101 Abs. 1 AEUV hat die Funktion eines Auffangtatbestandes. Ziel dieser Regelung ist es, Formen praktischer Zusammenarbeit und bewusster Verhaltenskoordinierung zu erreichen, die nicht unter die anderen Tatbestandsmerkmale des Art. 101 Abs. 1 AEUV fallen.[232] Als eine aufeinander abgestimmte Verhaltensweise wird jede Form der Koordinierung zwischen Unternehmen verstanden, die zwar noch nicht bis zu dem Abschluss eines Vertrages gediehen ist, jedoch bewusst eine praktische Zusammenarbeit an die Stelle des mit Risiken verbundenen Wettbewerbs treten lässt.[233] Erforderlich für das Tatbestandsmerkmal der aufeinander abgestimmten Verhaltensweisen ist eine Abstimmung über bestimmte Verhaltensweisen sowie ein daraus resultierendes unternehmerisches Verhalten.[234] Unter einer Abstimmung in diesem Sinne ist jede unmittelbare oder mittelbare Fühlungsnahme zwischen Unternehmen zu verstehen, die den Zweck verfolgt oder die Folge hat, das Marktverhalten der Mitbewerber zu beeinflussen oder den Mitbewerber über künftiges eigenes Verhalten ins Bild zu setzen.[235] Die abgestimmte Verhaltensweise muss vom bewussten Parallelverhalten abgegrenzt

---

228 EuGH, 27.1.1987, Rs. 45/85, Verband der Sachversicherer/Kommission, Slg. 1987, 405, 455, Rn. 32.

229 Langen/Bunte-Bunte, Art. 81, Generelle Prinzipien, Rn. 34; Mäger-Mäger, 1. Kap., Rn. 83; Bechtold, Art. 81 EG, Rn. 45. A.A.: FK-Roth/Ackermann, Grundfragen Art. 81 I, Rn. 108; BGH, 14.08.2008, WuW/E DE-R 2408.

230 EuGH, 27.1.1987, Rs. 45/85, Verband der Sachversicherer/Kommission, Slg. 1987, 405, 455.

231 EuGH, 8.11.1983, verb. Rs. 96 bis 102, 104, 105, 108 u. 110/82, IAZ/Kommission, Slg. 1983, 3369, 3410, Rn. 20.

232 Lange, S. 31.

233 EuGH, 14.7.1972, Rs. 48/69, ICI/Kommission, Slg. 1972, 619, 658, Rn. 64/67.

234 Schröter-Schröter, Art. 81 I, Rn. 86.

235 EuGH, 8.7.1999, Rs. C-199/92 P, Hüls/Kommission, Slg. 1999, I-4287, 4386 f.

werden, unter dem man eine einseitige, autonome – also nicht durch Koordinierungsmaßnahmen zustande gekommene – Anpassung an das Wettbewerbsverhalten anderer Unternehmen versteht.[236] Ein solches Parallelverhalten ist selbst dann nicht vom Kartellverbot erfasst, wenn es bewusst erfolgt, solange nicht eine darauf abzielende „Fühlungsnahme" zwischen den Unternehmen vorausgegangen ist.[237]

3. Wettbewerbsbeschränkung

Als zentrales Tatbestandsmerkmal setzt Art. 101 Abs. 1 AEUV voraus, dass die genannten Maßnahmen eine Verhinderung, Einschränkung oder Verfälschung des Wettbewerbs innerhalb des gemeinsamen Marktes bezwecken oder bewirken. Dabei werden die Tatbestandsmerkmale „Verhinderung, Einschränkung oder Verfälschung" in der Praxis unter dem Begriff der Wettbewerbsbeschränkung zusammengefasst.[238] Um den Begriff der Wettbewerbsbeschränkung zu definieren, muss zunächst klargestellt werden, was in diesem Zusammenhang unter „Wettbewerb" zu verstehen ist.

a) Wettbewerb

Da der Begriff des Wettbewerbs in den europäischen Wettbewerbsregeln nicht definiert wird, handelt es sich um einen unbestimmten Rechtsbegriff, dessen Bedeutung durch Auslegung ermittelt werden muss. Zur Klärung der Frage, welche Art von Wettbewerb durch Art. 101 AEUV geschützt ist, hilft ein Blick auf die Ziele und Grundsätze des AEU-Vertrags. Gemäß Art. 119 Abs. 1 und 2, Art. 120 und 127 AEUV (ex-Art. 4 Abs. 1 und 2, Art. 98 und Art. 105 EG) ist die europäische Wirtschafts- und Währungspolitik an den Grundsatz einer offenen Marktwirtschaft gebunden. Der durch den Vertrag geschützte Wettbewerb wird an verschiedenen Stellen als frei[239] und redlich[240] beschrieben.

Diese sich aus dem Vertrag ergebene Konkretisierung des Wettbewerbsbegriffs ist durch die Rechtsprechung weiter präzisiert worden. Danach ist es gerade der wirksame Wettbewerb („workable competition"), der durch die europäischen Wettbewerbsregeln geschützt werden soll.[241] Des Weiteren hat die Rechtsprechung das Wettbewerbskonzept des Europarechts dahingehend konkretisiert, dass das primäre Schutzobjekt des Kartellverbots die wirtschaftliche Entschei-

---

236 Mäger-Mäger, 1. Kap., Rn. 84.
237 Immenga/Mestmäcker-Emmerich, Art. 81 Abs. 1 EG, Rn. 108.
238 Mäger-Mäger, 1. Kap., Rn. 87.
239 Art. 119 Abs. 1 AEUV.
240 Präambel des Vertrags über die Arbeitsweise der Europäischen Union, Abs. 5.
241 EuGH, 25.10.1977, Rs. 2676, Metro/Saba I, Slg. 1977, 1875, 1905.

dungs- und Handlungsfreiheit der Unternehmen sein soll.[242] Dieses auch als „Selbstständigkeitspostulat“ bezeichnete Recht besagt, dass jeder Marktteilnehmer selbst zu bestimmen hat, welche Geschäftspolitik er auf dem gemeinsamen Markt betreiben will. Zu den Grundvoraussetzungen des Wettbewerbs gehören die Freiheit des Marktzutritts und die Möglichkeit der selbstständigen Willensbildung im Hinblick auf die Wahl des Vertragspartners sowie den Abschluss und die inhaltliche Ausgestaltung von Verträgen.[243] Eine Wettbewerbsbeschränkung ist u.a. dann zu bejahen, wenn die Handlungsfreiheit eines beteiligten Unternehmens gegenüber Dritten beeinträchtigt ist.[244]

Vereinbarungen, Beschlüsse und aufeinander abgestimmte Verhaltensweisen, welche diese Freiheiten einschränken, stellen eine verbotene Wettbewerbsbeschränkung i.S.d. Art. 101 AEUV dar, sofern sie geeignet sind, die Marktverhältnisse zu verändern.[245] Um eine solche Veränderung der Marktverhältnisse festzustellen, bedarf es eines Vergleichs der reellen Wettbewerbssituation mit der Wettbewerbssituation, wie sie ohne das fragliche Verhalten bestünde.[246] Da die Handlungsfreiheit der Unternehmen das zentrale Schutzobjekt des europäischen Kartellrechts bildet, kann eine Wettbewerbsbeschränkung nur vorliegen, wenn die Beteiligten auch über eine entsprechende Freiheit verfügen. Folglich scheidet eine Wettbewerbsbeschränkung aus, wenn es um die Ausübung der Leitungsmacht eines Unternehmens gegenüber einem wirtschaftlich eingebundenen Unternehmen[247] oder um die Ausübung des Weisungsrechts des Geschäftsherrn gegenüber Handelsvertretern, Agenten und Kommissionären geht.[248]

Die europäischen Wettbewerbsregeln schützen den Wettbewerb in all seinen Erscheinungsformen und auf allen Wirtschaftsstufen vor Beeinträchtigung.[249] Geschützt ist der Wettbewerb sowohl im Horizontalverhältnis zwischen Unternehmen auf der gleichen Marktstufe als auch im Vertikalverhältnis zwischen Unternehmen, die auf verschiedenen Marktstufen tätig sind.[250] Zum Wettbewerb im Sinne des Art. 101 AEUV gehören sowohl der interbrand-Wettbewerb zwi-

---

242 Schröter-Schröter, Art. 81 Abs. 1, Rn.101; EuGH 14.7.1981, Rs. 172/80, Züricher/Bayrische Vereinsbank, Slg. 1981, 2021, 2031.

243 Köhler/Bornkamm, Einl. UWG, Rn. 1.17; Schröter-Schröter, Art. 81 I, Rn. 102.

244 Gleiss/Hirsch, Kommentar zum EG-Kartellrecht, Art. 85 (1), Rn. 136; EuGH, 13.7.1966, verb. Rs. 56/64 und 58/64, Grundig/Consten, Slg. 1966, 327, 387.

245 Langen/Bunte-Bunte, Art. 81, Generelle Prinzipien, Rn. 53.

246 EuGH, 10.7.1980, Rs. 99/79, Lancôme/Etos, Slg. 1980, 2511, 2536.

247 EuGH, 31.10.1974, Rs. 15/74, Centrafarm/Sterling, Slg. 1974, 1147, 1168.

248 Mitteilung der Kommission vom 13. Oktober 2000: Leitlinien für vertikale Beschränkungen [KOM(2000/C 291/01), ABl. C 291 vom 13.10.2000, Rn. 12 ff.

249 Lange-Lange, Rn. 98; Bechtold, Art. 81 EG, Rn. 58.

250 EuGH, 30.6.1966, Rs. 56/65, LTM/Maschinenbau Ulm, Slg. 1966, 281, 302 f.

schen den Herstellern als auch der intrabrand-Wettbewerb zwischen den Vertriebshändlern beim Absatz von Produkten der gleichen Marke.[251] Neben dem Wettbewerb zwischen den Anbietern ist auch der Wettbewerb zwischen den Nachfragern geschützt.[252]

Außerdem werden sowohl der aktuelle als auch der potenzielle Wettbewerb vom Schutzbereich des Art. 101 AEUV umfasst.[253] Ein aktueller bzw. tatsächlicher Mitbewerber ist ein solches Unternehmen, das entweder auf demselben relevanten Markt tätig ist oder zumindest in der Lage wäre, seine Produktion auf die relevanten Produkte umzustellen und sie ohne spürbare zusätzliche Kosten oder Risiken kurzfristig auf den Markt zu bringen. Potenzielle Wettbewerber sind Unternehmen dann, wenn es Anhaltspunkte dafür gibt, dass sie die notwendigen zusätzlichen Investitionen und andere erforderliche Umstellungskosten auf sich nehmen könnten und wahrscheinlich auch würden, um als Reaktion auf eine geringfügige, aber dauerhafte Heraufsetzung der relativen Preise kurz- bis mittelfristig[254] gegebenenfalls in den Markt einzutreten.[255]

b) Beschränkung

Eine Wettbewerbsbeschränkung ist grundsätzlich dann gegeben, wenn die Handlungsfreiheit von mindestens einer der beteiligten Parteien durch eine Vereinbarung, einen Beschluss oder eine abgestimmten Verhaltensweise beschränkt wird und diese Maßnahmen dazu geeignet sind die Marktverhältnisse zu verändern.[256] In einigen Fällen haben die Gemeinschaftsorgane darüber hinaus die Auswirkungen der fraglichen Maßnahme auf Dritte miteinbezogen.[257]

Teilweise werden bei der Frage der Wettbewerbsbeschränkung auch wertende Gesichtspunkte von der Rechtsprechung berücksichtigt: Auch wenn unter Art. 101 Abs. 1 AEUV nach überwiegender Ansicht keine Abwägung von wettbewerbsbeschränkenden und wettbewerbsfördernden Aspekten im Sinne einer „Rule of Reason“ stattfindet[258], so werden dennoch im Einzelfall der Gesamtzu-

---

251 Lange-Lange, Rn. 97.

252 Kommission, 5.12.1983, ABl. 1983 L 376/11, 13 – VW-MAN.

253 Whish, S. 133; Kommission, 14.7.1986, ABl. 1986 L 236/30, 36 – Lichtwellenreiter.

254 D.h. in der Regel innerhalb eines Jahres, vgl. Horizontalleitlinien, Rn. 9, Fn. 9; Vertikalleitlinien, Rn. 26.

255 Bechtold, Art. 81 EG, Rn. 66.

256 S.o., 3. Teil, C, II, 3., a).

257 Übersicht zu dieser Entscheidungspraxis bei Emmerich, Kartellrecht, § 4, Rn. 35 ff, 43, 45 f.

258 Emmerich, § 4, Rn. 89; Lange-Lange, Rn. 108; Lenz-Grill, Art. 81 Rn. 23; Fritsche, ZHR 160 (1996), 31, 47 f.; Mestmäcker/Schweitzer, § 7, Rn. 56ff., 216ff.; Langen/Bunte-Bunte, Art. 81, Generelle Prinzipien, Rn. 60; V. d. Groeben-Schröter, Art. 81 Abs. 1, Rn. 92; EuG, Rs. T-112/99, M6, Slg. 2001, II-2459, 2489, Rn. 76; a.A.: FK-Roth/Ackermann, Art. 81, Rn. 260 f., Streinz-Eilmannsberger, Art. 81, Rn. 62-67, 65.

sammenhang, in dem die Vereinbarung zustande gekommen ist oder ihre Wirkung entfaltet, sowie die Zielsetzung der Vereinbarung vom EuGH gewürdigt.[259]

So werden beispielsweise offene ausschließliche Lizenzen für bestimmte neue Technologien (Maissaatgut)[260] bzw. Urheberrechte (Filmvorführungslizenzen)[261] – unter bestimmten Voraussetzungen[262] – von vornherein nicht vom Tatbestand des Art. 101 Abs. 1 AEUV erfasst. Auch durch das Konzept der wettbewerbsbeschränkenden Nebenabreden bzw. durch die im US-amerikanischen Kartellrecht entwickelte „ancillary-restraints-doctrine"[263], die in Deutschland als „Immanenztheorie" bzw. als „vertragsimmanente Wettbewerbsbeschränkung" eine Ausprägung erfahren hat,[264] wird der Anwendungsbereich des Art. 101 Abs. 1 AEUV begrenzt. Der EuGH hat dies vor allem im Zusammenhang mit Wettbewerbsverboten in Unternehmenskaufverträgen[265], im Hinblick auf freiheitsbeschränkende Bestimmungen in Genossenschaftssatzungen[266] und

---

259 EuGH, 19.2.2002, Rs. C-309/99, Wouters, Slg. 2002, I-1577, 1688, Rn. 97; ähnlich EuG, Rs. T-112/99, M6, Slg. 2001, II-2459, 2489, Rn. 76.

260 Die Vergabe einer ausschließlichen Lizenz an einem Sortenschutzrecht für bestimmte neu entwickelte Saatgutsorten in einem Mitgliedsstaat ist „als solche nicht unvereinbar mit" Art. 101 Abs. 1 AEUV (ex-Art. 81 Abs. 1 AEUV) – sie stellt also keine Wettbewerbsbeschränkung i.S.v. Art. 101 Abs. 1 AEUV dar – wenn es sich um eine offene ausschließliche Lizenz handelt, die zur Verbreitung der neuen Technologie beiträgt und die den Wettbewerb zwischen dem neuen Erzeugnis und ähnlichen vorhandenen Erzeugnissen in der Gemeinschaft fördert, EuGH, 8.6.1982, Rs. 258/78, Nungesser/Kommission, Slg. 1982, 2015, 2016, 2069 – Maissaatgut.

261 Eine ausschließliche Filmvorführungslizenz soll nur dann von Art. 101 AEUV (ex.-Art. 81 Abs. 1 EG) erfasst werden, wenn sie auf dem konkreten Markt für Filme angesichts der Besonderheiten dieses Marktes nachweislich zu einer Wettbewerbsbeschränkung führt. Entscheidend ist, ob Hindernisse errichtet werden, die im Hinblick auf die Bedürfnisse der Filmindustrie künstlich und ungerechtfertigt sind, ob unangemessen hohe Vergütungen für die getätigten Investitionen ermöglicht werden oder ob eine Ausschließlichkeit herbeigeführt wird, deren Dauer gemessen an diesen Bedürfnissen übermäßig lang ist, EuGH, 6.10.1982, Rs. 262/81, Coditel II, Slg. 1982, 3381, 3402.

262 Vgl. die beiden vorangehenden Fußnoten.

263 United States vs. Addyston Pype & Steel Co., 85 F. 271, 281 (6* Cir. 1898), 175 US 21 1 (1898).

264 Horsch, S. 433.

265 EuGH, 11.7.1985, Rs. 42/84, Remia u.a./Kommission, Slg. 1985, 2545, 2571, Rn. 18 ff. Diese Grundsätze finden sich in der „Bekanntmachung der Kommission über Einschränkungen des Wettbewerbs, die mit der Durchführung von Unternehmenszusammenschlüssen unmittelbar verbunden und für diese notwendig sind", wieder, ABl. EG 2005 Nr. C 56/24, Rn. 18ff.

266 EuGH, 15. 12. 1994, Rs. C-250/92, Gottrup-Klim/ DLG, Slg. 1994, I-5641, 5687f.

in Bezug auf Vertriebsfranchisevereinbarungen[267] angenommen. Nach dem Konzept der „ancillary restraints“ werden solche Beschränkungen grundsätzlich nicht von Art. 101 Abs. 1 AEUV erfasst, die für das Bestehen einer ansonsten wettbewerbsneutralen oder wettbewerbsfördernden Vereinbarung objektiv notwendig sind. Dies gilt unter der Voraussetzung, dass sich die beschränkende Vereinbarung in räumlicher, sachlicher und zeitlicher Hinsicht auf das für die Erfüllung der grundsätzlich erwünschten wirtschaftlichen Operation Notwendige beschränkt.[268] Auch wettbewerbsbeschränkende Abreden im Rahmen selektiver Vertriebssysteme, die für die Wahrung der Qualität und des richtigen Gebrauchs bestimmter Erzeugnisse erforderlich sind[269], stellen nach der Rechtsprechung des EuGH einen mit Art. 101 Abs. 1 AEUV „vereinbaren Bestandteil des Wettbewerbs“ dar.[270] Schließlich kann eine „Wettbewerbsbeschränkung“ im Sinne von Art. 101 Abs. 1 AEUV auch unter dem Gesichtspunkt der Notwendigkeit zur Erschließung eines neuen Marktes zu verneinen sein.[271]

c) Bezwecken oder bewirken

Als weitere Voraussetzung verlangt Art. 101 AEUV, dass die Unternehmen die Wettbewerbsbeschränkung bezwecken oder bewirken.

---

267 Danach werden typische Klauseln eines Franchise-Vertrags vom EuGH von vornherein nicht als „Beschränkung des Wettbewerbs“ beurteilt, wenn sie für das Funktionieren des Franchise-Systems unerlässlich sind. Der EuGH beurteilt Vertriebsfranchisevereinbarungen vor allem deshalb grundsätzlich positiv, weil diese den Franchisenehmern Methoden zugänglich machen, über die sie sonst erst nach langen mühevollen Nachforschungen hätten verfügen können, EuGH, 28.1.1986, Rs. 161/84, Pronuptia, Slg. 1986, 353, 354 u. 381.

268 Lange-Lange, Rn. 110; vgl. auch die „Bekanntmachung der Kommission über Einschränkungen des Wettbewerbs, die mit der Durchführung von Unternehmenszusammenschlüssen unmittelbar verbunden und für diese notwendig sind“, ABl. EG 2005 Nr. C 56/24, Rn. 19 und 22f.

269 Vgl. EuGH, 11.12.1980, Rs 31/80, L'Oreal/PVBA „De Nieuwe Amck“, Slg. 1980, 3775, Rn. 16.

270 Dies setzt voraus, dass die Auswahl der Wiederverkäufer aufgrund objektiver Gesichtspunkte qualitativer Art erfolgt, die sich auf die fachliche Eignung des Wiederverkäufers, seines Personals und seiner sachlichen Ausstattung beziehen. Außerdem müssen die Voraussetzungen einheitlich für alle in Betracht kommenden Wiederverkäufer festgelegt und ohne Diskriminierung angewendet werden (EuGH, 25.10.1977, Rs. 26/76, Metro/Saba I, Slg. 1977, 1875, 1905, Rn. 20). Letztlich müssen sich die Klauseln des qualitativen Vertriebsvertrags auf das zur Gewährleistung eines qualitätsangemessenen Vertriebs Erforderliche beschränken, EuGH, 11.12.1980, Rs 31/80, L'Oreal/PVBA „De Nieuwe Amck“, Slg. 1980, 3775, Rn. 16.

271 Dies gilt für Alleinvertriebsvereinbarungen, die der Erschließung neuer Märkte dienen, wenn diese Markterschließung ohne diese Vereinbarung nicht möglich gewesen wäre, EuGH, 30.6.1966, Rs. 56/65, LTM/Maschinenbau Ulm, Slg. 1966, 281, 284, 304.

aa) Bezweckte Wettbewerbsbeschränkung

Eine Wettbewerbsbeschränkung ist immer dann bezweckt, wenn der Inhalt der Absprache dazu geeignet ist, mittelbar oder unmittelbar eine Beeinträchtigung des Wettbewerbs herbeizuführen.[272] Der Nachweis einer Absicht der Parteien, den Wettbewerb zu beschränken, ist hierfür ein relevanter Faktor, jedoch keine notwendige Voraussetzung.[273]

Wird ein wettbewerbsbeschränkender Zweck festgestellt, so ist die Analyse der konkreten Auswirkungen der Vereinbarung für die Anwendbarkeit des Art. 101 Abs. 1 AEUV entbehrlich.[274]

Exportverbote, Mindestpreisvereinbarungen, Kapazitätsabbauvereinbarungen sowie Verwendungsbeschränkungen für bestimmte Produkte sind Beispiele für Vereinbarungen, die eine Wettbewerbsbeschränkung bezwecken.[275]

bb) Bewirkte Wettbewerbsbeschränkung

Wenn die Vereinbarungen, Beschlüsse oder abgestimmten Verhaltensweisen keine Wettbewerbsbeschränkung bezwecken, kommt es auf das „Bewirken“ einer Wettbewerbsbeschränkung an, wobei die tatsächlichen wie auch die potenziellen Auswirkungen zu berücksichtigen sind.[276]

Um die Wirkung der Vereinbarung, des Beschlusses oder der abgestimmten Verhaltensweise zu prüfen, muss ein Vergleich vorgenommen werden zwischen den tatsächlichen Wettbewerbsverhältnissen und den hypothetischen Wettbewerbsverhältnissen, wie sie ohne die betreffende Vereinbarung, den Beschluss oder die abgestimmte Verhaltensweise bestehen würden. Es muss außerdem ein Ursächlichkeitszusammenhang zwischen der festgestellten beschränkenden Wirkung und der Vereinbarung, dem Beschluss bzw. der abgestimmten Verhaltensweise bestehen.[277]

Bei bestimmten beschränkenden Vereinbarungen können die wettbewerbswidrigen Auswirkungen nach Ansicht der Kommission unmittelbar durch eine Analyse des Marktverhaltens der Vertragsparteien nachgewiesen werden, ohne dass es auf die Bestimmung des relevanten Marktes ankommt.[278] Dies gilt für

---

272 EuGH, 30.6.1966, Rs. 56/65, LTM/Maschinenbau Ulm, Slg. 1966, 281, 303.

273 LL zu Art. 81 Abs. 3, Rn. 22, 23.

274 EuGH, 30.6.1966, Rs. 56/65, LTM/Maschinenbau Ulm, Slg. 1966, 281, 303; EuGH Rs. C 49/92, Anic Partecipazioni, Slg. 1999, I-4125, Rn. 99; LL zu Art. 81 Abs. 3, Rn. 20.

275 Bechtold, Art. 81 EG, Rn. 72.

276 LL zu Art. 81 Abs. 3 EG, Rn. 24.

277 Langen/Bunte-Bunte, Art. 81, Generelle Prinzipien, Rn. 122.

278 Leitlinien zur Anwendung von Art. 81 Absatz 3 EG-Vertrag (LL zu Art. 81 Abs. 3 EG), 2004/C 101/08, Amtsblatt der Europäischen Union vom 27.04.2004, C 101/97, Rn. 27.

bestimmte Kernbeschränkungsvereinbarungen, wie z.B. Preiskartelle oder Absatzbeschränkungsvereinbarungen zwischen Mitbewerbern.[279] In der Regel ist es allerdings für die Frage des „Bewirkens“ erforderlich, unter Berücksichtigung der Produktbeschaffenheit, der Marktstellung der Parteien, der Wettbewerber, der Abnehmer, des Vorhandenseins potenzieller Wettbewerber und des Ausmaßes von Marktzutrittsschranken die Auswirkungen der betreffenden Vereinbarung auf dem jeweiligen relevanten Markt zu analysieren.[280]

d) Bestimmung des relevanten Marktes

Auch wenn die Marktmacht kein Tatbestandsmerkmal des Art. 101 AEUV darstellt, setzt die Anwendung dieser Norm in vielen Fällen die Bestimmung des relevanten Marktes voraus. Neben dem bereits genannten Fall, dass die wettbewerbsbeschränkende Wirkung einer Maßnahme ermittelt werden muss, kann eine Marktabgrenzung erforderlich sein, um die Spürbarkeit einer Wettbewerbsbeschränkung festzustellen oder die Frage nach der Möglichkeit einer Wettbewerbsausschaltung im Sinne des Art. 101 Abs. 3 lit. b) AEUV zu klären. Aber auch bei der Prüfung der Zwischenstaatlichkeitsklausel stellt die Kommission in der Praxis zunehmend auf die ökonomischen Rahmenbedingungen der Kartellabsprache ab.[281] Ebenso kommt es in diversen Gruppenfreistellungsverordnungen für die Frage der Freistellung auf die Marktanteile der beteiligten Unternehmen an.[282]

Bei der Bestimmung des relevanten Marktes wird zwischen einer sachlichen und einer räumlichen – gegebenenfalls auch einer zeitlichen – Komponente differenziert.[283]

aa) Sachlich relevanter Markt

Der sachlich relevante Markt erfasst alle Erzeugnisse bzw. Dienstleistungen, die hinsichtlich ihrer Eigenschaften, ihres Verwendungszwecks und des Preises als funktionell austauschbar angesehen werden können (sog. Bedarfsmarktkonzept).[284] Zwei Waren sind dann funktionell austauschbar, wenn sie zur Deckung desselben Bedarfs geeignet sind, wobei es auf die Sicht der Marktgegenseite ankommt.[285]

---

279 Loewenheim/M/R-Amato/Diaz, Art. 81 I, Rn. 164.

280 Langen/Bunte-Bunte, Art. 81, Generelle Prinzipien, Rn. 122.

281 Welche ihrerseits in erheblichem Maße durch die Stellung der beteiligten Unternehmen auf dem relevanten Markt geprägt werden, Lange-Lange, Handbuch, Rn. 111.

282 Z.B. in Art. 3 der Gruppenfreistellungsverordnung Nr. 2790/99 für vertikale Vereinbarungen, ABl. Nr. L 336/21.

283 Bechtold, Art. 82 EG Rn. 5.

284 Bekanntmachung der Kommission über die Definition des relevanten Marktes im Sinne der Gemeinschaft (ABl. 1997 C 372), Rn. 7.

285 Lange-Lange, Rn. 114.

Neben der Nachfragesubstituierbarkeit kann auch die Angebotssubstituierbarkeit von Bedeutung sein, wenn sie sich genauso wie die Nachfragesubstituierbarkeit auswirkt: Auch wenn die Produkte aus der Sicht des Nachfragers nicht austauschbar sind, werden sie dann einem einzigen Produktmarkt zugeordnet, wenn die Anbieter als Reaktion auf kleine, dauerhafte Änderungen der relativen Preise in der Lage sind, die Produktion kurzfristig auf die relevanten Erzeugnisse umzustellen und diese ohne spürbare Zusatzkosten auf den Markt zu bringen (Angebotsumstellungsflexibilität).[286]

bb) Räumlich relevanter Markt

Als räumlich relevanter Markt wird das Gebiet bezeichnet, in dem die beteiligten Unternehmen die relevanten Produkte oder Dienstleistungen anbieten, in dem die Wettbewerbsbedingungen hinreichend homogen sind und das sich von benachbarten Gebieten durch spürbar unterschiedliche Wettbewerbsbedingungen unterscheidet.[287]

Bezogen auf die Marktgegenseite kommt es darauf an, inwiefern die Käufer der betreffenden Produkte regionale Ausweichmöglichkeiten haben, um entsprechende Produkte zu beziehen.[288]

Im Hinblick auf die Angebotsseite ist der räumlich relevante Markt definiert als der Raum, in dem das in Frage stehende Unternehmen Produkte und Dienstleistungen zu objektiv gleichen Bedingungen ohne wirtschaftliche Schranken anbieten kann.[289]

Der räumlich relevante Markt muss nicht notwendigerweise mit dem Gebiet der Europäischen Union oder des Europäischen Wirtschaftsraumes übereinstimmen. Der räumlich relevante Markt kann sowohl ein größeres als auch ein kleineres Territorium umfassen, wobei es sich zumindest um einen „wesentlichen Teil“ des Gemeinsamen Marktes handeln muss.[290]

Oft kann der räumlich relevante Markt aus der Vereinbarung selbst entnommen werden. Anderenfalls muss ermittelt werden, in welchem Gebiet sich

---

286 Bekanntmachung der Kommission über die Definition des relevanten Marktes im Sinne des Wettbewerbsrechts der Gemeinschaft, ABl. 1997 C 372/3 Rn. 20; Langen/Bunte-Bunte, Art. 81, Rn. 134. Die Angebotssubstituierbarkeit unterscheidet sich von dem zu berücksichtigenden potenziellen Wettbewerb sowohl in zeitlicher Hinsicht, als auch hinsichtlich der Kosten: Anders als in Fällen bestehender Angebotsumstellungsflexibilität kann der Markteintritt potenzieller Wettbewerber auch mittelfristig erfolgen und mit erheblichen Kosten (sunk costs) einhergehen.

287 Bekanntmachung der Kommission über die Definition des relevanten Marktes im Sinne der Gemeinschaft, (ABl. 1997 C 372), Rn. 8.

288 Lange-Lange, Rn. 117.

289 EuGH, 14.2.1978, Rs. 27/76, United Brands/Kommission, Slg. 1978, 207, 284 f., Rn. 45-56.

290 Bechtold, Art. 82, Rn. 12.

die Vereinbarung auswirkt. Dieses Gebiet wird in der Regel dem geografischen Raum entsprechen, in dem die beteiligten Unternehmen bisher tätig waren.[291]

cc) Sonstiges

Nur in seltenen Fällen ist zusätzlich die Bestimmung des zeitlich relevanten Marktes, also die Abgrenzung eines bestimmten Zeitraumes, für den die Wettbewerbsverhältnisse zu untersuchen sind, notwendig. Bedeutsam kann die zeitliche Marktabgrenzung in Fällen werden, in denen Leistungen nur für eine bestimmte Zeit angeboten werden, oder wenn die Wirkung einer Absprache nur befristet ist.[292]

4. Spürbarkeit

Als ein ungeschriebenes Tatbestandsmerkmal des Art. 101 AEUV ist die Spürbarkeit[293] der Wettbewerbsbeschränkung zu prüfen. Dieses Merkmal wurde von der Rechtssprechung des EuGH und der Verwaltungspraxis der Kommission eingeführt, um einer zu extensiven Anwendung des Kartellverbots vorzubeugen.[294]

Der Begriff der Spürbarkeit der Wettbewerbsbeschränkung ist durch die Kommission unter Berücksichtigung der relevanten Rechtsprechung in der Bagatellbekanntmachung (bzw. De-minimis-Bekanntmachung) näher erläutert worden.[295] In dieser Bekanntmachung, die Ermessensregeln aufstellt und zu einer Selbstbindung der Kommission führt, werden sowohl quantitative als auch qualitative Kriterien aufgeführt, welche die Spürbarkeit einer Maßnahme ausschließen.[296]

Bezüglich der quantitativen Kriterien wird in der Bekanntmachung dahingehend differenziert, ob die Vereinbarungen, Beschlüsse oder abgestimmten Verhaltensweisen zwischen tatsächlichen oder potenziellen Wettbewerbern auf dem

---

291 Schröter-Schröter, Art. 81 I, 137.

292 Langen/Bunte-Bunte, Art. 81, Generelle Prinzipien, Rn. 139; ein Beispiel ist der Markt für Eintrittskarten zur Fußballweltmeisterschaft, Entscheidung der Kommission, 27.10.1992, ABl. 1992 Nr. L 326/31ff. – Fußballweltmeisterschaft 1990.

293 Teilweise auch als „De-minimis-Regel“ oder „Bagatellregel“ bezeichnet.

294 Langen/Bunte-Bunte, Art. 81, Generelle Prinzipien Rn. 124; st. Rechtsprechung seit EuGH 30.6.1966, Rs. 56/65, LTM/MBU, Slg. 1966, 281, 303f. u. EuGH, 9.7.1969, Rs. 5/69, Völk/Vervaecke, Slg. 1969, 295, 302.

295 Bekanntmachung der Kommission über Vereinbarungen von geringer Bedeutung, die den Wettbewerb gemäß Artikel 81 Absatz 1 des Vertrags zur Gründung der Europäischen Gemeinschaft nicht spürbar beschränken (De-minimis-Bekanntmachung), 2001/C 368/07, Amtsblatt Nr. C 368 vom 22/12/2001 S. 13ff.

296 Quantitativen Kriterien: Vgl. Rn. 7, 8 und 9 der De-minimis-Bekanntmachung ; Qualitative Kriterien (Kernbeschränkungen): Vgl. Rn. 11 der De-minimis-Bekanntmachung.

betreffenden Markt geschlossen bzw. ausgeübt werden oder nicht: So ist die Spürbarkeit bei Vereinbarungen, Beschlüssen oder abgestimmten Verhaltensweisen zwischen Wettbewerbern nach Auffassung der Kommission nicht gegeben, wenn der gemeinsame Marktanteil auf keinem der von der Vereinbarung, dem Beschluss oder der abgestimmten Verhaltensweise betroffenen relevanten Märkte die 10 %-Schwelle übersteigt. Bei Vereinbarungen oder abgestimmten Verhaltensweisen zwischen Nicht-Wettbewerbern, liegt die Schwelle bei 15 %.[297] Eine Überschreitung der genannten Schwellen führt dagegen nicht automatisch dazu, dass die Wettbewerbsbeschränkungen spürbar sind.[298]

Die Bekanntmachung führt darüber hinaus eine Reihe von Kernbeschränkungen bzw. besonders schwerwiegenden Wettbewerbsbeschränkungen auf, bei denen die Schwellwerte der De-minimis-Bekanntmachung nicht gelten. Dies betrifft Preisabsprachen, Vereinbarungen über die Aufteilung der Märkte oder Kunden und Gebietsabsprachen.[299] Auch wenn De-minimis-Bekanntmachung in diesen Fällen nicht anwendbar ist, kann die Spürbarkeit bei besonders geringen Marktanteilen im Einzelfall fehlen.[300]

Das EuG nimmt bei der Überprüfung von Kommissionsentscheidungen auf die jeweils geltende Bekanntmachung Bezug. Der EuGH dagegen hat sich bisher zu den verschiedenen Bagatellbekanntmachungen der Kommission nicht geäußert.[301] Er bezieht bei der Bewertung der Spürbarkeit vielmehr auch andere Kriterien mit ein, wie den Inhalt der Bestimmung, Art und Menge der betreffenden Erzeugnisse, Stellung und Bedeutung der Beteiligten auf dem Markt der fraglichen Waren sowie ganz allgemein die wirtschaftlichen und rechtlichen Zusammenhänge.[302] Vom EuGH wurde die Spürbarkeit auch in Fällen bejaht, in denen der Umsatz der beteiligten Unternehmen einem Marktanteil von etwa 5 % entsprach.[303]

5. Beeinträchtigung des Handels zwischen den Mitgliedsstaaten

Das Tatbestandsmerkmal der Beeinträchtigung des Handels zwischen den Mitgliedsstaaten dient der Abgrenzung des Anwendungsbereiches des Art. 101 AEUV gegenüber den vergleichbaren Regelungen der mitgliedsstaatlichen

297 De-minimis-Bekanntmachung, Rn. 7.

298 De-minimis-Bekanntmachung, Rn. 2

299 De-minimis-Bekanntmachung, Rn. 11.

300 Vgl. OLG Düsseldorf, 23.6.2004, VI-U (Kart) 29/04 – Tchechisches Bier, WuW DE-R 1410, 1412 (keine Spürbarkeit bei Marktanteilen von 0,16 %).

301 Langen/Bunte-Bunte, Art. 81, Generelle Prinzipien, Rn. 126.

302 EuGH, 11.12.1980, Rs. 31/80, L'Oréal/PVBA „De Nieuwe Amck", Slg. 1980, 3757, 3792.

303 EuGH, 1.2.1978, Rs. 19/77, Miller, Slg. 1978, 131, Rn. 9, 10; EuGH, 25.10.1983, Rs. 107/82, AEG, Slg. 1983, 3151, Rn. 58.

Rechtsordnungen.[304] Die drei zu prüfenden Kriterien sind der Handel zwischen den Mitgliedsstaaten, die Eignung zur Beeinträchtigung sowie die Spürbarkeit der Beeinträchtigung.[305]

a) Handel zwischen den Mitgliedsstaaten

Der Begriff des Handels i.S.d. Art. 101 AEUV umfasst den gesamten Wirtschaftsverkehr, das heißt den vollständigen Waren-, Personen-, Dienstleistung- und Kapitalverkehr zwischen den Mitgliedsstaaten.[306]

b) Eignung zur Beeinträchtigung

Nach dem Wortlaut des Art. 101 AEUV muss die Maßnahme dazu geeignet sein, den zwischenstaatlichen Handel zu beeinträchtigen. Dieses Merkmal wurde vom EuGH näher konkretisiert und setzt voraus, dass sich unter Berücksichtigung aller objektiven, rechtlichen und tatsächlichen Umstände mit hinreichender Wahrscheinlichkeit voraussehen lässt, dass die Maßnahme unmittelbar oder mittelbar, tatsächlich oder der Möglichkeit nach den Warenverkehr zwischen den Mitgliedsstaaten beeinflussen kann.[307]

Eine solche Beeinträchtigung des Handels zwischen den Mitgliedsstaaten kann auch bei einer Vereinbarung oder einer abgestimmten Verhaltensweise zwischen zwei Parteien aus demselben Mitgliedsstaat gegeben sein. Dies wäre zum Beispiel dann der Fall, wenn eine Vereinbarung zwischen einem Lieferanten und einem Vertriebshändler die Ausfuhren in andere Mitgliedsstaaten verbietet.[308]

c) Spürbarkeit der Beeinträchtigung (Negativvermutung)

Genauso wie die Wettbewerbsbeschränkung muss auch die Beeinträchtigung des zwischenstaatlichen Handels spürbar sein. Mit diesem quantitativen Element sollen solche Beeinträchtigungen ausgeschlossen werden, die nur eine sehr geringe Auswirkung auf den zwischenstaatlichen Handel haben.[309]

---

304 Art. 3 II VO 1/2003; EuGH, 31.5.1979, Rs.22/78, Hugin/Kommission, Slg. 1979, 1869, 1899.

305 Mäger-Mäger, 1. Kap., Rn. 69.

306 EuGH, 4.5.1988, Rs. 30/87, Bodson/Pompes funèbres, Slg. 1988, 2479 (2514), Rn. 24; Mestmäcker/Schweitzer, § 4, Rn. 12; V. d. Groeben-Schröter, Art. 81 I, Rn. 178.

307 EuGH, 17.7.1997, Rs. C-219/95 P, Ferriere Nord, Slg. 1997, I-4411, 4412; Leitlinien zum zwischenstaatlichen Handel, Rn. 24 ff.

308 Kommission, Leitlinien über den Begriff der Beeinträchtigung des zwischenstaatlichen Handels in den Artikeln 81 und 82 des Vertrages (Leitlinien zwischenstaatlicher Handel), Abl. 2004, Nr. C 101/07, S. 81 ff., Rn. 40.

309 Kommission, Leitlinien über den Begriff der Beeinträchtigung des zwischenstaatlichen Handels in den Artikeln 81 und 82 des Vertrages, Abl. 2004, Nr. C 101/07, S. 81 ff., Rn. 44 ff; Lange-Lange, Rn. 134.

Zur Konkretisierung des Merkmals der Spürbarkeit der Beeinträchtigung des zwischenstaatlichen Handels hat die Kommission mit den so genannten „No Appreciable Affection of Trade“- bzw. „NAAT“-Regeln bestimmte Kriterien aufgestellt, bei deren Vorliegen vermutet wird, dass die Vereinbarung, der Beschluss oder die abgestimmte Verhaltensweise grundsätzlich ungeeignet ist, den zwischenstaatlichen Handel zu beeinträchtigen.[310] Diese Negativvermutung setzt voraus, dass der gemeinsame Marktanteil der Parteien auf keinem von der Vereinbarung, dem Beschluss oder der Verhaltensweise betroffenen relevanten Markt innerhalb der Gemeinschaft 5 % überschreitet. Im Falle horizontaler Vereinbarungen, Beschlüsse oder abgestimmter Verhaltensweisen darf überdies der gesamte Jahresumsatz der beteiligten Unternehmen innerhalb der Gemeinschaft, der mit den von der Vereinbarung, dem Beschluss oder der abgestimmten Verhaltensweise erfassten Produkten erzielt wird, den Betrag von 40 Mio. Euro nicht überschreiten; bei Vereinbarungen, Beschlüssen oder abgestimmten Verhaltensweisen über den gemeinsamen Einkauf kommt es dabei auf den Umsatz aus den gemeinsamen Einkäufen an.

Bei vertikalen Vereinbarungen darf der Jahresumsatz der Lieferanten mit den von der Vereinbarung erfassten Waren in der Gemeinschaft den Betrag von 40 Mio. Euro nicht überschreiten.[311]

III. Zusammenfassung und Vergleich

1. Schutzobjekt

Zentrales Schutzobjekt des europäischen Rechts ist die wirtschaftliche Entscheidungs- und Handlungsfreiheit der Unternehmen.[312] Der indische Competition Act, 2002 dient dem Schutz der „Handelsfreiheit“ der Marktteilnehmer, die Teil ihrer Handlungsfreiheit ist.[313] Gleichermaßen soll das neue indische Kartellgesetz allerdings auch dem Schutz der Verbraucherinteressen dienen, wie die Präambel des Competition Act verdeutlicht.[314] Die Aufführung in der Präambel verdeutlicht die starke Stellung der Verbraucherinteressen im indischen Kartellrecht. Allerdings hat auch die europäische Kommission in ihren Leitlinien betont, dass der Wettbewerbsschutz im Endeffekt dazu dient, den Wohlstand der

---

310 Leitlinien zwischenstaatlicher Handel, Rn. 52.

311 Leitlinien zwischenstaatlicher Handel, Rn. 52.

312 S.o., 3. Teil, C, II, 3., a).

313 "Ensure freedom of trade, carried on by ... participants in markets", Präambel des Competition Act, 2002.

314 „An act...to protect the interests of consumers and to ensure freedom of trade carried on by other participants in markets...“, Präambel zum Competition Act, 2002.

Verbraucher zu fördern[315], so dass die Unterschiede zwischen indischem und europäischem Kartellgesetz hier nicht besonders groß sind.

2. Adressaten des Kartellverbots

Das indische Kartellverbot ist gemäß Sec. 3 (1) CA anwendbar auf Unternehmen, Personen und Vereinigungen von Unternehmen oder Personen. Ein Unternehmen ist gemäß Sec. 2 (h) CA jede (natürliche oder juristische) Person, die in der Produktion, der Lagerung, der Lieferung, dem Vertrieb, der Beschaffung oder Kontrolle von Waren oder Dienstleistungen oder im Bereich des Wertpapierankaufs, -haltens, -zeichnens oder -handelns tätig ist.

Art. 101 AEUV dagegen nennt als Adressaten nur Unternehmen und Unternehmensvereinigungen.

Auf den ersten Blick ist der Anwendungsbereich des indischen Kartellrechts weitreichender, da auch Personen und Personenvereinigungen umfasst sind. Angesichts der extensiven Auslegung des Unternehmensbegriffs durch den EuGH[316], der auch natürliche Personen mit einschließt[317], sind die Unterschiede im Anwendungsbereich aber gering.

Der Unternehmensbegriff des Sec. 2 (h) CA enthält eine Ausnahme für alle Tätigkeiten, die im Zusammenhang mit der Erfüllung von Hoheitsaufgaben stehen. Allerdings sind hoheitliche Tätigkeiten nicht von der weiten Definition des Personenbegriffs in Sec. 2 (l) CA exkludiert. In Europa sind, wie vorangegangen bereits ausgeführt, rein hoheitliche Tätigkeiten insgesamt vom Anwendungsbereich des Kartellrechts ausgenommen.[318]

3. Verbotene Formen der Koordinierung

Sec. 3 (1) CA, die zentrale Verbotsnorm des indischen Kartellverbotsrechts, verbietet das Treffen einer Vereinbarung in Bezug auf die Herstellung, die Lieferung, den Vertrieb, die Lagerung oder den Erwerb von Waren oder die Bereitstellung von Dienstleistungen mit wettbewerbsbeschränkender Wirkung innerhalb Indiens. Der Begriff der „Vereinbarung" ist dabei extensiv auszulegen und umfasst nach der Legaldefinition des Sec. 2 (b) CA alle Absprachen, Verständigungen und abgestimmte Verhaltensweisen, unabhängig davon, in welcher Form sie getroffen wurden und ob sie gerichtlich durchsetzbar sein sollen oder nicht.

Die europäische Kartellverbotsnorm, Art. 101 Abs. 1 AEUV, zählt als verbotene Mittel der Wettbewerbsbeschränkung Vereinbarungen zwischen Unter-

---

315 Kommission, Leitlinien zur Anwendung von Artikel 81 Absatz 3 EG-Vertrag, ABL. 2004 C 101/97, Rn. 33.

316 „...jede eine wirtschaftliche Tätigkeit ausübende Einheit....", siehe oben, 3. Teil, C, II, 1.

317 S.o., 3. Teil, C, II, 1.

318 S.o., 3. Teil, C, II, 1.

nehmen, Beschlüsse von Unternehmensvereinigungen und aufeinander abgestimmte Verhaltensweisen auf.

Bei der Gegenüberstellung der Verbotsvoraussetzungen fällt auf, dass das indische Recht auf das „Treffen" („enter into an agreement") der wettbewerbsbeschränkenden Vereinbarung und damit auf die Handlung der beteiligten Parteien abstellt, während das europäische Recht die Vereinbarung als solche verbietet. In der Praxis dürfte sich dieser Unterschied dagegen kaum auswirken, da das Treffen einer Vereinbarung unmittelbar zur Existenz einer Vereinbarung führt und die Existenz einer Vereinbarung das Treffen dieser Vereinbarung voraussetzt.

Auch hinsichtlich der Art der umfassten Vereinbarungen bestehen Unterschiede: Nach dem indischen Recht müssen die Vereinbarungen – d.h. Absprachen, Verständigungen oder abgestimmte Verhaltensweisen – einen Bezug zur Herstellung, zur Lieferung, zur Lagerung, zum Vertrieb oder zum Erwerb von Waren oder zur Bereitstellung von Dienstleistungen aufweisen, Sec. 3 (1) CA. Art. 101 AEUV umfasst dagegen alle Willenseinigungen zwischen zwei oder mehreren Personen, die das Marktverhalten wenigstens eines Partners regeln.[319] Im Verhältnis zum europäischen Recht ist die indische Regelung an dieser Stelle eher technisch formuliert und der Anwendungsbereich ist auf Vereinbarungen beschränkt, die einen Bezug zu den aufgezählten Bereichen aufweisen. Der Vorteil der im europäischen Recht gewählten Formulierung ist ihre Anwendungsbreite, da sie ganz allgemein auf das „Marktverhalten" abstellt und nicht auf bestimmte Tätigkeitsbereiche beschränkt ist. In der Praxis allerdings dürften sich hinsichtlich des Anwendungsbereichs der Kartellverbotsnorm keine Unterschiede ergeben, da der Begriff „in Bezug" im Sinne des indischen Rechts weit ausgelegt wird.

Neben den genannten Unterschieden gibt es aber auch weitreichende Ähnlichkeiten zwischen den jeweiligen Verbotstatbeständen: Sowohl im indischen als auch im europäischen Recht kommt es nicht auf die Einhaltung einer bestimmten Form oder auf die tatsächliche rechtliche Verpflichtung an[320]; außerdem sind jeweils sowohl horizontale als auch vertikale Vereinbarungen von dem Begriff der Vereinbarung erfasst.[321] Gemeinsam ist den beiden Regelungen schließlich auch, dass einseitige Maßnahmen nicht erfasst werden.[322]

Weitere Differenzen zwischen dem indischen und dem europäischen Kartellverbotstatbestand existieren im Bereich der Koordinierungen durch Unternehmensvereinigungen. Das europäische Recht nennt hier nur „Beschlüsse" von

---

319 S.o., 3. Teil, C, II, 2., a).

320 S.o., 3. Teil, C, I, 2.,a) bezogen auf Indien und 3. Teil, C, II, 2., a) bezogen auf Europa.

321 S.o., 3. Teil, C, I, 2.,a) bezogen auf Indien und 3. Teil, C, II, 2., a) bezogen auf Europa.

322 S.o., 3. Teil, C, I, 2.,c) bezogen auf Indien und 3. Teil, C, II, 2., a) bezogen auf Europa.

Unternehmensvereinigungen während das indische Recht in diesem Bereich keine Einschränkung vornimmt, wodurch in Indien alle durch Unternehmensvereinigungen getroffenen Vereinbarungen und abgestimmten Verhaltensweisen unter das Kartellverbot fallen, sofern die sonstigen Voraussetzungen des Sec. 3 (1) CA gegeben sind. Treffen zwei Unternehmensvereinigungen eine Vereinbarung, so werden nach indischem Recht sowohl die Vereinigungen selbst als auch deren Mitgliederunternehmen als „Parteien" der jeweiligen Vereinbarung angesehen.[323] Beschlüsse von Unternehmensvereinigungen werden von der indischen Kartellverbotsnorm zwar nicht ausdrücklich genannt, sind aber dennoch vom Verbot des Sec. 3 CA erfasst, da die indische Rechtsprechung solche Beschlüsse als Vereinbarung zwischen allen Mitgliedern der Unternehmensvereinigung ansieht.[324]

Insgesamt ist der Anwendungsbereich des indischen Kartellverbotsrechts in Bezug auf Unternehmensvereinbarungen etwas weitreichender als in Europa. Der Anwendungsbereich des europäischen Kartellrechts erscheint aber ausreichend, da er die wesentlichen von Unternehmensvereinigungen ausgehenden Gefahren für den Wettbewerb abdeckt. Einerseits werden die Beschlüsse von Unternehmensvereinigungen erfasst, mit dem Zweck eine Verhaltenskoordinierung der beteiligten Mitgliedsunternehmen zu vermeiden.[325] Daneben können aber auch potenzielle wettbewerbsbeschränkende „Vereinbarungen" von Unternehmensvereinigungen von Art. 101 Abs. 1 AEUV erfasst werden, nämlich dann, wenn die Vereinigung selbst wirtschaftlich tätig wird und somit als „Unternehmen" im Sinne des Kartellrechts zu qualifizieren ist.

Sowohl das indische als auch das europäische „Kartellverbot" umfassen neben Vereinbarungen auch abgestimmte Verhaltensweisen, um einer Umgehung des Kartellverbots durch informelle Verhaltenskoordination vorzubeugen. Während Art. 101 Abs. 1 AEUV die abgestimmten Verhaltensweisen als eigenständiges Tatbestandsmerkmal aufzählt, werden diese im indischen Recht gemäß Sec. 2 (b) CA unter den Begriff der Vereinbarung gefasst. In beiden Rechtsgebieten werden die abgestimmten Verhaltensweisen nahezu identisch definiert, was angesichts der Ähnlichkeiten der gewählten Begriffe – „action in concert" im indischen Recht und „concerted practices" in Art. 101 AEUV – auch naheliegt. Faktisches Parallelverhalten dagegen fällt in Indien wie auch in Europa nicht mehr in den Anwendungsbereich des jeweiligen Kartellverbots.[326]

---

323 S.o., 3. Teil, C, I, 2.,a).

324 S.o., 3. Teil, C, I, 2., a).

325 Kommission, 7.12.1984, ABl. 1985 L 35/35, 39 – Milchförderungsfonds.

326 S.o., 3. Teil, C, I, 2., b) bezogen auf Indien und 3. Teil, C, II, 2., c) bezogen auf Europa.

4. Verbotene wettbewerbsbeschränkende Wirkung der Koordinierung

Sowohl das indische als auch das europäische Kartellverbotsrecht setzen eine bestimmte Art der Wettbewerbsbeeinträchtigung voraus.

Im indischen Recht ist diese in Sec. 3 (1) CA als „appreciable adverse effect on competition" beschrieben. Eine solche Wettbewerbsbeeinträchtigung liegt vor, wenn es unter Abwägung aller möglichen negativen und positiven Wirkungen der Vereinbarung im Sinne des Sec. 19 (3) CA insgesamt zu einer Reduzierung oder Eliminierung des Wettbewerbs auf dem jeweiligen relevanten Markt kommt.[327] Der Abwägungsprozess ist dabei nicht auf die in Sec. 19 (3) CA genannten Faktoren begrenzt.

Das europäische Recht dagegen verlangt als Beschränkungstatbestand gemäß Art. 101 AEUV eine „Verhinderung, Einschränkung oder Verfälschung des Wettbewerbs". Eine solche Wettbewerbsbeschränkung liegt nach europäischer Rechtsprechung vor, wenn die wirtschaftliche Handlungsfreiheit der beteiligten Unternehmen eingeschränkt wird.[328] Anders als im indischen Recht findet im Rahmen des europäischen Kartellverbotstatbestands keine allumfassende Abwägung wettbewerbsbeschränkender und wettbewerbsfördernder Faktoren statt; eine Berücksichtigung wettbewerbsfördernder Wirkungen erfolgt nur im Rahmen und nach Maßgabe der in Art. 101 Abs. 3 AEUV aufgezählten Fällen.[329] Die Anforderungen für die Berücksichtigung wettbewerbsfördernder Kriterien sind damit im europäischen Kartellrecht enger als im indischen.

Sowohl die indische als auch die europäische Kartellverbotsnorm ermöglichen es den jeweiligen Kartellbehörden einzuschreiten, bevor eine Beschränkung des Wettbewerbs tatsächlich nachweisbar eingetreten ist, um Wettbewerbsbeschränkungen effektiv verhindern zu können. Im indischen Recht wird dies dadurch erreicht, dass der Tatbestand des Sec. 3 CA bereits dann erfüllt ist, wenn die betreffende Vereinbarung eine schädigende Auswirkung auf den Wettbewerb in Indien „wahrscheinlich verursacht" („is likely to cause"). Das europäische Recht ermöglicht ein frühzeitiges Tätigwerden der Wettbewerbsbehörde, indem es gemäß Art. 101 Abs. 1 AEUV bereits die „bezweckte" Wettbewerbsbeschränkung ausreichen lässt, wobei dieses „Bezwecken" als objektive Geeignetheit zur mittelbaren oder unmittelbaren Wettbewerbsbeschränkung ver-

---

327 S.o., 3. Teil, C, I, 2., c).

328 EuGH, 28.04.1998, Rs. 306/96, Javico/YSLP, Slg. 1998, I-1983, 2002, Rn. 13; EuG, 21.10.2003, Rs. T-368/00, GM und Opel, Slg. 2003, II-4491, 4525, Rn. 100.

329 Auch wenn die Rechtsprechung in verschiedenen Entscheidungen eine wertende Betrachtung des Art. 101 Abs. 1 AEUV (ex-Art. 81 Abs. 1 EG) vorgenommen hat, kann hieraus nach überwiegender Auffassung nicht geschlossen werden, dass die Anwendung einer „Rule of Reason" im europäischen Kartellrecht zulässig sei: Schröter-Schröter, Art. 81 Abs. 1 Rn. 92; Mestmäcker/Schweitzer § 7 Rn. 56 ff; Immenga/Mestmäcker-Emmerich, Art. 81 Abs. 1, Rn. 248, 250.

standen wird. In ihrer Wirkung sind sich die europäische und die indische Regelung sehr ähnlich: Eine Vereinbarung, die nach indischem Recht „wahrscheinlich eine Wettbewerbsbeschränkung verursacht“, ist auch immer zur Beschränkung des Wettbewerbs geeignet, wie es das europäische Recht verlangt. Umgekehrt wird auch jede objektiv zur Wettbewerbsbeschränkung geeignete Vereinbarung „wahrscheinlich“ eine Wettbewerbsbeeinträchtigung verursachen, zumal das indische Recht auf eine Qualifizierung oder Beschränkung der Art der „Wahrscheinlichkeit“ verzichtet und somit von einer extensiven Auslegung des Begriffes auszugehen ist.

Kann eine „wahrscheinliche Wettbewerbsbeeinträchtigung“ im Sinne des indischen Kartellrechts bzw. eine „bezweckte Wettbewerbsbeschränkung“ gemäß Art. 101 AEUV von der jeweiligen Wettbewerbsbehörde nicht festgestellt werden, so kommt es sowohl in Indien als auch in Europa auf die Feststellung einer tatsächlichen Wettbewerbsbeeinträchtigung an.[330] Um eine solche festzustellen, ist es weder nach europäischem noch nach indischem Recht in jedem Fall zwingend erforderlich, eine umfassende Marktabgrenzung vorzunehmen. So enthält das indische Kartellrecht in Sec. 3 (4) CA eine umfassende Auflistung von Fällen, bei denen vermutet wird, dass diese per se gegen das allgemeine Verbot wettbewerbsschädigender Vereinbarungen verstoßen. Die europäischen Regelungen dagegen enthalten keine derartige Fallgruppenauflistung. Allerdings nehmen die Europäische Kommission und die Rechtsprechung in der Praxis eine ähnliche Abgrenzung vor und subsumieren bestimmte Kernbeschränkungen – wie z.B. Preiskartelle, Marktaufteilungen und Produktionsbeschränkungen – ohne Bestimmung des relevanten Marktes unter Art. 101 Abs. 1 AEUV.[331] Die gewählte Form der rechtlichen Ausgestaltung, d.h. ob bestimmte Kernbeschränkungen höchstrichterlich festgelegt oder ob sie kodifiziert werden, hat im Ergebnis wenig Einfluss auf den Grad des Wettbewerbsschutzes innerhalb des Geltungsbereichs der Normen. Daher ist keines der Systeme eindeutig zu präferieren. Entscheidend ist letztlich allein die Frage, welche Fallgruppen jeweils als absolut wettbewerbsschädlich qualifiziert werden und welche nicht.

---

330 S.o., 3. Teil, C, I, 4., a) bezogen auf Indien und 3. Teil, C, II, 4., b) bezogen auf Europa.

331 Zur Praxis der Kommission vgl. „Leitlinien zur Anwendung von Art. 81 Absatz 3 EG-Vertrag (2004/C 101/08)“, Amtsblatt der Europäischen Union vom 27.04.2004, C 101/97, Rn. 27: „In einigen Fällen kann es unter Umständen möglich sein, wettbewerbswidrige Auswirkungen unmittelbar durch eine Analyse des Verhaltens der Vertragsparteien im Markt nachzuweisen“; dementsprechend hat die europäische Rechtsprechung in einigen Fällen auf eine Marktabgrenzung verzichtet, vgl.: EuGH, 8.7.1999, Rs. C-235/92 P, Montecatini/Kommission, Slg. 1999, I 4539, Rn. 133; EuG, 4.11.1992, Rs. T-14/89, Montedipe/Kommission, Slg. 1992, II-1155, Rn. 265.

Immer dann, wenn eine Wettbewerbsbeschränkung nicht allein schon aufgrund der Art des Verstoßes – wie zum Beispiel bei Hardcore-Kartellen – angenommen werden kann, ist im indischen sowie im europäischen Recht eine umfassende Marktanalyse notwendig. Diese erfolgt sowohl in Indien als auch in Europa nach ähnlichem Schema: Genauso wie in Europa wird in Indien zwischen dem räumlich relevanten und dem sachlich relevanten Markt differenziert.[332] Das indische Recht enthält allerdings keine Bestimmungen zur zeitlichen Marktabgrenzung. Die Definition des räumlich relevanten Marktes in Sec. 2 (s) CA ist nahezu identisch mit der im europäischen Kartellrecht benutzten Begriffsbestimmung.[333] Für die Bestimmung des relevanten Produktmarkts stellt das indische Kartellrecht vornehmlich auf die Substituierbarkeit der betreffenden Produkte aus Konsumentensicht ab[334], was im Wesentlichen dem Bedarfsmarktkonzept des europäischen Rechts entspricht. Anders als in Europa wurde die Angebotssubstituierbarkeit eines Produkts bisher weder in der indischen Kartellrechtspraxis noch bei der Schaffung des Competition Act, 2002 berücksichtigt.

Ist eine Wettbewerbsbeeinträchtigung bereits eingetreten, so muss nach dem indischen sowie auch nach dem europäischen Kartellrecht ein Kausalzusammenhang zwischen der Beschränkung und der zu Grunde liegenden Vereinbarung, dem Beschluss oder der abgestimmten Verhaltensweise nachgewiesen werden.[335]

5. Das Spürbarkeitskriterium

Es ist dem europäischen und dem indischen Kartellrecht gemeinsam, dass die Wettbewerbsbeeinträchtigung einen bestimmten Grad erreichen muss, um von der jeweiligen Kartellverbotsnorm erfasst zu werden. So setzt Sec. 3 (1) CA voraus, dass die von der Vereinbarung ausgehende negative Wirkung auf den Wettbewerb innerhalb Indiens spürbar („appreciable“) ist. Die Spürbarkeit be-

---

332 S.o., 3. Teil, C, I, 4., b) bezogen auf Indien und 3. Teil, C, II, 4., c) bezogen auf Europa.

333 Indien: „a market comprising the area in which the conditions of competition for supply of goods or provision of services or demand of goods or services are distinctly homogenous and can be distinguished from the conditions prevailing in the neighbouring areas", Sec 2 (s) CA; EU-Kommission: "Gebiet...in dem die beteiligten Unternehmen die relevanten Produkte oder Dienstleistungen anbieten, in dem die Wettbewerbsbedingungen hinreichend homogen sind und das sich von benachbarten Gebieten insbesondere durch spürbar unterschiedliche Wettbewerbsbedingungen unterscheidet.", Bekanntmachung der Kommission über die Definition des relevanten Marktes im Sinne der Gemeinschaft, ABl. 1997 C 372, Rn. 8.

334 S.o., 3. Teil, C, I, 4., b), bb).

335 S.o., 3. Teil, C, I, 4., d) bezogen auf Indien und 3. Teil, C, II, 4., b) bezogen auf Europa.

stimmt sich dabei nicht anhand eines bestimmten Schwellenwertes, sondern wird einzelfallbezogen unter Berücksichtigung des auf dem relevanten Markt bestehenden Wettbewerbs ermittelt.[336] Im Gegensatz zur indischen Regelung ist das Spürbarkeitskriterium im europäischen Kartellverbot nicht ausdrücklich genannt, sondern beruht auf EuGH-Rechtsprechung.[337]

Auch in der europäischen Rechtsprechung existieren keine starren Grenzen für die Ermittlung der Spürbarkeit einer Wettbewerbsbeschränkung.[338] Zwar hat die Kommission – außer für Kernbeschränkungen – Marktanteilsschwellen von 10 % für Vereinbarungen bzw. abgestimmten Verhaltensweisen zwischen Wettbewerbern und 15 % für solche zwischen Nichtwettbewerbern festgelegt[339], diese haben allerdings keine Bindungswirkung für die Rechtsprechung.

Im Ergebnis sind bei der Frage der Spürbarkeit keine wesentlichen Unterschiede zwischen der indischen und der europäischen Kartellrechtspraxis feststellbar.

6. Zuständigkeitsabgrenzende Voraussetzungen

Sowohl die Voraussetzung von Art. 101 AEUV, dass eine Einschränkung des Wettbewerbs „innerhalb des gemeinsamen Marktes bezweckt oder bewirkt" sein soll, als auch das Kriterium der wettbewerbsbeschränkenden Wirkung „innerhalb Indiens" gemäß Sec. 3 (1) CA verdeutlichen, dass der Wettbewerb jeweils nur innerhalb des genannten geografischen Gebiets geschützt ist. Außerdem verdeutlichen die gewählten Formulierungen, dass das Kartellverbot auch auf Vereinbarungen angewendet wird, die außerhalb des Geltungsbereiches der jeweiligen Normen veranlasst werden, sich aber innerhalb des geschützten geografischen Gebiets auswirken (Auswirkungsprinzip).[340]

Im Gegensatz dazu findet die Zwischenstaatlichkeitsklausel des Art. 101 AEUV keine Entsprechung im indischen Kartellrecht. Denn anders als in Europa existieren innerhalb der indischen Union keine konkurrierenden Kartellrechte, gegenüber denen der Anwendungsbereich des Competition Act, 2002 abgegrenzt werden müsste. Auch eigene Landeskartellbehörden, wie sie etwa

336 S.o., 3. Teil, C, I, 5.

337 Ständige Rechtsprechung seit EuGH, 30.6.1966, Rs. 56/65, LTM/MBU, Slg. 1966, 281, 303 f. u. EuGH, 9.7.1969, Rs. 5/69, Völk/Vervaecke, Slg. 1969, 295, 302.

338 S.o., 3. Teil, C, II, 5.

339 S.o., 3. Teil, C, II, 5.

340 Siehe dazu auch oben: Bezogen auf Indien: 3. Teil, B, I, 3., bezogen auf Europa: 3. Teil, B, II, 3., zusammenfassend: 3. Teil, B, III, 2.

innerhalb der BRD existieren[341], sind im Competition Act, 2002 nicht vorgesehen.

D. Regelbeispiele und weitere Fallgruppen

I. Indien

1. Regelbeispiele

a) Per-se-Verbote, Sec. 3 (3) CA

Section 3 (3) CA zählt eine Reihe von Fallgruppen auf, bei denen vermutet wird, dass sie eine spürbar negative Wirkung auf den Wettbewerb in Indien haben.

Der Wortlaut der Regelung lautet: „Alle zwischen Unternehmen, Unternehmensvereinigungen, Personen, Personenvereinigungen oder zwischen einer Person und einem Unternehmen getroffenen Vereinbarungen sowie alle Verhaltensweisen oder Entscheidungen von Unternehmens- oder Personenvereinigungen bzw. von Kartellen, die gleiche oder ähnliche Waren oder Dienstleistungen anbieten, und die –
(a) direkt oder indirekt Einkaufs- oder Verkaufspreise festsetzen,
(b) die Herstellung, die Lieferung, die technische Entwicklung oder die Märkte von Waren, die Erbringung von Dienstleistungen oder die Investitionstätigkeit begrenzen oder kontrollieren,
(c) den Markt oder die Produktionsfaktoren aufteilen, sei es durch Aufspaltung des Marktes in verschiedene geografische Bereiche, durch Aufteilung von Waren oder Dienstleistungen nach Gattungen, durch Zuteilung von Kundengruppen oder in sonstiger Weise,
(d) direkt oder indirekt zu Gebotsabsprachen bzw. kollusivem Bieten führen,“
unterliegen der Vermutung, dass sie eine „spürbar negative Wirkung auf den Wettbewerb“ haben.

aa) Die „Per se Rule“

Rechtsfolge dieser Regelung ist die Vermutung, dass die betreffenden Vereinbarungen, Entscheidungen und Verhaltensweisen eine „spürbar negative Wirkung auf den Wettbewerb“ haben und damit gemäß Sec. 3 (1) CA verboten sind. Dementsprechend handelt es sich bei dieser Regelung um ein so genanntes Perse-Verbot. Ungeklärt und umstritten ist die Frage, ob die Vermutung der „spürbar negativen Wirkung auf den Wettbewerb“ unwiderlegbar oder widerlegbar ist.

---

341 Die Zuständigkeit für die Anwendung des GWB durch die Landeskartellbehörden, welche i.d.R. dem Wirtschaftsministerium des jeweiligen Landes zugeordnet sind, ergibt sich aus § 48 Abs. 2 bzw. § 49 Abs. 3 und 4 GWB.

Teilweise wird unter Verweis auf die Per-se-Verbote des amerikanischen Antitrust Law eine Widerlegbarkeit der Vermutung verneint. Das Vorliegen einer Vereinbarung i.S.d. Sec. 3 (3) CA würde die Wettbewerbsbehörde nach dieser Ansicht unmittelbar zur Verhängung einer kartellrechtlichen Strafe berechtigen.[342] In Abgrenzung zu den so genannten „Rule of Reason"-Regelungen müssen Einwendungen der Parteien oder positive Wirkungen auf den Wettbewerb bei Per-se-Verboten unberücksichtigt bleiben.[343] Der indische Supreme Court dagegen schließt eine Berücksichtigung von Einwendungen durch die Kartellbehörde auch bei Per-se-Verboten nicht völlig aus, räumt diesen aber nur einen „eng begrenzten Spielraum" ein.[344] Auch die Entstehungsgeschichte der Regelung spricht gegen die Unwiderlegbarkeit der Vermutungsregelung: So hat auch das Komitee, auf dessen Vorschläge der Competition Act, 2002 zurückgeht, betont, dass die Vermutungsregelung bewirkt, dass nur noch „ein sehr begrenzter Anwendungsbereich für Ermessen und Interpretation auf Seiten der exekutiven und judikativen Stellen" verbleibt.[345] Auch das Argument, dass Einwendungen beim Per-se-Verbot unberücksichtigt bleiben müssen, um es von einer „Rule of Reason"-Regelung abzugrenzen, überzeugt nicht. Denn eine wesentliche Wirkung der Vermutungsregelung, nämlich die Beweislastumkehr, besteht unbestritten: In Fällen, in denen eine Vereinbarung unter Sec. 3 (3) CA fällt, müssen die Parteien den Beweis erbringen, dass die jeweilige Vereinbarung keine spürbar negative Wirkung auf den Wettbewerb hat,[346] was die Arbeit der Kommission und der Gerichte im Gegensatz zum Ermittlungsaufwand bei sonstigen – nach der „Rule of Reason" zu beurteilenden – Kartellverstößen erheblich erleichtert. Außerdem dient auch die Einschränkung der Rechtsprechung, Ein-

342 Dugar, S. 690.

343 So im Ergebnis auch: Talati/Mahala, S. 44.

344 So in Bezug auf die sehr ähnliche Regelung in Sec. 33 (1) MRTP-Act: „... a deeming clause has been introduced in sub-section (1) of section 33, saying that they shall be deemed to be restrictive trade practices. In this backround, according to us, there is not much scope for argument that (...) it shall not amount to (...) restrictive trade practice within the meaning of this Act", Voltas limited v. Union of India (1995) 83 CC 228 (SC); zur grundsätzlichen Zulässigkeit von Per-se-Verboten im indischen Kartellrecht vgl.: Mahindra and Mahindra Limited v. Union of India, AIR 1979 SC 798: "Of course there may be trade practices which are such that by their inherent nature and inevitable effect, they necessarily impair competition and in case of such trade practices, it would not be necessary to consider any other facts of circumstances for they would be per se restrictive trade practices. Such would be position in case of those trade practices which of necessity produce prohibited effect in such an overwhelming proportion of cases that minute enquiry in every instance would be wasteful of juridical and administrative resources.".

345 Report of the High Level Committee, Para. 4.3-8.

346 Ramappa, S. 86.

wendungen nur in engen Grenzen zuzulassen, der Abgrenzbarkeit gegenüber „Rule of Reason"-Verboten. Schließlich spricht auch der Sinn und Zweck des Competition Act, 2002, den Wettbewerb zu fördern[347], gegen die Unwiderlegbarkeit der Vermutungsregelung: Denn eine zu strikte Anwendbarkeit des Per-se-Verbots des Sec. 3 (3) CA würde auch solche Vereinbarungen verbieten, bei denen die wettbewerbsfördernden Wirkungen offensichtlich und wesentlich überwiegen.

Zusammenfassend hat die Einordnung einer Vereinbarung unter die Fallgruppen des Sec. 3 (3) (a) – (d) CA grundsätzlich zur Folge, dass ein Verstoß gegen das Kartellverbot vorliegt. Allerdings können Einwendungen der betroffenen Parteien gegen die Maßnahmen der Kommission zulässig und in Einzelfällen auch erfolgreich sein. Dies setzt voraus, dass die Parteien beweisen, dass die Wettbewerbsbeschränkung ausnahmsweise keine negative Wirkung auf den Wettbewerb in Indien hat. Dieser Beweis wird in der Praxis nur sehr schwer zu erbringen sein.

bb) Anwendungsbereich der Norm

Die indische Literatur ist teilweise widersprüchlich, was den Anwendungsbereich von Sec. 3 (3) CA betrifft. Im Speziellen geht es um die Frage, ob Sec. 3 (3) CA auf horizontale Sachverhalte beschränkt sein soll oder ob auch Vereinbarungen zwischen Unternehmen auf unterschiedlicher Marktstufe von dessen Anwendungsbereich umfasst sind. Teilweise wird der Anwendungsbereich dieser Norm auf horizontale Sachverhalte beschränkt.[348] An anderer Stelle wiederum werden auch vertikale Vereinbarungen unter diese Norm subsumiert.[349]

Daher soll im Folgenden versucht werden, den genauen Anwendungsbereich des Sec. 3 (3) CA durch Auslegung zu ermitteln.

(1) Wortlaut

Aus dem Wortlaut der Norm lässt sich keine eindeutige Beschränkung auf horizontale Sachverhalte erkennen. Die Norm ist danach anwendbar auf Vereinbarungen „zwischen Unternehmen, Unternehmensvereinigungen, Personen oder Personenvereinigungen oder zwischen einer Person und einem Unternehmen". Es erfolgt hier keine Beschränkung dahingehend, dass die Vereinbarung zwischen Personen bzw. Unternehmen auf derselben Marktstufe geschlossen werden muss. Zwar zählt der Verbotstatbestand des Sec. 3 (3) CA neben Vereinbarungen auch Entscheidungen von „Kartellen", einer typischerweise horizontalen Kooperationsform, auf, jedoch lässt sich hieraus nicht ableiten, dass auch die

347 Vgl. die Präambel des Competition Act, 2002.

348 Talati/Mahala, S. 45; Mittal, S. 94;

349 Dugar, S. 705 ff.

Vereinbarungen oder sonstige Verhaltensweisen auf horizontaler Ebene geschlossen werden müssen. Außerdem können, mit Ausnahme der in Sec. 3 (3) (d) CA genannten Submissionskartelle, die in den Regelbeispielen genannten Vereinbarungen – also Preisfestsetzungen, Produktionsbeschränkungen und Marktaufteilungen – sowohl auf horizontaler als auch auf vertikaler Ebene vorkommen.

Folglich ergibt sich aus der grammatikalischen Auslegung des Absatzes keine Beschränkung auf horizontale Vereinbarungen.

(2) Systematik des Gesetzes

Möglicherweise ergibt sich aus der Systematik des Sec. 3 CA ein Hinweis auf den Anwendungsbereich des hier in Frage stehenden dritten Absatzes. Sec. 3 CA ist in insgesamt fünf Absätze unterteilt. Sowohl der dritte als auch der vierte Absatz enthalten Regelbeispiele für wettbewerbsbeschränkende Vereinbarungen bzw. Verhaltensweisen. Zwischen den beiden Absätzen bestehen Unterschiede in der Rechtsfolge: Der vierte Absatz bestimmt, dass die dort genannten Vereinbarungen „einen Verstoß gegen das generelle Verbot in Abs. 1 darstellen, wenn sie tatsächlich oder wahrscheinlich eine spürbar negative Wirkung auf den Wettbewerb in Indien haben.“ Im Gegensatz zu Sec. 3 (3) CA sind die hier beschriebenen Fälle also nicht „per se“ verboten, sondern müssen in jedem Einzelfall hinsichtlich ihrer Auswirkungen auf den relevanten Markt untersucht werden. Ein weiterer Unterschied besteht darin, dass Sec. 3 (4) CA den Anwendungsbereich auf „Vereinbarungen zwischen Unternehmen oder Personen auf verschiedenen Stufen oder Ebenen der Produktionskette in verschiedenen Märkten“ begrenzt. Von dieser Regelung werden also eindeutig nur vertikale Vereinbarungen umfasst.

Diese in Absatz 4 vorgesehene Beschränkung auf vertikale Vereinbarungen lässt den Schluss zu, dass Absatz 3 im Gegenzug nur auf horizontale Vereinbarungen anwendbar ist. Eine solche Abgrenzung im Anwendungsbereich der beiden Absätze würde auch mit den unterschiedlichen Rechtsfolgen der beiden Absätze harmonieren. So würde das Per-se-Verbot ausschließlich für die genannten horizontalen Vereinbarungen gelten, was zur Ansicht des „High Level Committee on Competition Policy and Law“ passen würde, nämlich dass bei Horizontalvereinbarungen grundsätzlich eine höhere Wahrscheinlichkeit einer Reduzierung des Wettbewerbs besteht als bei Vereinbarungen zwischen Unternehmen im Käufer-Verkäufer-Verhältnis.[350]

350 Report of the High Level Committee, para. 4.3.1.

(3) Historische Auslegung

Ein wesentlicher Punkt bei der historischen Auslegung einer Norm ist es, den Willen des Gesetzgebers anhand von Gesetzesmaterialien – d.h. Erläuterungen, Sitzungsprotokollen und Berichten – zu ermitteln. Die Gesetzesmaterialien zum Competition Act, 2002[351] nehmen allerdings zu dem vorliegenden Problem keine Stellung. Allerdings können sich aus dem Bericht des „High Level Committee on Competition Policy and Law" Anhaltspunkte für die Interpretation der hier in Frage stehenden Regelung ergeben, da dieser Bericht die Grundlage und Richtschnur für die Schaffung des Competition Act, 2002 bildete und die Empfehlungen des Komitees zu einem großen Teil vom indischen Gesetzgeber umgesetzt worden sind.

Der Bericht beschäftigt sich an mehreren Stellen mit vertikalen und horizontalen Vereinbarungen. Unter Punkt 3.3. des Berichts heißt es: „Horizontale Vereinbarungen in Bezug auf Preise, Stückzahlen, Gebotsabsprachen und Marktaufteilungen sind besonders wettbewerbswidrig, vertikale Vereinbarungen, wie Kopplungsgeschäfte, Exklusivlieferungs- oder Vertriebsvereinbarungen und die Handelsverweigerung sind im Allgemeinen auch wettbewerbswidrig". Diese Formulierung scheint für eine Einbeziehung von Vertikalvereinbarungen unter das Per-se-Verbot zu sprechen. An anderer Stelle heißt es dagegen im Bericht, dass bestimmte Arten von Vereinbarungen „keinen nützlichen oder wettbewerbsfördernden Zweck verfolgen können und daher nicht der „Rule of Reason"-Prüfung unterliegen müssen. Bei folgenden Arten *horizontaler* Vereinbarungen besteht oftmals die Vermutung der Wettbewerbswidrigkeit."[352] Wenig später heißt es dann: „In der Vergangenheit hat das US-Kartellrecht vertikale Vereinbarungen wie zum Beispiel Kopplungsgeschäfte sehr streng behandelt. Diese Ansicht hat sich in der letzten Zeit geändert, und unter der „Rule of Reason" werden vertikale Vereinbarungen nunmehr nachsichtiger als Horizontalvereinbarungen behandelt. Denn Vertikalvereinbarungen erfüllen häufig auch wettbewerbsfördernde Funktionen."[353] Bezogen auf eine besonders schwere Form von Vertikalvereinbarungen, der Preisbindung der zweiten Hand („resale price maintenance"), äußert sich das Komitee wie folgt: „In mehreren Ländern gilt die Preisbindung beim Wiederverkauf als per se wettbewerbswidrig. Dennoch wurde von den Mitgliedern des Expertenkomitees entschieden, diese Ver-

351 Statement of Objects and Reasons on Competition Bill, 2002, abgedruckt in: Mittal, S. 306 f.; Notes on Clauses on Competition Bill, 2002, abgedruckt in: Mittal, S. 308 ff.; Report of the Parliamentary Standing Committee on Competition Act, 2002, abgedruckt in: Viswanathan, S. 215 ff.

352 Report of the High Level Committee, para. 4.3.7.

353 Report of the High Level Committee, para. 4.4.

einbarung nicht als per se illegal zu behandeln. Sie wird nach der „Rule of Reason“ beurteilt.“

An diesen Äußerungen des Expertenkomitees zeigt sich, dass – in Kongruenz zu den Entwicklungen im amerikanischen Recht – für vertikale Vereinbarungen nach dem neuen indischen Kartellrecht keine Vermutung der Wettbewerbswidrigkeit mehr bestehen soll, diese mithin nicht mehr unter das Per-se-Verbot fallen. Demzufolge ist davon auszugehen, dass der Anwendungsbereich von Sec. 3 (3) CA auf horizontale Vereinbarungen beschränkt ist.

(4) Teleologische Auslegung

Die Auffassung, dass vertikale Vereinbarungen nicht unter das Per-se-Verbot des Sec. 3 (3) CA fallen, widerspricht auch nicht dem Sinn und Zweck dieser Regelung. Der übergeordnete Zweck von Sec. 3 CA besteht darin, den Wettbewerb vor Beschränkungen durch Vereinbarungen zwischen Unternehmen zu schützen. Sec. 3 (3) CA erfüllt dabei die Aufgabe, besondere Vereinbarungen als per se wettbewerbswidrig zu kategorisieren, damit die Kartellbehörden ohne umfassende Marktanalyse schnell und mit relativ geringen Kosten gegen diese als besonders schädigend geltenden Vereinbarungen vorgehen können. Zwar bedeutet die Beschränkung des Per-se-Verbots auf horizontale Vereinbarungen, dass künftig alle Vertikalvereinbarungen einer zeit- und kostenintensiven Einzelfallprüfung unterzogen werden müssen, was scheinbar eine Erschwernis für die Beseitigung von Wettbewerbsbeschränkungen bedeutet. Andererseits lassen sich durch eine Einzelfallprüfung Fehlentscheidungen vermeiden und es können auch potenziell wettbewerbsfördernde Effekte der betreffenden Vertikalvereinbarung berücksichtigt werden. Mithin kann der Wettbewerb mit Hilfe der „Rule of Reason“ ebenso effektiv wie mit der „Per se Rule“ geschützt werden. Die Beschränkung von Sec. 3 (3) CA auf horizontale Vereinbarungen entspricht damit auch dem Zweck der Norm.

(5) Ergebnis

Im Gegensatz zur grammatikalischen Auslegung, die nicht zu einem eindeutigem Ergebnis führt, sprechen die systematische und vor allem die historische Auslegung des Sec. 3 (3) CA für eine Begrenzung dieser Regelung auf horizontale Sachverhalte. Diese Schlussfolgerung stimmt auch mit dem Sinn und Zweck dieser Regelung überein.

cc) Bedeutung und Übertragbarkeit vergangener Rechtspraxis und Rechtsprechung

Ein wesentliches Problem bei der Behandlung der einzelnen Regelbeispiele des Sec. 3 CA ist die fehlende Rechtsprechung zum Competition Act, 2002. Der Umfang und die Grenzen einer Regelung wie Sec. 3 CA, die mit ihren insgesamt

10 Fallgruppen die gesamte Bandbreite wettbewerbsbeschränkender Vereinbarungen umfasst, können nur ungenügend anhand des reinen Wortlauts bestimmt werden. Aufgrund der großen Vielzahl möglicher Absprachen in einem System der Vertragsfreiheit ist es vielmehr notwendig, die bisherige Rechtspraxis und Rechtsprechung für die Interpretation der Regelung heranzuziehen.

Es kann aus mehreren Gründen davon ausgegangen werden, dass sich auch die Competition Commission bei der Anwendung und Interpretation des neuen Rechts auf Entscheidungen und Urteile zum MRTP-Act berufen wird. Dafür spricht zum einen, dass der Gesetzgeber des Competition Act, 2002 an vielen Stellen dieselben Definitionen wie im alten Recht benutzt hat. Diese bewusst geschaffenen Kongruenzen lassen den Schluss zu, dass die betreffenden Regelungen künftig entsprechend dem Vorgängerrecht interpretiert werden sollen.

Zum anderen deutet auch der Umstand, dass die Mitglieder der MRTP-Kommission nahezu vollständig als Mitarbeiter der neuen Wettbewerbskommission übernommen worden sind, darauf hin, dass die Competition Commission of India das Fachwissen über das alte Recht und seine Interpretation auch für die praktische Arbeit mit dem neuen Gesetz heranziehen wird.

Nichtsdestotrotz hat die Übertragbarkeit der Entscheidungspraxis dort ihre Grenzen, wo das neue Recht erheblich von den im alten Gesetz benutzten Formulierungen abweicht. Denn der Grund für die Schaffung eines neuen indischen Kartellgesetzes bestand gerade darin, das das alte Gesetz, der MRTP-Act, als völlig unzureichend angesehen wurde, um den Wettbewerb in Indien in Zeiten der Liberalisierung zu schützen.[354] Der Rückgriff auf die Rechtspraxis zum alten Gesetz darf also nicht dazu führen, dass die Unzulänglichkeiten der bisherigen indischen Kartellrechtspraxis bei der Anwendung des neuen Rechts übernommen werden.

Daher muss differenziert werden: Stimmen der Wortlaut einer Definition oder die Formulierung eines Tatbestandes zumindest teilweise im neuen und im alten indischen Kartellrecht überein, so können die zur Vorgängerregelung ergangenen Entscheidungen von Kommission und Rechtsprechung bei der Interpretation der Neuregelung herangezogen werden. Weichen die Formulierungen der Tatbestände dagegen erheblich voneinander ab, so kann die bisherige Rechtspraxis bzw. Rechtsprechung grundsätzlich nicht zur Interpretation herangezogen werden, da eine solche Abweichung dafür spricht, dass auch eine Abänderung des materiellen Rechts intendiert ist. Etwas Anderes kann nur dann

---

354 „...the Indian market should be geared to face competition from within the country and outside. The Monopolies and Restrictive Trade Practices Act, 1969 has become obsolete in certain respects in the light of International Economic Developments relating more particularly to competition laws and there is a need to shift our focus from curbing monopolies to promoting competition.", Statement of Objects and Reasons on Competition Bill, 2002, abgedruckt in: Mittal, S. 306.

gelten, wenn sich eindeutig feststellen lässt, dass die Neuformulierung gerade nicht die Änderung der rechtlichen Bedeutung bezweckte.

dd) Die horizontalen Regelbeispiele im Einzelnen

(1) Bestimmung von Ein- oder Verkaufspreisen, Sec. 3 (3) (a) CA

Als erstes Regelbeispiel für verbotene Vereinbarungen sind in Sec. 3 (3) (a) CA Vereinbarungen genannt, die „direkt oder indirekt Einkaufspreise oder Verkaufspreise bestimmen".

Die Norm unterscheidet zwischen direkter sowie indirekter Preisbestimmung. Von direkter Preisbestimmung spricht man, wenn sich zwei oder mehrere Parteien auf einen bestimmten Preis einigen. Eine indirekte Preisbestimmung hingegen erfolgt unter anderem durch die Gewährung von Rabatten, durch die Festlegung von Frachtraten bzw. Kreditzinsen oder durch den Austausch von Preisinformationen.[355]

Solche Preisabsprachen zwischen Wettbewerbern bewirken, dass der Preis der betreffenden Produkte nicht mehr durch die Kräfte des freien Marktes, d.h. durch Angebot und Nachfrage, bestimmt werden. Dadurch wird der Wettbewerb zwischen den an der Absprache beteiligten Parteien – jedenfalls bezogen auf den Wettbewerbsparameter Preis – ausgeschaltet. Auf lange Sicht schädigt dies schließlich die Entwicklung der gesamten betroffenen Industrie und führt zur Benachteiligung des Verbrauchers.[356]

α) Die Vorgängerregelung zu Preisfestsetzungen

Auch das bisherige indische Kartellrecht enthielt eine Bestimmung über preisfestsetzende Vereinbarungen. Die Vorgängerregelung zum Verbot von Preisabsprachen in Sec. 3 (3) (a) CA fand sich in Sec. 33 (1) (d) MRTP-Act. Danach galt eine Vereinbarung dann als wettbewerbsbeschränkend Handelspraktik, wenn sie bestimmt, dass der Kauf oder Verkauf bestimmter Waren oder die Abgabe von Angeboten für den Kauf oder Verkauf von Waren nur zu Preisen oder Bedingungen erfolgen darf, auf die sich die Verkäufer oder Käufer zuvor geeinigt haben. Sec. 3 (3) (a) CA dagegen nennt als Regelbeispiel Vereinbarungen, welche „direkt oder indirekt Einkaufspreise oder Verkaufspreise bestimmen".

Als wesentlicher Unterschied lässt sich aus dieser Gegenüberstellung von alter und neuer Norm erkennen, dass der Anwendungsbereich von Sec. 33 (1) (d) MRTP-Act weitreichender war, da er auch die Bestimmung von Bedingungen umfasste, wohingegen sich Sec. 3 (3) (a) CA seinem Wortlaut nach nur auf die Bestimmung von Preisen bezieht. Mit anderen Worten waren neben den Preis- auch die Konditionenkartelle umfasst. Außerdem bezog sich die alte

355 Ramappa, S. 84.
356 Krishnamurthi, S. 209.

Norm im Gegensatz zur neuen nicht nur auf Preisabsprachen beim Wareneinkauf oder -verkauf, sondern auch auf Absprachen bei der Abgabe von Angeboten im Rahmen von Ausschreibungen. Diese Submissionskartelle werden im neuen Gesetz nunmehr umfassend in einem eigenen Tatbestand (Sec. 3 (3) (d) CA) behandelt.[357]

Zwar sind die Gründe dafür, dass die neue Regelung zu Preiskartellen vom bisherigen Recht abweicht, nicht publiziert worden, jedoch ist diese Abweichung bei der Anwendung der bisherigen Entscheidungspraxis auf das neue Recht zu berücksichtigen.

Neben diesen Unterschieden existieren aber auch Gemeinsamkeiten zwischen Sec. 3 (3) (a) CA und seiner Vorgängerregelung: Beide Normen umfassen Preisabsprachen zwischen Unternehmen auf horizontaler Ebene. Die Beschränkung auf horizontale Sachverhalte ergibt sich bei Sec. 33 (1) (d) MRTP-Act aus dem Wortlaut[358] der Regelung und bei Sec. 3 (3) (a) CA aus einer Auslegung der Norm.[359] Aufgrund der Übereinstimmung der beiden Bestimmungen in ihrem Kernbereich kann davon ausgegangen werden, dass die bisher in Bezug auf Preisbestimmungen ergangenen Entscheidungen auch künftig bei der Auslegung und Anwendung von Sec. 3 (3) (a) CA herangezogen werden. Dies gilt aber nicht im Hinblick auf die Teile der Regelung, die sich gegenüber der Vorgängernorm geändert haben.

β) Beispiele aus der bisherigen Entscheidungspraxis

Eine wichtige Entscheidung zum Themenkomplex der Preiskartelle hat die Kommission im Fall „RRTA v. Alkali Manufacturers of India" getroffen. Danach liegt eine verbotene Preisvereinbarung bereits dann vor, wenn ein Branchenverband von Herstellern ein Rundschreiben an seine Mitglieder richtet, in denen Höchstpreise für den Verkauf gewisser Produkte empfohlen werden. Selbst wenn es den Unternehmen freisteht, ihre Produkte unterhalb dieses Höchstpreises zu verkaufen, kann ein solches Rundschreiben eine wettbewerbsbeschränkende Wirkung haben. Denn nach Ansicht der Kommission führt ein solches Empfehlungsschreiben – insbesondere in einer Branche mit sehr kleinen Gewinnmargen – dazu, dass alle Unternehmen des Verbands die Preise bis zur angegebenen Grenze erhöhen und so den Preiswettbewerb untereinander ausschalten. Das Rundschreiben fungiert in solch einem Fall als Signal an die Mitglieder, den Produktpreis bis zur angegebenen Höhe zu steigern.[360] Im Hinblick

357 Der MRTP-Act enthielt zwar in Sec. 33 (1) (d) auch einen Tatbestand zu Gebotsabsprachen, dieser war jedoch auf Absprachen bei Auktionen beschränkt.

358 „...agreed upon between the sellers or purchasers...".

359 S.o., 3. Teil, D, I, 1., a), bb), (5).

360 RRTA v. Alkali Manufacturers of India, RTP Enquiry No. 26/1984, Entscheidung vom 29.05.1985, (1985) 2 Comp. LJ. 436, 441.

auf den Zweck des Competition Act, 2002, den indischen Wettbewerb künftig besser zu fördern, und mangels entgegenstehender Anhaltspunkte, ist davon auszugehen, dass dieses Verhalten künftig als „Bestimmung von Verkaufspreisen“ gemäß Sec. 3 (3) (a) CA zu qualifizieren ist.

Im Fall „Delhi Automobiles (P) Ltd.“ ging es um Absprachen zwischen Händlern des in Indien gebauten und dort immer noch verbreiteten Personenkraftfahrzeugs vom Typ „Ambassador“. Mehrere Verkäufer dieses von Hindustan Motors produzierten Fahrzeugs hatten sich zusammengetan, um gemeinsam eine Werbeanzeige aufzugeben. In mehreren überregionalen Tageszeitungen boten sie das Fahrzeug alternativ entweder zum Festpreis von 32.572 Rupien oder auf Finanzierungsbasis gegen eine Anzahlung von 20.000 Rupien und 12 Monatsraten à 1.200 Rupien zum Kauf an. Die Kommission sah es aufgrund dieses Inserats als erwiesen an, dass sich die beteiligten Händler gemeinschaftlich auf den Verkaufspreis ihres Produkts geeinigt hatten, und sah hierin eine beschränkende Handelspraktik im Sinne von Sec. 33 (1) (d) MRTP-Act.

(2) Begrenzung oder Steuerung des Warenangebots, der technischen Entwicklung usw., Sec. 3 (3) (b) CA

Section 3 (3) (b) des Competition Act verbietet Vereinbarungen, welche die Produktion oder das Angebot an Waren, die Märkte, die technische Entwicklung, Investitionen oder die Bereitstellung von Dienstleistungen beschränken oder steuern.

Diese Bestimmung lässt sich in zwei Abschnitte unterteilen. Der erste Teil regelt die Beschränkung und Steuerung der Produktion bzw. des Angebots an Waren oder Dienstleistungen sowie des entsprechenden Marktes, und der zweite Teil betrifft die technische Entwicklung und die Investitionen.

α) Beschränkung bzw. Steuerung der Produktion oder des Angebots an Waren oder Dienstleistungen

Vereinbarungen, die die Produktion oder das Angebot von Waren oder Dienstleistungen beschränken, sind im Wesentlichen aus zwei Gründen wettbewerbswidrig. Zum einen, weil das Warenangebot durch die Steuerung der Produktion im Verhältnis zur Nachfrage künstlich niedrig gehalten wird. Durch die resultierende Knappheit des Produkts wird der Wettbewerb verzerrt mit der Folge, dass die Preise der betroffenen Produkte steigen. Zum anderen beschränkt die Vereinbarung den Wettbewerb zwischen den Parteien, da sie nicht befürchten müssen, vom jeweils anderen Unternehmen aus dem Markt gedrängt zu werden. Dies führt dazu, dass Ineffizienzen bei der Unternehmensführung der beteiligten Parteien nicht mehr bestraft werden, ein Umstand, der zu Nachteilen für die

Verbraucher führen kann, sei es durch eine Verringerung der Produktqualität oder des Serviceangebots.[361]

Die Unternehmen verfolgen mit der gemeinschaftlichen Festsetzung der Produktionsmengen vorrangig das Ziel, durch die Verknappung des Warenangebots die Preise hochzuhalten.

Bisherige Rechtspraxis/ historische Interpretation

Die Beschränkung des Warenangebots wurde im bisherigen indischen Kartellrecht, neben der Marktaufteilung, in Sec. 33 (1) (g) MRTP-Act geregelt, so dass diese Regelung als Vorgängerregelung von Sec. 3 (3) (b) CA anzusehen ist. Hinsichtlich der Beschränkung des Warenangebots weisen der alte[362] und der neue[363] Wortlaut erhebliche Ähnlichkeiten auf, so dass die zum MRTP-Act entschiedenen Fälle auch unter die neue Regelung subsumiert werden können.
Allerdings sind in Bezug auf die hier behandelte Thematik nur wenige Kommissionsentscheidungen ergangen:
Ein Fall betraf die Indian Jute Mills Association, eine Vereinigung der Juteindustrie Indiens, die für ihre Mitglieder einen Plan erarbeitete, der vorsah, dass die Herstellung von Jute und Juteprodukten in Indien um insgesamt 15 % reduziert werden sollte. Die Vereinigung begründete ihr Vorgehen mit der schwierigen Situation der Branche und damit, dass verhindert werden sollte, dass die schwächeren Unternehmen von den stärkeren Unternehmen aus dem Markt gedrängt werden. Die Kommission aber sah in dem Plan eine wettbewerbsbeschränkende Handelspraktik in Form der „Beschränkung der Warenproduktion". In ihrer Begründung führte sie aus, dass es ein natürlicher Ablauf des Wettbewerbs sei, wenn effizientere Unternehmen mit geringeren Produktionskosten ihre Produktion auf Kosten weniger effizienter Unternehmen ausbauen könnten. Im Gegensatz dazu entspreche es nicht der Vorstellung der Kommission von einem unverzerrten Wettbewerb, wenn ineffiziente Produktionseinheiten künstlich gestützt werden und ihre Produktion aufrechterhalten, obwohl weder der Preis noch die Produktnachfrage dies in einem funktionierenden Markt rechtfertigen würden.[364]
Ein weiterer Fall betraf einen Vertrag der Glasproduzenten Hindustan Pilkington Glass Works Ltd. (Pilkington) und Window Glass Ltd. (Windows) mit dem Konkurrenzunternehmen Surat Cotton Ltd. (Surat). Gegen eine vereinbarte Ge-

---

361 Mittal, S. 103.

362 Sec. 33 (1) (g) MRTP-Act: „...any agreement to limit, restrict or withhold the output or supply of goods…".

363 Sec. 3 (3) (b) CA: „Any agreement...which...limits or controls production (or) supply...".

364 Indian Jute Mills Association, RTP Enquiry No. 80/1975, Entscheidung vom 11.10.1977, zit. nach: Basudev Ray, S. 184.

genleistung versprach Surat, bestimmte Glassprodukte künftig nicht mehr herzustellen und seinen gesamten Bestand der betreffenden Produkte an Pilktington und Windows zu verkaufen. Außerdem verpflichtete sich Surat dazu, die betreffenden Produktionsanlagen abzubauen und sich künftig nicht mit einem anderen Unternehmen zusammenzutun, um die betreffenden Glasprodukte herzustellen. Die MRTP-Kommission sah in dieser einseitigen Spezialisierungsvereinbarung einen Verstoß gegen das Kartellverbot, da sie zur Beschränkung der Warenproduktion auf dem indischen Glasmarkt führte.[365]

β) Beschränkung von Investitionen und technischer Entwicklung

Beschränkungen der Instandsetzung und des Ausbaus von Produktionsmitteln sowie Verbote der Nutzung und Verbesserung von Produktionsprozessen stellen Methoden dar, mit denen auf direktem Wege Einfluss auf den Wettbewerb genommen werden kann.

Solche Fälle, die die Beschränkung von Investitionen und technischer Entwicklung betreffen, waren in der Vergangenheit nur selten Gegenstand wettbewerbsbehördlicher Ermittlungen in Indien.

Einer der wenigen Fälle dieses Themenbereichs, die in der Vergangenheit von der MRTP-Kommission entschieden wurden, betraf die Tochtergesellschaft eines deutschen Konzerns.

Im Fall „Sarabhai Chemicals Pvt. Ltd. and Another"[366] ging es um eine Vereinbarung zwischen dem indischen Pharmazieunternehmen Sarabhai Chemicals Pvt. Ltd. (Sarabhai) und der indischen Tochter des deutschen Pharmakonzern Merck AG (Merck). Nach der Beendigung einer zehnjährigen Kooperation zwischen den beiden Unternehmen, die unter anderem die Bereitstellung von Know-how an den indischen Partner regelte, trafen die Parteien eine Nachfolgevereinbarung. Darin verpflichtete sich Merck für einen Zeitraum von 20 Jahren weder direkt noch indirekt – d.h. durch die Verteilung von Lizenzen –, bestimmte aufgelistete Produkte innerhalb der indischen Union herzustellen. Erlaubt waren lediglich der Import der betreffenden Produkte nach Indien und der Vertrieb der importierten Produkte durch Merck innerhalb Indiens. Als sich das indische Unternehmen „Jayant Vitamins" zwecks Know-how-Erwerbs an die indische Tochtergesellschaft der Merck AG wendete, wurde das Begehren mit Verweis auf die beschränkende Vertragsklausel in der Vereinbarung mit Sarabhai verneint. Aus diesem Anlass begann die MRTP-Kommission mit ihren Ermittlungen, wobei sie feststellte, dass von den insgesamt 598 aufgelisteten Produkten, die von Merck nicht mehr produziert werden durften, nur 76 überhaupt

365 RRTA v. Hindustan Pilkington Glass Works Ltd., RTP Enquiry No. 2/1972, Entscheidung vom 14.2.1975; zit. nach: Dugar, S. 702.

366 Sarabhai M. Chemicals Pvt. Ltd. And Another, Rtp Enquiry No. 45/1975, Entscheidung vom 6.7.1978, (1979) 49 Company Cases 145 ff. (MRTP Commission).

von Sarabhai hergestellt wurden. Sie erklärte, dass die entsprechende Klausel in der Vereinbarung zwischen Sarabhai und Merck nichtig sei, da sie eine unzulässige Barriere für den Eintritt in den relevanten Markt in Indien darstelle und gleichzeitig die technische Entwicklung in Indien beschränke, da die Versorgung indischer Unternehmen mit dem entsprechenden Know-how verhindert werde.[367]

(3) Aufteilung von Märkten u.a., Sec. 3 (3) (c) CA

Gemäß Sec. 3 (3) (c) CA gelten Vereinbarungen als wettbewerbsbeeinträchtigend, wenn sie die Aufteilung von Märkten oder Produktionsquellen („source of production") für die Bereitstellung von Gütern oder Dienstleistungen durch geografische Marktaufteilung, durch Differenzierung nach Produkt- oder Dienstleistungsgruppen, durch Aufteilung von Kundengruppen oder auf irgendeine andere Art und Weise zum Inhalt haben.

Aufgrund der Gesetzessystematik erfasst diese Regelung ausschließlich Vereinbarungen zwischen Unternehmen auf derselben Marktstufe. Vereinbarungen über die Aufteilung von Märkten zwischen Unternehmen auf verschiedenen Marktstufen – zum Beispiel zwischen Herstellern und Händlern –, zu denen zahlreiche Entscheidungen der Wettbewerbsbehörde unter dem alten Recht existieren, fallen nach der Systematik des neuen Competition Act, 2002 unter die Fallgruppe der „exclusive distribution agreements" im Sinne von Sec. 3 (4) (c) CA.

Was genau der Begriff „source of production" im Sinne von Sec. 3 (3) (c) CA bedeutet, ist im Gesetz nicht näher definiert. Auch die veröffentlichten Gesetzesmaterialien zum Competition Act, 2002 enthalten keine Erläuterung des Begriffs. Der historische Interpretationsversuch dieser Regelung scheitert schließlich auch daran, dass das Vorgängergesetz, der MRTP-Act, diesen Begriff nicht verwendet.

Vergleicht man die Struktur der indischen und der europäischen Kartellverbotsregelung miteinander, so zeigt sich, dass das die Regelbeispiele in Sec. 3 (3) (c) CA und Art. 101 Abs. 1 lit. c) AEUV eine große Übereinstimmung aufweisen. Der in der erstgenannten Regelung enthaltene Begriff der „Produktionsquelle" steht dem Begriff der „Versorgungsquelle" aus Art. 101 Abs. 1 lit. c) AEUV gegenüber. Unter Berücksichtigung der hohen Ähnlichkeit beider Begriffe und angesichts des Umstandes, dass das europäische Kartellrecht neben den Kartellgesetzen anderer Länder als Vorbild für die Schaffung des Competition Act, 2002 diente, ist es denkbar, dass der Begriff der „source of production"

367 Sarabhai M. Chemicals Pvt. Ltd. And Another, Rtp Enquiry No. 45/1975, Entscheidung vom 6.7.1978, (1979) 49 Company Cases 145 (167); Ramappa, S. 91 f.

in Anlehnung an den europäischen Begriff der „Produktionsquelle“ geschaffen worden ist.

Wie Art. 101 Abs. 1 lit. c) AEUV könnte Sec. 3 (3) (c) CA durch diese Formulierung daher das Recht der Abnehmer schützen, sich den Produzenten, von dem sie ihre Produkte beziehen, selbst auszuwählen, ohne durch Vereinbarungen mit anderen Unternehmen in ihrer Entscheidungsfreiheit beschränkt zu sein. Ob diese Interpretation aber tatsächlich korrekt ist, wird sich erst im Rahmen der Anwendung der Regelung durch die Competition Commission zeigen.

Horizontale Vereinbarungen über die Aufteilung von Märkten oder Kundengruppen sind bisher äußerst selten Gegenstand von Ermittlungen der indischen Wettbewerbskommission gewesen. Ein Fall zu dieser Thematik, der im Jahre 1984 von der MRTP-Kommission entschieden worden war, betraf Sec. 33 (1) MRTP-Act, die Vorgängerregelung[368] von Sec. 3 (3) (c) CA.[369] Aufgrund bestehender Ähnlichkeiten in der Formulierung beider Bestimmungen[370] wird diese Entscheidung voraussichtlich auch für die Interpretation des neuen Rechts von Relevanz sein. In dem Fall ging es um die „Tea Trade Association of India“, einer Vereinigung indischer Teehändler, die es ihren Mitgliedern per Rundschreiben untersagte, Kunden oder Aufträge von außerhalb der indischen Stadt Kochi zu akquirieren. Außerdem wurden Händler, die nicht Mitglied des Verbands waren, sowie Verbandsmitglieder, die ihre Mitgliedsgebühren nicht bezahlt hatten, von Teeauktionen in der Stadt Kochi ausgeschlossen. Die indische Wettbewerbskommission qualifizierte beide Vorgänge als wettbewerbsbeschränkende Handelspraktiken im Sinne von Sec. 33 (1) MRTP-Act.

(4) Submissionskartelle, Sec. 3 (3) (d) CA

Das letzte Regelbeispiel des Sec. 3 (3) CA bestimmt, dass die Vermutung der wettbewerbsbeeinträchtigenden Wirkung auch für Vereinbarungen gilt, „die direkt oder indirekt zu Gebotsabsprachen („bid rigging“) oder kollusivem Bieten („collusive bidding“) führen“.[371]

Was unter dem Begriff „bid rigging“ im Sinne dieser Norm zu verstehen ist, wird im letzten Absatz von Sec. 3 (3) CA definiert: Unter den Begriff fallen

368 Sec. 33 (1) MRTP-Act umfasste im Gegensatz zu Sec. 3 (3) (c) CA allerdings auch Beschränkungen des Warenangebots und der Produktion sowie vertikale Marktaufteilungen.

369 Tea Trade Association of Cochin, RTP Enquiry No. 27/1983, Kommissionsentscheidung vom 18.12.1984, Rn. 5, zit. nach: Dugar, S. 730.

370 Sec. 33 (1) (g) MRTP-Act: „...or allocate any area of market for the disposal of goods"; Sec. 3 (3) (c) CA: "shares the market...by way of allocation of geographical area of market, or type of goods or services, or number of customers in the market or any other similar way."

371 „...directly results in bid rigging or collusive bidding“, Sec. 3 (3) (d) CA.

Vereinbarungen zwischen Unternehmen oder sonstigen in diesem Absatz genannten Personen, die im Bereich der Erzeugung oder des Handels gleicher oder ähnlicher Güter oder der Erbringung gleicher oder ähnlicher Dienstleistungen tätig sind, welche die Ausschaltung oder Reduzierung des Bieterwettbewerbs bewirken oder den Bieterprozess nachteilig beeinflussen oder manipulieren.

Solch eine Manipulation des Bieterprozesses liegt immer dann vor, wenn aktuelle oder potenzielle Bieter einer Ausschreibung in einer geheimen Absprache die Höhe ihrer Gebote im Vorhinein bestimmen.[372]

Der Begriff der Kollusion – als Bestandteil der Bezeichnung „collusive bidding“ – wird von der indischen Rechtsprechung als „eine geheime Vereinbarung zu illegalen Zwecken“ definiert.[373] Eine Kollusion setzt voraus, dass die konspirierenden Parteien einen gemeinsamen Sinn und Zweck verfolgen.[374] Mithin sind die Begriffe „bid rigging“ und „collusive bidding“ in ihrer Bedeutung nahezu identisch, mit dem einzigen Unterschied, dass der Begriff „collusive bidding“ stärker die Heimlichkeit der Absprache betont.

Die Submissionsabsprachen haben im Wesentlichen zur Folge, dass dem Bieterverfahren die Unabhängigkeit genommen wird und dass die abgegebenen Offerten nicht mehr das Ergebnis von Angebot und Nachfrage, sondern die Folge von Absprachen zwischen den Bietern sind. Dies kann dazu führen, dass das ausschreibende Unternehmen ausschließlich Vertragsangebote zu weit überhöhten Beträgen bekommt, so dass es bei Abschluss des Vertrages einen ökonomischen Schaden erleidet.[375]

Beispiele für solche Submissionsabsprachen sind die Vereinbarung, nicht gegen die andere Partei zu bieten, die Vereinbarung über das Herausdrängen anderer Bieter, die Vereinbarung zur Abgabe deckungsgleicher Gebote, die Vereinbarung über die Abgabe absichtlich überhöhter Gebote, die Vereinbarung darüber, wer das niedrigste Gebot abgeben soll, sowie die Vereinbarung eines Rotationssystems, bei dem bestimmt wird, dass die beteiligten Parteien abwechselnd bzw. in einer bestimmten Reihenfolge den Zuschlag für die in Frage stehende Ausschreibung bekommen sollen.[376]

b) Verbotene Vereinbarungen unter dem Vorbehalt der „Rule of Reason“, Sec. 3 (4) CA

Gemäß Sec. 3 (4) CA sollen „alle Vereinbarungen zwischen Unternehmen oder Personen auf verschiedenen Stufen der Produktionskette und auf unterschiedli-

372 Ramappa, S. 93.

373 Subhas Chandra v. Ganga Prasad, AIR 1967 SC, 878, 881.

374 Indo Allied Industries v. Punjab National Bank, AIR 1970 All., 108, 113.

375 Ramappa, S. 93.

376 Mittal, S. 108 unter Bezugnahme auf das UN Model Law: UN, Model Law on Competition, S. 27, Rn. 37.

chen Märkten, welche Regelungen mit Bezug auf die Produktion, das Angebot, den Vertrieb, die Lagerung, den Verkauf, den Preis oder den Handel mit Gütern oder die Bereitstellung von Dienstleistungen betreffen – einschließlich von (a) Kopplungsvereinbarungen, (b) Alleinbezugsvereinbarungen, (c) Alleinvertriebsvereinbarungen und Alleinbelieferungsvereinbarungen, (d) Geschäftsverweigerungen und (e) Vereinbarungen über die Wiederverkaufspreise (Preisbindung der zweiten Hand) – als verbotene Vereinbarungen im Sinne des Absatz (1) gelten, sofern diese tatsächlich oder wahrscheinlich eine spürbar negative Wirkung auf den Wettbewerb in Indien haben."

aa) Beschränkung auf vertikale Vereinbarungen

Der Wortlaut[377] der Regelung stellt klar, dass der Anwendungsbereich der Norm auf vertikale Vereinbarungen beschränkt ist.

bb) Die „Rule of Reason"

Betrachtet man die Rechtsfolge, so ergibt sich aus der Formulierung „sofern diese Vereinbarungen tatsächlich oder wahrscheinlich eine spürbar negative Auswirkung auf den Wettbewerb in Indien haben", dass diese Vereinbarungen nicht Per-se-Verboten sind, sondern, dass eine spürbar negative Auswirkung auf den Wettbewerb in Indien in jedem Einzelfall nachgewiesen werden muss. Es handelt sich demnach um eine „Rule of Reason"-Bestimmung.

Bezüglich der in diesem Zusammenhang vorzunehmenden Prüfung hat das „High Level Committee on Competition Policy and Law" in seinem Bericht folgende Ausführungen gemacht: „…es muss festgestellt werden, ob die Einschränkungen (des Wettbewerbs) eine Barriere für den Markteintritt schaffen oder ob sie bestehende Wettbewerber aus dem Markt drängen. Die Schlüsselfrage ist aber, in welchem Ausmaß diese Vereinbarungen den Markt für Hersteller oder Händler verschließen und in welchem Ausmaß sie die Kosten der Konkurrenten in die Höhe treiben oder den existierenden Wettbewerb schwächen." Schließlich müssten die Kosten bzw. Nachteile solcher Vereinbarungen gegen die entstehenden Vorteile aufgewogen werden.[378]

Dementsprechend setzt die Anwendung von Sec. 3 (4) CA stets eine umfangreiche Marktanalyse voraus, um bestimmen zu können, ob eine Vereinbarung eine spürbar negative Wirkung auf den Wettbewerb in Indien hat. Auch nach der bisherigen indischen Rechtsprechung kommt es im Rahmen der Prüfung, ob eine Vereinbarung oder abgestimmte Verhaltensweise zu einer Beschränkung des Wettbewerbs führt, im Wesentlichen auf die Auswirkung an. Entscheidend ist danach, welche tatsächliche oder wahrscheinliche Wirkung auf

377 "Agreement amongst enterprises or persons at different stages or levels of the production chain in different markets", Sec. 3 (4) CA.

378 Report of the High Level Committee, para. 4.5.9.

den Markt sie hat bzw. haben wird, wobei die Besonderheiten des konkreten Falles bzw. Wirtschaftszweiges, in dem die Maßnahme zum Einsatz kommt, zu berücksichtigen ist.[379]

Begründet wird die Anwendung der „Rule of Reason“ im Falle von vertikalen Vereinbarungen damit, dass diese Art von Wettbewerbsbeschränkungen nicht immer schädlich sind, sondern sich auch positiv auf die Wettbewerbssituation in einem bestimmten Marktumfeld auswirken kann.[380]

cc) Die genannten Regelbeispiele

(1) „Tie-in arrangements“, Sec. 3 (4) (a) CA

Als erstes Regelbeispiel für verbotene Vereinbarungen werden in Sec. 3 (4) CA Kopplungsvereinbarungen („tie-in arrangements“) genannt. Diese sind am Ende der Norm unter „Explanation“, Punkt (a) definiert: Nach der Definition umfasst dieser Begriff jede Vereinbarung, die den Käufer einer Ware als Bedingung des Erwerbs dazu verpflichtet, auch Waren anderer Art zu erwerben. In Bezug auf die gleich formulierte Bestimmung in Sec. 33 (1) (b) MRTPA ist anerkannt, dass das Verbot von Kopplungsvereinbarungen auch auf Dienstleistungen anwendbar ist.[381] Aufgrund des übereinstimmenden Wortlauts ist davon auszugehen, dass dies gleichermaßen im neuen Recht gelten soll.[382] Mithin ist eine Kopplungsvereinbarung immer dann gegeben, wenn der Erwerb von Waren oder Dienstleistungen („koppelnde Produkte“) unter die Bedingung gestellt wird, dass Waren oder Dienstleistungen anderer Art („gekoppelte Produkte“) erworben werden.

Beanstandenswert sind solche Kopplungsvereinbarungen aus Sicht des Käufers deshalb, weil sie diesen dazu zwingen, eine Ware oder eine Dienstleistung abzunehmen, die er gar nicht benötigt, wodurch ihm unnötige Kosten entstehen. Aus der Perspektive des Wettbewerbsschutzes sind Kopplungsvereinbarungen schädlich, weil sie den Wettbewerb im Bereich des gekoppelten Produkts beschränken.[383]

α) Anwendbarkeit der bisherigen Rechtsprechung und Entscheidungspraxis

Die in Sec. 3 (4) CA unter dem Punkt Explanation (a) verwendete Definition der Kopplungsvereinbarung stimmt mit der Beschreibung von Kopplungsgeschäften

379 Mahindra & Mahindra Ltd. V. Union of India, AIR 1979 SC 798, 822.

380 Mittal, S. 112.

381 Vgl. Anand Gas, RTPE 43/1983, (1984) 2 CompLJ 404 ff. in Bezug auf die Lieferung von Erdgas.

382 Außerdem ergibt sich die Anwendbarkeit auf Dienstleistungen aus Sec. 3 (4) CA (am Anfang).

383 Ramappa, S. 101.

in Sec. 33 (1) (b) MRTP-Act, dem alten Kartellgesetz, überein, auch wenn in Letzterem die Bezeichnung „Kopplungsgeschäfte" nicht benutzt wird.

Aufgrund dieser Übereinstimmung können die in der bisherigen Entscheidungspraxis von der Kommission und den Gerichten entwickelten Grundsätze auf das neue Recht übertragen werden.

β) Entscheidungspraxis zu Kopplungsgeschäften in Indien

Die Kommission hat sich in zahlreichen Fällen mit der Thematik der Kopplungsvereinbarungen auseinandergesetzt.

Diese Fälle umfassten sowohl Kopplungen in Form der verpflichtenden Abnahme von zwei Sachgütern[384] als auch die Kopplung von Waren und Dienstleistungen, wie sie etwa im Fall „Anand Gas" erfolgte, in dem ein Gasversorger den Anschluss bzw. die Versorgung mit Gas vom Erwerb eines Gasherds abhängig machte.[385]

Ebenso wurde das so genannte "full-line forcing", d.h. der Zwang zur Abnahme des gesamten Produktsortiments, als eine gegen das Kopplungsverbot verstoßende Vereinbarung qualifiziert. Im Fall „Amar Dye-Chem Ltd."[386] verpflichtete der Hersteller von Farben und Farbstoffen seinen Vertragshändler dazu, eine vereinbarte Menge von allen Produkten zu erwerben und einen Lagerbestand aufrechtzuerhalten, der eine repräsentative Auswahl der Produktpalette von Dye-Chem umfasst. Die Kommission untersagte diese Vereinbarung unter Berufung auf das Kopplungsverbot.[387]

Auch wenn der Käufer bei Erwerb eines Produkts dazu verpflichtet wird, regelmäßige kostenpflichtige Serviceleistungen in der Werkstatt des Verkäufers vornehmen zu lassen – einschließlich des Austauschs größerer Teile –, liegt hierin ein Verstoß gegen das Kopplungsgebot.[388]

Etwas Anderes gilt dagegen, wenn solch eine Kopplung notwendig ist, damit der Hersteller die gute Reputation hinsichtlich der Qualität seiner Produkte wahren kann. In solchen Fällen hat die Kommission es für zulässig erachtet, dass der Anbieter den Verkauf seiner Produkte mit Verträgen über die Wartung derselben verknüpft. Eine Kopplung kann auch zulässig sein, wenn das gekoppelte Produkt dazu dient, die Funktionsfähigkeit eines technisch hochkomplexen Produkts sicherzustellen.[389]

---

384 RRTA v. Singer Sewing Co. Ltd., RTPE No. 21/1975, Entscheidung vom 26.2.1975, zit. nach Krishnamurthi, S. 203.

385 Anand Gas, RTPE 43/1983, (1984) 2 Comp. LJ. 404, 405.

386 RRTA v. Amar Dye-Chem Ltd., RTPE 51/1975, Extrakt abgedruckt in Mitra, 441.

387 Mitra, S. 441.

388 Bezogen auf den PKW-Kauf: Hindustan Motors Ltd. & Another, RTP Enquiry No. 17/1983, Beschluss vom 22.3.1984, (1984) 2 Comp. LJ 98, 99.

389 Dugar, S. 721.

Auch im Fall „Director General v. Kennel Club of India“[390] hielt die Kommission die zugrunde liegende Kopplungsvereinbarung nach Anwendung der „Rule of Reason“ für nicht wettbewerbswidrig. Dort ging es um einen Klub zur Haustierbetreuung, der die Klubmitgliedschaft vom Abonnement der eigenen Klubzeitschrift abhängig machte. Der Beschwerdeführer, ein Hundebesitzer, wandte sich an die Kommission mit dem Vorwurf, dass hier zwei verschiedene und unabhängige Leistungen – d.h., die Klubmitgliedschaft und das Abo der Zeitschrift – aneinander gekoppelt wurden. Obwohl die Kosten für das Abo den Jahresbeitrag um das 2,5-Fache überstiegen, hielt die Kommission die Kopplung in diesem Fall für zulässig. Denn nach Ansicht der Kommission stellte die obligatorische Klubzeitschrift, die Informationen für Tierhalter enthielt, „eine nützliche Dienstleistung für die Hundehalter und Hundefreunde dar, mit nützlichen Informationen, von denen die Abonnementen profitieren.“[391]

Eine ähnliche Argumentation wurde im Fall „Bennet Coleman & Co. Ltd.“ verfolgt.[392] Der Herausgeber verschiedener Zeitschriften und Magazine verlangte kombinierte Preise für Werbeanzeigen in seiner Zeitschrift „Indrajal Comics“. Potenzielle Anzeigekunden mussten ihre Inserate sowohl in der englischen und bengalischen Fassung als auch in der Hindi-Version der Publikation platzieren und dafür den Gesamtpreis bezahlen. Die Möglichkeit, nur in einer Sprachversion der Zeitschrift zu inserieren, bestand dagegen nicht. Nach Ansicht der Kommission war diese Art der Kopplung nicht wettbewerbswidrig, da dem Inserenten durch solch eine Regelung kein Schaden oder Nachteil entstehe. Vielmehr werde gewährleistet, dass die Anzeigen ein breites, multilinguistisches Publikum erreichen.[393]

γ) Berücksichtigung der Regelungen des Consumer Protection Act, 1986

Der Vollständigkeit halber muss an dieser Stelle auch auf den Consumer Protection Act, 1986 (CPA) hingewiesen werden. Dieses indische Verbraucherschutzgesetz ist seit seiner Reformierung im Jahre 1993 unter anderem auch auf Kopplungsvereinbarungen anwendbar. Gemäß Sec. 2 (nnn) (b) CPA sind Kopplungsvereinbarungen beschränkende Handelspraktiken („restrictive trade practices“) im Sinne des Consumer Protection Act, 1986. Obwohl das Gesetz hier dieselbe Begrifflichkeit wie im „Monopolies and Restrictive Trade Practices Act, 1969“ verwendet, ist die Bedeutung dieser Begriffe in jedem der Gesetzeswerke verschieden. Während das ehemalige indische Kartellgesetz damit wettbewerbsbeschränkende Handelspraktiken bezeichnet, beschreibt der CPA damit Verhaltensweisen, welche die Verbraucherrechte beschränken. Insofern

390 Director General v. Kennel Club of India (1998) 94 CC 635 ff.
391 Director General v. Kennel Club of India (1998) 94 CC 635, 636.
392 Bennet Coleman & Co. Ltd , 1979 Tax LR 1605 f.
393 Bennet Coleman & Co. Ltd , 1979 Tax LR 1605, 1606.

kann der CPA aufgrund seiner hauptsächlich verbraucherschützenden Wirkung auch nicht als Kartellrecht bezeichnet werden.

Im Hinblick auf unzulässige Kopplungsgeschäfte existiert allerdings ein konkurrierender Zuständigkeitsbereich zwischen der Competition Commission und den unter dem CPA vorgesehenen Consumer Disputes Redressal Authorities. Dementsprechend kann sich ein Geschädigter nach seiner Wahl an eine dieser beiden Einrichtungen wenden, um die Beseitigung seines durch unzulässige Kopplungsvereinbarungen entstandenen Schadens zu verlangen.[394]

(2) „Exclusive supply agreements", Sec. 3 (4) (b) CA

Sec. 3 (4) (b) CA führt als weiteres Regelbeispiel die so genannten „exclusive supply agreements" auf. Nach der Definition in Sec. 3 (4) Explanation (b) CA umfassen „exclusive supply agreements" alle Vereinbarungen, die den Käufer auf irgendeine Weise darin beschränken, andere Waren als die des Verkäufers oder einer anderen bezeichneten Person zu erwerben oder auf sonstige Weise mit einem anderen Lieferanten Handel zu treiben.

An dieser Definition zeigt sich, dass die „exclusive supply agreements" den Alleinbezugsvereinbarungen im europäischen Recht entsprechen, welche als Vereinbarungen verstanden werden, die den Käufer dazu verpflichten, den gesamten Bedarf an einem bestimmten Produkt bei einem einzigen Lieferanten zu decken, und die diesem verbieten, konkurrierende Produkte anderer Verkäufer zu erwerben.[395] Dementsprechend ist der Begriff der „exclusive supply agreements" am adäquatesten mit dem Ausdruck „Alleinbezugsvereinbarungen" zu übersetzen.

Solche Alleinbezugsvereinbarungen können sowohl schriftlich als auch mündlich getroffen werden.[396]

Auch im Rahmen des Sec. 3 (4) (b) CA kommt die „Rule of Reason" zur Anwendung, d.h. die spürbar nachteilige Wirkung der jeweiligen Ausschließlichkeitsvereinbarung[397] muss gemäß Sec. 3 (4) a.E. CA im Einzelnen nachgewiesen werden.

Alleinbezugsvereinbarungen haben die Tendenz, anderen Wettbewerbern die Absatzkanäle zu verschließen, den Wettbewerb im relevanten Markt zu beeinträchtigen und letztlich dem Allgemeinwohl zuwiderzulaufen. Solche Vereinbarungen können den Wettbewerb insbesondere auf zwei Arten einschränken: Zum einen wird der Marktzugang für Wettbewerber erschwert oder sogar

394 Dugar, S. 725 f.

395 Vertikalleitlinien, Abl. 2000, Nr. C 291, 1, Rn. 138.

396 Dugar, S. 727.

397 Der Begriff „Ausschließlichkeitsvereinbarung" wird in der vorliegenden Arbeit als Oberbegriff für Alleinbezugs- und Alleinbelieferungsvereinbarungen benutzt.

verhindert, wenn die für den Vertrieb in Frage kommenden Händler durch eine Alleinbezugsverpflichtung an einen bestimmten Verkäufer bzw. Hersteller gebunden sind, zum anderen werden die Händler in ihrer Freiheit beschränkt, Produkte verschiedener Hersteller anzubieten, wodurch den Verbrauchern die Möglichkeit genommen wird, zwischen konkurrierenden Produkten auswählen zu können.[398]

Historische Interpretation der Regelung: Bisherige Entscheidungspraxis und Übertragbarkeit

Die in Sec. 3 (4) (b) CA benutzte Definition der Alleinbezugsvereinbarungen stimmt mit der Definition in Sec. 33 (1) (c) MRTP-Act überein, so dass die Interpretation der Neuregelung unter Bezugnahme auf die zur Vorgängernorm ergangenen Entscheidungen erfolgen kann.

Verglichen mit Kopplungsvereinbarungen wurden Alleinbezugsvereinbarungen in der bisherigen indischen Rechtsprechung im Hinblick auf ihre potenziell wettbewerbsfördernden Wirkungen[399] prinzipiell nachsichtiger beurteilt. Dies wird deutlich, wenn man die bisher zu diesem Thema ergangenen Entscheidungen betrachtet. In einem Großteil der Fälle wurden Alleinbezugsvereinbarungen für zulässig erklärt. Die wichtigsten Entscheidungen sollen im Folgenden dargestellt werden:

Im Fall „RRTA v. Usha Sales Pvt. Ltd.“[400] ging es um einen Großhändler von Haushaltsgeräten, der für die verschiedenen von ihm hergestellten Produkte Alleinbezugsverträge mit Einzelhändlern schloss. Teilweise ließ die MRTP-Kommission diese Verträge zu: So wurden die getroffenen Alleinbezugsvereinbarungen in Bezug auf Trinkwasserspender im Hinblick auf den geringen Marktanteil von Usha Sales Ltd. in diesem Produktmarkt gestattet. Die geschlossenen Ausschließlichkeitsverträge über den Verkauf von Ventilatoren wurden ebenfalls nicht verboten, da sie nur ein Fünftel der insgesamt von Usha Sales verkauften Ventilatoren betrafen, wohingegen vier Fünftel der Ventilatoren über Händler vertrieben wurden, die auch konkurrierende Marken im Angebot hatten.[401]

398 Talati/Mahala, S. 47.

399 Dugar (S. 726) nennt hier mit Verweis auf die amerikanische Rechtsauffassung die Zurverfügungstellung einer konstanten Lieferquelle für den Abnehmer mit geringer Preisflukuation, den Schutz der Marktposition schwächerer Wettbewerber gegenüber stärkeren eingesessenen Rivalen sowie die Erleichterung für neue Unternehmen, auf einem Markt Fuß zu fassen, indem durch die Alleinbezugsvereinbarung ein bestimmtes Absatzvolumen in der Anfangsphase sichergestellt wird.

400 RRTA v. Usha Sales Pvt. Ltd., RTP Enquiry No. 8/1974, Entscheidung vom 27.11.1975, (1977) 47 CC 472 ff.

401 RRTA v. Usha Sales Pvt. Ltd., RTP Enquiry No. 8/1974, Entscheidung vom 27.11.1975, (1977) 47 CC 472, 491.

Im Fall „Mohan Meakins Limited & Others“[402] ging es um die Zulässigkeit von Ausschließlichkeitsvereinbarungen in Franchise-Verträgen. Der indische Getränkehersteller Mohan Meakins Ltd. schloss mit einer Reihe von Abfüllerfirmen Franchiseverträge über die Herstellung, das Abfüllen und den Verkauf von Erfrischungsgetränken. In diesen Verträgen befand sich jeweils eine Klausel, die den Unternehmen untersagte, in deren Fabrikanlagen andere Produkte als die des Herstellers herzustellen oder abzufüllen. In ihrer Entscheidung stellte die Kommission fest, dass angemessene Beschränkungen des Franchisenehmers zum Zwecke der Qualitätssicherung der betreffenden Produkte nach dem Kartellrecht gerechtfertigt sein können, wenn diese dem öffentlichen Interesse dienen. Bezogen auf Franchiseverträge mit Getränkeabfüllern stellte sie ein gewisses Risiko fest, nämlich dass es bei Abfüllung von Getränken verschiedener Hersteller in ein und derselben Anlage zur Vermischung oder Verunreinigung der Produkte des Franchisegebers kommen könnte. Daher seien Beschränkungen hinsichtlich des Abfüllens von Produkten, die denen des Herstellers ähneln bzw. bei denen eine Verwechslungsgefahr mit den Produkten des Herstellers besteht, grundsätzlich als angemessen anzusehen. Andererseits ist eine Ausschließlichkeitsklausel, die dem Franchisenehmer wie im behandelten Fall das Abfüllen jeglicher anderer Produkte untersagt, nicht angemessen und stellt somit eine wettbewerbsbeschränkende Handelspraktik dar.[403]

Neben den genannten Fällen können Ausschließlichkeitsvereinbarungen auch dann wettbewerbsrechtlich zulässig sein, wenn sie notwendig sind, um bestimmten Marktzwängen zu begegnen oder wenn sie nur kurze Zeit andauern.[404]

In "Delhi Cloth & General Mills Co. Ltd."[405] stellte die Kommission fest, dass eine Alleinbezugsvereinbarung zwischen einem Geschäftsherrn und seinem Handelsvertreter grundsätzlich keine wettbewerbsbeschränkende Wirkung hat, weil ein Handelsvertreter für Rechnung seines Auftraggebers tätig ist und nicht wirtschaftlich eigenständig arbeitet.[406]

(3) „Exclusive distribution agreements“, Sec. 3 (4) (c) CA

Gemäß Sec. 3 (4) (c) CA sind Vereinbarungen über den ausschließlichen Vertrieb („exclusive distribution agreements“) verboten. Der Begriff der „exclusive distribution agreements“ umfasst nach seiner Legaldefinition in Sec. 3 (4) Explanation (c) CA alle Vereinbarungen, welche die Produktion oder das Ange-

---

402 Mohan Meakins Limited & Others , RTP Enquiry No. 65/1984, Entscheidung vom 11.4.1986, abgedruckt in Mitra, S. 466 f., Extrakt abgedruckt in Dugar, S. 730.

403 Mohan Meakins Limited & Others , RTP Enquiry No. 65/1984, Entscheidung vom 11.4.1986, Mitra, S. 466, 467.

404 Dugar, S. 727.

405 Delhi Cloth & General Mills Co. Ltd., 1979 Tax LR 2011 ff.

406 Delhi Cloth & General Mills Co. Ltd., 1979 Tax LR 2011, 2013.

bot von Waren begrenzen, beschränken oder zurückhalten oder welche ein Gebiet oder einen Markt für den Verkauf oder Vertrieb von Waren auf- bzw. zuteilen.

α) Vorüberlegungen zur dogmengeschichtlichen Auslegung der Norm

Zur Bestimmung des genauen Bedeutungsinhalts des Begriffs des ausschließlichen Vertriebs kann auf die bisherige Entscheidungspraxis der indischen Gerichte und der Kommission zurückgegriffen werden, da die in Sec. 3 (4) Explanation (c) CA verwendete Definition wortwörtlich mit der Definition von „exclusive distribution agreements" in Sec. 33 (1) (g) MRTP-Act übereinstimmt. Einschränkend muss aber berücksichtigt werden, dass Sec. 33 (1) (g) MRTP-Act sowohl vertikale als auch horizontale Vereinbarungen umfasste, wohingegen Sec. 3 (4) CA nur für Vertikalvereinbarungen gilt. Weiterhin unterscheidet sich die Rechtsfolge des neuen Rechts in Bezug auf „exclusive distribution agreements" von der des alten Rechts, wonach solche Vereinbarungen „per se" verboten waren.[407]

β) Begrenzung oder Beschränkung des Warenangebots

Gemäß der Legaldefinition des Sec. 3 (4) Explanation (c) CA unterteilen sich die „exclusive distribution agreements" in zwei Fallgruppen. Die erste Alternative der Definition umfasst alle Vereinbarungen, welche die Produktion oder das Angebot von Waren begrenzen, beschränken oder zurückhalten. Diese Fallgruppe der vertikalen Beschränkung des Warenangebots war in der bisherigen Entscheidungspraxis der Monopolies and Restrictive Trade Practices Commission kaum von Bedeutung; Entscheidungen hierzu sind nicht bekannt.

γ) Marktallokation

Die zweite Fallgruppe der Vereinbarungen über den ausschließlichen Vertrieb im Sinne von Sec. 3 (4) (c) CA umfasst alle Vereinbarungen „welche ein Gebiet oder einen Markt für den Verkauf oder Vertrieb von Waren auf- bzw. zuteilen". Im Gegensatz zur ersten Unterart der „exclusive distribution agreements" gibt es zur Fallgruppe der Marktallokation eine umfangreiche Entscheidungspraxis von Kommission und Rechtsprechung.

Die wichtigsten Entscheidungen sollen im Folgenden dargestellt werden:

Von grundlegender Bedeutung war in diesem Zusammenhang die Entscheidung „Telco vs. RRTA"[408], in der die Rechtsprechung wesentliche Grundsätze zur Behandlung von territorialen Marktallokationen in Indien aufgestellt hat. In diesem Fall, der bis vor den indischen Supreme Court ging, vereinbarte Telco

---

407 Ramappa, S. 77.

408 TATA Engineering and Locomotive Co. Ltd. (Telco) v. Registrar of Restrictive Trade Agreements (RRTA), New Delhi, (1977) 47 CC (SC), 520 ff.

(TATA Engineering and Locomotive Company), der größte Hersteller von Nutzfahrzeugen in Indien, mit seinen Händlern den Alleinvertrieb von Telco-Lastkraftwagen und Bussen für bestimmte Gebiete, wobei es den Händlern untersagt wurde, die von Telco gelieferten Fahrzeuge außerhalb des ihnen zugeteilten Gebiets zu verkaufen.

Das Gericht stellte in seiner Entscheidung fest, dass die Frage nach der Wettbewerbswidrigkeit einer Alleinvertriebsvereinbarung nur unter Berücksichtigung des Konkurrenzverhältnisses im jeweiligen Markt und nach Analyse der Gesamtsituation der betroffenen Industrie beurteilt werden kann. Im Einzelnen müsse geklärt werden, welche Besonderheiten in dem von der beschränkenden Vereinbarung betroffenen Geschäftsbereich existieren, welche tatsächliche oder wahrscheinliche Wirkung die in Frage stehende Vereinbarung hat und wie sich die Wettbewerbsbedingungen auf den jeweiligen Markt durch die Anwendung der Maßnahme verändert haben. Letzteres soll durch einen Vergleich der Marktbedingungen vor und nach Anwendung der beschränkenden Vereinbarung ermittelt werden.[409]

In seiner Entscheidung analysierte der Supreme Court zunächst den Markt für Nutzfahrzeuge und stellte fest, dass die Nachfrage nach den von Telco hergestellten Nutzfahrzeugen das Angebot in Indien übersteigt. Daher sei die gebietsmäßige Marktaufteilung, die Telco mit seinen Händlern vereinbarte, notwendig gewesen, um eine gerechte Distribution der Fahrzeuge in die verschiedenen Teile Indiens – auch die abgelegenen – zu gewährleisten. Die getroffenen Vereinbarungen verhinderten nach Ansicht des Gerichts, dass die Käufer ihre Fahrzeuge in bestimmten Gebieten bestellen und so den Absatzfluss der betreffenden Produkte in diesen Gebieten stören. Außerdem gewährleisten die vereinbarten Alleinvertriebsvereinbarungen den Händlern eine konstante Nachfrage in ihrem jeweiligen Gebiet, ohne die für sie kein ausreichender Anreiz bestehen würde, in Reparaturwerkstätten und Service für die Nutzfahrzeuge zu investieren. Die landesweite Verfügbarkeit von Reparaturwerkstätten, Ersatzteilen und geschultem Personal ist nach Ansicht des Supreme Court aber notwendig, um den störungsfreien Betrieb der hochtechnisierten Produkte von TELCO im gesamten Land zu gewährleisten.[410]

Das Gericht kam schließlich zu der Überzeugung, dass die von Telco mit seinen Händlern geschlossenen Alleinvertriebsvereinbarungen nicht gegen den MRTP-Act verstoßen, da die wettbewerbsfördernden Wirkungen der Gebietsaufteilungsvereinbarungen – d.h. die gleichmäßige Allokation der Fahrzeuge und die Schaffung eines flächendeckenden Servicenetzes – im vorliegen-

409 Telco v. RRTA, (1977) 47 CC (SC), 520, 521.
410 Telco v. RRTA, (1977) 47 CC (SC), 520, 530-531.

den Fall stärker wiegen als die negativen Auswirkungen auf den interbrand-Wettbewerb.[411]

In der Entscheidung „RRTA v. Spencer & Co. Ltd.“[412] wurden die Grenzen der Telco-Entscheidung des Supreme Court aufgezeigt. Der Fall hatte Vereinbarungen zwischen dem Haushaltsgerätehersteller Spencer & Co. Ltd. (Spencer) und seinen Einzelhändlern zum Gegenstand, in denen Spencer seinen Händlern bestimmte Gebiete für den alleinigen Vertrieb von Markenkühlschränken und -klimaanlagen zuwies. Nach Ansicht der Kommission war dieser Fall von der Telco-Entscheidung zu differenzieren, da Kühlschränke und Klimaanlagen keine knappen Güter in Indien darstellen, bei denen die Nachfrage das Angebot weit übersteigt. Auch müssen die Händler von Klimaanlagen und Kühlschränken keine vergleichbar hohen Investitionen für die Reparatur und den Service tätigen, wie bei dem Vertrieb von großen LKWs und Bussen.[413] Dementsprechend sah die Kommission in den Vereinbarungen zwischen Spencer und seinen Einzelhändlern eine wettbewerbsbeschränkende Marktallokation. Allerdings bejahte die Kommission in diesem konkreten Fall eine Ausnahme vom Wettbewerbsverbot, da Spencer nur einen Marktanteil von 20 % auf dem relevanten Markt besaß.[414]

Im Fall „Hindustan Lever Ltd.“[415] kam dagegen keine Ausnahmeregelung zur Anwendung: Der Konsumgüterhersteller „Hindustan Lever“ vereinbarte mit seinen Fachhändlern, dass diese die von ihm hergestellten Produkte nicht ohne seine schriftliche Einwilligung an Orte außerhalb der westindischen Stadt Pune versenden oder transportieren durften. Die Kommission sah hierin eine kartellrechtswidrige Marktzuteilung und erklärte die betreffenden Klauseln für nichtig.[416] Diese Entscheidung wurde später vom indischen Supreme Court bestätigt.[417]

Im Gegensatz zu solchen Vereinbarungen, die den Absatzmarkt des Händlers auf ein bestimmtes Gebiet innerhalb Indiens begrenzen, hielt es die bisherige indische Wettbewerbskommission für kartellrechtlich unbedenklich, wenn ein Händler durch einen Hersteller in seiner Freiheit eingeschränkt wird, die Produkte des Herstellers zu exportieren. Im Fall „Cyclon Products Ltd.“[418] war es den Händlern von Cyclon Ltd. verboten, die von diesem Unternehmen hergestellten Fahrradketten ohne dessen vorherige Zustimmung ins Ausland zu lie-

---

411 Telco v. RRTA, (1977) 47 CC (SC), 520, 521.
412 RRTA v. Spencer & Co. Ltd., 1978 Tax LR 2277 ff.
413 RRTA v. Spencer & Co. Ltd., 1978 Tax LR 2277, 2283.
414 RRTA v. Spencer & Co. Ltd., 1978 Tax LR 2277, 2278, 2285.
415 Hindustan Lever Ltd., 1976 Tax LR 1852 ff.
416 Hindustan Lever Ltd., 1976 Tax LR 1852, 1854.
417 AIR 1977 SC 1285 ff.
418 Cyclon Products Ltd., RTPE 541/1989, abgedruckt in Mitra, S. 476 f.

fern. Nach Ansicht der Kommission wird der relevante indische Markt durch solch eine Exportbeschränkung nicht wesentlich beeinträchtigt.[419]

In ihrer Entscheidungspraxis stellte die Kommission den Grundsatz auf, dass Marktaufteilungsvereinbarungen, wie etwa das Verbot, die Produkte des Lieferanten außerhalb eines bestimmten Gebiets zu verkaufen, nicht wettbewerbswidrig sind, wenn sie ausschließlich den Vertrieb auf der ersten Absatzebene – also zwischen Hersteller und Großhändler – betreffen und nicht an die nachfolgende Absatzebene weitergegeben werden. Als Argument für die Freistellung solcher Vereinbarungen führte die Kommission an, dass diese nicht zu einer Verzerrung oder Beschränkung des Wettbewerbs zwischen den Einzelhändlern führen und sich die Beschränkung daher nicht zum Nachteil der Konsumenten auswirkt.[420]

Im Fall „Delhi Cloth and General Mills"[421] schließlich stellte die Kommission im Zusammenhang mit der Prüfung von Alleinvertriebsvereinbarungen den Grundsatz auf, dass die Anwendbarkeit des Section 33 MRTP-Act auf Vereinbarungen beschränkt ist, die zwischen zwei „Geschäftsinhabern" geschlossen werden, und diese Norm nicht für Vereinbarungen zwischen einem „Geschäftsherrn" und seinem (Handels-) Vertreter gilt.[422]

(4) Geschäftsverweigerung („refusal to deal"), Sec. 3 (4) (d) CA

Section 3 (4) (d) CA nennt die Geschäftsverweigerung („refusal to deal") als weitere Fallgruppe von Vereinbarungen, die typischerweise unter das Verbot des Sec. 3 (1) CA fallen. Auch für diesen Begriff findet sich eine Legaldefinition im Competition Act, 2002. Gemäß Sec. 3 (4) Explanation (d) CA umfasst diese Fallgruppe jede Vereinbarung, die auf irgendeine Art und Weise, tatsächlich oder wahrscheinlich zu einer Begrenzung der Käufer oder Verkäufer bzw. der Käufer- oder Verkäufergruppen führt.

Der hier verwendete Begriff stimmt mit der unter Sec. 33 (1) (a) MRTP-Act genannten Fallgruppe von „wettbewerbsbeschränkenden Handelspraktiken" überein. Zwar ist der Begriff „refusal to deal" im alten Kartellgesetz nicht ausdrücklich genannt, jedoch besteht eine wörtliche Kongruenz zwischen der in Section 33 (1) (a) MRTP-Act verwendeten Formulierung des Regelbeispiels und der in Sec. 3 (4) CA benutzten Definition von Geschäftsverweigerungen. Daher können die von der MRTP-Kommission und den Gerichten zu Sec. 33 (1) MRTP-Act ergangenen Entscheidungen, ebenso wie die zu dieser Regelung

419 Cyclon Products Ltd., RTPE 541/1989, Mitra, S. 476, 477.

420 RRTA v. Shri Ram Pistons & Rings Ltd., RTP Enquiry No.41/1976, Entscheidung vom 2.4.1978, (1979) Tax LR 2095, 2096.

421 Delhi Cloth and General Mills Co. Ltd., (1979) Tax LR 2011 ff.

422 Delhi Cloth and General Mills Co. Ltd., (1979) Tax LR 2011, 2015.

existierende Literatur, bei der Interpretation von Sec. 3 (4) CA herangezogen werden. Eine Einschränkung ergibt sich allerdings aus dem Umstand, dass das Sec. 3 (4) CA im Gegensatz zu Sec. 33 (1) MRTP-Act auf vertikale Vereinbarungen beschränkt ist.

Als Rechtsfolge enthält Sec. 3 (4) CA kein Per-se-Verbot von Geschäftsverweigerungen. Vielmehr muss die Wettbewerbsbehörde die wettbewerbswidrige Wirkung der Maßnahme auf dem relevanten Markt in Indien im Einzelfall nachweisen, um eine Geschäftsverweigerung als wettbewerbsbeschränkend zu qualifizieren.

α) Umfang der Bestimmung

Aus der gesetzlichen Legaldefinition ergibt sich, dass die Fallgruppe der Geschäftsverweigerung sowohl die „Verkaufsverweigerung“ – also die Begrenzung von Käufergruppen – als auch die „Erwerbsverweigerung“ bzw. die Begrenzung der Verkäufergruppen umfasst.

Die indische Literatur[423] zur Geschäftsverweigerung im Sinne des alten Rechts differenziert noch genauer und unterscheidet folgende drei Fallgruppen: Erstens, Übereinkünfte zwischen Verkäufern, ihre Produkte nicht an bestimmte Käufer oder Käufergruppen zu verkaufen bzw. Abmachungen zwischen Käufern, keine Waren von bestimmten Personen oder Personengruppen zu erwerben. Zweitens, Vereinbarungen zwischen einem Verkäufer bzw. Hersteller und einem Käufer bzw. Händler, mit dem Inhalt, dass Letzterer die Waren nur an bestimmte Käufer oder Käufergruppen verkaufen darf. Drittens wurden Vereinbarungen zwischen Herstellern und Zulieferern von Rohmaterialien unter diese Bestimmung subsumiert, welche den Hersteller dazu verpflichteten, seine Materialien ausschließlich von diesem einen Zulieferer zu beziehen. Da die Regelbeispiele unter Sec. 3 (4) CA sich ausschließlich auf vertikale Vereinbarungen beziehen, kann die erstgenannte Fallgruppe nicht auf das neue Recht übertragen werden. Die zweite und dritte Fallgruppe von Vereinbarungen sind dagegen unter den Begriff „refusal to deal“ im Sinne des Competition Act, 2002 subsumierbar.

Das Regelbeispiel der Geschäftsverweigerung im Sinne des Sec. 3 (4) (d) CA soll den Hersteller bzw. Lieferanten nicht in seiner Freiheit beschränken, sich seine Kunden oder Zulieferer aussuchen zu können.[424] Jeder Hersteller ist berechtigt, seine eigenen Geschäftsstrategien zu entwickeln und durchzuführen, um seine Konkurrenzfähigkeit zu sichern. Dies umfasst auch das Recht, seine Produkte nicht an jedermann zu verkaufen, sondern sich seine Händler bezie-

---

423 Krishnamurthi, S. 201.

424 Chakraborti, S. 1.463-1.464.

hungsweise Kunden nach eigenem Ermessen auszuwählen.[425] Auch hat ein Hersteller grundsätzlich die Möglichkeit, in einem bestimmten Gebiet überhaupt keine Zwischenhändler für die Vermarktung seiner Produkte einzusetzen, sondern seine Ware direkt an die Verbraucher zu verkaufen, ohne dass er eine kartellrechtlich unzulässige Geschäftsverweigerung gegenüber den nicht belieferten Händlern begeht.[426] Ebenso steht es einem Händler im Rahmen seiner Geschäftspolitik frei, neue Vertragshändler zu ernennen oder bestehende Geschäftsbeziehungen zu seinen Händlern aufzulösen. Als wettbewerbswidrig kann solch ein Verhalten nur dann angesehen werden, wenn der Ausschluss bestimmter Käufer- oder Verkäufergruppen mit der Intention erfolgt, den Wettbewerb zu behindern bzw. zu verzerren, oder dazu dient, eine wettbewerbsbeschränkende Handelspraktik aufrechtzuerhalten oder zu erzwingen.[427]

So stellt die bloße Nichtbelieferung eines Händlers mit einer bestimmten Ware grundsätzlich keine verbotene Geschäftsverweigerung dar, sofern sie nicht dazu dient, den Händler für die Nichtbefolgung einer wettbewerbsbeschränkenden Verpflichtung – wie z.B. Kopplungen, Gebietsbeschränkungen oder Preisbindungen zweiter Hand – zu bestrafen. Ebenso ist es nach bisherigem indischen Kartellrecht zulässig, dass ein Hersteller die Geschäftsbeziehungen mit seinem Vertragshändler beendet, weil der Händler zwielichtige Geschäfte betreibt, sich auf sonstige Weise unsachgemäß verhält oder eine mangelhafte Performance erbringt.[428] Gleiches gilt, wenn ein Hersteller einen Vertragshändlervertrag mit der Begründung beendet, dass der Händler die vereinbarten Mindestabnahmeziele nicht erreicht hat. Letztlich können die Lieferungen an einen Vertragshändler auch dann zulässigerweise eingestellt werden, wenn dieser seinen Verbindlichkeiten nicht nachkommt oder weil für das betreffende Produkt eine Güterknappheit am Markt besteht.[429]

Der Tatbestand einer Geschäftsverweigerung erfolgt nicht immer durch offenes oder offensichtliches Handeln. Häufig vollzieht sich eine Geschäftsverweigerung subtiler, etwa durch Anwendung von Hinhaltetaktiken oder diskriminierenden Verkaufsbedingungen, die einen bestimmten Händler gegenüber anderen Händlern benachteiligen.

Auch Boykotte fallen nach dem indischen Recht unter den Begriff der Geschäftsverweigerung bzw. „refusal to deal". Unter dem Begriff des „Boykotts" versteht man im indischen Kartellrecht „die konzertierte Weigerung", mit einer bestimmten Person bzw. mit einem bestimmten Unternehmen Geschäfte zu täti-

425 Masvi Fabrics v. Arvind Mills Ltd. (1993) 1 Consumer Protection and Trade Practices Journal (CTJ) 454, 455.

426 Dugar, S. 734.

427 Chakraborti, S. 1.464; Indian Shaving Products Ltd., (1997) 5 CTJ 217, 218.

428 Dugar, S. 734.

429 Dugar, S. 734.

gen, mit dem Ziel, von dieser Person bzw. von diesem Unternehmen Zugeständnisse zu erhalten, oder um gegenüber diesem Unternehmen oder dieser Person sein Missfallen auszudrücken.[430] Solche Boykotte werden nach dem indischen Recht als „per se“ wettbewerbsbeschränkend angesehen mit der Folge, dass die Beweislast für die Behauptung des Gegenteils beim Veranlasser des Boykotts liegt.[431]

Allerdings muss im Hinblick auf die Systematik des neuen indischen Kartellrechts zwischen den verschiedenen Formen des Boykotts differenziert werden. Je nachdem, ob die Parteien, die einen solchen Boykott vereinbaren bzw. durchführen, auf derselben oder auf unterschiedlicher Marktstufe tätig sind, wird von einem horizontalen oder von einem vertikalen kollektiven Boykott gesprochen.

Da Sec. 3 (4) CA ausschließlich auf vertikale Sachverhalte anwendbar ist, sind von dieser Norm nur solche Boykotte erfasst, bei denen zwei oder mehr Unternehmen, die auf unterschiedlichen Ebenen des Marktes tätig sind, sich dazu entschließen bzw. vereinbaren, ein drittes Unternehmen zu boykottieren. Eine solche Form des Boykotts liegt beispielsweise vor, wenn sich ein Händler in den Verträgen mit seinem Lieferanten bzw. Hersteller dazu verpflichtet, von einem bestimmten Unternehmen keine Waren zu beziehen.

Im Gegensatz dazu können horizontale Boykotte, durch Unternehmen auf derselben Marktstufe nach der Systematik der neuen Regelung nicht unter Sec. 3 (4) CA subsumiert werden.

In der Entscheidung All India Organisation of Chemists and Druggists hat die Kommission sich zur Frage geäußert, ob Geschäftsverweigerungen oder Boykotte durch den in der indischen Verfassung verankerten Grundsatz der Vertragsfreiheit gerechtfertigt werden können. Gemäß Art. 19 (1) (g) der indischen Verfassung hat jedermann das Recht, seine Geschäfte frei zu betreiben, was auch das Recht beinhaltet, gar keine Geschäfte abzuschließen. Jedoch umfasst diese Bestimmung nach Ansicht der Kommission nicht den gemeinschaftlichen Boykott oder die Geschäftsverweigerung gegenüber einem Dritten, um diesen zu schädigen bzw. um den Wettbewerb zu eliminieren; der Grundsatz der Vertragsfreiheit kann demnach nicht zur Rechtsfertigung solcher wettbewerbswidrigen Vereinbarungen herangezogen werden.[432]

β) Exemplarische Fälle auf dem Gebiet der Geschäftsverweigerung

Zur Illustration der Behandlung von Geschäftsverweigerungsfällen durch die indische Rechtsprechung und Kommission sollen im Folgenden die wichtigsten Fälle aus der bisherigen Entscheidungspraxis dargestellt werden.

430 Mittal, S. 103.
431 Dugar, S. 735.
432 All India Organisation of Chemists and Druggists, (1996) 21 CLA 322, 328.

Ein Beispiel für eine Entscheidung, in der die Kommission das Vorliegen einer kartellrechtlich unzulässigen Geschäftsverweigerung feststellte, ist der Fall „RRTA v. Bata India Ltd.“[433] Der Schuhhändler Bata India Ltd. (Bata) vereinbarte mit seinen Zulieferfirmen, dass diese ihre Rohmaterialien ausschließlich von durch Bata autorisierten Herstellern beziehen dürfen. Außerdem beinhaltete die Vereinbarung zwischen Bata und den Zulieferfirmen eine Klausel, wonach es Letzteren verboten war, ihre Produkte an Konkurrenten von Bata zu veräußern. Beide Vereinbarungen wurden von der Kommission als beschränkende Handelspraktiken in Form von Geschäftsverweigerungen im Sinne des MRTP-Act angesehen. Die Kommission ordnete an, dass Bata die betreffenden Praktiken einstellen muss und sie auch künftig nicht wiederholen darf.[434]

Auch der Fall „Mahindra & Mahindra“[435] hatte eine unzulässige Geschäftsverweigerung zum Inhalt. Die Verträge zwischen Mahindra, einem großen indischen Automobilhersteller, und seinen Vertragshändlern beinhalteten Klauseln, mit denen es den Händlern untersagt wurde, von dem Unternehmen hergestellte Jeeps und die entsprechenden Ersatzteile an staatliche oder halbstaatliche Stellen zu verkaufen. Die Kommission sah hierin eine unzulässige Geschäftsverweigerung und damit einen Verstoß gegen Sec. 33 (1) (a) MRTP-Act.[436]

γ) Notwendigkeit der Fallgruppe des Sec. 3 (4) (d) CA

Vor dem Hintergrund, dass eine vergleichbare Fallgruppe im europäischen Kartellrecht nicht existiert, ist es fraglich, ob es nicht entbehrlich gewesen wäre, die Fallgruppe der auf Vereinbarungen beruhenden Geschäftsverweigerungen in das neue indische Kartellgesetz mit aufzunehmen. Die wäre dann zu bejahen, wenn keine potenziell wettbewerbsbeschränkenden Fälle vorstellbar sind, die ausschließlich unter die Fallgruppe des Sec. 3 (4) (d) CA subsumierbar sind, ohne gleichzeitig von anderen Fallgruppen des Competition Act, 2002 erfasst zu werden.

Die Gruppe der horizontalen Geschäftsverweigerung jedenfalls, die nach bisherigem indischen Kartellrecht als verbotene Geschäftsverweigerung eingestuft worden ist, kann von vornherein nicht von der Neuregelung in Sec. 3 (4) (d) CA erfasst werden, da die Anwendbarkeit dieser Bestimmung auf vertikale Vereinbarungen begrenzt ist. Für den Anwendungsbereich des Sec. 3 (4) (d) CA verbleiben demnach nur zwei Arten von Vereinbarungen: erstens, die Vereinbarung zwischen Hersteller und Zulieferer, durch die sich ein Hersteller verpflichtet, seine Werkstoffe ausschließlich von diesem Zulieferer zu beziehen, und

433 Registrar of Restrictive Trade Agreements (RRTA) v. Bata India Ltd., (1976) 46 CC 441 ff.

434 RRTA v. Bata India Ltd., (1976) 46 CC 441, 452.

435 Mahindra & Mahindra Ltd. v. Union of India, 1979 Tax LR 2064 ff.

436 Mahindra & Mahindra, 1979 Tax LR 2064, 2065.

zweitens die Vereinbarung zwischen Lieferant und Händler, welche Letzterem vorschreibt, an welche Kundengruppen er seine Produkte verkaufen darf.

Der erste der beiden genannten Fälle, die Verpflichtung eines Herstellers, seine Waren ausschließlich von einem bestimmten Zulieferer zu beziehen, ist eine typische Alleinbezugsvereinbarung, die bereits von Sec. 3 (4) (b) CA erfasst wird. Der zweite Fall lässt sich auch als vertikale Kundengruppenaufteilung beschreiben. Dieser Fall ist weder von Sec. 3 (4) (c) CA – dem Verbot vertikaler Marktaufteilungen – noch von anderen Fallgruppen des Competition Act, 2002 erfasst und fällt künftig allein unter Sec. 3 (4) (d) CA. Damit zeigt sich, dass die Bestimmung in Sec. 3 (4) CA des neuen Competition Act, 2002 nicht obsolet ist, sondern dass auch in Zukunft ein – wenn auch sehr kleiner – Anwendungsbereich für die Fallgruppe des „refusal to deal" verbleibt.

(5) Resale price maintenance, Sec. 3 (4) (e) CA

Als letztes Regelbeispiel für Abmachungen, die unter bestimmten Voraussetzungen verbotene wettbewerbsbeschränkende Vereinbarungen im Sinne des Sec. 3 (1) CA darstellen, nennt Sec. 3 (4) (e) CA die Preisbindung der zweiten Hand („resale price maintenance"). Darunter fallen gemäß Sec. 3 (4) Explanation (e) CA alle Kaufverträge zwischen einem Verkäufer und einem Käufer, die unter der Bedingung stehen, dass die Preise für den Wiederverkauf der vertraglichen Waren vom Erstverkäufer festgelegt werden. Nicht erfasst sind Fälle, in denen es dem Käufer ausdrücklich erlaubt ist, für den Wiederverkauf der Waren einen geringeren Preis als den vereinbarten zu verlangen.

Der Begriff des „resale price management" lässt sich im Deutschen am besten als „vertikale Preisbindung" bzw. „Preisbindung der zweiten Hand" beschreiben.

α) Negative Wirkung der Preisbindung der zweiten Hand

Grund für die Sanktionierung der Preisbindung der zweiten Hand in Indien ist die Erkenntnis, dass solche Preisbindungen zur Beschränkung bzw. Beseitigung des Preiswettbewerbs in der Absatzwirtschaft führen.[437] Die Preisbindung der zweiten Hand führt dazu, dass der Verkäufer den Preis eines Produkts bis hin zur letzten Absatzstufe kontrolliert. Dieses System der Preiskontrolle betrifft letztlich auch den Endverbraucher nachteilig: Denn dieser muss an allen Verkaufsstellen dieselben Preise bezahlen, ohne dass sich kostensenkende Faktoren, wie ein günstiger Standort, niedrige allgemeine Geschäftskosten, eine besonders ökonomische Geschäftsführung oder ein geringeres Gewinnstreben des Geschäftsinhabers positiv auf den Preis auswirken.[438] Die Ausschaltung des Preis-

437 Krishnamurthi, S. 215.
438 Krishnamurthi, S. 215.

wettbewerbs führt in der Regel zu einem überhöhten Preisniveau der betroffenen Güter.

β) Historische Interpretation der Neuregelung

Im bisherigen indischen Kartellrecht wurde die Fallgruppe des „resale price maintenance" in zwei verschiedenen Normen geregelt, nämlich in Sec. 33 (1) (f) und Sec. 39 MRTP-Act. Dabei stimmt der Wortlaut der in Sec. 33 (1) (f) MRTP-Act genannten Fallgruppe wortwörtlich mit der Definition der Preisbindung der zweiten Hand im neuen Gesetz überein. Diesbezüglich kann also davon ausgegangen werden, dass die zu Sec. 33 (1) (f) MRTP-Act ergangenen Interpretationen und Auslegungen durch MRTP-Kommission, Rechtsprechung und Literatur auf die neue Norm übertragbar sind.

In Ergänzung zu Sec. 33 (1) (f) MRTP-Act enthält das bisherige indische Kartellgesetz in Sec. 39 MRTP-Act eine unmittelbare Nichtigkeitsfolge für Fälle der Preisbindung der zweiten Hand. Diese Regelung ist nicht in den Competition Act, 2002 übernommen worden. Dies war auch nicht notwendig, da Sec. 3 (2) des Competition Act, 2002 nunmehr die Nichtigkeitsfolge für alle gegen das Kartellverbot verstoßenden Vereinbarungen vorschreibt.

Im Rahmen des bisherigen indischen Kartellrechts ist eine verbotene Preisbindung der zweiten Hand immer dann angenommen worden, wenn ein Verkäufer einem Käufer die Preise für den Wiederverkauf der Vertragswaren vorschreibt und Maßnahmen ergreift, um diese Preisvorgaben durchzusetzen.[439]

Als Verkäufer gilt in diesem Zusammenhang jede Person, die Waren an einen Kunden zum Zwecke des Weiterverkaufs liefert. Darunter fallen Produzenten, Hersteller, Großhändler, Importeure und Lieferanten. Als Käufer kommt demgegenüber jeder Großhändler, Zwischenhändler, Vertragshändler sowie Einzelhändler in Betracht.[440]

Die oben genannte Definition verdeutlicht, dass die 'Preisbindung der zweiten Hand' voraussetzt, dass der Hersteller bzw. Verkäufer Maßnahmen trifft, um die festgesetzten Preise auch durchzusetzen. Solch eine Maßnahme zur Preisdurchsetzung kann auch in der Androhung von Sanktionen liegen, wie zum Beispiel der Androhung eines Boykotts oder Lieferstopps für den Fall, dass der Abnehmer die festgesetzten Preise nicht einhält.[441]

Die aufgezählten Voraussetzungen sind aufgrund der Übereinstimmung des Wortlauts auch unter Sec. 3 (4) (e) CA relevant.

---

439 Krishnamurthi, S. 215/216.

440 Chakraborti, S. 1.495.

441 Chakraborti, S. 1.496.

γ) Bisherige Entscheidungspraxis

Die Kommission hat in einer Reihe von Entscheidungen den Anwendungsbereich und den Umfang der Fallgruppe der Preisbindung der zweiten Hand („resale price maintenance“) im Sinne des 33 (1) (f) MRTP-Act näher bestimmt. Da der Wortlaut dieses Tatbestands mit der Definition von „resale price maintenance“ nach dem neuen Gesetz übereinstimmt, bleibt die bisherige Entscheidungspraxis auch für das neue Recht anwendbar.

Im Fall “RRTA v. Allied Distributors & Co”[442] ging es um eine Klausel in den Verträgen zwischen dem Unternehmen Allied Distributors (Allied) und seinen Händlern, mit welcher der Preis für den Wiederverkauf der von Allied hergestellten Produkte bestimmt wurde. Danach durfte der Verkaufspreis des Händlers nicht mehr als 11 % über seinem Einkaufspreis liegen. Die Kommission entschied, dass die in der betreffenden Klausel gewählte Formulierung eindeutig erkennen lässt, dass es den Händlern frei steht, auch niedrigere Preise zu verlangen. Daher war ihrer Ansicht nach der Tatbestand der Preisbindung der zweiten Hand in diesem Fall nicht erfüllt.[443]

Auch in dem schon zuvor genannten Fall „RRTA v. Bata India Ltd.“[444] ging es um eine Preisbindungen der zweiten Hand. Der Schuhproduzent und Schuhhändler Bata, der ein über ganz Indien verbreitetes Vertriebsnetz besaß, gab in regelmäßigen Abständen Preislisten an seine Händler heraus, auf denen die Groß- und Einzelhandelspreise pro Paar für alle in eigenem Namen hergestellten Modelle festgeschrieben waren. Außerdem wurden die von Bata geforderten Einzelhandelspreise direkt in das Material der Schuhe eingeprägt.[445] Die Kommission sah in den vorliegenden Praktiken jeweils eine gegen das Wettbewerbsrecht verstoßende Preisbindung der zweiten Hand. In ihrer Entscheidung vom Mai 1974 ordnete sie daher an, dass Bata die ausgeteilten Preislisten mit dem deutlich sichtbaren Hinweis versehen soll, dass es den Groß- und Einzelhändlern frei steht, geringere als die in den Listen aufgeführten Preise zu verlangen, und dass den in das Schuhmaterial eingeprägten Preisen die Worte „darf den Preis von ... nicht übersteigen“ hinzugefügt werden müssen.[446]

Auch im Fall „Godrej & Boyce“[447] stellte die MRTP-Kommission fest, dass die Herausgabe von Preislisten durch einen Hersteller nur dann kartellrechtlich zulässig ist, wenn darin ausdrücklich angegeben ist, dass es sich bei den aufgeführten Preisen lediglich um Maximalpreise oder unverbindliche Preisempfeh-

---

442 RRTA v. Allied Distributors & Co, RTP Enquiry No. 6/1972, (1976) Tax LR 1280 ff.

443 RRTA v. Allied Distributors & Co, RTP Enquiry No. 6/1972, (1976) Tax LR 1280, 1281.

444 RRTA v. Bata Ltd. RTPE No. 3/1974, (1976) 46 CC 441 ff.

445 RRTA v. Bata Ltd. RTPE No. 3/1974, (1976) 46 CC 441, 443.

446 RRTA v. Bata Ltd. RTPE No. 3/1974, (1976) 46 CC 441, 450.

447 Godrej & Boyce, 1976 Tax LR 1241 ff.

lungen handelt und dass es den Händlern frei steht, geringere Preise als die dort aufgelisteten zu verlangen. Sie wies damit die Argumentation des beschuldigten Herstellers zurück, der sich darauf berief, dass er durch die Bezeichnung der aufgelisteten Preise als „empfohlene Einzelhandelspreise" deutlich gemacht habe, dass die betreffenden Preise unverbindlich sein sollten. Die Kommission hielt die in diesem Fall verwendete Formulierung im Hinblick auf den eindeutigen Wortlaut der Norm für unzureichend.[448]

Die Frage, nach welchen Kriterien sich ein Hersteller vom Vorwurf der kartellrechtswidrigen Preisbindung der zweiten Hand befreien kann, ist auch Gegenstand der Entscheidung „Hindustan Lever Ltd."[449] gewesen. Hindustan Lever (HL), ein führendes indisches Handelsunternehmen, dass Tee, Seifen, Waschmittel und andere Haushaltsprodukte von Markenherstellern auf dem indischen Markt vertreibt, vereinbarte in den Kaufverträgen mit seinen Händlern, dass die von Hindustan Lever gelieferten Produkte nur zu den vertraglich festgelegten Preisen an die Endverbraucher weiterverkauft werden durften. In einem späteren Rundschreiben dagegen räumte HL seinen Händlern das Recht ein, geringere als die vertraglich festgelegten Preise zu verlangen. Die Kommission hielt dieses Vorgehen nicht für ausreichend, um den Vorwurf einer wettbewerbsbeschränkenden Preisbindung der zweiten Hand auszuräumen. Zur Begründung ihrer Entscheidung führte die Kommission an, dass ein solches Rundschreiben für sich allein nicht in der Lage sei, die in einem gegenseitigen Vertrag getroffenen Vereinbarungen abzuändern. Die Kommission ordnete die Modifikation der betreffenden Vertragsklauseln an, in der Weise, dass die Händler berechtigt sein sollten, geringere als die vereinbarten Wiederverkaufspreise zu verlangen. Die Rechtmäßigkeit dieser Verfügung wurde vom indischen Supreme Court bestätigt.[450]

dd) Nicht abschließend

Aus der Formulierung des Sec. 3 (4) CA ergibt sich, dass die hier genannten Regelbeispiele keine abschließende Aufzählung aller unter diesen Absatz fallenden Vereinbarungen enthält. Denn im Gegensatz zu Sec. 3 (3) CA wird hier der Begriff „einschließlich von" verwendet, der deutlich macht, dass auch Vereinbarungen außerhalb der genannten Fälle vom Tatbestand des Sec. 3 (4) CA umfasst sein können.

---

448 Godrej & Boyce, 1976 Tax LR 1241, 1244.

449 Hindustan Lever Ltd., 1976 Tax LR 1852 und Hindustan Lever Ltd. v. MRTPC, (1977) 47 CC 581 ff.

450 Hindustan Lever Ltd. v. MRTP Commission, (1977) 47 CC, 581, 583.

2. Fallgruppen und Einzelfälle

Im indischen Kartellrecht war es bisher – abgesehen von den norminternen Regelbeispielen – nicht üblich, die unter das allgemeine Kartellverbot fallenden Vereinbarungen nach Fallgruppen zu systematisieren. Zur besseren Vergleichbarkeit mit dem europäischen Recht soll an dieser Stelle dennoch versucht werden, eine Systematik in die bisherige indische Rechtsprechung zu bringen und die herausgearbeiteten Fälle den Fallgruppen des europäischen Rechts gegenüberzustellen. Der nachfolgende Abschnitt wird solche Fälle aufzählen, die von der Kommission und von der Rechtsprechung nach dem bisherigen indischen Kartellrecht als wettbewerbsschädigend klassifiziert wurden und die auch unter dem Competition Act, 2002 als wettbewerbswidrige Vereinbarungen einzustufen sind, ohne dass sie unter die oben behandelten Regelbeispiele des Sec. 3 (3) CA und Sec. 3 (4) CA subsumiert werden können. Diese Fallgruppen würden nach der Systematik des neuen Gesetzes demzufolge direkt unter die Generalklausel des Sec. 3 (1) CA fallen.

a) „Horizontale" Boykotte und Lieferverweigerungen

aa) Fehlende Regelung im neuen Gesetz

Nach der Reformierung des indischen Kartellrechts und der Schaffung des „Competition Act, 2002" stellt sich die Frage, wie „horizontale" Boykottfälle künftig zu behandeln sind.

Unter dem alten Kartellrechtsregime fielen Boykotte unter die Fallgruppe der Geschäftsverweigerung gemäß Sec. 33 (1) (a) MRTP-Act. Im Rahmen dieses Regelbeispiels wurde nicht zwischen horizontalen und vertikalen Vereinbarungen differenziert, so dass sowohl Boykottabsprachen zwischen Marktteilnehmern auf derselben Marktstufe als auch zwischen solchen auf unterschiedlichen Marktstufen vom genannten Regelbeispiel umfasst waren.

Auch der „Competition Act, 2002" nennt die Fallgruppe der Geschäftsverweigerung („refusal to deal") im Rahmen der Regelbeispiele des Section 3 (4) CA. Allerdings ist diese Norm gemäß Sec. 3 (4) CA auf „Vereinbarungen zwischen Unternehmen oder Personen auf verschiedenen Stufen der Produktionskette und auf unterschiedlichen Märkten" – mit anderen Worten auf vertikale Vereinbarungen – beschränkt.

Horizontale Boykotte, die zwischen Unternehmen geschlossen werden, die auf derselben Marktstufe tätig sind, werden nicht erfasst. Sie können auch nicht unter ein anderes der in Sec. 3 (3) oder (4) CA genannten Regelbeispiele eingeordnet werden.

Fraglich ist, welche Konsequenzen sich aus dieser veränderten Rechtslage ergeben. Es kommen drei Möglichkeiten in Betracht:

Boykottabsprachen zwischen Unternehmen derselben Marktstufe sind künftig kartellrechtlich zulässig und fallen nicht mehr unter das Kartellverbot.

Horizontale Boykotte wurden im Competition Act, 2002 bewusst nicht mehr als eigenes Regelbeispiel aufgeführt und sollen nach dem neuen Recht unter die Generalklausel des Section 3 (1) CA fallen.

Im Rahmen der Umstrukturierung des indischen Rechts wurde übersehen, dass horizontale Boykotte künftig nicht mehr unter die Fallgruppe „refusal to deal" subsumiert werden können, da diese nach der Systematik des neuen Rechts nur noch vertikale Fälle umfasst. Auch nach dieser Variante würden horizontale Boykottvereinbarungen künftig von der Kommission unter Section 3 (1) Competition Act subsumiert werden, jedenfalls solange bis es – gegebenenfalls – zu einer Gesetzesnovelle kommt, mit der die Fallgruppe der Boykottabsprachen zwischen Unternehmen auf derselben Marktstufe als Regelbeispiel für horizontale Wettbewerbsbeschränkungen in Section 3 (3) CA integriert werden.

Zur Beantwortung der Frage ist eine historische Auslegung anhand von Gesetzesmaterialien und amtlichen Begründungen in diesem Fall nicht weiterführend, da sich keine der zum neuen indischen Kartellrecht veröffentlichten Quellen zu dieser Frage äußert. So ergibt sich weder aus den „Statements of Objects and Reasons on Competition Bill, 2002"[451] noch aus den „Notes on Clauses on Competition Bill, 2002"[452] ein Hinweis darauf, wie diese Boykottfälle künftig zu behandeln sind. Auch der Bericht des „High Level Committee on Competition Policy and Law", in dem die Reform des indischen Kartellrechts empfohlen wurde, behandelt Boykotte nur am Rande, indem kritisiert wird, dass der MRTP-Act keine Definition des Boykottbegriffs enthält.[453] Auch die Sitzungsprotokolle des zuständigen parlamentarischen Ausschusses[454] geben keine Auskunft darüber, wie horizontale Boykottfälle nach dem neuen indischen Kartellrecht zu behandeln sind.

Angesichts der Tatsache, dass Boykotte – insbesondere kollektive Boykotte von Händlern gegenüber einem bestimmten Hersteller – in der Vergangenheit häufig Gegenstand von Entscheidungen der Wettbewerbskommission gewesen sind, erscheint es verwunderlich, dass die Gesetzesmaterialien und anderen Rechtsquellen keine Erläuterungen zu den Auswirkungen der Gesetzesreformen auf die Fallgruppe der Boykotte enthalten.

Die bisherige Entscheidungspraxis von Kommission und Rechtsprechung, nach der solche kollektiven vertikalen Boykotte regelmäßig als wettbewerbsbe-

---

451 Statement of Objects and Reasons on Competition Bill, 2002, abgedruckt in: Mittal, S. 306 f.

452 Notes on Clauses on Competition Bill, 2002, abgedruckt in: Mittal, S. 308 ff.

453 Report of High Level Committee, Para. 7.1.9.

454 Report of the Parliamentary Standing Committee (93rd Report) on the Competition Bill 2001, abgedruckt in: Viswanathan, S. 215 ff.

schränkende Handelspraktiken im Sinne des MRTP-Act eingestuft worden sind[455], und der Umstand, dass sich aus den Gesetzesmaterialien zum Competition Act, 2002 keine Hinweise für ein Abweichen von der bisherigen Entscheidungspraxis ergeben, sprechen gegen die Annahme, dass solche Fälle künftig kartellrechtlich zulässig sein sollten. Damit scheidet die erste der oben genannten Optionen aus.

Auch der Sinn und Zweck des Competition Act spricht gegen eine Zulässigkeit von kollektiven Lieferverweigerungen oder kollektiven Boykotten. Denn wie sich aus der Präambel des Competition Act, 2002 ergibt, ist der Schutz der Handlungsfreiheit der Marktteilnehmer neben dem Schutz des Wettbewerbs vor Beschränkungen ein zentrales Ziel des neuen Regelungswerkes. Die Billigung kollektiver Lieferverweigerungen würde dieses Ziel kontakarieren. Dementsprechend kommen nur die zweite oder die dritte der oben genannten Interpretationsmöglichkeiten in Betracht.

Ob nun die Fallgruppe der horizontalen Boykotte bzw. Geschäftsverweigerungen bewusst nicht als eigenes Regelbeispiel im Competition Act, 2002 aufgeführt wird oder ob es sich hierbei um die Folge eines Versehens handelt, muss an dieser Stelle jedoch nicht abschließend geklärt werden, da beide Fälle zur Folge haben, dass solche Horizontalboykotte künftig unter die Generalklausel des Sec. 3 (1) CA subsumiert werden.

bb) Bisherige Entscheidungspraxis zu horizontalen Boykottfällen

Boykottabsprachen zwischen Marktteilnehmern derselben Marktstufe sind in der Vergangenheit des Öfteren Gegenstand der Ermittlungen der indischen Kartellbehörde gewesen.

Im Fall „Rajastan Chemists Association & Another“[456] ging es um zwei Verbände von Apothekern und Drogerien. Der eine Verband agierte im indischen Bundesstaat Maharashtra und der andere im Raum Rajasthan. Die Mitglieder beider Verbände waren hauptsächlich im Handel mit Pharmazieprodukten tätig. Den Verbänden wurde vorgeworfen, die Produkte des Herstellers Glaxo Laboratories (Glaxo) boykottiert zu haben (Vorwurf gegenüber dem Verband aus Rajastan) bzw. solch einen Boykott angedroht zu haben (Vorwurf gegenüber dem Verband aus Maharashtra), um auf diese Weise höhere Handelsspannen durchzusetzen. Die indische Wettbewerbsbehörde sah in dem Boykott des Unternehmens durch die „Rajastan Chemists Association“ eine wettbewerbsbeschränkende Handelspraktik und ordnete die sofortige Beendigung des

455 All India Organisation of Chemists and Druggists, (1996) 21 CLA 322, 323; Young Medicos Cultural Association v. Pharmaceuticals Wholesaler' Association, (1993) 3 Comp. LJ 123, 127.

456 Rajastan Chemists Association & Another, RTP Enquiry No. 9/1983, order dated 26.07.1985, MRTP Reports, Vol. I, Part 2, April 1988, IA 37/88 ff.

Boykotts an. Der Verband wehrte sich mit dem Argument, dass die Verbraucher durch diesen Boykott nicht geschädigt werden, da dieser ausschließlich Nahrungsergänzungsmittel betrifft, die auch außerhalb der von den Verbandsmitgliedern geführten Apotheken oder Drogerien erworben werden können. Die Wettbewerbskommission stimmte dem zu, blieb aber trotzdem bei ihrer Auffassung, dass solch ein Gruppenboykott eine wettbewerbsbeschränkende und verzerrende Wirkung hat und damit kartellrechtlich unzulässig ist. Im Gegensatz zu dem von der „Rajastan Chemists Association“ organisierten Boykott sah die Kommission in der bloßen Androhung eines Boykotts, wie er durch den Handelsverband aus Maharashtra ausgesprochen wurde, keine wettbewerbsbeschränkende Handelspraktik.[457]

Auch im Fall „Young Medicos Cultural Organisation v. Pharmaceuticals Wholesalers’ Association“[458] ging es um einen wettbewerbswidrigen Gruppenboykott. Die Kommission hielt den von mehreren Großhändlern gemeinschaftlich beschlossenen und durchgeführten Boykott in diesem Fall für besonders schwerwiegend, da er lebensnotwendige Medikamente betraf. Der Boykott führte dazu, dass die Verfügbarkeit von Medikamenten zur Behandlung lebensbedrohlicher Krankheiten in Indien stark eingeschränkt wurde, wodurch die einzelnen Verbraucher und auch das Allgemeinwohl erheblich geschädigt wurden. Die Kommission sah in dem Verhalten der Pharmaziehändler eine wettbewerbsbeschränkende Handelspraktik im Sinne des MRTP-Act.[459]

Im Fall „Jugaldas Damodar Mody & Co.“[460] ging es schließlich um einen Fall der kollektiven Lieferverweigerung. Das „Oman Dates Committee“, bestehend aus 23 indischen Händlern, die sich zum Import von getrockneten Datteln aus dem Sultanat Omar zusammengeschlossen haben, handelte mit dem Sultan von Oman spezielle Einkaufskonditionen aus. Ein indischer Händler beschwerte sich daraufhin bei der Kommission, weil er weder Mitglied des Komitees werden konnte, noch von diesem mit Datteln beliefert wurde. Die Kommission befand, dass das „Oman Dates Committee“ keinerlei Verpflichtung hatte, die importierte Ware mit einem Wettbewerber zu teilen, schon gar nicht, wenn es diesem frei steht, die Waren selbst zu importieren. Getrocknete Datteln waren in Indien schon zu diesem Zeitpunkt ein Produkt, welches ohne staatliche Lizenz importiert werden konnte. Auch enthielt die Vereinbarung zwischen dem Sultan von Oman und dem Oman Dates Committee keinerlei Exklusivität, mit der an-

---

457 Rajastan Chemists Association & Another, RTP Enquiry No. 9/1983, order dated 26.07.1985, MRTP Reports, Vol. I, Part 2, April 1988, IA 37/88, 89.

458 Young Medicos Cultural Association v. Pharmaceuticals Wholesaler’ Association, (1993) 3 Comp. LJ 123 ff.

459 Young Medicos Cultural Association v. Pharmaceuticals Wholesaler’ Association, (1993) 3 Comp. LJ 123, 127.

460 Jugaldas Damodar Mody & Co, RTPE 42/1984, 1985 Tax LR 2095 ff.

dere Händler vom Import ausgeschlossen wären. Außerdem stellte die Kommission fest, dass es sich bei der vereinbarten Produktionsmenge nicht um die gesamte im Oman hergestellte Produktion von getrockneten Datteln handelte und somit auch die tatsächliche Möglichkeit für Konkurrenten bestand, eigene Importe durchzuführen. Aufgrund der festgestellten Tatsachen wies die Kommission die Beschwerde des außenstehenden Händlers ab.[461]

b) Bisherige Fallgruppen des Sec. 2 (o) MRTP-Act

Neben der Aufzählung von Regelbeispielen innerhalb der Verbotsnorm des Sec. 33 MRTP-Act nannte das bisherige indische Kartellrecht im Rahmen der Definition des Begriffs der „wettbewerbsbeschränkenden Handelspraktiken“ in Sec. 2 (o) MRTP-Act zwei weitere Regelbeispiele.

Die erste Fallgruppe war in Sec. 2 (o) (i) MRTP-Act enthalten. Danach galt eine „Handelspraktik“ dann als wettbewerbsbeschränkend, wenn sie darauf abzielte oder dazu führte, dass der „Fluss von Ressourcen oder Kapital in den Produktionsstrom behindert oder blockiert wird.“

Daneben erwähnte Sec. 2 (o) (ii) MRTP-Act eine zweite Gruppe von Verhaltensweisen, die regelmäßig als „wettbewerbsbeschränkend“ zu qualifizieren war. Darunter fiel jede Handelspraktik, die zu einer „Manipulation von Preisen oder Lieferbedingungen“ führte oder durch die die „Nachschubversorgung bzw. die Lieferungen auf dem Güter- oder Dienstleistungsmarkt in einer Art und Weise beeinträchtigt“ wurde, dass „dem Verbraucher ungerechtfertigte Kosten oder Beschränkungen aufgebürdet“ wurden. Es kann innerhalb dieser Fallgruppe also differenziert werden zwischen der „Manipulation von Preisen und Lieferbedingungen“ einerseits und der „Beeinträchtigung der Güter- oder Dienstleistungsversorgung“ andererseits. Außerdem mussten diese Beeinträchtigungen die genannten negativen Auswirkungen auf die Verbraucher haben.

Section 2 (o) MRTP-Act hatte im System des Monopolies and Restrictive Trade Practices Act – jedenfalls seit der Änderung des MRTP-Act durch den „Monopolies and Restrictive Trade Practices (Amendment) Act, 1984“[462] – die Funktion eines Auffangtatbestands. Anhand dieser Norm wurden solche Fälle wettbewerbsrechtlich überprüft, die nicht in dem Katalog der Regelbeispiele des Sec. 33 MRTP-Act aufgezählt waren.[463] Im neuen Competition Act, 2002 fungiert Sec. 3 (1) CA als Auffangtatbestand, so dass die vormals unter Sec. 2 (o) MRTP-Act behandelten Fälle künftig unter diese Bestimmung subsumiert werden können.

461 Jugaldas Damodar Mody & Co, RTPE 42/1984, 1985 Tax LR 2095, 2296.

462 The MRTP (Amendment) Act, 1984 (Act 30 of 1984, w.e.f. 1.8.1984, S.O. 505(E)).

463 Mitra, S.70.

aa) Behinderung des Kapital- oder Ressourcenflusses in den Produktionsstrom

Unter die Fallgruppe der „Behinderung des Kapital- oder Ressourcenflusses in den Produktionsstrom" sind in der Vergangenheit nur wenige Fälle subsumiert worden.

Dazu gehört der bereits mehrfach zitierte Fall „Bata India Ltd.".[464] Die von dem überregionalen indischen Schuhhändler Bata mit seinen Produzenten geschlossenen Verträge enthielten unter anderem Klauseln, nach denen es den Schuhherstellern verboten wurde, ihre Produktionskapazitäten ohne die vorherige Zustimmung Batas auszuweiten. Diese Klauseln wurden – da sie den Zufluss von Kapital in die Produktion verhinderten – von der Kommission als wettbewerbsbeschränkend im Sinne von Sec. 2 (o) MRTP-Act qualifiziert.[465]

Auch im Fall „All India Organisation of Chemists and Druggists"[466] bejahte die Kommission den Tatbestand der „Behinderung des Kapital- oder Ressourcenflusses in den Produktionsstrom". In dem besagten Fall verlangte die mächtige Organisation indischer Chemiker, Drogisten und Apotheker von den Herstellern von Pharmazeutika und chemischen Produkten die Unterzeichnung von so genannten „Kooperationserklärungen". Darin wurde die Vereinigung ermächtigt, die betreffenden Hersteller eingehend zu überprüfen und ihnen gegebenenfalls bestimmte Auflagen, unter anderem solche, die die Produktpalette betrafen, zu erteilen. Da alle an einem Markteintritt interessierten Unternehmen auf die Mitglieder des Verbands als Abnehmer ihrer Produkte angewiesen waren, waren sie gezwungen, auf die Forderungen der Organisation einzugehen. Die Kommission hielt das Verhalten der Vereinigung für wettbewerbswidrig.[467]

bb) Manipulation von Preisen oder Lieferbedingungen

Die Kommission beschäftigte sich in einer Reihe von Fällen mit dieser Gruppe wettbewerbsbeschränkender Handelspraktiken.

Im Fall „Nirlon Synthetik Fibres and Chemicals Ltd. v. R.D. Saxena"[468] vereinbarten die größten indischen Hersteller von Nylongarn untereinander, dass 75 % ihrer Produkte zu einem vereinbarten Festpreis an eine ausgewählte Gruppe von Abnehmern verkauft werden. Lediglich 25 % der Nylonprodukte der teilnehmenden Unternehmen wurden auf dem Markt zum freien Verkauf angebo-

---

464 Registrar of Restrictive Trade Agreements (RRTA) v. Bata India Ltd., (1976) 46 CC 441 ff.

465 Registrar of Restrictive Trade Agreements (RRTA) v. Bata India Ltd., (1976) 46 CC 441, 450.

466 All India Organisation of Chemists and Druggists, RTPE 4/1981, (1984) 1 CompLJ 286 ff.

467 All India Organisation of Chemists and Druggists, RTPE 4/1981, (1984) 1 CompLJ 286, 293.

468 Nirlon Synthetik Fibres and Chemicals Ltd. v. R.D. Saxena, (1976) 46 CC 419 ff.

ten. Nach Ansicht der MRTP-Kommission bewirkte diese Vereinbarung eine Manipulation von Preisen und führte dazu, dass die Versorgung des Marktes mit Nylongarn beeinträchtigt wurde, wodurch den Verbrauchern ungerechtfertigte Kosten und Beschränkungen aufgebürdet wurden. Sie hielt die getroffene Vereinbarung dementsprechend für eine Wettbewerbsbeeinträchtigung im Sinne von Sec. 2 (o) (ii) MRTP-Act.[469] In Bezug auf diese Entscheidung ist allerdings anzumerken, dass dieser Fall nach der Änderung des MRTP-Act durch den „Monopolies and Restrictive Trade Practices Amendment Act, 1984"[470] als klassisches Preiskartell unter das Regelbeispiel des Sec. 33 (1) (d) MRTP-Act subsumiert worden wäre, das Preis- und Konditionenabsprachen umfasst.

Auch im Fall „Simpson & Co. Ltd."[471] stellte die Kommission das Vorliegen einer wettbewerbsbeschränkenden Handelspraktik im Sinne von Sec. 2 MRTP-Act fest. Der Hersteller von Schiffsmotoren Simpson setzte für den Vertrieb seiner Produkte in Indien bestimmte akkreditierte Händler ein. Diese wurden dazu verpflichtet, in ihrem Sortiment ständig einen Mindestlagerbestand von Ersatzteilen zu führen. Außerdem mussten sie sich zur regelmäßigen Bestellung bestimmter Mindestwarenmengen für das Ersatzteillager verpflichten. Die Kommission sah in dieser Festsetzung von Wiederbestellmengen einen Verstoß gegen Sec. 2 (o) (ii) MRTP-Act.[472]

Ebenfalls als wettbewerbsbeschränkend im Sinne von Sec. 2 (o) MRTP-Act wurden die Praktiken zweier Unternehmen im Fall „JMD Marketing Company Bangalore (M) and JMD Electric Company Bangalore (E)"[473] qualifiziert. Die Unternehmen wurden von zwei Eheleuten geführt, wobei die Frau Geschäftsführerin des Unternehmens „M" und ihr Ehemann Geschäftsführer des Unternehmens „E" war. „M" kaufte elektrische Küchenmaschinen des Herstellers Unimex aus der nordindischen Stadt Ambala in Haryana und verkaufte diese an „E" zu überhöhten Preisen. „E" vertrieb diese Geräte dann an Groß- und Einzelhändler in der südindischen Stadt Bangalore, wo diese Elektrogeräte bis zu diesem Zeitpunkt noch nicht erhältlich waren. Die Kommission sah in diesen Praktiken, mit denen die Eheleute eine außerordentlich hohe Gewinnspanne erzielten, eine Manipulation von Preisen und eine Aufbürdung ungerechtfertigter Kosten auf die Konsumenten.[474]

---

469 Nirlon Synthetik Fibres and Chemicals Ltd. v. R.D. Saxena, (1976) 46 CC 419, 420.

470 The MRTP (Amendment) Act, 1984 (Act 30 of 1984, w.e.f. 1.8.1984, S.O. 505(E)).

471 Simpson & Co. Ltd., (1987) 61 CC 624 ff.

472 Simpson & Co. Ltd., (1987) 61 CC 624, 626.

473 JMD Marketing Company Bangalore (M) and JMD Electric Company Bangalore (E), (1986) Tax LR 1984 ff.

474 JMD Marketing Company Bangalore (M) and JMD Electric Company Bangalore (E), (1986) Tax LR 1984, 1985.

Das Merkmal der „Erhebung ungerechtfertigter Kosten zu Lasten der Verbraucher“ im Sinne von Sec. 2 (o) (ii) MRTP-Act bejahte die MRTP-Kommission auch in Fällen, in denen ein Verkäufer dem Käufer eine bereits bezahlte Ware oder Dienstleistung willentlich vorenthielt, um mit der Kaufsumme Zinsgewinne zu erzielen. Im Fall „Bhawani Dass Arora v. Ghaziabad Developement Authority“[475] verzögerte ein Verkäufer von Immobilien die Eigentumsübertragung der Grundstücke an die Käufer um mehr als ein halbes Jahr, nachdem der Kaufpreis vollständig gezahlt worden war. Die Kommission hielt dies für kartellrechtswidrig.[476]

In der Entscheidung „Bombay Kariana Colour and Chemical Merchants' Association“[477] schließlich ging es um eine Gruppe von Händlern, die auf Veranlassung ihres Verbands die Einführung einer „Servicegebühr“ beschlossen, welche von ihren Kunden zu erbringen war, ohne dass tatsächlich ein zusätzlicher Service angeboten wurde. Die Kommission sah hierin eine ungerechtfertigte Erhebung von Kosten und Beschränkungen zu Lasten der Verbraucher und bejahte den Tatbestand des Sec. 2 (o) (ii) MRTP-Act.[478]

cc) Beeinträchtigung der Güter- oder Dienstleistungsversorgung

Zur Fallgruppe der „Beeinträchtigung der Güter- oder Dienstleistungsversorgung“ im Sinne von Sec. 2 (o) (ii) MRTP-Act sind in der Vergangenheit nur wenige Entscheidungen ergangen. Eine von ihnen war die Entscheidung „Truck Operators Union, Karnal“[479], in der es um die Vereinigung von Frachtführern und Spediteuren in der nordindischen Stadt Karnal ging. Die Vereinigung zwang alle Anbieter von LKW-Gütertransporten des betreffenden Gebiets, die nicht Mitglied der Vereinigung waren, zum Verbandsbeitritt, in dem sie androhte, sich bei den Industrieunternehmen der Region dafür einzusetzen, dass Nichtmitglieder keine Transportaufträge mehr erhalten. Nach Ansicht der Kommission stellte dieses Verhalten eine „wettbewerbsbeschränkende Handelspraktik“ im Sinne von Sec. 2 (o) MRTP-Act dar, da es zu einer Beeinträchtigung der Güter- oder Dienstleistungsversorgung führte. Die Kommission stellte in ihrer Entscheidungsbegründung klar, dass nicht nur die tatsächliche Behinderung von Konkurrenzunternehmen, sondern auch schon der Versuch, Nichtangehörige des

475 Bhawani Dass Arora v. Ghaziabad Development Authority, (1996) 1 Comp LJ 182 ff.

476 Bhawani Dass Arora v. Ghaziabad Development Authority, (1996) 1 Comp LJ 182, 185.

477 Bombay Kariana Colour and Chemical Merchants' Association, RTPE No. 161 & 162 of 1987, Entscheidung von 4.4.1996, (1996) 3 CompLJ 135 ff.

478 Bombay Kariana Colour and Chemical Merchants' Association, RTPE No. 161 & 162 of 1987, Entscheidung von 4.4.1996, (1996) 3 CompLJ 135, 144.

479 Truck Operators Union, Karnal, RTPE Enquiry No. 98/1990, entschieden am 23.9.1994, zit. nach Dugar, S. 77.

Verbands von der Ausführung ihrer Transportgeschäfte abzuhalten, wettbewerbswidrig im Sinne des indischen Wettbewerbsrechts ist.[480]

dd) Relevanz und Übertragbarkeit dieser Fallgruppen auf das neue Recht

Fraglich ist, ob die hier aufgezählten Fallgruppen zum MRTP-Act auf das neue Recht übertragen werden können bzw. ob diese Fälle auch unter dem Competition Act, 2002 als Wettbewerbsverstoß einzustufen sind.

(1) Berücksichtigung wesentlicher Differenzen der Regelungswerke

Bei der Frage der Übertragbarkeit der speziell zu Sec. 2 (o) MRTP-Act entschiedenen Fälle auf Sec. 3 (1) CA sind die wesentlichen Unterschiede zwischen altem und neuem indischen Kartellgesetz zu beachten.

Ein Hauptunterschied zwischen dem MRTP-Act und dem Competition Act betrifft die Voraussetzungen bezüglich der Art des wettbewerbswidrigen Verhaltens. Während der Monopolies and Restrictive Trade Practices Act, 1969 in dieser Hinsicht sehr weit gefasst war und alle „wettbewerbsbeschränkenden Praktiken" umfasste[481], ist die Verbotsnorm des Competition Act, 2002 auf wettbewerbsbeschränkende „Vereinbarungen" beschränkt, wobei unter diesen Begriff gemäß Sec. 2 (b) CA auch Absprachen, Abmachungen und abgestimmte Verhaltensweisen fallen. Dementsprechend können nur solche Entscheidungen für die Auslegung des neuen Rechts relevant sein, die „Vereinbarungen" im Sinne des Sec. 2 (b) CA zum Gegenstand haben. Hinsichtlich der hier aufgezählten Entscheidungen zu den Fallgruppen des Sec. 2 (o) MRTP-Act kommt es also darauf an, dass das wettbewerbsbeschränkende Verhalten von zwei oder mehreren Unternehmen gemeinschaftlich ausging. Das Handeln eines einzelnen Unternehmens, welches nach dem alten Recht als „wettbewerbsbeschränkende Handelspraktik" qualifiziert werden konnte, kann den Verbotstatbestand des neuen Kartellrechts hingegen nicht erfüllen.

Ein weiterer wesentlicher Unterschied zwischen altem und neuem indischen Kartellrecht besteht darin, dass der MRTP-Act in Sec. 38 I (a) – (k) einen umfangreichen Katalog an Ausnahmetatbeständen enthielt. Ausnahmen vom Kartellrecht wurden beispielsweise zum Schutze der Öffentlichkeit gewährt,[482] wenn mit der Beschränkung beträchtliche Vorteile für die Konsumenten einhergehen,[483] wenn die Beschränkung notwendig ist, um der Wettbewerbsbeschrän-

480 Truck Operators Union, Karnal, RTPE Enquiry No. 98/1990, entschieden am 23.9.1994, zit. nach Dugar, S. 77.

481 Vgl. Sec. 2 (o) i.V.m. Sec. 37 MRTP-Act; wenn sich auch die in der Praxis am häufigsten betroffene Norm, Sec. 33 MRTP-Act, auf „Vereinbarungen" beschränkt.

482 Sec. 38 I (a) MRTP-Act.

483 Sec. 38 I (b) MRTP-Act.

kung eines Dritten entgegenzuwirken,[484] aus arbeitsmarktpolitischen Gründen,[485] zugunsten der exportierenden Wirtschaft,[486] bei lediglich unwesentlichen Wettbewerbsbeeinträchtigungen,[487] zur Verteidigung Indiens bzw. aus Gründen der Staatssicherheit[488] oder wenn die Beschränkung zur Versorgung der Bevölkerung mit lebenswichtigen Waren notwendig war.[489]

Während der Marktabgrenzung im Rahmen des Sec. 3 CA eine zentrale Rolle zukommt und die dazu notwendige Begriffe wie „relevanter Markt"[490], „relevanter geografischer Markt"[491] und „relevanter Produktmarkt"[492] legaldefiniert sind, wurde unter dem alten Kartellrechtsregime in der Regel keine differenzierte Marktabgrenzung vorgenommen. Dies wird verdeutlicht durch den Umstand, dass der Begriff des „relevanten Marktes" im gesamten MRTP-Act nur an einer einzigen Stelle und nur bezogen auf unlautere Handelspraktiken erwähnt wurde.[493]

Alle vorstehend genannten Unterschiede zwischen altem und neuem indischen Kartellrecht müssen bei der Frage, ob die unter Sec. 2 (o) MRTP-Act entschiedenen Fälle auch unter dem Competition Act, 2002 als wettbewerbswidrig einzustufen sind, berücksichtigt werden.

(2) Zur Übertragbarkeit der Fälle im Einzelnen

Aufgrund der Vielfältigkeit bzw. Verschiedenheit der unter den Tatbestand des Sec. 2 (o) MRTP-Act eingeordneten Fälle, kann die Frage nach der Übertragbarkeit dieser Entscheidungen auf das neue Recht nur durch eine Einzelfallbetrachtung beantwortet werden. Nachfolgend soll für jeden der genannten Fälle, die von der Monopolies and Restrictive Trade Practices Commission im Rahmen von Sec. 2 (o) MRTP-Act entschieden wurden, analysiert werden, ob das betreffende Verhalten auch unter dem Competition Act, 2002 als Wettbewerbsverstoß zu qualifizieren wäre.

In Bezug auf den Fall „Bata India Ltd."[494] ist das Vorliegen einer Vereinbarung im Sinne des Competition Act, 2002 unproblematisch zu bejahen. Aller-

---

484 Sec. 38 I (c) MRTP-Act.
485 Sec. 38 I (e) MRTP-Act.
486 Sec. 38 I (f) MRTP-Act.
487 Sec. 38 I (h) MRTP-Act.
488 Sec. 38 I (j) MRTP-Act.
489 Sec. 38 I (k) MRTP-Act.
490 Sec. 2 (r) CA.
491 Sec. 2 (s) CA.
492 Sec. 2 (t) CA.
493 Sec. 36A (1) (ix) MRTP-Act.
494 Registrar of Restrictive Trade Agreements v. Bata India Ltd., siehe oben, 3. Teil, D, I, 2., b), aa).

dings ist dieser Fall nach dem neuen Recht korrekterweise nicht unter die Generalklausel, sondern – als eine Form der „Beschränkung des Warenangebots oder der Produktion“ – unter die vertikale Fallgruppe der „exclusive distribution agreements“ im Sinne des Sec. 3 (4) (c) CA einzuordnen.

Hinsichtlich der Fälle „All India Organisation of Chemists and Druggists“[495] und „Truck Operators, Karnal“[496] könnte man bezweifeln, dass solch ein einfaches Verbandshandeln bzw. ein einfacher Verbandsbeschluss, wie er in den jeweiligen Fällen vorkommt, den Tatbestand des Sec. 3 (1) CA erfüllt. Denn anders als das bisherige Kartellrecht setzt das Kartellverbot des neuen indischen Rechts ein koordiniertes Verhalten von mindestens zwei Parteien voraus. Wie aber bereits vorangehend erläutert, ist in dem Beschluss einer Unternehmensvereinigung gleichzeitig eine Vereinbarung bzw. Koordination der beteiligten Mitgliedsunternehmen zu sehen, so dass das Tatbestandsmerkmal der „Vereinbarung zwischen Unternehmen“ auch durch den Beschluss einer Unternehmensvereinigung erfüllt ist. Demgemäß können die in den Fällen „All India Organisation of Chemists and Druggists“[497] und „Truck Operators, Karnal“[498] getroffenen Entscheidungen der Unternehmensverbände auch nach neuem Recht als abgestimmte Verhaltensweise bzw. Vereinbarung im Sinne von Sec. 2 (b) CA qualifiziert werden. Auch mit Blick auf die weiteren Voraussetzungen des Sec. 3 (1) CA kann von einer Übertragbarkeit dieser Fälle auf das neue Recht ausgegangen werden, da beide Fälle geeignet erscheinen, eine spürbar nachteilige Auswirkung auf den Wettbewerb in Indien zu haben.

Der Fall „Nirlon Synthetik Fibres and Chemicals Ltd. v. R.D. Saxena“ [499] kann gleich unter zwei Fallgruppen des Sec. 3 (3) CA eingeordnet werden. Erstens kann in dieser Vereinbarung der Nylongarnhersteller eine „Bestimmung von Verkaufspreisen“ im Sinne des Sec. 3 (3) (a) CA gesehen werden, zweitens kann sie den Tatbestand der „Steuerung des Angebots an Waren“ im Sinne von Sec. 3 (3) (b) CA erfüllen.

Auch im Falle „Simpson & Co. Ltd.“[500] erfüllen die vertikalen Beschränkungen des Schiffsmotorenherstellers gegenüber seinen Händlern die wesentlichen Voraussetzungen einer wettbewerbsbeschränkenden Vereinbarung im Sinne des Sec. 3 (1) CA.

---

495 All India Organisation of Chemists and Druggists, siehe oben, 3. Teil, D, I, 2., b), aa).

496 Truck Operators Union, Karnal, siehe oben, 3. Teil, D, I, 2., b), cc).

497 All India Organisation of Chemists and Druggists, siehe oben, 3. Teil, D, I, 2., b), aa).

498 Truck Operators Union, Karnal, RTPE Enquiry No. 98/1990, siehe oben, 3. Teil, D, I, 2., b), cc).

499 Nirlon Synthetik Fibres and Chemicals Ltd. v. R.D. Saxena, siehe oben, 3. Teil, D, I, 2., b), bb).

500 Simpson & Co. Ltd., (1987) 61 CC 624, siehe oben, 3. Teil, D, I, 2., b), bb).

Fraglich ist, wie der Fall „JMD Marketing Company Bangalore (M) and JMD Electric Company Bangalore (E)“[501] im Lichte des neuen indischen Kartellrechts zu bewerten ist. Dieser Fall, in dem der Importeur von Küchenmaschinen die Ware zur Generierung höhere Renditen ausschließlich an das Unternehmen seiner Frau verkaufte, ist kein typischer Fall einer wettbewerbsbeschränkenden Vereinbarung. Da es sich aber um eine mit der Fallgruppe „Alleinvertrieb“ vergleichbare Konstellation handelt, kann davon ausgegangen werden, dass ein solcher Fall auch künftig als Wettbewerbsbeschränkung im Sinne der Generalklausel des Sec. 3 (1) CA angesehen wird. Die Tatbestandsvoraussetzung einer „Vereinbarung“ im Sinne des Competition Act jedenfalls kann in diesem Fall bejaht werden, da die Unternehmen zumindest ihr Verhalten abgestimmt haben, was die Voraussetzungen einer „Vereinbarung“ im Sinne des Sec. 2 (o) CA erfüllt.

Problematisch ist die Einordnung solcher Sachverhalte im Rahmen des neuen Kartellrechts, bei denen ein Verkäufer dem Käufer die Kaufsache vorenthält. Diese Fälle wurden, wie die Entscheidung „Bhawani Dass Arora v. Ghaziabad Developement Authority“[502] verdeutlicht, unter dem MRTP-Act als „beschränkende Handelspraktik“ qualifiziert. Da dieses Verhalten, welches auf die Erzielung von Zinsgewinnen gerichtet ist, keine Vereinbarung bzw. kein abgestimmtes Verhalten darstellt, kann es allerdings unter dem Competition Act nicht mehr als wettbewerbswidrig eingestuft werden.

Hinsichtlich des Falles „Bombay Kariana Colour and Chemical Merchants' Association“[503] spricht – auch unter Berücksichtigung der Differenzen zwischen altem und neuem indischen Kartellrecht – nichts dagegen, dass ein solches Verhalten auch künftig als wettbewerbswidrig einzustufen ist, sofern eine Analyse des relevanten Marktes zu dem Ergebnis gelangt, dass dieses Verhalten eine spürbar negative Wirkung auf den Wettbewerb in Indien hat oder haben kann.

c) Joint-Ventures, Sec. 3 (3) a.E. CA

Das indische Recht enthält in Sec. 3 (3) a.E. CA eine gesonderte Bestimmung für die kartellrechtliche Beurteilung von Gemeinschaftsunternehmen.

Nach dem Wortlaut dieser Regelung „sollen die Bestimmungen dieses Absatzes nicht auf Joint-Venture-Vereinbarungen angewendet werden, die zu Effizienzsteigerungen im Bereich der Produktion, des Angebots, des Vertrieb, der

501 JMD Marketing Company Bangalore (M) and JMD Electric Company Bangalore (E), siehe oben, 3. Teil, D, I, 2., b), bb).

502 Bhawani Dass Arora v. Ghaziabad Development Authority, (1996) 1 Comp LJ 182, siehe oben, 3. Teil, D, I, 2., b), bb).

503 Bombay Kariana Colour and Chemical Merchants' Association, siehe oben, 3. Teil, D, I, 2., b), bb).

Lagerung, der Beschaffung oder der Kontrolle von Waren bzw. der Erbringung von Dienstleistungen führen".[504]

Die Ausnahmeregelung für Joint Ventures in Sec. 3 (3) CA basiert auf einen Einwand, der von Seiten der indischen Wirtschaft während des Entstehungsprozesses des Competition Act, 2002 erhoben wurde. Darin wurde vorgebracht, dass die in Sec. 3 (3) (a) – (d) CA vorgesehenen Regelbeispiele für horizontale Vereinbarungen, die „per se" unter das Kartellverbot des Sec. 3 (1) CA fallen sollen, die Entstehung gewünschter Gemeinschaftsunternehmen bzw. Joint Ventures – vor allem zwischen indischen und ausländischen Unternehmen – behindern könnten.[505] Als Folge dieses Einwands wurde die hier behandelte Ausnahmebestimmung für Joint Ventures am Ende des dritten Absatzes von Sec. 3 CA inkorporiert.

Der Ausnahmetatbestand für Joint Ventures hat zwei Voraussetzungen: Erstens muss ein „Joint Venture" im Sinne des Competition Act, 2002 vorliegen und zweitens muss eine durch die Joint-Venture-Vereinbarung bewirkte Effizienzsteigerung in einem der genannten Bereiche glaubhaft nachgewiesen werden.

Fraglich ist, wie der Begriff des Joint Ventures im Sinne dieser Norm zu verstehen ist. Der Competition Act, 2002 selbst enthält keine Definition dieses Begriffs. In der indischen Literatur wird ein „Joint Venture" als wirtschaftliches Gemeinschaftsunternehmen von mindestens zwei Unternehmen definiert, wobei sich die Zusammenarbeit dieser Unternehmen auf den Verkauf eines bestimmten Warenpostens oder auf die Durchführung eines bestimmten Projekts beschränkt. Die Beteiligung ist demnach nur von vorübergehender Natur und endet mit dem vollständigen Verkauf der betreffenden Waren oder mit Abschluss des durchgeführten Projekts.[506]

Als zweite Tatbestandsvoraussetzung müssen die Joint-Venture-Vereinbarungen zu einer Steigerung der Effizienz bzw. Wirtschaftlichkeit in den Bereichen der Produktion, des Angebots, des Vertriebs, der Lagerung, des Ankaufs oder der Kontrolle von Gütern oder bei der Erbringung von Dienstleistungen führen.

Als Rechtsfolge führt die Ausnahmebestimmung des Sec. 3 (3) a.E. CA zur Nichtanwendbarkeit „dieses Unterabschnitts" auf Joint-Venture-Vereinbarungen. Wie bereits die systematische Stellung der Regelung, verdeutlicht mithin

---

504 "Provided that nothing contained in this sub-section shall apply to any agreement entered into by way of joint ventures if such agreement increases efficiency in production, supply, distribution, storage, acquisition or control of goods or provision of services.", Sec. 3 (3) a.E. CA.

505 Report of the Parliamentary Standing Committee, para. 9.2.1; abgedruckt in: Visvanathan, S. 215 ff.

506 Mittal, S. 109.

auch der Wortlaut, dass die Ausnahmeregelung auf den dritten Absatz des Sec. 3 (3) CA begrenzt ist. Mit anderen Worten hat die Regelung des Sec. 3 (3) a.E. CA zur Folge, dass die Vermutung „der spürbar negativen Wirkung auf den Wettbewerb in Indien“ – und damit die Vermutung eines Verstoßes gegen das Kartellverbot – auf Joint-Venture-Vereinbarungen nicht anwendbar ist. Das gilt selbst dann, wenn es sich dabei um wettbewerbsbeschränkende Horizontalvereinbarungen im Sinne von Sec. 3 (3) (a) bis (d) CA handelt.

Als Rechtsfolge der Ausnahmebestimmung sind Joint-Venture-Vereinbarungen anhand der Generalklausel des Sec. 3 (1) CA zu beurteilen. Da die Vermutungswirkung des Sec. 3 (3) CA nicht greift, muss das Vorliegen jeder Tatbestandsvoraussetzung des Sec. 3 (1) CA von der Wettbewerbsbehörde im Einzelnen festgestellt werden.

d) Wettbewerbsverbote

Hinsichtlich der kartellrechtlichen Zulässigkeit von Wettbewerbsverboten in Indien kann auf die weiter oben zu Sec. 27 ICA gemachten Ausführungen verwiesen werden.[507] Im Competition Act, 2002 ist diese Thematik nicht geregelt.

e) Zusammenfassung

Zusammenfassend kann festgestellt werden, dass eine umfassende, dem europäischen Recht entsprechende Fallgruppen-Systematik – abgesehen von den Regelbeispielen des Sec. 3 (2) und (3) CA – im indischen Recht nicht existiert. Hinzu kommt, dass die wenigen unter dem alten indischen Kartellrecht aufgestellten Fallgruppen aufgrund der Differenzen der beiden Regelungswerke nicht vollständig auf das neue Rechts übertragen werden können.

II. Europa

1. Regelbeispiele

Art. 101 Abs. 1 AEUV nennt fünf Regelbeispiele für verbotene wettbewerbsbeschränkende Vereinbarungen, Beschlüsse von Unternehmensvereinbarungen oder abgestimmte Verhaltensweisen. Diese Beispiele sind lediglich illustrativ, so dass deren Vorliegen die Prüfung der Tatbestandsmerkmale des Art. 101 AEUV nicht entbehrlich macht.[508]

a) Absprachen über Preise und Geschäftsbedingungen

Das erste Regelbeispiel, Art. 101 Abs. 1 lit. a) AEUV, verbietet die unmittelbare oder mittelbare Festsetzung von An- oder Verkaufspreisen oder sonstigen Geschäftsbedingungen.

507 Siehe oben, 2. Teil, C, II.

508 Mestmäcker/Schweitzer, § 11, Rn. 1.

Solche Preisabsprachen zählen zu den von der Kommission mit Nachdruck verfolgten „Hardcore-Kartellen“ und können daher regelmäßig nicht durch Art. 101 Abs. 3 AEUV freigestellt werden.[509]

Zu den unmittelbaren Preisabsprachen gehören die Vereinbarung von Festpreisen[510], die Vereinbarung von Höchst-, Mindest- oder Richtpreisen[511] sowie die gemeinsame Vorgabe von Zielpreisen.[512] Von den mittelbaren Preisabsprachen werden Rabatte und Provisionen[513], gemeinsame Preisfestsetzungssysteme[514], die kollusive Verwendung von Kalkulationsschemata[515] sowie die Einrichtung von Preismeldestellen[516] erfasst.

Ebenso wie Preisabsprachen fällt auch die Festlegung von allgemeinen Geschäftsbedingungen unter das Verbot des Art. 101 Abs. 1 lit. a) AEUV. In der Vergangenheit wurden sowohl die Festsetzung von Verkaufsbedingungen[517] als auch die Bestimmung von Abschluss-, Lieferungs-, Haftungs- und Zahlungsbedingungen[518] als wettbewerbsbeschränkende Vereinbarungen i.S.d. Art. 101 Abs. 1 lit. a) AEUV angesehen.

Auch Vertikalvereinbarungen über die Höhe von Wiederverkaufspreisen zwischen Lieferant und Wiederverkäufer werden in der Regel als unzulässige Preisabsprachen im Sinne von Art. 101 Abs. 1 lit. a) AEUV qualifiziert. Dies gilt insbesondere für Fest- oder Mindestverkaufspreise.[519] Die Spürbarkeitsschwellen der Bagatellbekanntmachung finden auf solche Absprachen keine Anwendung.[520] Allerdings fallen Buchpreisbindungen, die auf mitgliedsstaatlichen Gesetzen – wie beispielsweise dem deutschen Gesetz über die Preis-

---

509 Lange-Simon, Rn. 147. Auch die Spürbarkeitsschwellwerte der Bagatellbekanntmachung sind bei der Festsetzung von Preisen beim Verkauf von Erzeugnissen an Dritte nicht anwendbar, De-minimis-Bekanntmachung, Rn. 11 Nr. 1 a).

510 EuGH, 3.7.1985, Rs. 243/83, Binon/AMP, Slg. 1985, 2015, 2046.

511 Kommission, 5.12.2001, 2002/742/EG, ABl. 2002 L 239/18, 29 – Zitronensäure.

512 EuG, 24.10.1991, Rs. T-1/89, Rhône-Poulenc/Kommission, Slg. 1991, II-867, 1073, Rn. 120.

513 Kommission, 16.7.1969, 69/240/EWG, ABl. 1969 L 192/5, 14 – Internationales Chininkartell.

514 Kommission, 13.12.1994, 94/601/EG, ABl. 1994 L 243/1, 42 – Karton.

515 Kommission, 15.5.1974, 74/292/EWG, ABl. 1974 L 160/1, 13 – IFTRA-Verpackungsglas.

516 EuGI, 27.10.1994, Rs. T-34/92, Fiatagri und New Holland Ford/ Kommission, Slg. 1994, II-905, 949, Rn. 91.

517 Kommission, 22.12.1972, 72/478/EWG, ABl. 1972, Nr. L 303, 45, 48 – G.I.S.A.

518 EuGH, 29.10.1980, verb. Rs. 209 bis 215 u. 218/78, van Landewyck/Kommission, Slg. 1980, 3125, 3270, Rn. 154.

519 Bechtold, Art. 81 EG, Rn. 83.

520 De-minimis-Bekanntmachung, Rn. 11 Nr. 2 a) (sofern es sich um Preisfestsetzungen zwischen Nichtwettbewerbern handelt).

bindung für Bücher[521] – beruhen, nicht unter das Verbot des Art. 101 Abs. 1 AEUV.[522] Privatinitiierte Preisbindungssysteme für Bücher werden dagegen vom Kartellverbot erfasst.[523]

Höchstverkaufspreise und Preisempfehlungen gegenüber dem Vertriebspartner können gemäß Art. 4 lit. a) VO 2790/1999[524] zulässig sein, sofern sie nicht aufgrund der Ausübung von Druck oder der Gewährung von Anreizen dieselbe Wirkung wie Fest- oder Mindestverkaufspreisbindungen haben.

b) Einschränkung oder Kontrolle der Erzeugung, des Absatzes, der technischen Entwicklung oder der Investitionen

Art. 101 Abs. 1 lit. b) AEUV verbietet sowohl die Einschränkung oder Kontrolle der Erzeugung oder des Absatzes von Gütern als auch die Beschränkung der technischen Entwicklung und der Investitionen.

Eine gemäß Art. 101 Abs. 1 lit. b) AEUV verbotene Einschränkung bzw. Kontrolle der Erzeugung oder des Absatzes liegt immer dann vor, wenn es zu einer Reduktion des Ausstoßes von Gütern kommt.[525] Dies ist insbesondere bei Produktionsverboten oder bei Festsetzung von Produktions- und Lieferquoten der Fall. Dabei ist es unerheblich, ob sich die Quoten auf Höchstmengen oder auf Marktanteile der beteiligten Parteien beziehen. Unerheblich ist auch, ob sie

---

521 Buchpreisbindungsgesetz vom 2. September 2002 (BGBl. I S. 3448), zuletzt geändert durch das Gesetz vom 14. Juli 2006 (BGBl. I S. 1530).

522 Denn Art. 101 Abs. 1 AEUV (ex-Art. 81 Abs. 1 EG) betrifft Verhaltensweisen von Unternehmen, nicht aber die durch Verordnung oder Gesetz von einem Mitgliedsstaat getroffenen Maßnahmen (unter bestimmten Voraussetzungen sind allenfalls Preismaßnahmen von hoheitlich geschaffenen Organisationen erfasst, Müller-Graff, EuR 1985, 293, 295). Mitgliedsstaatlichen Maßnahmen, wie die Buchpreisbindung, dürfen allerdings nicht die praktische Wirksamkeit der für die Unternehmen geltenden Wettbewerbsregeln ausschalten oder der Warenverkehrsfreiheit i.S.v. Art. 34 AEUV (ex-Art. 28 EG) i.V.m. Art. 36 AEUV (ex-Art. 30 EG) zuwiderlaufen, vgl. EuGH, 10.1.1985, Rs. 229/83, Leclerc, Slg. 1985, 1, 31 u. 36.

523 Müller-Graff, EuR 1985, 293, 293; Immenga/Mestmäcker-Ellger, Art. 81 Abs. 3 EGV, Rn. 210. Grenzüberschreitende kollektive vertikale Preisbindungssysteme für Bücher sind von der Kommission und der Rechtsprechung in der Vergangenheit als nicht freistellungsfähig angesehen worden, Kommission, 25.11.1981, ABl. EG 1982 Nr. L 54/36, Rn. 49, 50 – VBBB/VBVB, bestätigt durch EuGH 17.1.1984, verbundene Rs. 43/82 und 63/84, VBBB/VBVB, Slg. 1984, 19, Rn. 59.

524 Verordnung (EG) Nr. 2790/1999 der Kommission vom 22. Dezember 1999 über die Anwendung von Artikel 81 Absatz 3 des Vertrags auf Gruppen von vertikalen Vereinbarungen und aufeinander abgestimmten Verhaltensweisen, Amtsblatt L 336 vom 29.12.1999.

525 Kommission, 18.7.2001, 2002/271/EG, ABl. 2002 L 100/1, 26 – Graphitelektroden.

auf Dauer angelegt sind oder sich bloß auf die Durchführung eines bestimmten Einzelgeschäfts beziehen.[526]

Auch Spezialisierungsvereinbarungen, welche die Eingrenzung der Produktpalette oder eine bestimmte Herstellungsart zwingend festlegen, führen zu einer Einschränkung von Produkterzeugung und -absatz.[527] Solche Spezialisierungsvereinbarungen zwischen Wettbewerbern fallen allerdings unter die Freistellungsverordnung 2658/2000[528], sofern die Summe der Markanteile der Vertragsparteien im relevanten Markt nicht mehr als 20 % beträgt.

Die „Erzeugung einschränkend“ im Sinne von Art. 101 Abs. 1 lit. b) AEUV sind grundsätzlich auch so genannte Strukturkrisenkartelle, also Vereinbarungen, welche auf einen Abbau von Überkapazitäten gerichtet sind. Unter engen Voraussetzungen – d.h. bei Vorliegen einer langfristigen strukturellen Krise mit erheblicher Unterauslastung der Kapazitäten auf dem betroffenen Industriezweig, bei der die betroffenen Anbieter wesentliche Verluste hinnehmen müssen[529] – können solche Strukturkrisenkartelle unter die Legalausnahme des Art. 101 Abs. 3 AEUV fallen.[530] Grundsätzlich geht das Gemeinschaftsrecht allerdings davon aus, dass Krisensituationen mit marktwirtschaftlichen Mitteln gelöst werden sollten.[531]

Auch Verkaufsverbote, wie sie etwa in Vereinbarungen über den gemeinsamen Verkauf[532] oder in Zulieferverträgen zu finden sind, stellen eine Absatzbeschränkung im Sinne dieser Regelung dar.

In vertikaler Hinsicht können Beschränkungen des Vertriebs durch Alleinvertriebs-[533] und Alleinbezugsvereinbarungen[534] unter dieses Regelbeispiel fallen.

---

526 Langen/Bunte, Art. 81, Generelle Prinzipien, Rn. 106.

527 Lange, S. 41; Loewnheim/Meessen/Riesenkampff, Art. 81 I, Rn. 257.

528 Verordnung (EG) Nr. 2658/2000 der Kommission vom 29. November 2000 über die Anwendung von Artikel 81 Absatz 3 des Vertrags auf Gruppen von Spezialisierungsvereinbarungen; ABl. L 304 vom 5.12.2000.

529 Kommission, 29.4.1994, 94/296/EG, ABl. 1994 L 131/15, 17 – Stichting Baksteen.

530 Mäger-Gehring, 2. Kap., Rn. 50.

531 Langen/Bunte, Art. 81, Generelle Prinzipien, Rn. 106.

532 V. d. Groeben-Schröter, Art. 81 I, Rn. 164.

533 Alleinvertriebsvereinbarungen haben die Vereinbarung zum Inhalt, dass ein Hersteller in einem bestimmtem Gebiet seine Waren ausschließlich an einen Händler liefert (Bechtold, Einf. VO 2790/1999, Rn. 6), wodurch die Absatzmöglichkeiten des liefernden Vertragspartners beschränkt werden.

534 Alleinbezugsvereinbarungen, bei denen sich ein Unternehmen verpflichtet, seine Waren ausschließlich von einem Lieferanten zu beziehen, schränken die Absatzmöglichkeiten der Wettbewerber des Lieferanten ein, V. d. Groeben-Schröter, Art. 81 I, Rn. 164.

Schließlich sind auch solche Abreden vom Verbot des Art. 101 Abs. 1 lit. b) AEUV erfasst, welche die technische Entwicklung hemmen oder beschränken oder die eine investitionshemmende Wirkung haben. Hierzu gehört auch das Verbot, Produktionsanlagen zu errichten oder zu erweitern.[535]

Die Spürbarkeitsschwellen der Bagatellbekanntmachung finden auf Produktions- und Absatzbeschränkungen, die zwischen Wettbewerbern vereinbart werden, keine Anwendung.[536]

c) Aufteilung der Märkte oder Versorgungsquellen, Art. 101 Abs. 1 lit. c) AEUV

Eine verbotene Marktaufteilung im Sinne von Art. 101 Abs.1 lit. c) AEUV liegt immer dann vor, wenn Unternehmen durch Absprachen versuchen, den europäischen Binnenmarkt künstlich in Teilmärkte aufzuspalten. Erfasst werden beispielsweise Absprachen zwischen Konkurrenten, in denen sie die Kunden unter sich aufteilen oder den Markt geografisch oder nach Produkten – z.B. durch Spezialisierungsvereinbarungen[537] – aufspalten.[538]

Neben direkten Marktzuweisungen sind auch mittelbare Absprachen vom Verbot umfasst, wie zum Beispiel die Gewährung wechselseitiger Alleinvertriebsrechte zwischen Konkurrenten[539], oder die Verpflichtung zur Leistung von Ausgleichszahlungen oder Provisionen bei Lieferung in vorbehaltene Gebiete.[540] Letztlich zählen auch Submissionsabsprachen, bei denen die an einer Ausschreibung teilnehmenden Unternehmen ihre Gebotsabgaben koordinieren, zu den verbotenen Marktaufteilungen.[541]

Eine verbotene Aufteilung von Versorgungsquellen liegt dann vor, wenn sich Untenehmen in ihrer Eigenschaft als Nachfrager von Waren oder Dienstleistungen untereinander abstimmen und dadurch die Freiheit eines beteiligten Unternehmens, seine Lieferanten frei wählen zu können, beeinträchtigt wird.[542]

Neben den genannten Horizontalvereinbarungen werden auch Marktaufteilungen zwischen Herstellern und Händlern von Art. 101 Abs. 1 lit. c) AEUV erfasst: Hierzu zählen grundsätzlich vertikale Alleinvertriebsverträge, mit denen

535 Mäger-Gehring, 2. Kap., Rn. 22.

536 De-minimis-Bekanntmachung, Rn. 11 Nr. 1 b).

537 Loewenheim/M/R-Wägenbaur, Art. 81 I, Rn. 306. Eine Marktaufteilung durch Differenzierung nach Produkten, die durch Spezialisierungsvereinbarungen zustande kommt, kann aber gemäß Nr. 2658/2000 zulässig sein. Zu Spezialisierungsvereinbarungen vgl. den vorangegangenen Abschnitt, 3. Teil, D, II, 1., b).

538 Lange, S. 42.

539 Kommission, 2.1.1973, 73/109/EWG, ABl. 1973 L 140/17, 30 f. – Europäische Zuckerindustrie.

540 Kommission, 20.12.1974, 75/76/EWG, ABl. 1975 L 29/20, 23 – RANK/SOPOLEM.

541 Mäger-Gehring, 2. Kap. Rn. 17.

542 V. d. Groeben-Schröter, Art. 81 I, Rn. 172.

sich der Geschäftsherr verpflichtet, seine Waren innerhalb eines bestimmten Gebiets ausschließlich an einen Absatzmittler zu liefern, und Verbote an die Händler, die gelieferten Waren in anderen als den ihnen ausschließlich zugewiesenen Absatzgebieten zu verkaufen. Neben geografischen Marktaufteilungen fallen auch Kundengruppenaufteilungen unter das Verbot des Art. 101 Abs. 1 lit. c) AEUV.[543]

Alleinvertriebsvereinbarungen, die zur Erschließung neuer Märkte notwendig sind[544] oder bei denen die Lieferanten einen geringen Marktanteil[545] haben, fallen nicht unter Art. 101 Abs. 1 AEUV bzw. sind unter den weiteren Voraussetzungen[546] der GVO 2790/1999[547] freigestellt, da sie regelmäßig auch wettbewerbsfördernde Wirkungen aufweisen.[548] In diesem Zusammenhang kann der Lieferant seinen Absatzmittlern auch Aktivverkäufe in bestimmte Gebiete oder an bestimmte Kundengruppen verbieten.[549]

Exportverbote in Drittstaaten sind dagegen in der Regel zulässig, sofern sie keine negativen Wirkungen auf den zwischenstaatlichen Handel innerhalb der EU haben.[550]

Markt- und Kundenaufteilungen können Kernbeschränkungen im Sinne der Bagatellbekanntmachung darstellen und dazu führen, dass die dort genannten

543 Bechtold, Art. 81, Rn. 91; Kommission, 8.10.1973, ABl. 1973 L 296/24, 25 – Prym/Beka.

544 Wenn sie der Erschließung neuer Märkte dienen und wenn diese Markterschließung ohne diese Vereinbarung nicht möglich gewesen wäre, EuGH, 30.6.1966, Rs. 56/65, „LTM/Maschinenbau Ulm", Slg. 1966, 281, 284.

545 Wenn der Anteil des Lieferanten an dem relevanten Markt, auf dem er die Vertragswaren oder Dienstleistungen verkauft, 30 % nicht überschreitet, Art. 3 I VO Nr. 2790/1999.

546 Eine weitere Voraussetzung ist, dass Verkäufe der Kunden des Käufers nicht beschränkt werden. Zu beachten ist auch, dass das Verbot des Verkaufs in bestimmte Gebiete bzw. an bestimmte Kunden auf Aktivverkäufe begrenzt sein muss; Passivverkäufe an „Komm-Kunden" dürfen nicht untersagt werden, EuGH, 21.2.1984, Rs. 86/82, „Hasslblad", Slg. 1984, 883, Rn. 46.

547 Verordnung (EG) Nr. 2790/1999 der Kommission vom 22. Dezember 1999 über die Anwendung von Artikel 81 Absatz 3 des Vertrages auf Gruppen von vertikalen Vereinbarungen und aufeinander abgestimmten Verhaltensweisen, Amtsblatt Nr. L 336 vom 29/12/1999 S. 0021 – 0025. Danach ist ein Verbot von Aktivverkäufen in bestimmte Gebiete oder an bestimmte Kunden zulässig.

548 So wird etwa die „free-rider"-Problematik umgangen: Ohne den Gebietsschutz durch eine Alleinvertriebsvereinbarung wären Händler in vielen Fällen nicht bereit, in Marketing- oder Service-Aktivitäten zu investieren, da sie befürchten müssten, dass andere Händler als Trittbrettfahrer von den Service-Aktivitäten profitieren, Mäger, S. 68.

549 Kommission, 2.12.1976, Abl. 1977 L 30/10, Rn. 33 – Junghans.

550 Langen/Bunte, Art. 81, Generelle Prinzipien, Rn. 110.

Spürbarkeitsschwellwerte nicht zugunsten der betreffenden Unternehmen eingreifen.[551]

d) Anwendung unterschiedlicher Bedingungen gegenüber Handelspartnern

Art. 101 Abs. 1 lit. d) AEUV verbietet koordinierte Diskriminierungen, die auf einer Vereinbarung, einem Beschluss oder einer abgestimmten Verhaltensweise beruhen. Dieses Verbot gilt sowohl für Absprachen zwischen Wettbewerbern als auch für solche zwischen Anbietern und Abnehmern. Eine vereinbarte Ungleichbehandlung ist immer dann verboten, wenn gleichwertige Leistungen ohne sachlichen Grund unterschiedlich behandelt werden.[552] Ein typisches Beispiel für eine solche Ungleichbehandlung sind Preisdiskriminierungen.[553]

Auch kollektive Lieferverweigerungen bzw. Boykotte sind in diesem Zusammenhang zu erwähnen. Eine kollektive Lieferverweigerung liegt vor, wenn Unternehmen, Händler oder Händlergruppen von der Belieferung mit Waren ohne sachlich gerechtfertigten Grund ausgeschlossen werden. Ob diese Vereinbarungen unter das Regelbeispiel des Art. 101 Abs. 1 lit. d) AEUV zu subsumieren sind[554] oder ob sie unter die Generalklausel des Art. 101 Abs. 1 AEUV fallen[555], kann an dieser Stelle dahingestellt bleiben. Es besteht zumindest ein sehr großer sachlicher Zusammenhang zu den unter dieses Regelbeispiel subsumierten Diskriminierungsfällen. Ein Boykott kann für ein betroffenes Unternehmen sogar weitaus schlimmere Folgen als andere Formen der Diskriminierung haben. Solche kollektiven Lieferverweigerungen werden von der Kommission daher als besonders schwere Verstöße gegen Art. 101 Abs. 1 AEUV gewertet.[556] Boykotte dienen in der Regel dazu, ein bestimmtes

---

551 Markt- und Kundenaufteilungen zwischen Wettbewerbern sind dabei stets (Rn. 11 Nr. 1 c) De-minimis-Bekanntmachung), solche zwischen Nichtwettbewerbern unter den zusätzlichen Voraussetzungen von Rn. 11 Nr. 2 De-minimis-Bekanntmachung, als Kernbeschränkungen zu qualifizieren.

552 Lange, S. 42.

553 Z.B. Fälle, in denen bei Exporten je nach Bestimmungsland verschieden hohe Preise verlangt werden, ohne dass ein sachlich gerechtfertigter Grund dafür gegeben ist, Kommission 30.6.1970, ABl. L 147/24, 26 – Kodak; Kommission, 23.11.1972, ABl. L 272/35, 37 – Formica.

554 So beispielsweise Gleiss/Hirsch, Kommentar zum EG-Kartellrecht, Band I, Art. 85 (1), Rn. 390.

555 So Walter Frenz, Handbuch Europarecht, Band 2, Europäisches Kartellrecht, Berlin, Heidelberg 2006. Rn. 638., mit dem Argument, der Boykott beruhe nicht auf einer Anwendung unterschiedlicher Bedingungen bei gleichwertiger Leistung, da in diesem Fall gar keine Leistung erbracht werde.

556 Kommission, 23.7.1974, ABl. L 237/3, 10 – Papiers peints; Gleiss/Hirsch, Art. 85 (1), Rn. 390.

Verhalten bei dem betroffenen Unternehmen durchzusetzen oder ein missliebiges Verhalten zu sanktionieren.[557]

Sowohl im Falle der Verabredung einer kollektiven Liefersperre als auch für den klassischen Boykott kommt es zur Tatbestandserfüllung nicht auf die tatsächliche Ausführung an; bereits die kollektive Vereinbarung verstößt gegen Art. 101 Abs. 1 AEUV.[558] Ebenfalls unerheblich ist, ob das ausgeschlossene Unternehmen überhaupt noch an der Belieferung interessiert ist.[559]

Sachlich gerechtfertigte Gründe für Lieferverweigerungen können unter Umständen im Rahmen von Fachhandelsbindungen oder selektiven Vertriebssystemen vorliegen, wenn etwa ein Hersteller seine Produkte vereinbarungsgemäß nur an fachlich geeignete Händler liefert.[560]

Eine unzulässige Wettbewerbsbeschränkung liegt schließlich auch dann vor, wenn Hersteller vereinbaren, nur „anerkannte" Abnehmer zu beliefern[561], oder wenn Händler vereinbaren, von bestimmten Herstellern nicht zu beziehen.[562]

Die einseitige Benachteiligung von Handelspartnern durch ein einzelnes Unternehmen wird dagegen von Art. 101 Abs. 1 lit. c) AEUV nicht erfasst, sondern ist nur unter den Voraussetzungen des Art. 102 AEUV (ex-Art. 82 EG) – d.h. bei Vorliegen einer marktbeherrschenden Stellung – verboten.[563]

e) Kopplungsgeschäfte

Das letzte Regelbeispiel des Art. 101 Abs. 1 AEUV verbietet die sog. Kopplungsgeschäfte: Gemäß Buchstabe e) der Norm sind alle Vereinbarungen bzw. Beschlüsse verboten, die die an den Vertragsabschluss geknüpfte Bedingung enthalten, dass die Vertragspartner zusätzliche Leistungen annehmen, die weder sachlich noch nach Handelsbrauch in Beziehung zum Vertragsgegenstand stehen. Dabei kommt es auf die Sicht der Marktgegenseite an. Zu dieser Vorschrift sind in der Vergangenheit kaum Entscheidungen ergangen.[564]

---

557 Gleiss/Hirsch, Art. 85 (1), Rn. 390.

558 EuGH, 26.11.1975, Rs. 73/74, Papiers peints, Slg. 1975, 1491, 1514; Gleiss/Hirsch, Art. 85 (1), Rn. 392.

559 Gleiss/Hirsch, Art. 85 (1), Rn. 392.

560 Kommission, 15.12.1975, ABl 1976 L 28/19, 25 – SABA. Wettbewerbsbeschränkende Abreden im Rahmen selektiver Vertriebssysteme, die für die Wahrung der Qualität und des richtigen Gebrauchs bestimmter Erzeugnisse erforderlich sind, stellen nach der Rechtsprechung des EuGH einen mit Art. 101 Abs. 1 AEUV (ex-Art. 81 Abs. 1 EG) „vereinbaren Bestandteil des Wettbewerbs" dar, EuGH, 25.10.1977, Rs. 26/76, Metro/Saba I, Slg. 1977, 1875, 1905, Rn. 20.

561 Kommission, 16.12.1971, ABl 1972 L 13/34, 40 – Cementhandelaren.

562 Kommission, 28.9.1981, ABl. 326/32, 39 – Flachglas Italien I.

563 Bechtold, Art. 81 EG, Rn. 93.

564 V. d. Groeben-Schröter, Art. 81 Abs. 1 EG. Rn 175 mit Hinweis auf die beiden einzigen Entscheidungen: Kommission, 10.1.1979, ABl. 1979 Nr. L 19, S. 32, 35 (Nr. 5) –

Wettbewerbsrechtlich problematisch sind solche Kopplungen deshalb, weil die betroffenen Vertragspartner durch sie in ihrer wirtschaftlichen Autonomie eingeschränkt werden und Dritte daran gehindert werden, mit den Vertragspartnern Geschäfte abzuschließen. Außerdem kann es zur Marktabschottung kommen, wenn durch die Kopplung ein großer Anteil auf dem Markt des gekoppelten Produkts gebunden wird.[565]

Hält der Lieferant weder beim Kopplungsprodukt, noch beim gekoppelten Produkt einen Marktanteil von mehr als 30 %, so ist die vertikale Kopplungsbindung nach der Verordnung Nr. 2790/1999 der Kommission (Vertikal-GVO)[566] vom Kartellverbot freigestellt, sofern keine Kernbeschränkungen i.S.v. Art. 4 VO 2790/1999 vereinbart worden sind und sofern die sonstigen Voraussetzungen der Gruppenfreistellungsverordnung erfüllt sind.

Dies gilt jedoch nicht im Falle von horizontalen Kopplungsvereinbarungen, d.h. bei Kopplungen, die auf Vereinbarungen, Beschlüssen von Unternehmensvereinigungen oder auf abgestimmten Verhaltensweisen zwischen Lieferanten beruhen, die auf derselben Marktstufe agieren.

In Fällen, in denen der Lieferant eine marktbeherrschende Stellung hat, sind Kopplungsgeschäfte gemäß Art. 101 AEUV zu beurteilen.

Umstritten ist, ob Art. 101 Abs. 1 lit. e) AEUV nur auf kollektive Kopplungspraktiken anwendbar ist oder ob dessen Tatbestand auch von einem Einzelunternehmen erfüllt werden kann. Ein Teil der Literatur ist der Ansicht, dass ein vom Anbieter autonom angebotenes Kopplungsgeschäft nicht von Art. 101 Abs. 1 lit. e) AEUV erfasst ist.[567] Begründet wird dies mit systematischen Erwägungen: Demnach zeige ein Vergleich mit Art. 102 lit. d) AEUV, dass Art. 101 Abs. 1 lit. e) AEUV genauso wie Art. 101 Abs. 1 lit. d) AEUV allein auf kollektive Maßnahmen abzielt.[568]

Der anderer Teil der Literatur[569] dagegen bejaht die Anwendbarkeit des Art. 101 Abs. 1 lit. e) AEUV auf individuelle Kopplungen durch Einzelunternehmen mit dem Hinweis auf die wirtschaftliche Entscheidungsfreiheit der Ab-

---

Vaessen/Moris; Kommission, 12.7.1985, ABl. 1985 Nr. L 233, S. 22, 28 f. – Velcro/Aplix.

565 Mäger-Mäger, 4. Kap., Rn. 106.

566 Verordnung (EG) Nr. 2790/1999 der Kommission vom 22. Dezember 1999 über die Anwendung von Artikel 81 Absatz 3 des Vertrages auf Gruppen von vertikalen Vereinbarungen und aufeinander abgestimmten Verhaltensweisen, ABl. L 336 vom 29.12.1999, S. 21.

567 Gleiss/Hirsch, Art. 85 (1) Rn. 400; Lenz-Grill, Art. 81 Rn. 34.

568 Gleiss/Hirsch, Art. 85 (1) Rn. 400.

569 Grabitz/Hilf-Stockenhuber, Kommentar, Art. 81 Rn. 201; Langen/Bunte-Bunte, Art. 81 Rn. 118; Mestmäcker/Schweitzer, § 11, Rn. 24; V. d. Groeben-Schröter, Art. 81 Abs. 1 EG. Rn 175.

nehmer, die auch in diesen Fällen geschützt werden müsse.[570] Außerdem wirkten sich solche Kopplungsgeschäfte ähnlich wie Bezugsbindungen aus, die unter Art. 101 Abs. 1 AEUV fallen. Genauso wie durch diese, werde ein Vertragspartner auch durch Kopplungsvereinbarungen für andere, zusätzliche Leistungen auf gewisse Zeit gebunden. Je nach Art der Bindung und Stellung der Beteiligten könnten so dritte Wettbewerber behindert werden.[571] Als Beispiel für wettbewerbsbeschränkende Kopplungsvereinbarungen, die unter Art. 101 Abs. 1 lit. e) AEUV fallen, wird ein Bündel individueller Kopplungsvereinbarungen genannt.[572]

Aufgrund der überzeugenden Argumente kann der Ansicht, dass Art. 101 Abs. 1 lit. e) AEUV auch auf individuelle Kopplungen anwendbar ist, zugestimmt werden. Würde man den Tatbestand von vornherein auf kollektive Maßnahmen beschränken, so entstünde eine Regelungslücke für wettbewerbsbeschränkende Individualkopplungen von nicht marktbeherrschenden Unternehmen. Im Sinne eines umfassenden Wettbewerbsschutzes ist eine solche restriktive Auslegung des Art. 101 Abs. 1 lit. e) AEUV abzulehnen.

2. Fallgruppen

Zur Kategorisierung der typischen Formen unternehmerischer Zusammenarbeit wird im Bereich des europäischen Kartellrechts mit Fallgruppen gearbeitet. Dabei wird in der systematischen Betrachtung zwischen horizontalen und vertikalen Fallgruppen differenziert. Horizontale Vereinbarungen und abgestimmte Verhaltensweisen werden zwischen Unternehmen getroffen bzw. durchgeführt, die auf derselben Marktstufe tätig sind und vertikale Vereinbarungen und abgestimmte Verhaltensweisen zwischen solchen auf unterschiedlicher Marktstufe. Der Grund für diese Unterscheidung liegt darin, dass horizontale und vertikale Wettbewerbsbeschränkungen den Wettbewerb jeweils in unterschiedlicher Intensität beeinflussen und folglich auch verschiedenen Beurteilungskriterien unterliegen können.[573]

a) Horizontalvereinbarungen

Horizontale Vereinbarungen bzw. abgestimmte Verhaltensweisen sind stärker dazu geeignet den Wettbewerb zu beschränken als vertikale, da sie in der Regel eine unmittelbare Auswirkung auf das bestehende Konkurrenzverhältnis zwischen den Wettbewerbern haben.[574]

570 V. d. Groeben-Schröter, Art. 81 Abs. 1 EG. Rn 175.
571 Langen/Bunte-Bunte, Art. 81, Generelle Prinzipien, Rn. 118.
572 Mestmäcker/Schweitzer, S. 308.
573 Bechtold, Art. 81 EG, Rn. 162.
574 Mäger-Gehring, 2. Kap., Rn.1.

Für die Bewertung von Vereinbarungen über horizontale Zusammenarbeit gemäß Art. 101 AEUV hat die Kommission die Horizontalleitlinien[575] erlassen. Diese stellen zwar kein verbindliches Rechtselement dar, sie erläutern aber die Position der Kommission bei der Anwendung und Auslegung des Art. 101 AEUV.

Des Weiteren regeln die Gruppenfreistellung für Spezialisierungsvereinbarungen, VO 2658/2000[576], sowie die Gruppenfreistellung für Forschungs- und Entwicklungsvereinbarungen, Verordnung 2659/2000[577], besondere Fälle horizontaler Vereinbarungen.

aa) Forschungs- und Entwicklungskooperationen

Unternehmenskooperationen im Bereich der Forschung und Entwicklung dienen der Nutzung gemeinsamer Ressourcen sowie der Kosteneinsparung. Zweck der Zusammenarbeit im Forschungs- und Entwicklungsbereich kann sowohl die Entwicklung neuer Produkte sein, für die ein Markt erst geschaffen werden muss, als auch die Verbesserung bestehender Produkte.[578]

Forschungs- und Entwicklungskooperationen zwischen Nichtwettbewerbern stellen mangels eines Wettbewerbs, der eingeschränkt werden könnte, grundsätzlich keine Wettbewerbsbeschränkung i.S.d. Art. 101 Abs. 1 AEUV dar.[579] Unternehmen einer Forschungs- und Entwicklungskooperation sind nicht als Wettbewerber zu qualifizieren, wenn sie jeweils allein nicht in der Lage gewesen wären, die betreffende Forschung und Entwicklung durchzuführen.[580]

Fälle von Forschungs- und Entwicklungskooperationen, bei denen sich die Zusammenarbeit nicht auf die gemeinsame Nutzung und Verwertung der gewonnenen Ergebnisse erstreckt, sind in der Regel nicht nach Art. 101 Abs. 1 AEUV verboten. Etwas anderes gilt nur, wenn die Zusammenarbeit zu einer Beeinträchtigung des Investitionswettbewerbs führt, weil die Unternehmen an eigenständigen Innovationsversuchen gehindert werden.[581]

---

575 Leitlinien zur Anwendbarkeit von Art. 81 EG-Vertrag auf Vereinbarungen über horizontale Zusammenarbeit (Horizontalleitlinien), 2001/C3/02, ABl. 2001 C 3/2.

576 Verordnung (EG) Nr. 2658/2000 der Kommission vom 29. November 2000 über die Anwendung von Artikel 81 Absatz 3 des Vertrages auf Gruppen von Spezialisierungsvereinbarungen, ABl. 2000 L 304/3.

577 Verordnung (EG) Nr. 2659/2000 der Kommission vom 29. November 2000 über die Anwendung von Artikel 81 Absatz 3 des Vertrages auf Gruppen von Vereinbarungen über Forschung- und Entwicklung, ABl. 2000 L 304/7.

578 Bechtold, Art. 81 EG, Rn. 169.

579 Horizontalleitlinien, Rn. 24 und 56.

580 Horizontalleitlinien, Rn. 56.

581 Horizontalleitlinien, Rn. 58.

Wird mit einer Vereinbarung oder einer abgestimmten Verhaltensweise eine Wettbewerbsbeschränkung gerade bezweckt, so ist Art. 101 Abs. 1 AEUV regelmäßig anwendbar.

Bei gemeinsamen Marktanteilen der beteiligten Unternehmen von bis zu 25 % sind Forschungs- und Entwicklungskooperationen gemäß Art. 4 Abs. 2 VO 2659/2000 freigestellt, sofern die zugrunde liegende Vereinbarung, der Beschluss oder die abgestimmte Verhaltensweise keine „schwarze Klausel" i.S.d. Art. 5 Abs. 1 VO 2659/2000 enthält. Konkurrieren die Unternehmen nicht miteinander, gilt diese Freistellung unabhängig von einer bestimmten Marktanteilsschwelle für einen Zeitraum von sieben Jahren nach Inverkehrbringen der Produkte in den gemeinsamen Markt, Art. 4 Abs. 1 VO 2659/2000.

bb) Produktionsvereinbarungen einschließlich Spezialisierungsvereinbarungen

Die Kommission unterscheidet in den Leitlinien über horizontale Zusammenarbeit drei verschiedene Arten von produktionsbezogenen Kooperationsformen: Differenziert wird zwischen der gemeinsamen Produktion, Spezialisierungsvereinbarungen und Zuliefervereinbarungen.[582] Eine gemeinsame Produktion liegt vor, wenn die beteiligten Unternehmen – beispielsweise in Form eines Gemeinschaftsunternehmens – bestimmte Erzeugnisse gemeinsam herstellen und die betreffenden Produkte innerhalb des sachlich und geographisch relevanten Produktmarkts nicht mehr individuell erzeugen.[583] Eine Spezialisierungsvereinbarung liegt vor, wenn sich eine Partei verpflichtet, bestimmte Waren nicht oder nicht mehr herzustellen und die entsprechenden Produkte von einem Wettbewerber zu beziehen.[584] Bei Zulieferungsvereinbarungen überlässt der eine Vertragspartner dem anderen Partner bzw. dem Zulieferer die Herstellung eines bestimmten Erzeugnisses. Im Gegensatz zu Spezialisierungsvereinbarungen gibt es bei den Zulieferungsvereinbarungen keine Verpflichtung, von der Produktion bestimmter Güter abzusehen.[585] Zulieferungsvereinbarungen sind nur dann nach den Horizontalleitlinien zu beurteilen, wenn sie zwischen Wettbewerbern getroffen werden oder wenn dem Zulieferer Know-how überlassen wird.[586]

Die Gefahr solcher Produktionsvereinbarungen besteht darin, dass es durch sie zu einer starken Angleichung der Gesamtkosten und der Produktqualität kommen kann, die dazu führt, dass die beteiligten Unternehmen diesbezüglich nicht mehr miteinander konkurrieren.[587] Vereinbarungen, die nur einen kleinen

582 Horizontalleitlinien, Rn. 79.

583 Mäger-Gehring, 2. Kap., Rn. 25.

584 Art. 1 I a) GVO für Spezialisierungsvereinbarungen; Horizontalleitlinien, Rn. 79.

585 Mäger-Gehring, 2. Kap., Rn. 27.

586 Horizontalleitlinien, Rn. 80.

587 Kommission, 18.5.1995, 94/322/EG, ABl. 1994 L 144/20, 29 – Exxon/Shell.

Teil der Gesamtkosten betreffen, sind allerdings unbedenklich.[588] Auch in Fällen, in denen die Produktionsvereinbarung der wirtschaftlich einzig mögliche Weg ist, in einen Markt einzutreten, wird diese nicht von Art. 101 Abs. 1 AEUV erfasst.[589] Enthalten die Vereinbarungen jedoch Kernbeschränkungen wie Preisbeschränkungen, Produktionsbeschränkungen, Gebietsaufteilungen oder Kundenaufteilungen, so sind sie regelmäßig vom Verbot des Art. 101 Abs. 1 AEUV erfasst.[590] Bezogen auf Produktionsvereinbarungen, die nicht eindeutig wettbewerbsbeschränkend sind, kommt es bei der Beurteilung der Vereinbarkeit mit Art. 101 Abs. 1 AEUV auf die Marktmacht und Marktstruktur an: In der Regel sind erst ab einem gemeinsamen Marktanteil von mehr als 20 % und einem Herfindahl-Hirschmann-Index[591] von 1800 wettbewerbsbeschränkende Wirkungen zu befürchten.[592]

cc) Einkaufsvereinbarungen

Unter Einkaufsvereinbarungen versteht man Verträge über den gemeinsamen Einkauf von Erzeugnissen, wobei der Einkauf durch eine gemeinsam kontrollierte Gesellschaft (Gemeinschaftsunternehmen), durch eine Zusammenarbeit auf vertraglicher Basis oder durch bloßes abgestimmtes Verhalten erfolgen kann.[593]

Durch Einkaufsvereinbarungen kann es zu Kosteneinsparungen kommen, an denen die Verbraucher durch niedrigere Verkaufspreise partizipieren. Als wettbewerbsfördernd werden insbesondere Einkaufsvereinigungen gesehen, zu denen sich kleine und mittlere Unternehmen zusammenschließen, um durch Bündelung der Nachfrage Mengenrabatte und Einkaufsbedingungen wie die großen Wettbewerber zu erzielen.[594]

Andererseits besteht die Gefahr, dass Einkaufsgemeinschaften einen übermäßigen Einfluss auf die Marktgegenseite nehmen und zu einem Qualitätsrückgang oder Nachlassen von Innovationen führen.[595] Außerdem könnten solche Einkaufskooperationen als Mittel zur Verschleierung eines Kartells genutzt werden, um Preisfestsetzungen, Produktionsbeschränkungen oder Marktzuteilungen

588 Horizontalleitlinien, Rn. 88.

589 Horizontalleitlinien, Rn. 87.

590 Bechtold, Art. 81 EG, Rn. 176.

591 Mit dem Herfindahl-Hirschmann-Index (HHI) wird der Konzentrationsgrad eines Marktes gemessen. Er wird berechnet aus der Summe des Quadrats der jeweiligen Marktanteile sämtlicher Unternehmen in einem Markt. Bei einem HHI von unter 1000 wird von einer niedrigen, zwischen 1000 und 1800 von einer mäßigen und jenseits von 1800 von einer hohen Marktkonzentration ausgegangen, Horizontalleitlinien, Rn. 29.

592 Bechtold, Art. 81 EG, Rn. 176.

593 Lange-Simon, Rn. 315.

594 Horizontalleitlinien, ABl. 2001, Nr. C 3, 2, Rn. 116.

595 Mäger-Gehring, 2. Kap., Rn. 55.

durchzusetzen. In diesen Fällen sind die betreffenden Vereinbarungen regelmäßig gemäß Art. 101 Abs. 1 AEUV verboten.[596]

Dagegen sind Einkaufsvereinbarungen zwischen Nichtwettbewerbern, d.h. zwischen Unternehmen, die nicht auf demselben relevanten nachgeordneten Markt tätig sind, in der Regel unbedenklich.[597]

Bei der Beurteilung sonstiger Einkaufsvereinbarungen bildet die Marktmacht der Beteiligten das wesentliche Kriterium. Als unproblematisch werden Einkaufskooperationen dann angesehen, wenn der gemeinsame Marktanteil der Beteiligten sowohl auf den Einkaufs- als auch auf den Verkaufsmärkten unterhalb der Schwelle von 15 % bleibt. Aber auch oberhalb dieser Schwelle kann eine Einkaufsvereinbarung zulässig sein, wenn beispielsweise eine Gegenmacht starker Lieferanten besteht oder die Voraussetzungen des Art. 101 Abs. 3 AEUV erfüllt sind.[598]

Die Horizontalleitlinien sind auf Einkaufskooperationen anwendbar, soweit es um die Gründung einer Vereinigung oder die Bedingungen des gemeinsamen Einkaufs geht. Die Vereinbarungen zwischen der Vereinigung und einem Mitglied über Zu- und Verkauf werden dagegen als vertikale Beschränkungen nach der Vertikal-GVO 2790/1999 beurteilt.[599]

dd) Vermarktungs- und Verkaufsvereinbarungen

Unter den Begriff der Vermarktungs- und Verkaufsvereinbarungen fallen Absprachen, welche die Zusammenarbeit beim Verkauf, beim Vertrieb oder der Produktförderung zwischen Wettbewerbern betreffen. Der Grad der Zusammenarbeit reicht dabei von der gemeinsamen Erfassung bestimmter Absatzfunktionen – wie z.B. Werbung oder Vertrieb – bis hin zur vollständigen Verkaufsgemeinschaft, bei der die teilnehmenden Unternehmen ihre Produkte ausschließlich gemeinschaftlich vertreiben.[600]

Die grundsätzliche Gefahr solcher Vermarktungsvereinbarungen für den Wettbewerb besteht darin, dass es zwischen den Beteiligten zur Vereinheitlichung der Preispolitik oder zumindest zum Informationsaustausch über die Preisgestaltung kommt. Dies führt dazu, dass die beteiligten Unternehmen nicht mehr mit unterschiedlichen Preisen am Markt agieren, was letztlich die Wahlmöglichkeiten der Kunden einschränkt.[601]

---

596 Horizontalleitlinien, Rn. 124.
597 Horizontalleitlinien, Rn. 123.
598 Bechtold, Art. 81 EG, Rn. 180.
599 Horizontalleitlinien, Rn. 117 f.
600 Bechtold, Art. 81 EG, Rn. 181.
601 Kommission, 19.12.1990, 91/301/EWG, ABl. 1991 L 152/54, 58 – ANSAC.

Dementsprechend stellen Vermarktungsvereinbarungen zwischen Wettbewerbern, welche die Festsetzung der Preise vorsehen, regelmäßig ein Verstoß gegen Art. 101 Abs. 1 AEUV dar.[602]

Andererseits ist der gemeinsame Vertrieb grundsätzlich unbedenklich, wenn die beteiligten Unternehmen auf den relevanten Produktmärkten weder aktuelle noch potenzielle Wettbewerber sind.[603] Das Gleiche gilt für Arbeitsgemeinschaften, bei denen die Beteiligten für sich allein den Verkauf der Produkte nicht hätten durchführen können.[604] Schließlich können unter bestimmten Umständen Vertriebssysteme zwischen Wettbewerbern auch aus Rationalisierungsgründen zulässig sein. Dies ist zumindest dann der Fall, wenn es sich um Unternehmen mit geringen Marktanteilen handelt und wenn auf diese Weise unverhältnismäßig hohe Kosten zweier Vermarktungsorganisationen vermieden werden können.[605]

Vertriebskooperationen zwischen Unternehmen mit einem gemeinsamen Marktanteil von weniger als 15 % auf dem relevanten Produktmarkt erfüllen die Verbotsvoraussetzungen des Art. 101 AEUV in der Regel nicht.[606] Bei Überschreitung dieser Marktanteilsschwelle ist eine Einzelfallprüfung vorzunehmen.

Sind die Vertragspartner keine Wettbewerber, so können solche Vertriebsvereinbarungen nach der Gruppenfreistellungsverordnung für Vertikalvereinbarungen (VO 2790/1999) freigestellt sein.[607]

ee) Vereinbarungen über Normen

Mit Vereinbarungen über Normen werden technische oder qualitätsmäßige Anforderungen von Erzeugnissen oder deren Herstellungsverfahren festgelegt. Der Verbraucher kann von solchen Normierungen profitieren, da sie für die Kompatibilität von Produkten verschiedener Hersteller sorgen und Reparaturen oder Wartungen vereinfachen. Auf der anderen Seite besteht die Gefahr, dass der Marktzugang von Wettbewerbern sowie die Einführung neuer Technologien erschwert beziehungsweise verhindert werden.[608]

Vereinbarungen über Normen, die allgemein zugänglich und transparent sind und die es den Mitgliedern offen lassen, jederzeit vom Produktstandard ab-

602 Horizontalleitlinien, Rn. 144.

603 Grabitz/Hilf-Schroeder, Art. 81 EGV, Rn. 603.

604 Horizontalleitlinien, Rn. 145.

605 Kommission, 21.12.1977 78/251/EWG, ABl. 1978 L 70/47, 51 – SOPELEM/Vickers.

606 Horizontalleitlinien, Rn. 149.

607 Gemäß Art. 2 Abs. 4 VO 2790/1999 gilt die Freistellung nicht für vertikale Vereinbarungen zwischen Wettbewerbern. Eine Ausnahme besteht unter den Voraussetzungen des Art. 2 Abs. 4 a) – c) VO 2790/1999 für nichtwechselseitige vertikale Vereinbarungen zwischen Wettbewerbern.

608 Lange-Simon, Rn. 332, 333.

zuweichen, führen nicht zu einer Wettbewerbsbeschränkung i.S.d. Art. 101 Abs. 1 AEUV. Dies ist vor allem dann der Fall, wenn die Normen von anerkannten Organisationen erlassen werden und auf einem nichtdiskriminierenden, offenen und transparenten Verfahren beruhen.[609]

Andererseits werden Vereinbarungen oder abgestimmte Verhaltensweisen in Bezug auf Normen fast immer vom Verbot des Art. 101 Abs. 1 AEUV erfasst, wenn sie dem Ausschluss von Wettbewerbern dienen.[610]

Normenvereinbarungen, die den Partnern die gemeinsame Kontrolle über die Produkte, die Produktion oder Innovationen einräumen und dadurch ihre Möglichkeit einschränken, hinsichtlich der Produktmerkmale zu konkurrieren, wodurch Dritte – wie zum Beispiel Käufer der normierten Erzeugnisse – benachteiligt werden, können von Art. 101 Abs. 1 AEUV erfasst werden. Dies gilt insbesondere dann, wenn die beteiligten Unternehmen daran gehindert werden, alternative Normen zu entwickeln oder Produkte auf den Markt zu bringen, die mit der Norm nicht übereinstimmen.[611]

ff) Umweltschutzvereinbarungen

Mittels Umweltschutzvereinbarungen verpflichten sich die beteiligten Unternehmen gegenseitig zur Verringerung von Umweltverunreinigungen. Dies kann beispielsweise dadurch erfolgen, dass das gemeinsame Erreichen eines Umweltziels, wie die Verwertung bestimmter Stoffe, eine Emissionsverringerung oder die Verbesserung der Energieeffizienz, vereinbart wird. Daneben sind Vereinbarungen über Normen für die Umweltergebnisse von Produkten oder Herstellungsverfahren zu nennen.[612]

Wird eine Umweltschutzvereinbarung zwischen tatsächlichen oder potenziellen Wettbewerbern geschlossen, so muss eine Prüfung der Auswirkungen auf den Wettbewerb erfolgen.[613] Grundsätzlich unbedenklich sind Absprachen, welche die Handlungsfreiheit der Parteien nicht einschränken oder die Vielfalt der bestehenden Produkte nur geringfügig beeinträchtigen.[614]

Wird eine Umweltabsprache hingegen nur zur Verschleierung eines Kartells genutzt, um Preisfestsetzungen, Produktionsbeschränkungen oder die Zuteilung von Märkten zu erreichen, fällt sie unter das Verbot des Art. 101 Abs. 1 AEUV.[615]

---

609 Horizontalleitlinien, Rn. 163.
610 Horizontalleitlinien, Rn. 165.
611 Horizontalleitlinien, Rn. 166, 167.
612 Horizontalleitlinien, Rn. 179, 180.
613 Mäger-Gehring, 2. Kap, Rn. 88.
614 Horizontalleitlinien, Rn. 185, 186.
615 Schröter-Haag, Art. 81, Fallgruppen, Kooperationsabsprachen, Rn. 60.

gg) Marktinformationsverfahren

Ein funktionierender Wettbewerb setzt einen gewissen Grad der gegenseitigen Geheimhaltung von Unternehmensstrategien zwischen den Konkurrenten voraus (Geheimwettbewerb), da andernfalls die Gefahr besteht, dass sich die Unternehmen einander anpassen und ihr Verhalten aufeinander abstimmen. Daher stellt der zeitnahe Austausch von ansonsten nicht allgemein zugänglichen Informationen über wettbewerbsrelevante Tatsachen – wie zum Beispiel über Aufträge, Lieferungen, Preise oder Umsätze – einen Verstoß gegen Art. 101 Abs. 1 AEUV dar.[616]

Andererseits sind bestimmte Formen, mit denen sich Unternehmen Markttransparenz verschaffen, wettbewerbsrechtlich unbedenklich. Marktstatistiken beispielsweise, die für viele Anbieter zur Beurteilung der Marktlage und für die Steuerung ihrer Produktion wichtig sind, sind grundsätzlich zulässig, wenn sie über eine gemeinsame Meldestelle erfolgen und einen abstrakten Charakter haben, so dass einzelne Kunden, Lieferanten oder Geschäfte nicht identifiziert werden können.[617]

Letztlich muss die Bewertung eines Marktinformationsverfahrens stets anhand der Umstände des konkreten Einzelfalls erfolgen, wobei der Konzentrationsgrad des betreffenden Produktmarktes eine wesentliche Rolle spielt. Insbesondere bei oligopolistischen Märkten kann der regelmäßige Austausch von Marktinformationen zu einer Beschränkung des Wettbewerbs führen.[618]

hh) Gemeinschaftsunternehmen

Unter einem Gemeinschaftsunternehmen (GU) versteht man im europäischen Kartellrecht ein Unternehmen, dessen Anteile von mindestens zwei Muttergesellschaften gehalten werden, die dieses Unternehmen gemeinsam kontrollieren.[619] Durch die Gründung eines Gemeinschaftsunternehmens oder durch die Zusammenarbeit im Rahmen eines solchen Unternehmens können sowohl die Bestimmungen der Fusionskontrolle (Fusionsaspekt) als auch die des Kartellverbots gemäß Art. 101 Abs. 1 AEUV (Kartellaspekt) tangiert werden. Die kartellrechtliche Problematik solcher Gemeinschaftsunternehmen ergibt sich daraus, dass die Muttergesellschaften in ihrem Marktverhalten auf die Zusammen-

---

616 BGH WuW/E 2313, 2315.

617 Bechtold, Art. 81 EG, Rn. 187.

618 EuGH, 28.5.1998, Rs. C-7/95 P, John Deere/Kommission, Slg. 1998, I-3111, 3164.

619 Definition nach europäischem Fusionskontrollrecht, vgl. Art. 3 Abs. 4 i.V.m. Abs. 1 b) der Verordnung (EG) Nr. 139/2004 des Rates vom 20. Januar 2004 über die Kontrolle von Unternehmenszusammenschlüssen, Amtsblatt Nr. L 024 vom 29/01/2004 S. 1 – 22.

arbeit in dem Gemeinschaftsunternehmen Rücksicht nehmen, wodurch der Wettbewerb zwischen ihnen geschwächt wird (Gruppeneffekt).[620]

Für die Frage, ob sich die kartellrechtliche Zulässigkeit eines GU nach Art. 101 AEUV oder nach den Bestimmungen der Fusionskontrollverordnung (FKVO) richtet, kommt es entscheidend darauf an, ob es sich um ein Vollfunktions- oder Teilfunkrions-GU handelt.[621]

Vollfunktions-Gemeinschaftsunternehmen – d.h. Gemeinschaftsunternehmen, die auf Dauer alle wesentlichen Funktionen einer selbstständigen wirtschaftlichen Einheit erfüllen – werden im Rahmen des Fusionskontrollverfahrens geprüft und beurteilt, sofern die Umsatzschwellen des Art. 1 FKVO erreicht sind. Das gilt sowohl für kooperative Vollfunktions-GU – d.h. solche, die die Verhaltenskoordinierung von unabhängig bleibenden Unternehmen bezwecken oder bewirken – als auch für konzentrative Vollfunktions-GU – also solche, die die dauerhaft struktureller Natur sind und keine Verhaltenskoordinierung von unabhängig bleibenden Unternehmen bezwecken oder bewirken.[622] Gemäß Art. 2 Abs. 4 und 5 FKVO werden Verhaltenskoordinierungen, die durch kooperative GU herbeigeführt werden, gesondert nach den Kriterien des Art. 101 Abs. 1 und 3 EG beurteilt. Insofern unterliegen kooperative GU materiell einer Doppelkontrolle, wobei verfahrensrechtlich allein die Fusionskontrollverordnung gilt.[623] Gemäß Art. 2 Abs. 4 FKVO soll Art. 101 AEUV nur angewendet werden, soweit die Gründung eines Vollfunktionsgemeinschaftsunternehmens die Koordinierung des Wettbewerbsverhaltens der Muttergesellschaften bezweckt oder bewirkt.[624]

Liegt ein Teilfunktions-GU – also ein GU, das nicht auf Dauer alle Funktionen einer selbstständigen wirtschaftlichen Einheit erfüllt – vor oder werden die Umsatzschwellen des Art. 1 FKVO nicht erreicht, richtet sich die kartellrechtliche Prüfung dagegen allein nach Art. 101 AEUV und der VO 1/2003.[625] Dementsprechend verstoßen im Zusammenhang mit einem solchen Gemeinschaftsunternehmen getroffene bzw. durchgeführte Vereinbarungen oder abgestimmte Verhaltensweisen nicht gegen Art. 101 AEUV, wenn sie das Spürbarkeitskriterium nicht erfüllen oder wenn sie von einer Gruppenfreistellungsverordnung freigestellt sind. Im Hinblick auf die typischerweise mit einem Joint Venture verfolgten Ziele sind in diesem Zusammenhang insbesondere die Grup-

---

620 Immenga/Mestmäcker-Zimmer, Art. 81 Abs. 1 EGV, Rn. 378.

621 Loewenheim/Meessen/Riesenkampff-Lindemann, 2. Teil. Gemeinschaftsunternehmen, Rn 3.

622 Langen/Bunte-Baron, FKVO Nr. 139/2004, Rn 245.

623 Langen/Bunte-Baron, FKVO Nr. 139/2004, Rn 246.

624 Langen/Bunte-Baron, FKVO Nr. 139/2004, Rn 248.

625 Schröder, WuW 2004, 893, 896; Kommission, 16.12.1994, 94/896/EG, ABl. 1994 L 354/87, Rn. 16 – Asahi/St. Gobain.

penfreistellungsverordnung für Spezialisierungsvereinbarungen[626], die GVO für Forschungs- und Entwicklungsvereinbarungen[627] sowie die GVO für Technologietransfervereinbarungen[628] von Bedeutung. Auch Teilfunktionsgemeinschaftsunternehmen zwischen Nicht-Wettbewerbern sind in der Regel kartellrechtlich unbedenklich.[629]

b) Vertikalvereinbarungen

Unter Vertikalvereinbarungen sind Vereinbarungen oder abgestimmte Verhaltensweisen zwischen Unternehmen auf unterschiedlicher Marktstufe zu verstehen.

Wettbewerbsbeschränkende Vertikalvereinbarungen sind im europäischen Recht am Maßstab des Art. 101 Abs. 1 AEUV zu messen. Daneben sind auch die Vertikalleitlinien[630] sowie die Freistellungsverordnung für Vertikalvereinbarungen[631] für die Beurteilung solcher Absprachen von Bedeutung.

Bei der Prüfung wettbewerbsbeschränkender Vertikalvereinbarungen ist zweckmäßigerweise in einem ersten Schritt der Marktanteil der beteiligten Unternehmen zu ermitteln. Ergibt sich dabei, dass der Lieferant – oder, wenn es um die Beurteilung von Alleinvertriebsverpflichtungen geht, der Käufer – auf dem relevanten Produktmarkt einen Marktanteil von weniger als 30 % hat, so fällt die Vereinbarung oder abgestimmte Verhaltensweise unter die Freistellungsverordnung 2790/1999, es sei denn, sie enthält eine Kernbeschränkung i.S.d. Art. 4 VO 2790/1999. Bei Überschreitung der Marktanteilsschwelle von 30 % ist die Vereinbarkeit der Absprache mit Art. 101 AEUV zu prüfen.[632]

---

626 Verordnung (EG) Nr. 2658/2000 der Kommission vom 29. November 2000 über die Anwendung von Artikel 81 Absatz 3 des Vertrages auf Gruppen von Spezialisierungsvereinbarungen (GVO für Spezialisierungsvereinbarungen), ABl. L 304 vom 5.12.2000, S. 3).

627 Verordnung (EG) Nr. 2659/2000 der Kommission vom 29. November 2000 über die Anwendung von Artikel 81 Absatz 3 des Vertrages auf Gruppen von Vereinbarungen über Forschung und Entwicklung, ABl. L 304 vom 5.12.2000, S. 7.

628 Verordnung (EG) Nr. 772/2004 der Kommission vom 27. April 2004 über die Anwendung von Artikel 81 Absatz 3 EG-Vertrag auf Gruppen von Technologietransfer-Vereinbarungen, ABl. Nr. L 123 vom 27/04/2004 S. 0011 – 0017.

629 Horizontalleitlinien, Rn. 24 und 86; 90/410/EWG: Entscheidung der Kommission vom 13. Juli 1990 betreffend ein Verfahren nach Artikel 85 EWG- Vertrag (IV/32.009 - Elopak/Metal Box - Odin), Amtsblatt Nr. L 209 vom 08/08/1990 S. 0015 – 0022, Rn. 21 b und 24.

630 Vertikalleitlinien, 2000/C 291/01, ABl. 2000 C 291/1.

631 Verordnung (EG) Nr. 2790/1999 der Kommission vom 22. Dezember 1999 über die Anwendung von Artikel 81 Absatz 3 des Vertrages auf Gruppen von vertikalen Vereinbarungen und aufeinander abgestimmten Verhaltensweisen, ABl. 1999 L 336/21.

632 Bechtold, Art. 81, Rn. 195.

aa) Alleinvertrieb

Mit der Alleinvertriebsvereinbarung verpflichtet sich der Lieferant in einem bestimmten Gebiet nur an einen bestimmten Vertriebshändler zu liefern und in diesem Bereich keine weiteren Händler einzusetzen.[633]

In Fällen, in denen Alleinvertriebsvereinbarungen notwendig sind, um in einen neuen Markt einzutreten, sollen sie nach der Rechtsprechung des EuGH nicht unter das Kartellverbot des Art. 101 Abs. 1 AEUV fallen, da sie auf dem neuen Markt für Wettbewerb sorgen.[634]

Im Übrigen können Alleinvertriebsvereinbarungen, bei denen der Anteil des Lieferanten an dem relevanten Markt, auf dem er die Vertragswaren oder -dienstleistungen verkauft, 30 % nicht überschreitet, unter den Voraussetzungen der VO 2790/1999 freigestellt sein, wenn keine Kernbeschränkung vorliegt.

Im Hinblick auf die Zulässigkeit von territorialen Verkaufsbeschränkungen ist grundsätzlich zwischen Beschränkungen des aktiven und des passiven Verkaufs zu differenzieren: Aktive Verkaufsbeschränkungen sind zulässig in Gebiete, die der Lieferant sich selbst vorbehalten oder ausschließlich einem anderen Käufer zugewiesen hat, Art. 4 lit. b) erster Spiegelstrich VO 2790/1999. "Aktiver" Verkauf bedeutet die aktive Ansprache individueller Kunden oder Kundengruppen – beispielsweise über lokal beschränkte Medien, durch Direktversand von Briefen oder persönliche Besuche – oder die Errichtung eines Lagers oder einer Vertriebsstätte in dem betreffenden Gebiet.[635] Beschränkungen des passiven Verkaufs sind im Umkehrschluss dazu nicht freistellungsfähig. Unter „passiven" Verkauf sind die Erfüllung unaufgeforderter Bestellungen individueller Kunden sowie allgemeine Werbe- oder Verkaufsförderungsmaßnahmen in den Medien oder im Internet zu verstehen.[636]

Den Kunden des Vertriebshändlers dürfen grundsätzlich keine Verkaufsbeschränkungen auferlegt werden, was bedeutet, dass Querlieferungsverbote an außen stehende bzw. nicht zugelassene Wiederverkäufer unzulässig sind.[637]

Außerhalb des Anwendungsbereichs der VO 2790/1999 erfolgt die Beurteilung von Alleinvertriebsvereinbarungen ausschließlich anhand der Kriterien des Art. 101 Abs. 1 und 3 AEUV. Zu berücksichtigen sind dabei die möglichen Nachteile für den Wettbewerb – wie die Verringerung des markeninternen Wettbewerbs und die Aufteilung des Marktes – sowie die resultierenden Effi-

633 Lange-Simon, Rn. 436.
634 EuGH, 30.6.1966, Rs. 56/65, LTM/Maschinenbau Ulm, Slg. 1966, 281, 284.
635 Vertikalleitlinein, Rn. 50.
636 Vertikalleitlinein, Rn. 50.
637 Bechtold, Art. 4 VO 2790/1999, Rn. 16.

zienzgewinne, die sich vor allem bei Alleinvertrieb von neuen oder komplexen Produkten ergeben können.[638]

bb) Selektiver Vertrieb

Selektive Vertriebssysteme zeichnen sich dadurch aus, dass sich der Lieferant verpflichtet, die Vertragswaren oder -dienstleistungen unmittelbar oder mittelbar nur an Händler zu verkaufen, die aufgrund festgelegter Merkmale ausgewählt wurden, und sich diese Händler ihrerseits verpflichten, die betreffenden Waren oder Dienstleistungen nicht an Händler zu verkaufen, die nicht zum Vertrieb zugelassen sind, Art. 1 lit. d) VO 2790/1999.

Dabei kann generell zwischen einer quantitativen und einer qualitativen Selektion unterschieden werden. Bei der quantitativen Selektion wird eine Obergrenze für die Zahl der zugelassenen Händler innerhalb eines bestimmten Gebietes festgelegt.[639] Im Rahmen der qualitativen Selektion kann wiederum zwischen der einfachen Fachhandelsbindung und der qualifizierten Fachhandelsbindung differenziert werden. Bei der einfachen Fachhandelsbindung müssen die Händler bestimmte Anforderungen erfüllen – wie z. B. eine bestimmte Art der Präsentation, geeignete Geschäftsräume, Reparatureinrichtungen, Fachpersonal, Teilnahme an Schulungen – die sich aus der Beschaffenheit des Produkts begründen. Bei der qualifizierten Fachhandelsbindung wird zusätzlich die Bereitschaft des Händlers verlangt, Absatzförderungspflichten zu übernehmen.[640]

Sowohl quantitativen als auch qualitativen Selektionssystemen kann eine effizienzsteigernde Wirkung zukommen, die den Verlust an intrabrand-Wettbewerb[641] ausgleichen kann. Dementsprechend stellen einfache Fachhandelsbindungen nach der Rechtsprechung des EuGH keine Wettbewerbsbeschränkung im Sinne des Art. 101 Abs. 1 AEUV dar, wenn die Eigenschaften des entsprechenden Produkts eine solche Händlerselektion erfordern und die betreffenden Kriterien für alle in Frage kommenden Wiederverkäufer einheitlich festgelegt und diskriminierungsfrei angewendet werden.[642]

Die übrigen Formen des selektiven Vertriebs sind gemäß der Vertikal-Gruppenfreistellungsverordnung freigestellt, wenn die Marktanteilsschwelle von 30 % nicht überschritten wird, Art. 4 lit. b) dritter Spiegelstrich VO 2790/1999.

---

638 Vgl. Vertikalleitlinien, Rn. 161 ff.; Mäger-Mäger, Rn 142.

639 Bechtold, Art. 81, Rn. 199.

640 Mäger-Mäger, 3. Kap., Rn. 149.

641 Der Wettbewerb zwischen Händlern desselben Produkts (z. B. durch Variationen in der Handelsspanne).

642 Außerdem müssen sich die Klauseln des qualitativen Vertriebsvertrags auf das zur Gewährleistung eines qualitätsangemessenen Vertriebs Erforderliche beschränken, EuGH, 11.12.1980, Rs 31/80, L'Oreal/PVBA „De Nieuwe Amck", Slg. 1980, 3775, 3790, Rn. 15, 16.

In diesem Rahmen kann sowohl der aktive als auch der passive Verkauf an Systemaußenseiter verboten werden. Das Verbot von Querlieferungen zwischen den Händlern innerhalb eines selektiven Vertriebssystems ist dagegen gemäß Art. 4 lit. d VO 2790/1999 unzulässig. Die Möglichkeit eines solchen Warenaustauschs muss gegeben sein – auch über Landesgrenzen hinweg.[643] Außerdem sind Beschränkungen von innerhalb eines selektiven Vertriebssystems tätigen Einzelhändlern hinsichtlich des aktiven oder passiven Verkaufs an Endverbraucher gemäß Art. 4 lit. c VO 2790/1999 verboten.[644] Händlern auf Großhandelsebene darf dagegen der Verkauf an Endabnehmer untersagt werden (Sprunglieferungsverbot).[645]

Außerhalb des Anwendungsbereichs der Vertikalverordnung sind die quantitative Selektion sowie die qualifizierte Fachhandelsbindung ausschließlich anhand der Kriterien des Art. 101 Abs. 3 AEUV zu beurteilen. Ein Effizienzgewinn[646] im Sinne dieser Regelung kann insbesondere beim selektiven Vertrieb von neuen oder komplexen Produkten sowie aufgrund von Größenvorteilen beim Transport gegeben sein.[647]

cc) Franchising

Franchise-Vereinbarungen sind Vertriebsvereinbarungen, bei denen der Franchisegeber dem Franchisenehmer das Recht einräumt, bestimmte Handelswaren oder -marken, Warenzeichen, Vertriebsmethoden und Know-how gegen Entgelt zu nutzen und bestimmte Waren oder Dienstleistungen zu vertreiben.[648]

Der Franchisevertrag umfasst alle Rechte an gewerblichem und geistigem Eigentum wie Warenzeichen, Handelsnamen, Ladenschilder, Gebrauchsmuster, Urheberrechte, Know-how oder Patente, die zum Zwecke des Weiterverkaufs von Waren oder der Erbringung von Dienstleistungen an Endverbraucher genutzt werden.[649]

Dabei kann grundsätzlich zwischen drei Typen von Franchising unterschieden werden: Beim Dienstleistungsfranchising werden Dienstleistungen vom Franchisenehmer im Namen des Franchisegebers und nach dessen Vorgaben

---

643 Bechtold,, Art. 4 VO 2790/1999, Rn. 24.

644 Einzige Ausnahme ist die Möglichkeit, Mitgliedern des Systems zu verbieten, Geschäfte von nicht zugelassenen Niederlassungen aus zu betreiben, Art. 4 lit. c VO 2790/1999 a.E.

645 EuGH, 25.10.1977, Rs. 2676, Metro/Saba I, Slg. 1977, 1875, 1905; Art. 4 lit. b zweiter Spiegelstrich VO 2790/1999, kritisch hierzu: Korah, S. 328.

646 Verbesserung der Warenerzeugung oder -verteilung oder Förderung des technischen oder wirtschaftlichen Fortschritts i.S.v. Art. 101 Abs. 3 AEUV (ex-Art. 81 Abs. 3 EG).

647 Vgl. Vertikalleitlinien, Rn. 184 ff. Mäger-Mäger, Rn. 156.

648 Palandt, Einf. v. § 581, Rn. 21.

649 Art. 1 Abs. 3 lit. a GVO 4087/1988, ABl. 1988, Nr. L 359, 46 (aufgehoben durch die GVO 2790/1999).

angeboten. Beim Produktionsfranchising stellt der Franchisenehmer die Waren nach den Vorgaben des Franchisegebers selbst her und verkauft sie unter dessen Namen. Beim reinen Vertriebsfranchising dagegen werden die vom Franchisenehmer verkauften Waren vom Franchisegeber geliefert.[650]

Das System des Franchising bietet beiden beteiligten Parteien Vorteile: Der Franchisegeber erhält auf diese Weise die Möglichkeit, mit relativ geringem Kapitaleinsatz ein einheitliches Vertriebsnetz aufzubauen. Der Franchisenehmer erhält durch dieses System häufig erst die Möglichkeit zur erfolgreichen unternehmerischen Tätigkeit.[651]

Aus diesem Grund wird das Franchising kartellrechtlich grundsätzlich positiv gesehen. Dementsprechend werden typische Klauseln eines Franchise-Vertrags, vom EuGH von vornherein nicht als „Beschränkung des Wettbewerbs" beurteilt, wenn sie für das Funktionieren des Franchise-Systems unerlässlich sind.[652] Dies gilt sowohl für Bestimmungen des Franchisevertrags, die notwendig sind, um das übertragene Know-how vor der Konkurrenz zu schützen, als auch für solche, die ein einheitliches Auftreten am Markt gewähren.[653] Dazu gehören insbesondere Wettbewerbsverbote, das Verbot, das Geschäft ohne Zustimmung des Franchisegebers zu übertragen, Anweisungen zur Ausstattung und Lage des Ladengeschäfts, Bezugsverpflichtungen sowie die Empfehlung von Richtpreisen.[654]

Auf der anderen Seite können Klauseln, die nicht notwendig sind, um das vermittelte Know-how zu schützen oder das Ansehen der Vertriebsorganisation zu wahren, wettbewerbsbeschränkend im Sinne des Art. 101 Abs. 1 AEUV sein. Dazu zählen beispielsweise Klauseln, die eine Marktaufteilung bewirken oder einen Preiswettbewerb zwischen Franchisenehmern verhindern.[655] In solchen Fällen muss geprüft werden, ob eine Freistellung nach Art. 101 Abs. 3 AEUV erfolgen kann.

Daneben kommt eine Freistellung nach der Vertikal-GVO in Betracht, sofern das betreffende Franchisesystem die Voraussetzungen eines selektiven Vertriebssystems gemäß Art. 1 lit. d) VO 2790/1999 erfüllt. Die Fallgruppe des Herstellungs- bzw. Produktionsfranchisings fällt nicht unter diese Verordnung.[656]

---

650 Lange-Simon, Rn. 458.

651 EuGH, 28.1.1986, Rs 161/84, Pronuptia, Slg. 1986, 353, 381.

652 EuGH, 28.1.1986, Rs. 161/84, Pronuptia, Slg. 1986, 353, 354.

653 EuGH, 28.1.1986, Rs 161/84, Pronuptia, Slg. 1986, 353, 385, Rn. 27.

654 EuGH, 28.1.1986, Rs 161/84, Pronuptia, Slg. 1986, 353, Rn. 22.

655 EuGH, 28.1.1986, Rs 161/84, Pronuptia, Slg. 1986, 353, 383 und 384, Rn. 24.

656 Schröter-Klotz, Art. 81 - Fallgruppen, Liefer- und Bezugsvereinbarungen, Rn. 168.

dd) Alleinbelieferung

In einer Alleinbelieferungsvereinbarung verpflichtet sich der Lieferant, ein vertraglich vereinbartes Produkt bzw. eine Dienstleistung innerhalb eines Gebiets nur an einen bestimmten Käufer abzugeben. Im Gegensatz zum Alleinvertriebsvertrag kauft der Käufer die Vertragsprodukte bei einer Alleinbelieferungsvereinbarung nicht, um sie weiterzuverkaufen, sondern zur eigenen spezifischen Verwendung, d.h. um sie weiterzuverarbeiten oder zu verbrauchen.[657]

Nach der engen Definition des Art. 1 lit. c) VO 2790/1999 liegt eine Alleinbelieferung nur vor, wenn die Produkte an einen einzigen Käufer innerhalb der Gemeinschaft verkauft werden. Die Freistellungsfähigkeit von Vereinbarungen oder abgestimmten Verhaltensweisen nach der Vertikal-GVO hängt im Falle von Alleinbelieferungsverträgen vom Marktanteil des Käufers auf dem Beschaffungsmarkt ab, der die Schwelle von 30 % nicht überschreiten darf.[658]

ee) Alleinbezugsverpflichtungen (Markenzwang)

Eine Alleinbezugsverpflichtung zeichnet sich dadurch aus, dass der Abnehmer sich verpflichtet, den gesamten Bedarf an einem bestimmten Produkt oder einen wesentlichen Teil davon von einem einzigen Lieferanten zu beziehen. Diese Verpflichtung wird auch als Markenzwang bezeichnet, weil es dem Käufer nur gestattet ist, eine einzige Marke zu führen.[659]

Alleinbezugsverpflichtungen stellen ein „Wettbewerbsverbot“ im Sinne von Art. 1 lit. b) VO 2790/1999 dar, sofern der Käufer verpflichtet wird, mehr als 80 % seiner gesamten Einkäufe des entsprechenden Produkts von dem vertraglich bezeichneten Lieferanten zu beziehen. Solche Wettbewerbsverbote sind bei Vorliegen der übrigen Voraussetzungen der Vertikal-GVO – insbesondere darf der Marktanteil des Lieferanten nicht über 30 % liegen – vom Verbot des Art. 101 AEUV freigestellt. Dies gilt allerdings nur bis zu einer Höchstdauer von 5 Jahren, Art. 5 Abs. 1 VO 2790/1999.

Bezugsbindungen, die nicht mehr als 80 % des Gesamtbedarfs des Kunden an dem betreffenden Produkt abdecken, werden nicht als Wettbewerbsverbot i.S.d. Art. 1 lit. b) VO 2790/1999 qualifiziert.

Jenseits des Anwendungsbereichs der Vertikal-GVO kommt es bei der Beurteilung einer Alleinbezugsverpflichtung im Wesentlichen auf ihre Dauer an: Wird sie für einen Zeitraum von unter einem Jahr vereinbart, so ist der Anwendungsbereich des Art. 101 AEUV grundsätzlich nicht eröffnet. Bei einer Dauer von ein bis fünf Jahren muss eine Einzelfallprüfung erfolgen. Bei einer Dauer

657 Lange-Simon, Rn. 433.

658 Mäger-Mäger, 3. Kap., Rn. 146.

659 Lange-Simon, Rn. 429.

von mehr als 5 Jahren wird in der Regel von einer Unvereinbarkeit mit Art. 101 AEUV auszugehen sein.[660]

ff) Wettbewerbsverbote in Vertikalverträgen

Im engen Zusammenhang mit der Fallgruppe der Alleinbezugsverpflichtungen stehen die Wettbewerbsverbote im eigentlichen Sinn. Darunter sind alle Vereinbarungen zu verstehen, die den Abnehmer verpflichten, keine Waren zu beziehen, die mit den Vertragswaren in Wettbewerb stehen.[661] Da die Vertikal-GVO nicht zwischen Wettbewerbsverboten im eigentlichen Sinn und zwischen Alleinbezugsverpflichtungen differenziert, sondern beide Verpflichtungen unter den Begriff des „Wettbewerbsverbots" fasst, kann im Hinblick auf Wettbewerbsverbote während der Vertragdauer auf die Ausführungen des vorherigen Abschnitts verwiesen werden.

Nachvertragliche Wettbewerbsverbote in Vertikalvereinbarungen sind gemäß Art. 5 lit. b) GVO 2790/1999 grundsätzlich nicht freigestellt. Eine Ausnahme besteht nur dann, wenn das Wettbewerbsverbot unerlässlich ist, um ein dem Käufer vom Lieferanten übertragenes Know-how zu schützen, wenn die sachlichen und räumlichen Grenzen i.S.v. Art. 5 lit. b) 1. und 2. Spiegelstrich GVO 2790/1999 eingehalten werden und wenn es auf einen Zeitraum von höchstens einem Jahr nach Beendigung der Vereinbarung begrenzt ist. Die Nutzung und Offenlegung von nicht allgemein bekannt gewordenem Know-how dagegen kann zeitlich unbefristet eingeschränkt werden, Art. 5 lit. b) a.E. GVO 2790/1999.

III. Zusammenfassung und Vergleich

Genauso wie Art. 101 AEUV nutzt auch die indische Kartellverbotsnorm Regelbeispiele, um die Anwendbarkeit des Kartellverbots zu konkretisieren. Während Sec. 3 CA insgesamt zehn Fallgruppen nennt und dabei zwischen Horizontal- und Vertikalvereinbarungen mit jeweils unterschiedlicher Rechtsfolge differenziert, zählt die europäische Regelung insgesamt fünf Fallgruppen auf, die sowohl horizontale als auch vertikale Vereinbarungen bzw. abgestimmte Verhaltensweisen umfassen. Dafür besteht im europäischen Kartellrecht eine umfangreiche, durch Kommission und Rechtsprechung erarbeitete Fallgruppensystematik, die systematisch zwischen horizontalen und vertikalen Vereinbarungen bzw. Verhaltensweisen unterscheidet.[662]

660 Vertikalleitlinien, Rn. 141.
661 Mäger-Mäger, S. 97.
662 Siehe oben, 3. Teil, D, II, 2.

Die Behandlung der wichtigsten Fallgruppen wettbewerbsbeschränkender Vereinbarungen und abgestimmter Verhaltensweisen nach dem indischen und dem europäischen Recht soll nachfolgend miteinander verglichen werden.

1. Vereinbarungen über Preise und Geschäftsbedingungen

a) Horizontalverhältnis

Horizontale Preisabsprachen sind als besonders schwerwiegende Wettbewerbsbeschränkungen sowohl im indischen wie auch im europäischen Kartellrecht verboten, da sie unmittelbar zur Eliminierung des Preiswettbewerbs zwischen den Parteien führen können.

In Indien fallen Preisabsprachen unter die per se Regelung des Sec. 3 (3) (a) CA mit der Folge, dass ein Verstoß gegen das Kartellverbot des Sec. 3 (1) CA vermutet wird. Im europäischen Recht ist das Regelbeispiel des Art. 101 Abs. 1 lit. a) AEUV einschlägig. In Indien wird genauso wie in Europa die Festsetzung von Preisober- und Preisuntergrenzen erfasst.[663]

Sowohl in Indien als auch in Europa fallen neben den unmittelbaren bzw. direkten auch mittelbare bzw. indirekte Preisabsprachen unter das Kartellverbot, da letztere sich genauso wettbewerbsschädigend wie erstere auswirken.[664]

Ein wesentlicher Unterschied zwischen indischer und europäischer Regelung besteht darin, dass Sec. 3 (3) CA kein Verbot von Konditionenabsprachen enthält. Anhand der Gesetzesmaterialien lässt sich nicht ermitteln, ob eine Regelung zum Schutz vor Konditionenabsprachen versehentlich oder bewusst nicht in den Competition Act, 2002 mit aufgenommen wurde. Da der Wettbewerb zwischen den Unternehmen nicht nur über den Preis, sondern auch über Geschäftsbedingungen ausgetragen wird,[665] ist ein solches Verbot von Konditionenabsprachen für den Schutz des Wettbewerbs von grundlegender Bedeutung.

b) Vertikalverhältnis

Auch Preisfestsetzungen zwischen Parteien auf verschiedenen Marktstufen sind sowohl vom europäischen als auch vom indischen Kartellverbot umfasst.

Im europäischen Recht ist die Beschränkung der Freiheit des Käufers, seine Wiederverkaufspreise festzusetzen, gemäß Art. 101 Abs. 1 lit. a) AEUV verboten.[666] Die Festsetzung von Höchstpreisen oder das Aussprechen von Preisemp-

---

663 RRTA v. Alkali Manufacturers of India, (1985) 2 CompLJ 436, 441; Bechtold, Art. 81, Rn. 81.

664 Indien: Sec. 3 (3) (a); Europa: Art. 81 Abs. 1, lit. a).

665 Bechtold, Art. 81, Rn. 82.

666 Keine Anwendbarkeit findet Art. 101 Abs. 1 AEUV (ex-Art. 81 Abs. 1 EG) dagegen auf Buchpreisbindungen, die auf mitgliedsstaatlichen Gesetzen oder Verordnungen beruhen. Diese Legislativakte, die nicht in allen Mitgliedsstaaten existieren, dürfen aller-

fehlungen kann dagegen unter den Voraussetzungen der Gruppenfreistellungsverordnung für Vertikalvereinbarungen zulässig sein, wenn der Marktanteil unter 30 % beträgt und sofern es nicht im Einzelfall die gleiche Wirkung wie eine Preisfestsetzung hat.[667]

Im neuen indischen Competition Act, 2002 fallen Preisbindungen der zweiten Hand als Vertikalvereinbarungen unter Sec. 3 (4) (e) CA („resale price maintenance"), mit der Folge, dass diese im Gegensatz zu horizontalen Preisabsprachen nicht per se verboten sind; vielmehr ist eine einzelfallbezogene Betrachtung erforderlich.

Ähnlich wie in Europa können Höchstverkaufspreise in Indien zulässig sein, wie die bisherige Rechtspraxis zeigt.[668] Auch „unverbindliche" Preisempfehlungen können erlaubt sein, sofern ausdrücklich klargestellt wird, dass „es den Händlern freisteht, geringere als die empfohlenen Preise zu verlangen".[669]

Im Ergebnis werden vertikale Preisvereinbarungen im indischen und europäischen Recht sehr ähnlich behandelt.

2. Beschränkung von Produktion, Warenabsatz, technischer Entwicklung und Investitionen

Vereinbarungen bzw. abgestimmte Verhaltensweisen zwischen Wettbewerbern, durch die eine Beschränkung der Produktion bzw. des Absatzes erfolgt, stellen aufgrund ihrer wettbewerbsverzerrenden Wirkung sowohl in Indien als auch in Europa einen Kartellrechtsverstoß dar. In Europa fallen sie unter das Verbot des Art. 101 Abs. 1 lit. b) AEUV, in Indien werden sie vom Per-se-Verbot des Sec. 3 (3) (b) CA erfasst.

Unter das europäische Kartellverbot fallen in diesem Zusammenhang alle Vereinbarungen bzw. abgestimmte Verhaltensweisen, die den Output der beteiligten Parteien reduzieren. Dies sind sowohl Vereinbarungen über Produktions- und Lieferquoten als auch Produktionsverbote und Spezialisierungsvereinbarungen.[670] Alle diese Vereinbarungen lassen sich auch unter Sec. 3 (3) (b) des indischen Competition Act, 2002 subsumieren. Die bisherige weiterhin relevante Rechtspraxis zur Vorgängerbestimmung fasste auch Spezialisierungsvereinbarungen unter das Verbot der Beschränkung der Warenproduktion.[671]

---

dings nicht gegen die Art. 34 AEUV (ex-Art. 28 EG) und 36 AEUV (ex-Art. 30 EG) verstoßen, s.o.: 3. Teil, D, II, 1., a).

667 Siehe oben, 3. Teil, D, II, 1., a).

668 RRTA v. Allied Distributors, vgl oben, 3. Teil, D, I, 1., b), cc), (5), γ).

669 Siehe oben, 3. Teil, D, I, 1., b), cc), (5), γ).

670 Siehe oben, 3. Teil, D, II, 1., b).

671 Vgl.: RRTA v. Hindustan Pilkington Glass Works Ltd., s.o, 3. Teil, D, I, 1., a), dd), (2), (b).

Auch vertikale Vereinbarungen können unter die Fallgruppe der produktions- oder absatzbeschränkenden Vereinbarungen bzw. Verhaltensweisen fallen: So werden beispielsweise Alleinvertriebs- und Alleinbelieferungsvereinbarungen nach dem europäischen Recht unter die Fallgruppe des Art. 101 Abs. 1 lit. b) AEUV gefasst.[672] In Indien sind die Fälle der vertikalen Beschränkung der Warenproduktion bzw. des Warenangebots vom Regelbeispiel des Sec. 3 (4) (c) CA umfasst.[673]

Weitere Übereinstimmungen zwischen indischem und europäischem Kartellrecht zeigen sich beim Schutz von Investitionen und der technischen Entwicklung: Genauso wie im europäischen Wettbewerbsrecht fallen Vereinbarungen, Beschlüsse oder abgestimmte Verhaltensweisen mit investitionshemmender Wirkung auch in Indien unter das Kartellverbot.[674] Sec. 3 (3) (b) CA erfasst schließlich, wie auch Art. 101 Abs. 1 lit. b) AEUV, alle Vereinbarungen, Beschlüsse oder abgestimmte Verhaltensweisen, welche die technische Entwicklung beschränken, da hierdurch Wettbewerbsimpulse bereits im Keim erstickt werden.

Zusammenfassend zeigt ein Vergleich der indischen und europäischen Regelungen eine weitgehende Kongruenz bei der Behandlung von Vereinbarungen, Beschlüssen und abgestimmten Verhaltensweisen, welche das Warenangebot, die Investitionstätigkeit oder die technische Entwicklung beschränken.

Als ein wesentlicher Unterschied fällt auf, dass das indische Kartellrecht anders als das europäische[675] keine Ausnahme für Spezialisierungsvereinbarungen macht, obwohl solche Vereinbarungen neben ihrer potenziell wettbewerbsbeschränkenden Wirkung auch zur Verbesserung der Warenerzeugung oder Warenverteilung beitragen können. Dies ist der Fall, wenn die beteiligten Unternehmen durch die Konzentration auf die Herstellung bestimmter Erzeugnisse effizienter arbeiten und die betreffenden Erzeugnisse preisgünstiger anbieten können. Bei wirksamem Wettbewerb ist außerdem eine angemessene Partizipation der Verbraucher am entstehenden Gewinn zu erwarten.[676] Den Zwecken

672 Mit Außnahme von Alleinvertriebsvereinbarungen, die notwendig sind, um in einen neuen Markt einzutreten, EuGH, 30.6.1966, Rs. 56/65, LTM/Maschinenbau Ulm, Slg. 1966, 281, 284.

673 Vgl. die erste Alternative der Legaldefinition in Sec. 3 (4) Explanation (c) CA: „exclusive distribution agreement includes any agreement to limit, restrict or withhold the output or supply of any goods..."

674 Siehe oben, Europa: Art. 81 Abs. 1 lit b) 4. Alt., Indien: Sec. 3 (3) (b) 6. Var.

675 Siehe oben, 3. Teil, D, II, 1., b).

676 Vgl. Verordnung (EG) Nr. 2658/2000 der Kommission vom 29. November 2000 über die Anwendung von Artikel 81 Absatz 3 des Vertrages auf Gruppen von Spezialisierungsvereinbarungen (Text von Bedeutung für den EWR); Amtsblatt Nr. L 304 vom 05/12/2000 S. 0003 – 0006, Rn. 8.

eines optimalen Wettbewerbsschutzes würde es daher am besten dienen, wenn die Competition Commission im Rahmen einer Abwägung die potenziell wettbewerbsfördernden Wirkungen von Spezialisierungsvereinbarungen berücksichtigen würde. Dies wird allerdings dadurch verhindert, dass diese Vereinbarungen in die per se verbotene Fallgruppe der Steuerung der Produktion oder des Angebots an Waren gemäß Sec. 3 (3) (b) CA fallen. Bei solchen Per-se-Verboten ist eine vorherige Abwägung durch die Kommission nicht vorgesehen.

3. Aufteilung von Märkten

In Europa fallen horizontale Vereinbarungen bzw. Verhaltensweisen über die Aufteilung von Märkten nach Gebiet, nach Kundengruppen oder nach Produkten unter das Regelbeispiel des Art. 101 I c) AEUV und sind damit grundsätzlich kartellrechtswidrig. Im Horizontalverhältnis sind außerdem wechselseitige Alleinvertriebsrechte[677], Exportkartelle[678] und Submissionskartelle nach dieser Fallgruppe verboten. Schließlich verstößt auch die Aufteilung von Versorgungsquellen zwischen Unternehmen, die auf derselben Marktstufe tätig sind, gegen Art. 101 Abs. 1 lit. c) AEUV.

In vertikaler Hinsicht sind Alleinvertriebsvereinbarungen und Verbote, die Waren in andere als die zugewiesenen Absatzgebiete innerhalb des gemeinsamen Marktes zu liefern, vom Regelbeispiel des Art. 101 Abs. 1 lit. c) AEUV erfasst. Dies gilt allerdings nicht für Alleinvertriebsvereinbarungen, die zur Markterschließung notwendig sind. Im Übrigen ist eine Freistellung unter den Voraussetzungen der VO 2790/1999 bzw. des Art. 101 Abs. 3 AEUV möglich. Beschränkungen des passiven Verkaufs werden dabei grundsätzlich als kartellrechtswidrig angesehen. Vertikale Kundengruppenaufteilungen fallen genauso wie geografische Marktaufteilungen unter das Verbot des Art. 101 Abs. 1 lit. c) AEUV.[679]

Auch die äquivalente Regelung des indischen Rechts, Sec. 3 (3) (c) CA, erfasst in horizontaler Hinsicht geografische, kundengruppenspezifische und pro-

---

677 Grund hierfür ist, dass die wettbewerbsfördernden Wirkungen, die man Alleinvertriebsverträgen zumisst, nicht zu erwarten sind, wenn diese Verträge zwischen Herstellern von Wettbewerbsprodukten geschlossen werden. Zudem besteht die Gefahr, dass die Hersteller über Alleinvertriebsverträge die Märkte unter sich aufteilen, vgl. Kommission, 18. 12. 1985, ABl. 1985 L 376/29, 35, Rn. 21 ff. – Siemens/Fanuc.

678 Nur bezogen auf Mitgliedsstaaten der EU (geografische Marktaufteilung), da sie den freien Wettbewerb im Binnenmarkt behindern. Betrifft das Exportkartell dagegen ausschließlich Drittmärkte außerhalb der EU, so ist sie nur unzulässig, wenn sie negative Auswirkungen auf den Wettbewerb im Binnenmarkt haben können, Wiedemann-Wiedemann, Handbuch, § 5, Rn. 12.

679 Bechtold, Art. 81, Rn. 91; Kommission, 8.10.1973, ABl. 1973 L 296/24, 25 – Prym/Beka.

duktbezogene Marktaufteilungsvereinbarungen. Für Vereinbarungen, die solche Aufteilungen zum Inhalt haben, besteht die Vermutung, dass sie gegen das Kartellverbot des Sec. 3 (1) CA verstoßen. Eine vergleichbar ausdifferenzierte Entscheidungspraxis bzw. Rechtsprechung wie in Europa existiert zu dieser Fallgruppe in Indien allerdings nicht. Zu wechselseitigen Alleinvertriebsvereinbarungen zwischen Herstellern beispielsweise hat sich die MRTP-Kommission in der Vergangenheit nicht geäußert. Submissionskartelle sind dagegen gesondert in Sec. 3 (3) (d) CA geregelt: Verboten sind danach alle Vereinbarungen zwischen Unternehmen, mit denen der Wettbewerb zwischen den Bietern einer Ausschreibung ausgeschaltet oder reduziert wird. Solche Submissionsabsprachen verstoßen per se gegen das indische Kartellverbot.

Vertikale Marktaufteilungen sind im indischen Recht in Sec. 3 (4) (c) CA geregelt. Ähnlich wie im europäischen Recht wurden in Indien in der Vergangenheit vor allem Alleinvertriebsvereinbarungen in Verbindung mit dem Verbot, die Waren außerhalb des zugeteilten Gebiets weiterzuveräußern, unter die Fallgruppe der vertikalen Marktaufteilung subsumiert.[680] Der indische Supreme Court hält solche Vereinbarungen dann für wettbewerbsfördernd, wenn sie für die gerechte und gleichmäßige Allokation von knappen und serviceintensiven Gütern auf dem indischen Markt notwendig sind. Auch Alleinvertriebsvereinbarungen, bei denen der Lieferant nur einen geringen Marktanteil auf dem relevanten Produktmarkt hat, sind nicht verboten.[681]

Alleinvertriebsvereinbarungen mit Großhändlern, die nicht an Einzelhändler weitergegeben werden, wurden in der Vergangenheit grundsätzlich als zulässig qualifiziert.[682]

Im Fall „Delhi Cloth and General Mills“ schließlich stellte die bisherige Kartellbehörde fest, dass die Fallgruppe der Marktaufteilung, genauso wie alle anderen Fallgruppen des MRTP-Act, nicht auf Vereinbarungen zwischen einem Geschäftsherrn und seinem Handelsvertreter anwendbar ist.[683]

Zusammenfassend lassen sich folgende eindeutige Unterschiede in der Behandlung von Vereinbarungen über Markt- bzw. Kundengruppenaufteilungen im indischen und europäischen Kartellrecht feststellen:

Art. 101 Abs. 1 lit. c) AEUV verbietet – neben dem Verbot kundengruppenspezifischer, gebietsbezogener und produktbezogener Marktaufteilungsvereinbarungen – die Aufteilung von „Versorgungsquellen“, Sec. 3 (3) (c) CA dagegen die Aufteilung von „Produktionsquellen“. Allerdings wird der in der indischen Regelung verwendete Begriff der „source of production“ weder durch eine Le-

680 Siehe oben, Europa: 3. Teil, D, II, 1., c), Indien: 3. Teil, D, I, 1., b), cc), (3), (c).
681 So die Kommission bei einem Marktanteil des Lieferanten von 20 %, RRTA v. Spencer & Co. Ltd., 1978 Tax LR 2277, 2278.
682 Siehe oben, 3. Teil, D, I, 1., b), cc), (3), (c).
683 Siehe oben, 3. Teil, D, I, 1., b), cc), (2).

galdefinition noch durch die Gesetzesmaterialien näher bestimmt. Auch wenn die Auslegung der Regelung darauf hindeutet, dass der Bedeutungsinhalt dem des europäischen Pendants („Aufteilung von Versorgungsquellen") entspricht[684], wäre aus Gründen der Rechtssicherheit eine Klarstellung durch den Gesetzgeber zweckmäßig gewesen.

Nach bisheriger indischer Rechtspraxis sind Alleinvertriebsvereinbarungen zwischen einem Hersteller und einem Großhändler zulässig, wenn sie nicht an die Einzelhändler weitergegeben werden.[685] Die bisherige indische Wettbewerbsbehörde begründete die Zulässigkeit von Alleinvertriebsvereinbarungen zwischen Herstellern und Großhändlern im Wesentlichen damit, dass die Interessen der Verbraucher in diesen Fällen nicht beeinträchtigt werden, da der Wettbewerb auf der letzten Absatzstufe unberührt bleibt.[686] Diese Argumentation ist im Lichte der Ziele des alten indischen Wettbewerbsrechts verständlich, da der MRTP-Act den Konsumentenschutz als ein primäres Schutzziel ansah.[687] Im Gegensatz dazu schützt der neue Competition Act, 2002 gemäß den Zielsetzungen seiner Präambel ausdrücklich auch die Handelsfreiheit aller Marktteilnehmer – einschließlich der Zwischenhändler. Die Argumentation, mit der die ehemalige Wettbewerbskommission die Zulässigkeit von Alleinvertriebsvereinbarungen auf der ersten Absatzstufe begründete, passt daher nicht mehr zu dem Schutzzweck des neuen Gesetzes.

Das europäische Recht differenziert bei der Behandlung von Gebietsbeschränkungen durch Alleinvertriebsvereinbarungen zwischen der Beschränkung des aktiven und des passiven Verkaufs, wobei letzterer unzulässig sein soll.

Da das indische Recht kein generelles Verbot passiver Verkaufsbeschränkungen im Rahmen von Alleinvertriebsvereinbarungen kennt, ist das europäische Wettbewerbsrecht in Bezug auf Gebietsbeschränkungen restriktiver als das indische. Ein wesentlicher Grund hierfür ergibt sich aus dem im AEU-Vertrag[688] verankerten Ziel der Herbeiführung eines Binnenmarktes.[689] Dieses Kriterium ist

684 Siehe oben, 3. Teil, D, I, 1., a), dd), (3).

685 Siehe oben, Siehe oben, 3. Teil, D, I, 1., b), cc), (3), (c).

686 RRTA v. Shri Ram Pistons & Rings Ltd., RTP Enquiry No.41/1976, Entscheidung vom 2.4.1978, (1979) Tax LR 2095, 2096.

687 Vgl. Sec. 3 (o) (ii) MRTP-Act.

688 Art. 3 Abs. 3 EUV und Art. 26 AEUV (ex-Art. 14 EG).

689 Vgl. auch Rn. 13 der LL zu Art. 81 Abs. 3 EG: „Artikel 81 soll den Wettbewerb im Markt schützen, um den Wohlstand der Verbraucher zu fördern und eine effiziente Ressourcenallokation zu gewährleisten. Wettbewerb und Marktintegration dienen diesen Zielen, da die Schaffung und Erhaltung eines offenen Binnenmarktes zu einer effizienten Ressourcenallokation in der gesamten Gemeinschaft zum Wohle der Verbraucher führt.".

bei der Anwendung und Auslegung des Competition Act, 2002 nicht relevant, da in Indien bereits ein landesweiter Binnenmarkt existiert.

4. Kopplungsvereinbarungen

Im europäischen Recht versteht man unter einer Kopplungsvereinbarung die an den Vertragsschluss geknüpfte Bedingung, dass die Vertragspartner zusätzliche Leistungen annehmen, die weder sachlich noch nach Handelsbrauch in Beziehung zum Vertragsgegenstand stehen.[690] Solche Kopplungsvereinbarungen können in Europa nach der Vertikal-GVO der Kommission freigestellt sein.

Der indische Begriff der Kopplungsvereinbarung umfasst jede Vereinbarung, die den Käufer als Bedingung des Erwerbs von Waren oder Dienstleistungen zum Erwerb von Waren oder Dienstleistungen anderer Art verpflichtet.[691] Dabei wird verlangt, dass es sich bei den involvierten Produkten um getrennte und verschiedenartige Gegenstände aus unterschiedlichen Märkten handelt.[692]

Anders als im bisherigen indischen Kartellrecht muss unter dem Regime des Competition Act, 2002 bei der rechtlichen Beurteilung von Kopplungsvereinbarungen dahingehend differenziert werden, ob diese von einem marktbeherrschenden Unternehmen getroffen werden oder nicht: Kopplungsvereinbarungen durch Marktbeherrscher fallen fortan unter Sec. 4 (2) (d) CA, während die übrigen Kopplungsvereinbarungen unter Sec. 3 (4) (a) CA zu subsumieren sind.

Die Analyse bisheriger Entscheidungen zur Fallgruppe der Kopplungsvereinbarungen zeigt, dass auch individuelle Produktkopplungen nicht marktbeherrschender Unternehmen vom indischen Kartellrecht erfasst werden.[693] Ob dies auch im europäischen Recht gilt, ist in der Literatur zwar umstritten, aufgrund der überzeugenden Argumente der Vertreter dieser Ansicht aber zu bejahen.[694]

Ein Schwellenwert für die Zulässigkeit von Kopplungsvereinbarungen, wie sie im europäischen Recht in der Vertikal-GVO existiert, gibt es im indischen Recht dagegen nicht. Vielmehr hielt die indische Wettbewerbskommission die Kopplung von Produkten in ihrer bisherigen Entscheidungspraxis grundsätzlich für wettbewerbswidrig. In Einzelfällen wurden Ausnahmen gemacht, wenn das gekoppelte Produkt „nützlich" ist und der Abnehmer von diesem „profitiert" oder wenn es für die Funktionsfähigkeit bzw. den Qualitätserhalt des koppelnden Produkts „notwendig" ist.[695]

---

690 Siehe oben, Siehe oben, 3. Teil, D, II, 1., e).
691 Siehe oben, 3. Teil, D, I, 1., b), cc), (1).
692 Siehe oben, 3. Teil, D, I, 1., b), cc), (1).
693 Siehe oben, 3. Teil, D, I, 1., b), cc), (1), (b).
694 Siehe oben, 3. Teil, D, II, 1., e).
695 Siehe oben, 3. Teil, D, I, 1., b), cc), (1), (b).

Zusammenfassend betrachtet bestehen zwischen europäischem und indischem Recht wenige Unterschiede in der Behandlung von Kopplungsgeschäften durch nicht marktbeherrschende Unternehmen. Insgesamt ist das indische Kartellrecht in Bezug auf die Zulässigkeit von Kopplungsvereinbarungen etwas restriktiver als das europäische Recht. Ein wesentlicher Unterschied, der sich aus dem Vergleich der Bestimmungen beider Rechtsgebiete ergibt, besteht darin, dass das indische Recht für die Freistellung von Kopplungsvereinbarungen nicht mit bestimmten Schwellenwerten arbeitet, wie es in Europa nach der Vertikal-GVO der Fall ist, sondern auf Kriterien wie die „Nützlichkeit" oder „Notwendigkeit" des gekoppelten Produkts abstellt.[696] Beide Methoden dienen letztlich demselben Ziel, nämlich Kopplungsvereinbarungen mit wettbewerbsbeschränkender Wirkung von solchen mit wettbewerbsfördernden Wirkungen zu unterscheiden und nur erstere zu verbieten. Dabei erscheint die in Europa gewählte Methodik praktikabler, da sie ohne weit interpretierbare Begriffe wie „nützlich", „profitieren" oder „notwendig" auskommt.

5. Alleinbezugsvereinbarungen

Im europäischen Recht versteht man unter Alleinbezugsverpflichtungen bzw. Markenzwang die Verpflichtung eines Abnehmers, den gesamten Bedarf an einem bestimmten Produkt oder einen wesentlichen Teil davon von einem einzigen Lieferanten zu beziehen, verbunden mit dem Verbot, konkurrierende Produkte anderer Verkäufer zu erwerben.[697] Auch die Verpflichtung des Käufers, mehr als 80 % der Vertragswaren oder -dienstleistungen oder ihrer Substitute auf dem relevanten Markt vom Lieferanten oder einem anderen vom Lieferanten bezeichneten Unternehmen zu beziehen, stellt eine Alleinbezugsverpflichtung in diesem Sinne dar.[698] Liegt der Marktanteil des Lieferanten auf dem relevanten Produktmarkt nicht über 30 % und wurde die Vereinbarung nicht für eine Dauer von mehr als fünf Jahren getroffen, so ist eine Freistellung solcher Vereinbarungen gemäß der VO 2790/1999 möglich.

Das indische Recht versteht unter dem Begriff der Alleinbezugsvereinbarung („exclusive supply agreement") gemäß Sec. 3 (4) (b) CA eine Vereinbarung, die den Käufer darin beschränkt, andere Waren als die des Verkäufers – oder einer anderen bestimmten Person – zu erwerben, oder die den Käufer daran hindert, mit anderen Lieferanten Handel zu treiben. Die MRTP-Kommission hat solche Vereinbarungen in der Vergangenheit häufig nicht als kartellrechtswidrig eingestuft, da sie regelmäßig auch wettbewerbsfördernde Wirkungen entfalten. Nach der bisherigen Rechtspraxis sind Alleinbezugsvereinbarungen immer dann

696 Siehe oben, 3. Teil, D, I, 1., b), cc), (1), (b).
697 Siehe oben, 3. Teil, D, I, 1., b), (ee).
698 Siehe oben, 3. Teil, D, I, 1., b), (ee).

nicht vom Kartellverbot erfasst, wenn sie aufgrund bestimmter Marktzwänge für den Hersteller notwendig sind – etwa um sich gegenüber einem stärkeren, bereits etablierten Unternehmen am Markt zu behaupten, wenn sie nur von kurzer Dauer sind, wenn sie zum Schutz des Markenprodukts vor Verwechslung oder Vermischung mit anderen Produkten notwendig sind, wenn sie dem Schutz der Produktqualität dienen oder wenn der Lieferant nur einen geringen Marktanteil auf dem relativen Produktmarkt hat.[699]

Der Vergleich der Regelungen und der dazugehörigen Entscheidungspraxis zur Thematik der Alleinbezugsvereinbarungen verdeutlicht eine grundlegende Gemeinsamkeit zwischen dem indischen und dem europäischen Kartellrecht: In beiden Rechtsgebieten herrscht die Erkenntnis, dass solche Vereinbarungen wettbewerbsrechtlich ambivalent zu bewerten sind. Einerseits können sie den interbrand-Wettbewerb beeinträchtigen, indem sie Lieferantenmärkte abschotten und zu kumulativen Effekten und zur Kollision unter den Lieferanten führen. Andererseits können sie den interbrand-Wettbewerb auch stärken, wenn sie dafür sorgen, dass ein Hersteller am Markt bestehen kann oder einen Markt überhaupt erschließen kann.[700]

Im Ergebnis lassen sich keine gravierenden Unterschiede bei der Behandlung von Alleinbezugsvereinbarungen nach europäischem und indischem Recht feststellen.

6. Wettbewerbsverbote in Vertikalverträgen

Hinsichtlich der Zulässigkeit von Wettbewerbsverboten wird sowohl in Indien als auch in Europa zwischen Wettbewerbsverboten für die Dauer der Vereinbarung und zwischen nachvertraglichen Wettbewerbsverboten differenziert.

Der Competition Act, 2002 selbst enthält keine Regelung zu Wettbewerbsverboten. Dafür werden solche Verbote in Sec. 27 des Indian Contract Act, 1872 geregelt. Nach bisheriger indischer Rechtsprechung zu dieser Norm gelten Wettbewerbsverbote, die sich auf die Dauer der Vertragsbeziehung beschränken und die verhältnismäßig sind, grundsätzlich als zulässig.[701]

In Europa sind Wettbewerbsverbote, die eine Dauer von fünf Jahren während eines bestehenden Vertragsverhältnisses nicht überschreiten, unter den Voraussetzungen der Vertikal-GVO vom Kartellverbot freigestellt, Art. 5 Abs. 1 VO 2790/1999. Außerhalb des Anwendungsbereichs dieser Verordnung sind Wettbewerbsverbote bis zu einem Jahr grundsätzlich zulässig und solche über fünf Jahre in der Regel kartellrechtswidrig. Für Wettbewerbsverbote mit der Dauer von einem Jahr bis zu fünf Jahren erfolgt eine Einzelfallprüfung anhand

699 Siehe oben, 3. Teil, D, I, 1., b), cc), (2).

700 So für bezogen auf das europäische Recht: Langen/Bunte-Nolte, Art. 81 Fallgruppen, Rn. 634; bezogen auf das indische Recht ähnlich: Dugar, S. 726 f.

701 Siehe oben, 2. Teil, C, II.

der allgemeinen Kriterien.[702] Im Ergebnis sind sich die europäische und die indische Regelung hier sehr ähnlich.

Eine deutliche Differenz besteht dagegen im Bereich der nachvertraglichen Wettbewerbsverbote. Solche sind in Indien grundsätzlich[703] unzulässig und fallen unter die Nichtigkeitsfolge des Sec. 27 ICA[704], während sie in Europa im Einzelfall zugunsten des Know-how-Schutzes des Verkäufers für die Dauer von bis zu einem Jahr zulässig sein können.[705]

7. Geschäftsverweigerungen, Lieferverweigerungen, Boykotte

In Europa werden kollektive Lieferverweigerungen bzw. Boykotte von der Kommission als besonders schwere Verstöße gegen Art. 101 Abs. 1 AEUV gewertet.[706] Für die wettbewerbsrechtliche Beurteilung kommt es nicht darauf an, ob die kollektive Liefersperre oder der Boykott ausgeführt wurde oder nicht. Unerheblich ist auch, ob die betroffenen Unternehmen überhaupt noch an der Belieferung interessiert sind. Bereits die bloße Vereinbarung solcher Maßnahmen verstößt gegen Art. 101 Abs. 1 AEUV.[707]

In Indien müssen horizontale Boykotte bzw. kollektive Lieferverweigerungen mangels eines eigenen Regelbeispiels künftig unter die Generalklausel des Sec. 3 (1) CA subsumiert werden. In der Vergangenheit sind in Indien nur wenige Sachverhalte im Rahmen dieser Fallgruppe entschieden worden. Die wenigen Entscheidungen befassten sich unter anderem mit Gruppenboykotten durch Handelsvereinigungen: So wurde das Verhalten von Handelvereinigungen, die Produkte eines bestimmten Herstellers zu boykottierten, um niedrigere Einkaufspreise zu erzwingen, in mehreren Fällen als wettbewerbswidriger Gruppenboykott qualifiziert.[708] Die bloße Androhung eines Boykotts durch einen Handelsverband wurde dagegen in einem ähnlichen Fall nicht als wettbewerbsbeschränkend angesehen.[709] In einem weiteren Fall schließlich stellte die MRTP-Kommission bestimmte Grundsätze für die Zulässigkeit von Lieferverweigerungen auf. Demnach soll die Weigerung einer Gruppe von Importeuren, einen bestimmten Händler mit den importierten Gütern zu beliefern, zulässig

---

702 Siehe oben, 3. Teil, D, II, 2., b), ee).

703 Mit Ausnahme von Wettbewerbsverbote, die im Zusammenhang mit dem Verkauf eines Unternehmens vereinbart werden, Sec. 27 ICA.

704 Siehe oben, 2. Teil, C, II.

705 Siehe oben, 3. Teil, D, II, 2., b), ff).

706 Kommission, 23.7.1974, ABl. L 237/3, 10 – Papiers peints; Gleiss/Hirsch, Art. 85 (1), Rn. 390.

707 Siehe oben, 3. Teil, D, II, 1., d).

708 Siehe oben, 3. Teil, D, I, 2., a), bb).

709 Siehe oben, 3. Teil, D, I, 2., a), bb).

sein, wenn der Händler selbst die Möglichkeit hat, diese aus dem Ausland zu importieren.[710]

Im Hinblick auf vertikale Liefer- bzw. Geschäftsverweigerungen enthält das neue indische Kartellgesetz mit Sec. 3 (4) (d) CA eine gesonderte Regelung. Der Anwendungsbereich dieser Regelung des Competition Act 2002 ist aber, wie bereits weiter oben dargelegt, sehr begrenzt. Nach der Systematik des neuen Gesetzes sind unter diese Fallgruppe nur solche Vereinbarungen in Lieferverträgen zu subsumieren, in denen festgelegt wird, dass bestimmte Kunden oder Händler vom Abnehmer nicht beliefert werden dürfen.[711] Derartige Fälle der vertikalen Kundenkreisbeschränkungen werden im europäischen Kartellrecht anders als in Indien nicht als eigenständige Fallgruppe der „auf Absprache beruhenden vertikalen Lieferverweigerung“ angesehen, sondern sie werden vielmehr im Rahmen der Fallgruppe der „Marktaufteilung“[712] behandelt. Wie die Fallgruppe der vertikalen Kundengruppenaufteilung in Indien künftig behandelt werden wird, ist aufgrund der mangelnden Rechtsprechung zu dieser Problematik schwer abschätzbar.

Der Umstand, dass sowohl im europäischen als auch im indischen Recht nur eine sehr geringe Anzahl von Entscheidungen zur Problematik von Geschäftsverweigerungen, Lieferverweigerungen und Boykotten ergangen ist, erschwert es, hier eindeutige Gemeinsamkeiten und Unterschiede in der Rechtspraxis herauszuarbeiten.

Die wenigen Entscheidungen lassen aber erkennen, dass man bei der Beurteilung solcher Vereinbarungen im indischen und europäischen Recht grundsätzlich auf ähnliche Beurteilungskriterien zurückgreift. Übereinstimmend ist auch die Zielsetzung der hier dargestellten Regelungen. Sowohl in Indien als auch in Europa geht es darum, einen Ausgleich zu schaffen zwischen der Freiheit der Unternehmen, sich die Geschäftspartner selbst auswählen zu können, und der Gefahr der Wettbewerbsbeeinträchtigung, sei es durch Verhinderung des Markteintritts potentieller Wettbewerber oder durch Verdrängung existierender Wettbewerber aus dem Markt.

8. Joint Ventures

Sowohl nach europäischem als auch nach indischem Kartellrecht unterliegt die Überprüfung von Vereinbarungen bzw. Verhaltensweisen, die im Zusammenhang mit der Gründung oder der Tätigkeit von Joint Ventures bzw. Gemeinschaftsunternehmen getroffen werden, einigen Besonderheiten.

---

710 Siehe oben, 3. Teil, D, I, 2., a), bb).
711 Siehe oben, 3. Teil, D, III, 7.
712 Siehe oben, 3. Teil, D, II, 1., c): „Aufteilung der Märkte oder Versorgungsquellen“.

In Indien gibt es eine ausdrückliche Regelung zugunsten solcher Vereinbarungen in Sec. 3 (3) a.E. CA. Danach sollen die in Sec. 3 (3) CA aufgezählten horizontalen Beschränkungen ausnahmsweise nicht als per se wettbewerbsschädigend eingestuft werden, wenn sie im Rahmen eines Joint Ventures getroffen werden und zu einer Effizienz- bzw. Wirtschaftlichkeitssteigerung im Bereich der Produktion, des Angebots, des Vertriebs, der Lagerung, des Ankaufs oder der Kontrolle von Gütern oder bei der Erbringung von Dienstleistungen führen. Mit anderen Worten sind Gemeinschaftsunternehmen in Indien insofern privilegiert, als dass unter bestimmten Voraussetzungen wettbewerbsbeschränkende Vereinbarungen im Sinne des Sec. 3 (3) CA, die im Rahmen der Gründung oder der Tätigkeit von Gemeinschaftsunternehmen getroffen werden, nicht vom Perse-Verbot des Sec. 3 (3) CA erfasst werden und damit zulässig sein können. Als Rechtsfolge von Sec. 3 (3) a.E. CA sind die entsprechenden Beschränkungen entgegen der Regel am „Rule of Reason" Maßstab zu messen.

In Europa werden i.d.R. nur Teilfunktions-Gemeinschaftsunternehmen – d.h. solche Gemeinschaftsunternehmen, die nicht auf Dauer alle Funktionen einer selbstständigen wirtschaftlichen Einheit erfüllen – direkt vom Kartellverbot des Art. 101 AEUV erfasst.[713] Vollfunktionsgemeinschaftsunternehmen werden im Rahmen des Fusionskontrollverfahrens grundsätzlich nur dahingehend überprüft, ob mit ihnen eine Koordinierung des Wettbewerbsverhaltens der Muttergesellschaften bewirkt wird.[714]

Auf den ersten Blick scheint das indische Kartellrecht – aufgrund der ausdrücklichen Ausnahmebestimmung in Sec. 3 (3) a.E. CA – Gemeinschaftsunternehmen einen größeren Freiraum einzuräumen als das europäische Recht. Diese Ausnahmeregelung befreit die von ihr erfassten Vereinbarungen von der „Vermutung der Wettbewerbswidrigkeit". Dies bedeutet allerdings nicht, dass die in Sec. 3 (3) CA genannten Vereinbarungen stets zulässig sein sollen. Vielmehr muss eine einzelfallbezogene Abwägung der wettbewerbsschädigenden und wettbewerbsfördernden Wirkungen gemäß der Generalklausel des Sec. 3 (1) CA erfolgen. Ein wesentlicher tatsächlicher Unterschied zum europäischen Recht bei der kartellrechtlichen Behandlung von Gemeinschaftsunternehmen ergibt sich folglich aus dieser Ausnahmebestimmung nicht.

9. Sonstige Fallgruppen

Ein wesentlicher Unterschied zwischen indischem und europäischem Kartellrecht besteht darin, dass sich im europäischen Recht im Gegensatz zum indischen eine ausgeprägte Fallgruppensystematik herausgebildet hat. So wurden in Europa durch Rechtsprechung, Kommissionspraxis sowie in der Literatur ver-

713 Siehe oben, 3. Teil, D, II, 2., a), hh).

714 Siehe oben, 3. Teil, D, II, 2., a), hh).

schiedene Fallgruppen horizontaler und vertikaler Vereinbarungen bzw. abgestimmter Verhaltensweisen aufgestellt. In horizontaler Hinsicht werden für gewöhnlich Forschungskooperationen, Produktionsvereinbarungen, Einkaufs- und Verkaufskooperationen, Normen- und Typenkartelle, Umweltschutzvereinbarungen sowie Marktinformationsverfahren gesondert behandelt.[715] In vertikaler Hinsicht wird typischerweise zwischen Vereinbarungen bzw. Verhaltensweisen bezüglich des Alleinvertriebs, der Alleinbelieferung, des Alleinbezugs und des selektiven Vertriebs sowie zwischen Franchisevereinbarungen differenziert.[716]

In Indien dagegen existiert kein vergleichbar ausdifferenziertes System von Fallgruppen potenziell kartellrechtswidriger Vereinbarungen. Die meisten der genannten Fälle – insbesondere die horizontalen Wettbewerbsbeschränkungen – sind im indischen Kartellrecht bisher nicht problematisiert worden. Mitursächlich für die fehlende Fallgruppensystematik ist der Umstand, dass in Indien insgesamt deutlich weniger Kartellrechtssprechung als in Europa existiert. Dies lag in der Vergangenheit vor allem daran, dass im bisherigen indischen Kartellrecht nur ein sehr eingeschränkter Rechtsweg zur Verfügung stand: Denn gegen eine Kommissionsentscheidung zum Verbot wettbewerbsbeschränkender Handelspraktiken war gemäß Sec. 55 MRTP-Act ausschließlich die Beschwerde beim stark überlasteten Supreme Court of India möglich. Auch die indische Literatur zum Kartellrecht ist im Vergleich zur europäischen Kartellrechtsliteratur weit weniger umfassend und dogmatisch. In Ergänzung zu den gesetzlich aufgezählten Fallgruppen haben sich durch die Entscheidungspraxis der bisherigen indischen Kartellbehörde nur drei Fallgruppen herausgebildet. Diese werden künftig im Rahmen der Generalverbotsklausel des Sec. 3 (1) CA zu berücksichtigen sein. Dazu gehören „Vereinbarungen, die den Fluss von Ressourcen oder Kapital in den Produktionsstrom behindern oder blockieren“, „Vereinbarungen über die Manipulation von Preisen oder Lieferbedingungen“ sowie „Vereinbarungen, welche die Güter- oder Dienstleistungsversorgung beeinträchtigen“.[717]

In gewissem Maße wird die rudimentäre Fallgruppensystematik des indischen Rechts dadurch kompensiert, dass der Competition Act, 2002 in Sec. 3 (3) und (4) CA insgesamt neun Regelbeispiele aufzählt – und damit vier Fallgruppen mehr als das europäische Recht. Dennoch bleiben eine Reihe von Fällen und Fallgruppen übrig, die im europäischen Kartellrecht als problematisch angesehen werden, die aber in Indien weder in der Vergangenheit Gegenstand der Kartellrechtspraxis waren noch im Competition Act, 2002 geregelt werden.[718]

---

715 Siehe oben, 3. Teil, D, II, 2., a).

716 Siehe oben, 3. Teil, D, II, 2., b).

717 Siehe oben, 3. Teil, D, I, 2., b).

718 Dazu gehören Marktinformationsverfahren, Forschungs- und Entwicklungskooperationen, Produktionsvereinbarungen, Einkaufsvereinbarungen, Vermarktungs- und Verkaufsvereinbarungen, Normen- und Typenkartellen sowie Umweltvereinbarungen.

Daher stellt sich die Frage, wie die in Europa problematisierten Fallgruppen nach dem neuen indischen Kartellrecht zu behandeln wären. Dabei muss zwischen den einzelnen Vereinbarungen bzw. Verhaltensweisen differenziert werden: Bezüglich der so genannten Marktinformationsverfahren geht die indische Literatur davon aus, dass der Austausch wettbewerbsrelevanter Informationen, insbesondere der Austausch von Preisinformationen, ähnlich wie im europäischen Kartellrecht auch in Indien künftig als kartellrechtswidrig eingestuft wird. Dementsprechend wird die Fallgruppe des Informationsaustauschs in der neueren indischen Kartellrechtsliteratur auch im Rahmen der Darstellung wettbewerbswidriger Horizontalvereinbarungen behandelt.[719]

Hinsichtlich der übrigen Horizontalvereinbarungen, d.h. im Hinblick auf Forschungs- und Entwicklungskooperationen, Produktionsvereinbarungen, Einkaufsvereinbarungen, Vermarktungs- und Verkaufsvereinbarungen, Normen- und Typenkartellen sowie Umweltvereinbarungen ist es fraglich, ob diese künftig von der Competition Commission of India als wettbewerbswidrig eingestuft werden. Diese Vereinbarungen sind nach der Systematik des neuen Kartellrechts künftig gemäß Sec. 3 (1) CA zu beurteilen. Das heißt, es muss in jedem Einzelfall eine Abwägung aller wettbewerbsfördernden und wettbewerbsschädigenden Wirkungen auf den relevanten Markt in Indien erfolgen. Die Tatsache, dass diese Fälle in der Vergangenheit in Indien nicht als kartellrechtswidrig angesehen wurden, lässt allerdings die Annahme zu, dass die potenziell wettbewerbsschädigenden Wirkungen dieser Vereinbarungen auch in Zukunft nicht gebührend berücksichtigt werden.

Die oben genannten vertikalen „Fallgruppen“ aus der europäischen Kartellrechtspraxis werden dagegen in Indien größtenteils als „Regelbeispiele“ vom Gesetzeswortlaut des Competition Act, 2002 erfasst: So fallen beispielsweise Alleinvertriebsvereinbarungen in Indien unter Sec. 3 (4) (c) CA und Alleinbezugsvereinbarungen unter Sec. 3 (4) (b) des Competition Act, 2002.

E. Vereinbarungen im Zusammenhang mit Immaterialgüterrechten

I. Indien

Im Zuge der Schaffung des Competition Act, 2002 hat man sich in Indien auch mit der Frage auseinandergesetzt, ob und in welchem Ausmaß Vereinbarungen

719 Mittal, S. 100 ff., unter Bezugnahme auf die amerikanische Rechtsprechung; Ramappa, S. 62 f. mit Verweis auf die Leitlinien der britischen Wettbewerbsbehörde (Office of Fair Trading) und auf die Entscheidung der Kommission vom 17. Februar 1992 in der Sache IV/31.370 und 31.446, ABl. L 068, 13.03.1992, S. 19-33 – UK Agricultural Tractor Registration Exchange.

im Zusammenhang mit Rechten des geistigen Eigentums vom indischen Kartellrecht erfasst werden sollten.

1. Das Spannungsverhältnis zwischen Wettbewerbs- und Immaterialgüterrecht

Das „High Level Committee on Competition Policy and Law" stellte in seinem Bericht, in dem es die Schaffung eines neuen indischen Kartellrechts empfahl, fest, dass „alle Formen von Immaterialgüterrechten das Potential haben, wettbewerbsrechtliche Probleme hervorzurufen."[720] Das Komitee bemerkte außerdem, dass die Rechte des geistigen Eigentums den jeweiligen Inhabern zwar exklusive Befugnisse verschafften, um produzierend bzw. gewerblich tätig zu werden, dass dies jedoch nicht die Ausübung von „beschränkender oder monopolistischer Macht im Markt oder in der Gesellschaft" rechtfertige. Einerseits sei es zweifellos wünschenswert, dass Rechte des geistigen Eigentums gewährt werden, um die menschliche Kreativität zu fördern und zu belohnen. Andererseits bestehe das Bedürfnis, wettbewerbsbeschränkende Verhaltensweisen, die im Zusammenhang mit der Ausübung solcher Rechte auftreten können, zu verhindern.[721] Insgesamt könne festgestellt werden, dass ein Spannungsverhältnis zwischen dem Immaterialgüterrecht und der Wettbewerbspolitik bzw. dem Wettbewerbsrecht existiert. Ersteres stelle eine Gefährdung des Wettbewerbs dar, während letzteres Wettbewerb erzeuge.[722]

2. Vorschläge für eine gesetzliche Regelung

Das Komitee zur Schaffung eines neuen Kartellrechts in Indien betonte in seinem Bericht, dass man zwischen der Existenz und der Ausübung von Immaterialgüterrechten unterscheiden müsse. So sei die Existenz dieser Rechte vor einer Beschränkung durch andere Gesetze grundsätzlich geschützt. Sofern aber ihre Ausübung wettbewerbsbeschränkend ist und die Verbraucher schädigt bzw. dem öffentlichen Interesse abträglich ist, so müsse diesem Umstand mithilfe des Wettbewerbsrechts entgegengewirkt werden können.[723]

Im Gegensatz zu der Ansicht des „High Level Committee on Competition and Law", welches sich grundsätzlich für eine kartellrechtliche Überprüfung von im Zusammenhang mit Rechten des geistigen Eigentums getroffenen Vereinbarungen aussprach, setzte sich die Industrie im Gesetzgebungsverfahren zum Competition Act, 2002 dafür ein, dass Vereinbarungen über Rechte des geistigen Eigentums nicht vom Kartellverbot erfasst werden. Die Industrievertreter stellten in der Entstehungsphase des indischen Kartellgesetzes beim indischen

---

720 Report of the High Level Committee, Para. 5.1.7.
721 Report of the High Level Committee, Para. 5.1.7.
722 Report of the High Level Committee, Para. 5.1.8.
723 Report of the High Level Committee, Para. 5.1.8.

Finanzministerium, Abteilung für Unternehmensangelegenheiten, einen Antrag mit dem Ziel, dass eine Pauschalbefreiung für Immaterialgüterrechte und damit im Zusammenhang stehende Vereinbarungen im Kartellgesetz integriert wird.[724] Das Ministerium hielt eine derartige Ausnahmeregelung aber für zu weitreichend[725] und wählte für den Gesetzesentwurf eine Formulierung, die dem heutigen Gesetzeswortlaut des Sec 3 (5) (i) CA entspricht.

3. Der Tatbestand des Sec. 3 (5) CA

Nach dem Wortlaut des Sec. 3 (5) (i) CA dieses Absatzes darf keine Person durch die Bestimmungen der Sec. 3 (1) bis (4) CA darin eingeschränkt werden, „eine Verletzung der ihr durch die nachfolgend genannten Immaterialgüterschutzgesetze eingeräumten Rechte zu verhindern oder angemessene Vertragsbedingungen, die zur Sicherung dieser Rechte notwendig sind, zu erlassen".

Im Anschluss daran sind in Sec. 3 (5) (i) (a) – (f) CA alle Gesetze aufgezählt, aus denen sich die genannten Rechte des geistigen Eigentums ergeben. Dies sind im Einzelnen der „Copyright Act, 1957", der „Patents Act, 1970", der „Trade and Merchandise Marks Act, 1958"[726] bzw. der „Trade Marks Act, 1999", der "Geographical Indications of Goods (Registration and Protection) Act, 1999", der „Designs Act, 2000" sowie der „Semiconductor Integrated Circuits Layout-Design Act, 2000".

a) Wirkung dieser Ausnahmeregelung

Als Konsequenz der Regelung des Sec. 3 (5) (i) CA fallen bestimmte Vereinbarungen in Bezug auf Rechte des geistigen Eigentums selbst dann nicht unter das Verbot wettbewerbsbeschränkender Vereinbarungen im Sinne von Sec. 3 (1) CA, wenn sie eine wettbewerbsbeschränkende Wirkung entfalten.

b) Die Voraussetzungen im Einzelnen

Zwei wesentliche Voraussetzungen müssen erfüllt sein, damit Vereinbarungen unter die Ausnahmeregelung des Sec. 3 (1) CA fallen: Erstens muss mindestens eine Partei der Vereinbarung Inhaber eines Schutzrechts im Sinne des Copyright Act, 1957, des Patents Act, 1970, des Trade Marks Act, 1999, des Geographical Indications of Goods (Registration and Protection) Act, 1999 oder des Design Act, 2000 sein. Zweitens muss die Vereinbarung dazu dienen, eine Schutz-

---

724 Report of the Parliamentary Standing Committee, Para.: 9.2.5, abgedruckt in: Viswanathan, S. 235.

725 Report of the Parliamentary Standing Committee, Para.: 9.2.6, abgedruckt in: Viswanathan, S. 235.

726 Die Nennung des "Trade and Merchandise Act, 1958" ist dabei redundant, da seine Bestimmungen seit Inkrafttreten des Trade Marks Act, 1999 keine Rechtskraft mehr besitzen.

rechtsverletzung zu verhindern, oder sie muss angemessene und notwendige Bedingungen zur Sicherung des jeweiligen Schutzrechts enthalten.

aa) Schutzrechtsinhaberschaft

Um vom Verbot des Sec. 3 (5) CA freigestellt zu sein, muss mindestens eine Partei der betreffenden Vereinbarung Inhaber eines Schutzrechts im Sinne der aufgezählten Gesetze sein. Im Folgenden soll daher dargestellt werden, nach welchen Kriterien sich die Schutzrechtsinhaberschaft in den jeweiligen Gesetzes bestimmt.

(1) Copyright Act, 1957

Der in Sec. 3 (5) (i) (a) CA genannte „Indian Copyright Act, 1957" (Copyright Act)[727] enthält Regelungen zum indischen Urheberrecht. Unter dem Begriff des Urheberrechts versteht man in Indien das eigentumsähnliche Recht des Schöpfers bzw. Urhebers eines geistigen Werkes.[728] Zu den in Indien urheberrechtlich geschützten Werken gehören gemäß Sec. 13 (1) Copyright Act alle Werke der Literatur – einschließlich Computerprogramme und Datenbanken[729] – der Musik und der Kunst sowie Film- und Bühnenwerke und Tonaufzeichnungen.

Inhaber der in Sec. 14 ICA im aufgezählten Rechte ist gemäß Sec. 17 ICA Copyright Act der Urheber, also der Schöpfer eines Werks im Sinne von Sec. 13 (1) Copyright Act. Von dieser Regel gibt es in Indien allerdings einige Ausnahmen: Arbeitet der Autor für einen Zeitungs- oder Zeitschriftenverlag, so stehen die Rechte der Veröffentlichung des Werks dem jeweiligen Verlagseigentümer zu, 17 (a) Copyright Act. Auch in allen sonstigen Fällen, in denen der Schöpfer eines Werkes dieses Werk im Rahmen eines Arbeits- oder Ausbildungsverhältnisses herstellt, stehen die Rechte an diesem Werk, in Ermangelung anderweitiger vertraglicher Regelungen, dem jeweiligen Arbeitgeber zu, Sec. 17 (c) Copyright Act. Wird ein Portrait, eine Foto- oder Filmaufnahme von einer Person gegen Entgelt angefertigt, so ist der Auftraggeber der Inhaber des Urheberrechts, Sec. 17 (b) Copyright Act. Im Falle einer Ansprache oder öffentlichen Rede ist grundsätzlich derjenige, der sie hält, Inhaber der Urheberrechte. Hält er sie aber im Auftrag eines Dritten, so ist Letzterer der Rechtsinhaber, Sec. 17 (cc) Copyright Act. Im Falle von Werken der Regierung, Werken von öffentlichen Unternehmen oder Werken von internationalen Organisationen im Sinne von Sec. 41 Copyright Act ist die Regierung bzw. das jeweilige öffentliche Unternehmen

727 Indian Copyright Act, 1957 (14 of 1957) as last amended by Act No.49 of 1999, http://copyright.gov.in/CprAct.pdf (27.01.2009).

728 A Hand Book of Copyright Law, Government of India, Ministry of Human Resource Development, Department of Secondary Education and Higher Education, http://education.nic.in/copyright.asp (Stand: 27.01.2009).

729 Vgl. Sec. 2 (o) Copyright Act.

oder die jeweilige internationale Organisation Inhaber der Urheberrechte an dem jeweiligen Werk, Sec. 17 (d), (dd) und (e) Copyright Act. Rechtsinhaber im Sinne dieses Gesetzes ist gemäß Sec. 18 (2) ICA schließlich auch derjenige, an denen die Urheberrechte gemäß Sec. 18 und 19 Copyright Act abgetreten wurden.

Der durch den Indian Copyright Act, 1957 gewährte Schutz eines literarischen oder musikalischen Werkes, eines Bühnenwerkes oder eines sonstigen künstlerischen Werkes besteht gemäß Sec. 22 Copyright Act bis zu sechzig Jahre nach dem Tod des Urhebers – bzw. nach der erstmaligen Veröffentlichung des Werkes[730] – fort.

(2) Patents Act, 1970

Sec. 3 (5) (i) (b) CA nennt auch den „Patents Act, 1970" (PA)[731], welcher das indische Patentrecht, also den Schutz für gewerblich anwendbare Erfindungen durch die Erteilung eines Patents, regelt. Der indische Patents Act, 1970 wurde zuletzt durch den Patents (Amendment) Act, 2005 geändert, um den Anforderungen des Abkommens über handelsbezogene Aspekte der Rechte des geistigen Eigentums (TRIPS-Abkommen) gerecht zu werden. Die zehnjährige Übergangsfrist, die Indien als WTO Mitglied mit dem Status eines Entwicklungslandes gem. Artikel 65 IV TRIPS gewährt wurde, um alle Verpflichtungen des TRIPS-Abkommens nachzukommen, lief im Jahre 2005 aus.[732]

Schutzrechtsinhaber im Sinne des Patents Act, 1970 ist der Patentinhaber. Das Patent schützt seinen Inhaber gemäß Sec. 53 (1) PA für einen Zeitraum von 20 Jahren ab dem Datum der Patentanmeldung. Voraussetzung für die Patenter-

730 Das gilt gemäß Sec. 23 (1) ICA in Fällen, in denen der Urheber des Werks nicht bekannt ist. Dasselbe gilt für posthum veröffentlichte Werke, für Fotografien, für Film- und Tonaufzeichnungen sowie für Werke der Regierung, Werke von öffentlichen Unternehmen und Werke von internationalen Organisationen, Sec. 24 bis 29 ICA.

731 Grundlage dieser Arbeit ist der Patents Act, 1970 (http://ipindia.nic.in/ipr/patent/patAct1970-3-99.html, Stand: 27.06.2011) in seiner aktuellen Fassung, unter Berücksichtigung des Patents (Amendment) Act, 1999 vom 26.3.1999 (http://ipindia.nic.in/ipr/patent/patact_99.PDF, Stand: 27.06.2011), des Patents (Amendment) Act, 2002 vom 25.6.2002 (http://www.helplinelaw.com/docs/THE%20PATENTS%20(AMENDMENT)%20ACT,%202002, Stand: 27.06.2011) und des Patents (Amendment) Act, 2005 vom 5.4.2005 (http://www.ipindia.nic.in/ipr/patent/patent_2005.pdf, Stand: 27.06.2011).

732 Grundsätzlich betrug die Umsetzungsfrist gemäß Art. 65 Abs. 1 TRIPS ein Jahr nach Inkrafttreten des Abkommens (1.1.1995). Entwicklungsländer konnten diese Frist gemäß Art. 65 Abs. 2 TRIPS um weitere vier Jahre verschieben. Bezogen auf Stoffpatente, zu denen Chemikalien, Nahrungsmittel und pharmazeutische Produkte gehören, konnte die Umsetzung gemäß Art. 65 TRIPS um weitere 5 Jahre (1.1.2005) verschoben werden.

teilung in Indien ist das Vorliegen einer Erfindung im Sinne des Indian Patents Act, 1970. Sec. 2 (l) (j) PA enthält die wesentlichen Kriterien dafür: Es muss sich um eine neues[733] Produkt oder einen neuen Prozess handeln, das bzw. der auf einer erfinderischen Tätigkeit beruht[734] und gewerblich anwendbar ist[735]. Für Verfahren bzw. Erzeugnisse im Sinne von Sec. 3 und 4 des Patents Act, 1970 scheidet eine Patenterteilung grundsätzlich aus.[736]

Sec. 140 PA enthält eine Aufzählung beschränkender Bestimmungen, die in Patentlizenzverträgen[737] grundsätzlich unzulässig sind. Gemäß Sec. 140 (1) (iii) (a.) PA darf der Lizenzgeber nicht verlangen, dass der Lizenznehmer bestimmte Produkte von ihm oder von einer dritten Person erwerben muss. Außerdem darf der Lizenznehmer in keiner Weise darin beschränkt werden, andere als die patentierten oder mit dem patentierten Verfahren hergestellten Produkte von dritten Personen zu erwerben. Gemäß Sec. 140 (1) (iii) (b.) und (c.) PA darf der Lizenznehmer nicht in seinem Recht beschränkt werden, andere als die patentierten oder mit den patentierten Verfahren hergestellten Produkte oder andere als die patentierten Verfahren zu nutzen.

Wettbewerbsverbote bzw. Verbote in Lizenzverträgen, andere Waren als die einer bestimmten Person zu verkaufen, sind dagegen gemäß Sec. 140 (4) (a.) PA mit dem Patentrecht vereinbar.

---

733 Neu ist die Erfindung, wenn das betreffende Erzeugnis oder Verfahren bis zum Zeitpunkt der Patentanmeldung nicht genutzt wurde oder in irgendeiner Form offen gelegt oder bekannt war, Sec. 2 (1) (l) PA.

734 Die Erfindung beruht auf einer erfinderischen Tätigkeit, wenn sie gegenüber dem technischen Stand zum Zeitpunkt der Anmeldung einen Fortschritt darstellt oder ökonomisch signifikant ist und sich für einen Fachmann nicht offensichtlich aus dem Stand der Technik ergibt, Sec. 2 (1) (ja) PA.

735 Die gewerbliche Anwendbarkeit schließlich ist zu bejahen, wenn die Erfindung tatsächlich herstellbar (bzw. durchführbar) und nutzbar ist und darüber hinaus beliebig oft reproduziert werden kann, Sec. 2 (1) (ac) PA.

736 Dazu gehören beispielsweise Verfahren der Landwirtschaft und des Gartenbaus (Sec. 3 (h) PA), human- und veterinärmedizinische Verfahren (Sec. 3 (i) PA), mathematische Methoden, Geschäftsmethoden, Computerprogramme und Algorithmen (Sec. 3 (k) PA) sowie Erfindungen im Zusammenhang mit Atomenergie im Sinne von Sec. 20 (1) des Atomic Energy Act, 1962 (Sec. 4 PA).

737 Die Bestimmungen gelten gleichermaßen für Verträge über die Herstellung, die Nutzung, den Verkauf oder die Vermietung patentierter Produkte sowie für Verträge über die Nutzung von patentierten Verfahren, Sec. 140 (1) (i)-(iii) PA.

(3) The Trade Marks Act, 1999

Die Ausnahmebestimmung des Sec. 3 (5) (i) CA zählt auch den „Trade and Merchandise Marks Act, 1958“ sowie den „Trade Marks Act, 1999“ (TMA)[738] auf. Diese Regelungswerke enthalten Bestimmungen über den Schutz von Marken in Indien. Allerdings ist die Nennung des Trade and Merchandise Marks Act, 1958 insofern redundant, als dass dieses Gesetz mit Inkrafttreten der Nachfolgeregelung, des Trade Marks Act, 1999, am 15. September 2003 aufgehoben worden ist, Sec. 159 (1) TMA.

Der Schutz einer Marke nach dem indischen „Trade Marks Act, 1999“ beginnt grundsätzlich mit ihrer Eintragung ins Markenregister.[739] Durch diese Registrierung erhält die als Inhaber eingetragene Person das exklusive Recht, die Marke in Bezug auf Waren oder Dienstleistungen zu benutzen für die sie registriert ist[740], sowie das Recht, gegen eine Markenrechtsverletzung – d.h. gegen die Benutzung der Marke durch einen unberechtigten Dritten – zu prozessieren[741] und dafür die Rechtsmittel des „Trade Marks Act, 1999“ in Anspruch zu nehmen, Sec. 28 I TMA.

(4) Geographical Indications of Goods (Registration and Protection) Act, 1999

Auch der „Geographical Indications of Goods (Registration and Protection) Act, 1999“ (GIA)[742] wird von Sec. 3 (5) (i) CA erwähnt. Dieses Gesetz, das seit 15. September 2003 in Kraft ist, regelt den Schutz von Angaben oder Zeichen, die im geschäftlichen Verkehr zur Kennzeichnung der geografischen Herkunft von Waren oder Dienstleistungen benutzt werden. Beispiele für solche geografischen Herkunftsangaben sind in Bezug auf Indien etwa die Kaschmirwolle, der Darjeeling-Tee oder der Basmati-Reis.

---

738 Trade Marks Act, 1999, Act No. 47 of Year 1999 dated 30th. December, 1999, in Kraft seit 15.9.2003, http://ipindia.nic.in/tmr_new/tmr_act_rules/TMRAct_New.pdf (27.06.11).

739 Eine Markenregistrierung ist keine obligatorische Voraussetzung für ihren Schutz. Denn wie Sec. 27 (2) TMA verdeutlicht, kann sich der Schutz für nicht registrierte Marken auch aus „passing-off“-Grundsätzen ergeben. Allerdings ist diese Art des markenrechtlichen Schutzes für die Bestimmung der Grenzen des indischen Kartellrechts irrelevant, da dieses gemäß Sec. 3 (5) (i) (c) CA nur durch markenrechtliche Schutzrechte begrenzt werden kann, welche der betroffenen Partei durch den Trade Marks Act, 1999 gewährt werden. D.h., nur der Inhaber einer registrierten Marke kann sich auf die Ausnahmeregelung des Sec. 3 (5) CA berufen.

740 Sec. 28 I TMA.

741 Sec. 27 I TMA.

742 The Geographical Indications of Goods (Registration and Protection) Act, 1999 (No. 48 of 1999), http://www.ipindia.nic.in/girindia/GI_Act.pdf (27.06.2011).

Schutzberechtigt im Sinne des GIA sind sowohl der eingetragene[743] Inhaber („registered proprietor") einer geografischen Herkunftsangabe als auch der eingetragene berechtigte Benutzer („authorised user"). „Registered proprietor" können nur „Personenvereinigungen, Produzentenvereinigungen oder sonstige Organisationen" sein, die als Inhaber einer bestimmten geographischen Herkunftsbezeichnung eingetragen sind, Sec. 1 (n) GIA. Als „authorised user" dagegen kann sich gemäß Section 17 GIA jede Person eintragen lassen, die Waren der geschützten Art in den betreffenden Herkunftsgebieten produziert, für die eine geschützte geografische Herkunftsbezeichnung eingetragen wurde.

(5) Designs Act, 2000

Die Anwendbarkeit des indischen Kartellrechts kann gemäß Sec. 3 (5) CA auch zugunsten von Schutzrechten aus dem „Designs Act, 2000" (DA)[744] begrenzt sein. Der am 11.5.2001 in Kraft getretene Designs Act, 2000 enthält die rechtlichen Regelungen für den Schutz von Geschmacksmustern, also den Schutz der räumlichen Gestaltung oder der Oberflächengestaltung eines Erzeugnisses, in Indien.

Durch die Registrierung einer ästhetischen Erscheinungsform erhält der Urheber gemäß Sec. 11 (1) DA ein „Copyright" für die betreffende Gestaltungsform. Der Schutzrechtsinhaber hat damit die ausschließliche Befugnis, dieses Design in Bezug auf die dafür registrierten Erzeugnisse anzuwenden, gerichtlich gegen eine Nutzung durch Dritte vorzugehen und gemäß Sec, 22 (2) (b) DA Schadensersatz zu verlangen. Außerdem kann er Lizenzen für die Nutzung des Designs erteilen oder die Rechte an Dritte veräußern.[745]

Das Schutzrecht für ein Geschmacksmuster besteht für einen Zeitrum von 10 Jahren ab dem Zeitpunkt der Registrierung, Sec. 11 (1) DA. Bis zum Ablauf dieser Frist kann die Eintragung unter Zahlung der vorgeschriebenen Verlängerungsgebühr einmalig um weitere fünf Jahre verlängert werden, Sec. 11 (2) DA. Spätestens nach Ablauf dieser 15 Jahre endet das Schutzrecht.

743 Nicht registrierte geografische Herkunftsangaben sind, wie auch im Markenrecht, nur nach den passing-off Grundsätzen des Common Law geschützt, die allerdings im Rahmen des hier betrachteten Sec. 3 (5) (i) CA nicht erfasst sind (Sec. 3 (5) (i) (d) CA erfasst nur Rechte, die unmittelbar durch den Geographical Indications of Goods (Registration and Protection) Act, 1999 gewährt werden: "...rights, which have been or may be conferred upon him under - ... the Geographical Indications of Goods (Registration and Protection) Act, 1999...".).

744 The Designs Act (Act No. 16/2000), http://www.wipo.int/wipolex/en/text.jsp?file_id=128104 (27.06.11).

745 Das Lizenzierungsrecht ergibt sich aus 22 (1) (a) DA, die Übertragungsmöglichkeit aus Sec. 30 (1) DA.

(6) Semiconductor Integrated Circuits Layout-Design Act, 2000

Als letztes Gesetz verweist Sec. 3 (5) (i) CA auf den „Semiconductor Integrated Circuits Layout-Design Act, 2000" (SICLA)[746], der dem Schutz von Topografien mikroelektronischer Halbleitererzeugnisse in Indien dient.

Voraussetzung für den Schutz einer Halbleitertopografie unter dem „Semiconductor Integrated Circuit Layout-Design Act, 2000" ist ihre Registrierung gemäß Sec. 8 ff. SICLA.

Mit der Registrierung erhält der Urheber der Topografie das ausschließliche Recht, diese zu nutzen und gerichtlich gegen eine unberechtigte Nachbildung oder Einfuhr bzw. einen unberechtigten Verkauf oder Vertrieb der geschützten Halbleiterstruktur durch Dritte vorzugehen, Sec. 17 SICLA.

Die Schutzdauer der eingetragenen Topografie beträgt gemäß Sec. 15 SICLA zehn Jahre und beginnt entweder am Tag der Anmeldung oder am Tag der ersten geschäftlichen Verwertung der Topografie – sofern sie innerhalb von zwei Jahren nach der ersten geschäftlichen Verwertung angemeldet wird[747], je nachdem, welcher Zeitpunkt zuerst eintritt.

bb) Die weiteren Tatbestandsvoraussetzungen von Sec. 3 (5) CA

Gemäß Sec. 3 (5) CA darf das Kartellverbot nicht „das Recht" des Schutzrechtsinhabers einschränken, „eine Verletzung seiner gesetzlichen Rechte zu verhindern oder angemessene Bedingungen zu erlassen, die zum Schutz der ihm zustehenden Rechte notwendig sind". Der Tatbestand hat also zwei Alternativen: Die erste Alternative schützt das „Recht eines Schutzrechtsinhabers, Rechtsverletzungen zu verhindern", die zweite das „Recht, angemessene und notwendige Bedingungen zur Sicherung seiner Rechte zu erlassen".

Das Recht zur Verhinderung von Rechtsverletzungen im Sinne von Sec. 3 (5) 1.Alt. CA umfasst das Recht des Schutzrechtinhabers, sich gegen eine aktuelle oder drohende Verletzung seines Schutzrechts – bzw. gegen den Verstoß einer Lizenzbestimmung durch den Lizenznehmer – zu wehren. Im Gegensatz zur zweiten Alternative von Sec. 3 (5) CA ist die erste Alternative nicht begrenzt. Das „Recht, eine Schutzrechtsverletzung zu verhindern" darf daher unter keinen Umständen durch das Kartellverbot eingeschränkt werden.

Die zweite Alternative enthält Regelungen dazu, welche Bedingungen der Schutzrechtsinhaber aufstellen kann, um sein Schutzrecht zu sichern. Im Gegensatz zur ersten Alternative ist die zweite Alternative des Tatbestands durch die

---

746 Semiconductor Integrated Circuits Layout-Design Act, 2000, No. 37 of 2000 (4th September, 2000), http://www.wipo.int/clea/docs_new/pdf/en/in/in003en.pdf (27.06. 2011).

747 Aus Sec. 7 (1) a.E. SICLA ergibt sich, dass bei Topografien, die für mehr als zwei Jahre ohne Registrierung wirtschaftlich verwertet worden sind, das Eintragungshindernis des Sec. 7 (1) (b) SICLA greift.

Begriffe „angemessen“ und „notwendig“ begrenzt. Diese Regelung ist für die Frage, welche Bestimmungen in Lizenzverträgen kartellrechtswidrig sind und welche durch das jeweilige Schutzrecht gedeckt sind, von zentraler Bedeutung.

Das Problem bei der Anwendung des Sec. 3 (5) (i) CA besteht darin, dass diese Bestimmung unbestimmte Rechtsbegriffe enthält. Bezüglich der zweiten Alternative ist insbesondere fraglich, wann eine Bedingung „notwendig“ oder „angemessen“ zur Sicherung von Schutzrechten ist. Im Folgenden soll versucht werden, diese Begriffe im Wege der Auslegung zu konkretisieren.

(1) „As may be necessary“

Die Bedeutung des Begriffs „necessary“ lässt sich bereits durch eine grammatikalische Auslegung bestimmen: Der Begriff wird im Englischen auch als „absolutely essential“ umschrieben und kann im Deutschen entweder als „notwendig“ oder „erforderlich“ übersetzt werden. Dementsprechend können unter „conditions ... as may be necessary“ nur solche Vereinbarungen fallen, die absolut unerlässlich bzw. erforderlich für die Sicherung der Rechte des Schutzrechtsinhabers sind. Falls es für den Schutzrechtsinhaber mehrere gleich geeignete Möglichkeiten bzw. Klauseln gibt, seine Rechte zu schützen, muss er auf die mildeste der möglichen Varianten zurückgreifen, da die weniger milde von mehreren gleich geeigneten Bedingungen nicht mehr als „absolutely essential“ angesehen werden kann.

(2) „Reasonable conditions“

Das Adjektiv „angemessen“ bzw. „reasonable“ lässt sich dagegen dem Wortlaut nach nicht eindeutig bestimmen. Allerdings liefert das „Advocacy booklet on Intellectual Property Rights“, welches von der Kommission im Rahmen ihrer Aufklärungsarbeit herausgegeben worden ist,[748] einige Anhaltspunkte für die Bestimmung dieses Begriffes. Zur Illustration zählt die Broschüre mehrere Beschränkungen in Lizenzverträgen auf, die unverhältnismäßig bzw. wettbewerbswidrig sein können. Allerdings wird dort nicht zwischen den verschiedenen Arten von Schutzrechten differenziert. Außerdem ist die Formulierung hinsichtlich der Zulässigkeit oder Unzulässigkeit der einzelnen Wettbewerbsbeschränkungen überwiegend vage und somit zur Präzisierung des Begriffs der Angemessenheit ungeeignet. Einige konkrete Aussagen sind dennoch enthalten: So sollen Patentpools beispielsweise immer dann als wettbewerbsbeschränkend gelten – und somit nicht unter die Ausnahmeregelung des Sec. 3 (5) CA fallen –, wenn die beteiligten Hersteller gleichzeitig vereinbaren, keine Lizenzen an

748 Veröffentlicht unter http://www.cci.gov.in/index.php?option=com_content&task=view&id=42 (27.06.11) unter dem Link: „Intellectual Property Rights“.

Dritte zu vergeben bzw. wenn sie die Quoten und Preise festsetzen.[749] Als unangemessen gelten darüber hinaus Kopplungsvereinbarungen, Grantback-Klauseln und Paketlizenzen.[750]

Im Ergebnis ist die Broschüre unzureichend, um den Begriff „reasonable“ im Sine des Sec. 3 (5) CA zu präzisieren.

α) Systematischer Zusammenhang

In systematischer Hinsicht kann der Begriff der „Angemessenheit“ negativ anhand der Verbotsnormen aus den Immaterialgüterschutzgesetzen abgegrenzt werden. Denn eine „angemessene Bedingung“ zur Sicherung eines Schutzrechts kann dann nicht mehr vorliegen, wenn die Vereinbarung selbst gegen ein Schutzrecht verstößt. Praktiken, die ausdrücklich durch die Gesetze zum Schutze des geistigen Eigentums verboten sind, können demnach nicht „angemessen“ im Sinne des Sec. 3 (5) (i) CA sein. Dafür spricht auch Sec. 62 CA, nach dem Bestimmungen des Competition Act, 2002 nicht zur Beeinträchtigung anderer Gesetze führen dürfen.

Ausdrückliche Verbote beschränkender Vereinbarungen in Lizenzverträgen finden sich – wie bereits vorangegangen erwähnt – im indischen Patentrecht. Gemäß Sec. 140 (1) (iii) (a.) PA darf ein Lizenznehmer nicht dazu gezwungen werden, Produkte einer bestimmten Person zu erwerben. Ebenso unzulässig sind Vereinbarungen, die den Lizenznehmer zwingen, Produkte ausschließlich von einer bestimmten Person zu erwerben. Dies gilt auch für Vereinbarungen, durch die der Lizenznehmer in seinem Recht beschränkt wird, andere als die patentierten – bzw. mit dem patentierten Verfahren hergestellten – Produkte oder andere als die patentierten Verfahren zu nutzen.

Weil die genannten Bestimmungen in Lizenzverträgen gegen das indische Kartellrecht verstoßen, können sie keine „angemessene Bedingung“ im Sinne von Sec. 3 (5) (i) CA darstellen. Sie sind daher nicht von der Ausnahmebestimmung vom Kartellverbot erfasst.

β) Historische Interpretation

Dogmengeschichte

Anhaltspunkte für die Auslegung der unbestimmten Rechtsbegriffe des Sec. 3 (5) (i) CA, insbesondere der Begriff der „Angemessenheit“, könnten sich auch aus der Dogmengeschichte der Bestimmung ergeben. Das bisherige indische Kartellrecht, der MRTP-Act, enthielt ebenfalls Regelungen zur Abgrenzung von Kartellrecht und Immaterialgüterschutzgesetzen.

Im bisherigen indischen Kartellrecht bestimmte sich das Verhältnis zwischen den Rechten des geistigen Eigentums und dem Kartellrecht vor allem

749 Advocacy booklet on Intellectual Property Rights, S. 5.

750 Advocacy booklet on Intellectual Property Rights, S. 6.

nach Sec. 15 (a) und (b) MRTP-Act bezogen auf Patente, Sec. 39 (3) MRTP-Act bezogen auf Patente und Markenrechte sowie nach Sec. 37 (3) (b) MRTP-Act bezüglich aller Rechte des geistigen Eigentums.

Die Sonderregelungen für Patente in Sec. 15 MRTP-Act kamen im Ergebnis einer „Blankovollmacht“ für wettbewerbswidrige Bestimmungen in Patent-Lizenzverträgen gleich.[751] Diese Bestimmungen können nicht als Interpretationshilfe herangezogen werden, da sie in dieser Form nicht in das neue Gesetz übernommen wurden und weil das neue Gesetz seiner Systematik nach dem Patentrecht keine Sonderstellung mehr einräumt.

Ähnliche Bedenken bestehen hinsichtlich der Regelung in Sec. 39 (3) MRTP-Act, nach der die Preisbindung in Patent- und Markenlizenzverträgen ausdrücklich erlaubt war. Auch diese Regelung passt nicht in die Systematik des neuen indischen Kartellrechts, welches keine ausdrücklichen Sonderregelungen für Patent- oder Markenrechte enthält.

Anhaltspunkte für die Interpretation von Sec. 3 (5) (i) CA könnten aber aus der Regelung des Sec. 37 (3) (b) MRTP-Act abgeleitet werden, der einen allgemeinen Grundsatz für das Verhältnis von Kartellrecht und den Rechten des geistigen Eigentums in Indien enthält.

Gemäß dieser Regelung darf die Wettbewerbsbehörde keine Verfügung erlassen „in Bezug auf solche beschränkenden Handelspraktiken, die ausdrücklich durch ein anderes rechtsgültiges Gesetz autorisiert sind.“ Dazu zählen auch die Gesetze zum Schutz des geistigen Eigentums. Anhaltspunkte für die Interpretation des Sec. 37 (3) MRTP-Act lassen sich aus den Entscheidungen „Dr. Vallal Peruman and Dileep Singh Bhuria v. Godfrey Phillips (India) Ltd.“[752] und „Smt. Manju Bhardwaj v. Zee Telefilms Ltd.“[753] entnehmen. Diese beziehen sich zwar auf Sec. 36 D (3) MRTP-Act, der lauterkeitsrechtlichen Ausnahmeregelung zugunsten von Rechten des geistigen Eigentums, sind aber aufgrund des gleichen Wortlauts der beiden Regelungen auf den hier zu behandelnden Fall übertragbar. Unter Bezugnahme auf die frühere Rechtssprechung des EuGH unterscheidet die bisherige indische Wettbewerbsbehörde zwischen der Existenz eines Rechts und seiner Ausübung und erklärt diesen Grundsatz auch in Bezug auf das indische Recht für anwendbar. Demnach soll der Schutzrechtsinhaber in der Aus-

751 “...as far as inquiry into monopolistic or restrictive trade practices, under the MRTP Act is concerned, the patent holder has been given a carte blanche; in other words, subject to the provisions of the Patent Act he can impose any conditions before granting the licences which are in tune with the Patent Act but wich are not necessarily in tune with the MRTP Act and he will not incur any liability to inquiry, as far as monopolistic and restrictive practices are concerned”, Jhala, S. 93; die einzigen Einschränkungen ergeben sich aus den Verboten in Sec. 140 PA.

752 (1995) 16 CLA 201, 205.

753 (1996) 20 CLA 229, 233.

übung seines Rechts in keiner Weise beschränkt werden, solange das Schutzrecht in strikter Übereinstimmung mit den jeweiligen Bestimmungen des Schutzgesetzes gebraucht wird.[754] Der MRTP-Act (der auch das Unlauterkeitsrecht beinhaltete) soll demnach nur dann anwendbar sein, wenn die Rechte eines Schutzgesetzes missbräuchlich gebraucht werden.[755]

Obwohl diese Entscheidungen der MRTP-Kommission die Kompetenz zusprechen, über missbräuchliche Bestimmungen in Lizenzbestimmungen bzw. über die missbräuchliche Nutzung von Rechten des geistigen Eigentums zu entscheiden, fand in der Vergangenheit eine kartellrechtliche Überprüfung von Lizenzverträgen in Indien so gut wie gar nicht statt. Kommissions- oder Gerichtsentscheidungen, in denen Lizenzbestimmungen unter das indische Kartellverbot subsumiert wurden, sind nicht bekannt.

Dementsprechend ist es in Indien bisher auch weitestgehend ungeklärt, welche Vereinbarungen in Lizenzverträgen im Einzelnen als missbräuchlich gelten und welche nicht.

In der Literatur hat sich einzig Jhala[756] differenziert mit dieser Frage auseinandergesetzt. Demnach sollen territoriale Beschränkungen in Patent-, Urheberrechts- oder Markenlizenzverträgen, im Gegensatz zu solchen in Know-how-Lizenzverträgen, grundsätzlich kartellrechtskonform sein.[757] Auch die Bündelung von Patenten oder wechselseitige Lizenzen im Zusammenhang mit Patent- oder Urheberrechten entziehen sich dieser Ansicht nach grundsätzlich dem Anwendungsbereich des Kartellverbots; in Bezug auf Know-how-Vereinbarungen soll die Kartellbehörde dagegen umfassende Ermittlungsbefugnisse haben.[758] Paketpatente und die Kopplung von Patenten werden dagegen im Hinblick auf das Verbot in Sec. 140 (1) (iii) (a) Patents Act grundsätzlich als unzulässig angesehen.[759] Genauso kritisch werden Kopplungen im Zusammenhang mit marken- oder urheberrechtlichen Lizenzen betrachtet.[760] Lizenzvertragliche Nutzungsbeschränkungsklauseln sollen dagegen nicht dem Anwendungsbereich des Kartellverbots unterliegen.[761] Dasselbe gilt für Alleinlizenzen in markenrechtlichen und urheberrechtlichen, nicht aber in Know-how-Lizenzverträgen.[762] Auch patent-, marken- und urheberrechtsbezogene Exklusivlizenzen

754 (1995) 16 CLA 201, 205.
755 Dr. Vallal Peruman v. Godfrey Phillips (India) Ltd. (1995) 16 CLA 201, 205.
756 Intellectual Property and Competition Law in India – With Special Reference to Patents, Trademarks, Copyrights and Know-how Contracts.
757 Jhala, S. 130 und S. 170.
758 Jhala, S. 194 und S. 195.
759 Jhala, S. 195 und S. 231.
760 Jhala, S. 238.
761 Jhala, S. 205 und S. 211.
762 Jhala, S. 216.

sollten grundsätzlich freigestellt sein.[763] Genauso seien Lizenzverweigerungen in Bezug auf Patent-, Marken- und Urheberrechte nicht vom indischen Kartellverbot umfasst.[764] Nichtangriffsklauseln in Patent-, Marken- und Urheberrechtslizenzverträgen sollten dagegen nach Ansicht Jhala's grundsätzlich unzulässig sein.[765]

Einschränkend muss allerdings berücksichtigt werden, dass die Interpretationsansätze Jhala's – soweit bekannt – nicht durch eine einzige Entscheidung seitens der Gerichte oder der Kartellbehörden bestätigt worden sind. Zudem können diese Erwägungen schon deshalb nicht unverändert auf das neue Recht übertragen werden, weil der Competition Act, 2002 eine Privilegierung von Patenten, wie sie der MRTP-Act in Sec. 15 MRTP-Act ausdrücklich vorsah, nicht mehr enthält.

Zusammenfassend lässt sich anhand der dogmengeschichtlichen Auslegung Folgendes feststellen: Die zu Sec. 37 (3) (b) MRTP-Act, der Vorgängerregelung des Sec. 3 (5) (i) CA, ergangenen Grundsätze sind prinzipiell auf das neue Recht übertragbar. Dementsprechend können solche Vereinbarungen als „angemessen" im Sinne von Sec. 3 (5) (i) CA angesehen werden, die keine missbräuchliche Ausnutzung eines Schutzrechts darstellen. Für die Frage, welche konkreten Lizenzbestimmungen künftig als angemessen gelten und welche nicht, kann auf die Interpretationsansätze Jhala's zurückgegriffen werden, wobei aber der Umstand berücksichtigt werden muss, dass das neue Recht keine Privilegierung von Patenten mehr kennt.

Gesetzesmaterialien

Die veröffentlichten Gesetzesmaterialien zum Competition Act, 2002 enthalten nur wenige Anhaltspunkte für die Interpretation von Sec. 3 (5) (i) CA: Unter Punkt 9.2.6. seines Berichts[766] äußerte sich das indische „Parliamentary Standing Committee" in einem Nebensatz wie folgt zu der Regelung in Sec. 3 (5) (i) CA[767]: „Diese Regelung erlaubt die Anwendung des Kartellrechts zur Untersuchung unangemessener Bedingungen, die von einem Schutzrechtsinhaber im Rahmen der Verwertung seines Schutzrechts erhoben werden." In seiner Äußerung differenziert der ständige Parlamentsausschuss nicht zwischen erster und zweiter Alternative des Sec. 3 (5) (i) CA. Daraus lässt sich der Wille des Gesetzgebers schließen, dass Sec. 3 (5) (i) CA wie ein einheitlicher Tatbestand be-

763 Jhala, S. 221 und S. 224.

764 Jhala, S. 226.

765 Jhala, S. 230.

766 Report of the Parliamentary Standing Committee (93rd Report) on the Competition Bill 2001, abgedruckt in: Viswanathan, S. 215 ff.

767 In dem Bericht ist noch von „clause 4 (6) of the Concept Bill" die Rede; diese Regel wurde später als Sec. 3 (5) (i) CA in den Competition Act, 2002 übernommen.

handelt werden soll. Dementsprechend sollen nach der gesetzgeberischen Intention künftig nur angemessene Bedingungen zur Sicherung von Schutzrechten durch Sec. 3 (5) (i) CA vom Kartellverbot freigestellt werden. Offen bleibt allerdings auch in den Gesetzesmaterialien, welche konkreten Bedingungen in Lizenzverträgen angemessen sind und welche nicht.

γ) Auslegungsergebnisse und Zusammenfassung

Die unbestimmten Rechtsbegriffe des Sec. 3 (5) (i) CA, also die „Erforderlichkeit" und die „Angemessenheit" einer Bedingung sind entscheidend für die Bestimmung der Weite der Ausnahmeregelung vom Kartellverbot und damit für das Verhältnis von Kartellverbot und den Rechten des geistigen Eigentums im indischen Competition Act, 2002.

Die Auslegung zeigt, dass unter einer „erforderlichen" Bedingung die mildeste mehrerer gleichermaßen zur Schutzrechtssicherung geeigneter Bedingungen gemeint ist.

Wann eine Bedingung „angemessen" ist, ist dagegen nicht zweifelsfrei bestimmbar. Der Begriff kann aber negativ dahingehend abgegrenzt werden, dass die durch den Patents Act verbotenen Vereinbarungen unangemessen sind und daher nicht unter die Ausnahmeregelung des Sec. 3 (5) (i) CA fallen. Dies betrifft alle Vereinbarungen in Lizenzverträgen, die den Lizenznehmer dazu zwingen, bestimmte Produkte zu erwerben, sowie alle Vereinbarungen, die ihn daran hindern, Produkte von Dritten zu erwerben bzw. zu nutzen oder andere Verfahren als die des Lizenzgebers anzuwenden.

Die historische Interpretation ergibt darüber hinaus, dass eine Bestimmung dann als unangemessen gilt, wenn sie eine missbräuchliche Ausnutzung des gewerblichen Schutzrechts darstellt. Weitgehend ungeklärt bleibt aber die Frage, welche Lizenzbestimmungen im Einzelnen als angemessen gelten und somit vom Anwendungsbereich des Kartellverbots exkludiert sind. Als Anhaltspunkt können die Ausführungen Jhalas zur Vorgängerregelung herangezogen werden, soweit sie sich nicht auf die in Sec. 15 MRTP-Act enthaltene Privilegierung für Patente beziehen. Darüber hinaus liefert das von der Competition Commission veröffentlichte „Advocacy Booklet on Intellectual Property Rights" weitere – wenn auch zu wenige – Beispiele dafür, welche Vereinbarungen nicht mehr als „angemessen" im Sinne des Sec. 3 (5) CA gelten.

Der Umstand, dass die Kartellbehörde – soweit bekannt – in der Vergangenheit gar nicht gegen Lizenzbestimmungen, die gegen das Kartellverbot verstoßen, vorgegangen ist, spricht zumindest dafür, dass die Kommission auch künftig eher zurückhaltend bei der Anwendung des Kartellrechts auf Vereinbarungen in Bezug auf gewerbliche Schutzrechte sein wird.

II. Europa

1. Einführung

Die gewerblichen Schutzrechte und das Urheberrecht gewähren dem jeweiligen Rechtsinhaber ein Ausschließlichkeitsrecht, mit dem dieser Dritte von der Nutzung des Rechts ausschließen kann. Dieses Nutzungsmonopol kann mit den europäischen Wettbewerbsregeln kollidieren.

Der EuGH hat in seiner Rechtsprechung einige allgemeine Grundsätze für die kartellrechtliche Beurteilung von im Zusammenhang mit Immaterialgüterrechten getroffenen Vereinbarungen aufgestellt. Zunächst hat er festgestellt, dass die wirtschaftliche Nutzung von Schutzrechten durch Verträge grundsätzlich an Art. 101 AEUV zu messen ist und dass die Schutzrechtsausübung immer dann in Konflikt mit Art. 101 AEUV steht, wenn sie den Gegenstand, das Mittel oder die Folge einer wettbewerbsbeschränkenden Maßnahme darstellt.[768] Andererseits soll das europäischen Kartellrecht immer dann nicht anwendbar sein, wenn sich die zu beurteilende Wettbewerbsbeschränkung aus dem spezifischen Gegenstand des jeweiligen Schutzrechts ergibt.[769] Dies gilt allerdings nur solange und soweit das Schutzrecht noch nicht erschöpft ist. Im Hinblick auf das in Art. 3 EUV festgeschriebene Ziel des einheitlichen gemeinsamen Marktes tritt die Erschöpfung ein, sobald ein Erzeugnis, in das ein Schutzrecht eingeflossen ist, vom Inhaber oder mit dessen Zustimmung innerhalb des Europäischen Wirtschaftsraums in den Verkehr gebracht worden ist (Grundsatz der gemeinschaftsweiten Erschöpfung).[770]

Für den Begriff des spezifischen Gegenstands im Sinne des Gemeinschaftsrechts existiert keine für sämtliche Schutzrechte gültige abstrakt generelle Definition. Was genau zum „spezifischen Gegenstand“ und damit zum vom AEU-Vertrag gewährleisteten Bestand des jeweils betroffenen Schutzrechts in Abgrenzung zu seiner dem Wettbewerbsrecht unterworfenen Ausübung gehört, ist vielmehr im Einzelfall unter Berücksichtigung der Funktionen des jeweiligen Schutzrechts und der allgemeinen Zielsetzung des AEU-Vertrags zu ermitteln.[771]

Mit anderen Worten muss bei der kartellrechtlichen Beurteilung von im Zusammenhang mit Immaterialgüterrechten getroffenen Vereinbarungen zwischen den einzelnen Schutzrechtsarten differenziert werden.

---

768 EuGH, 8.6.1982, Rs. 258/78, Nungesser, Slg. 1982, 2015, 2061 – Maissaatgut.

769 EuGH, 17.10.1990, Rs. C-10/89, CNL-SUCAL/HAG, Slg. 1990, I-3711, 3758.

770 Leitlinien zur Anwendung von Art. 81 EG-Vertrag auf Technologietransfer-Vereinbarungen (TT-Leitlinien), ABl. 2004/C 101/02, Rn. 6 ff.; EuGH, 8.6.1982, Rs. 258/78, Nungesser, Slg. 1982, 2015, 2069 – Maissaatgut.

771 Langen/Bunte-Jestaedt, Art. 81 Fallgruppen, Rn. 264.

2. Vereinbarungen über technologische Schutzrechte

a) GVO für Technologietransfervereinbarungen

Für die kartellrechtliche Beurteilung von Vereinbarungen, Beschlüssen von Unternehmensvereinbarungen oder abgestimmten Verhaltensweisen, welche die Nutzung oder Übertragung von Patent-, Know-how- und Softwarerechten betreffen, sind die Bestimmungen der Gruppenfreistellungsverordnung (GVO) für Technologietransfervereinbarungen (VO 772/2004) zu beachten.[772] Gemäß Art. 1 Abs. 1 lit. h) VO 772/2004 fallen unter den Begriff des Patents im Sinne dieser Verordnung neben Patenten auch Gebrauchsmuster, Geschmacksmuster, Topographien von Halbleitererzeugnissen, ergänzende Schutzzertifikate für Arzneimittel oder andere Produkte, für die Zertifikate erlangt werden können, sowie Sortenschutzrechte.

Lizenzvereinbarungen über eines der genannten Schutzrechte, welche die Produktion von Erzeugnissen ermöglichen, die weder Kernbeschränkungen im Sinne des Art. 4 VO 772/2004 enthalten noch unter die Gruppe nicht freigestellter Beschränkungen des Art. 5 der Verordnung fallen, sind grundsätzlich vom Kartellverbot des Art. 101 Abs. 1 AEUV freigestellt, wenn die Beteiligten die Marktanteilsschwellen des Art. 3 VO 772/2004[773] nicht überschreiten, Art. 2 VO 772/2004.

Zu den nicht freistellungsfähigen Kernbeschränkungen gehören gemäß Art. 4 Abs. 1 lit. a) der VO 772/2004 alle Formen der unmittelbaren oder mittelbaren Preisbindung, Outputbeschränkungen, Beschränkungen der Verwertung eigener Technologien zwischen Wettbewerbern sowie in der Regel[774] auch Beschränkungen der Forschungs- und Entwicklungstätigkeit[775] zwischen konkurrierenden Unternehmen. Auch Markt- und Kundengruppenaufteilungen zwischen Wettbewerbern sind grundsätzlich nicht freistellungsfähig, wobei allerdings Art. 4 Abs. 1 lit. c) VO 772/2004 eine Reihe von Ausnahmen vorsieht.[776]

---

772 Verordnung (EG) Nr. 772/2004 der Kommission vom 27. April 2004 über die Anwendung von Artikel 81 Absatz 3 EG-Vertrag auf Gruppen von Technologietransfervereinbarungen, ABl. 2004 L 123/11.

773 Das heißt einen gemeinsamen Marktanteil von 20 % bei konkurrierenden Unternehmen bzw. 30 % individuellen Marktanteil bei nicht konkurrierenden Unternehmen auf dem betroffenen Technologie- und Produktmarkt.

774 Es sei denn, die Beschränkung ist unerlässlich, um die Preisgabe des lizenzierten Know-hows an Dritte zu verhindern, Art. 4 Abs. 1 lit. d) VO 772/2004.

775 Art. 4 Abs. 1 lit. a), b) und d) VO 772/2004.

776 Freigestellt sind danach z.B. Nutzungsbeschränkungen sowie Verkaufsbeschränkungen gemäß Art. 4 Abs. 1 lit. c) i), iv) und v) sowie Exklusiv- und Alleinlizenzen gemäß Art. 4 Abs. 1 lit. c) ii) und ii) VO 772/2004.

Im Hinblick auf Vereinbarungen, Beschlüssen von Unternehmensvereinigungen und abgestimmten Verhaltensweisen zwischen Nicht-Wettbewerbern werden vor allem die Festsetzung des Verkaufspreises, Verkaufsbeschränkungen im Sinne von Art. 4 Abs. 2 lit. c) VO 772/2004 sowie Gebiets- oder Kundengruppenaufteilungen – mit Ausnahme der in Art. 4 Abs. 2 lit. b) (i)-(vi) VO 772/2004 genannten Vereinbarungen – als nicht freistellungsfähig angesehen, Art. 4 Abs. 2 VO 772/2004.

Neben diesen Kernbeschränkungen sind in Art. 5 VO 774/2004 Vereinbarungen, Beschlüsse von Unternehmensvereinigungen und abgestimmte Verhaltensweisen genannt, die nicht von der Freistellung des Art. 2 VO 774/2004 erfasst sind und die im Einzelnen am Maßstab des Art. 101 AEUV überprüft werden müssen.

b) Technologietransfer außerhalb der VO 772/2004

Die kartellrechtliche Beurteilung von Vereinbarungen, Beschlüssen von Unternehmensvereinigungen und abgestimmten Verhaltensweisen, bei denen die GVO für Technologietransfervereinbarungen – etwa aufgrund der Überschreitung der Marktanteilsschwellen des Art. 3 VO 772/2004 oder weil es sich um Vereinbarungen, Beschlüsse von Unternehmensvereinigungen oder abgestimmte Verhaltensweisen zwischen mehr als zwei Beteiligten handelt – nicht angewendet werden kann, richtet sich nach Art. 101 Abs. 1 und 3 AEUV.

Wichtige Grundsätze für die Anwendung dieser Bestimmungen auf Technologietransfervereinbarungen außerhalb der Gruppenfreistellungsverordnung sind in Abschnitt IV der Technologietransfer-Leitlinien[777] enthalten. Demnach führt die bloße Überschreitung der Marktanteilsschwellen allein noch nicht zur Rechtswidrigkeit einer Vereinbarung oder abgestimmten Verhaltensweise, solange sie keine Kernbeschränkung enthält.[778] Das bedeutet, dass die in der VO 772/2007 enthalten Kernbeschränkungen auch außerhalb des Anwendungsbereichs dieser Verordnung maßgeblich sind und dass Vereinbarungen oder abgestimmten Verhaltensweisen, die solche Beschränkungen zum Inhalt haben, wettbewerbswidrig sind.

Neben diesen allgemeinen Grundsätzen enthalten die Technologietransfer-Leitlinien eine differenzierte wettbewerbsrechtliche Beurteilung der verschiedenen Arten von Beschränkungen, die in Lizenzvereinbarungen vorkommen können.[779] Demnach sollen etwa Vereinbarungen oder abgestimmte Verhaltensweisen, die die Zahlung von Lizenzgebühren betreffen, grundsätzlich nicht von Art. 101 Abs. 1 AEUV erfasst werden, es sei denn, es handelt sich um Gebührenfestsetzungen im Rahmen wechselseitiger Lizenzen, wobei die Gebühren den

777 Unter den Randnummern 130 ff. der TT-Leitlinien.

778 TT-Leitlinien, Rn. 131.

779 Rn. 153 ff. der TT-Leitlinien.

Marktwert der Lizenz eindeutig unverhältnismäßig übersteigen und einen erheblichen Einfluss auf die Marktpreise haben.[780] Während wechselseitige Exklusivlizenzen zwischen Wettbewerbern als Kernbeschränkung grundsätzlich nicht freistellungsfähig sind, erfüllen Exklusivlizenzen zwischen Nicht-Wettbewerbern gemäß den Leitlinien regelmäßig die Voraussetzungen des Art. 101 Abs. 3 AEUV.[781] Gemäß den Leitlinien stellen auch Verkaufsbeschränkungen in wechselseitigen Lizenzvereinbarungen zwischen Wettbewerbern grundsätzlich eine nach Art. 101 Abs. 1 AEUV verbotene Kernbeschränkung dar.[782] Auch in nicht wechselseitigen Lizenzvereinbarungen zwischen Wettbewerbern fallen Beschränkungen des aktiven Verkaufs regelmäßig unter Art. 101 Abs. 1 AEUV, wenn die Parteien über erhebliche Marktmacht verfügen.[783] Auch wechselseitige Outputbeschränkungen in Lizenzvereinbarungen zwischen Wettbewerbern sind als Kernbeschränkung grundsätzlich verboten; nicht wechselseitige dagegen nur dann, wenn die Parteien über erhebliche Marktmacht verfügen.[784] Nutzungsbeschränkungen, bei denen sich der Lizenzgeber einen oder mehrere Produktmärkte bzw. technische Anwendungsbereiche vorbehält, gelten nach den Leitlinien, zumindest zwischen Nicht-Wettbewerbern, als zulässig.[785] Hinsichtlich Kopplungs- und Paketvereinbarungen ist hingegen jeweils auf eine Einzelfallbetrachtung unter Abwägung der wettbewerbsfördernden[786] und wettbewerbsschädigenden Wirkungen abzustellen.[787]

3. Vereinbarungen über Markenrechte

Wettbewerbsbeschränkende Regelungen in Markenlizenzvereinbarungen sind mangels einer eigenen Gruppenfreistellungsverordnung anhand der allgemeinen Grundsätze zu beurteilen.

Für die Frage der kartellrechtlichen Untersuchung solcher Vereinbarungen kommt es somit entscheidend darauf an, ob die Wettbewerbsbeschränkung vom spezifischen Schutzgegenstand der Marke gedeckt ist oder nicht. Der spezifische Schutzgegenstand einer Marke schützt das ausschließliche Recht des Inhabers, ein Erzeugnis unter Benutzung des Warenzeichens in den Verkehr zu bringen

---

780 TT-Leitlinien, Rn. 156, 158.
781 TT-Leitlinien, Rn. 163, 165.
782 TT-Leitlinien, Rn. 169.
783 TT-Leitlinien, Rn. 171.
784 TT-Leitlinien, Rn. 175.
785 TT-Leitlinien, Rn. 184.
786 Kopplungsvereinbarungen sind beispielsweise dann wettbewerbsfördernd, wenn das gekoppelte Produkt notwendig ist, um eine technisch befriedigende Anwendung der lizenzierten Technologie zu erzielen (TT-Leitlinien, Rn. 194.), oder wenn sie zur Effizienzsteigerung bei der Nutzung der lizenzierten Technologie durch den Lizenznehmer führen (TT-Leitlinien, Rn. 195).
787 TT-Leitlinien, Rn. 192.

und sich so vor Konkurrenten zu schützen, die das Schutzrecht widerrechtlich nutzen wollen.[788] Der Markenrechtsinhaber hat außerdem das Recht, dem Verbraucher die Herkunfts- und Ursprungsidentität des Erzeugnisses zu garantieren bzw. diesem zu ermöglichen, dieses Erzeugnis ohne Verwechslungsgefahr von denen anderer Herkunft zu unterscheiden.[789]

Diese Rechte enden, sobald die gekennzeichnete Ware vom Markenrechtsinhaber oder mit dessen Zustimmung im Europäischen Wirtschaftsraum in den Verkehr gebracht worden ist.[790]

Vereinbarungen oder abgestimmte Verhaltensweisen, die nicht mehr vom spezifischen Gegenstand der Marke umfasst sind, stellen eine Wettbewerbsbeschränkung im Sinne des Art. 101 Abs. 1 AEUV dar. Dazu gehören Gebietslizenzen, absolute Gebietsschutzabreden, Ausübungsbeschränkungen und -verbote, Höchstmengenbeschränkungen, der Vorbehalt von Kunden oder Kundengruppen sowie Wettbewerbsverbote.[791] Solche Vereinbarungen bzw. abgestimmten Verhaltensweisen sind nur dann zulässig, wenn im jeweiligen Einzelfall die Voraussetzungen der Legalausnahme des Art. 101 Abs. 3 AEUV erfüllt sind.

Neben Lizenzvereinbarungen können auch Abgrenzungsvereinbarungen eine wettbewerbsbeschränkende Wirkung haben. Markenrechtliche Abgrenzungsvereinbarungen werden zwischen zwei Markenrechtsinhabern geschlossen mit dem Ziel, künftige Konflikte hinsichtlich der Benutzung der Schutzrechte zu vermeiden oder einen laufenden markenrechtlichen Prozess zu beenden.[792] Solche Abgrenzungsvereinbarungen sind immer dann zulässig, wenn sie im beiderseitigen Interesse der Parteien den jeweiligen Benutzungsumfang ihrer Markenzeichen festlegen, um Verwechslungen oder Konflikte zu vermeiden.[793]

Letztlich können auch Markenübertragungen gegen das Kartellrecht verstoßen, wenn es durch sie zu einer unzulässigen Marktaufteilung kommt, etwa dann, wenn eine Marke nur für eines oder einige der Länder übertragen wird, für die sie eingetragen ist. Beispiele für markenrechtlich und damit auch kartellrechtlich unzulässige Vereinbarungen oder abgestimmte Verhaltensweisen sind die Aufteilung des Rechts an einer Gemeinschaftsmarke nach einzelnen Mitgliedsstaaten oder die Aufteilung nach bestimmten Waren oder Dienstleistungen innerhalb eines Landes.[794]

---

788 EuGH, 31.10.1974, Rs. 16/74, Centrafarm/Winthrop, Slg. 1974, 1183, 1195.

789 EuGH, 23.05.1978, Rs.102/77, Hoffmann–La Roche / Centrafarm II, Slg. 1978, 1139, Rn. 7.

790 Loewenheim/M/R-Axster/Schütze, GRUR, Rn. 61 und 63.

791 Langen/Bunte-Jestaedt, Art. 81, Fallgruppen, Rn. 275.

792 Löwenheim/Meessen/Riesenkampff-Axster/Schütze, Anh. 3 Art. 81, Rn. 173.

793 EuGH, 30.1.1985, Rs. 35/83, Toltecs/Dorcet II, GRUR Int. 1985, 399, 402.

794 Langen/Bunte-Jestaedt, Art. 81, Fallgruppen, Rn. 283.

4. Lizenzvereinbarungen über Urheberrechte

Auch im Falle wettbewerbsbeschränkender Abreden in Urheberlizenzverträgen hängt die kartellrechtliche Zulässigkeit vom spezifischen Gegenstand des Schutzrechts ab. Der spezifische Gegenstand des Urheberrechts beinhaltet sowohl das Urheberpersönlichkeitsrecht als auch das Verwertungsrecht.[795]

Das Urheberpersönlichkeitsrecht schützt das Interesse des Urhebers an der Integrität seines eigenen schöpferischen Werkes. Das Verwertungsrecht gibt dem Urheber die rechtliche Grundlage dafür, Art und Umfang der Nutzung seines Werkes zu überwachen und diese von der Zahlung einer Vergütung abhängig zu machen.[796] Dies gilt sowohl für die körperliche Verwertung durch Vervielfältigung des Werkes als auch für die unkörperliche Verwertung durch öffentliche Aufführung oder Wiedergabe.

Auch beim Urheberrecht gilt der Grundsatz, dass das Recht gemeinschaftsweit erschöpft ist, wenn das betreffende Werk durch den Rechtsinhaber oder mit dessen Zustimmung in einem Mitgliedsstaat in den Verkehr gebracht worden ist. Diese Erschöpfungswirkung tritt dagegen nicht im Falle der unkörperlichen Urheberrechtsverwertung durch Aufführung ein.[797]

In Fällen, in denen die Urheberrechtslizenz lediglich Begleitbestimmung zu einem Liefervertrag oder einer Technologietransfervereinbarung ist, finden die Gruppenfreistellungsverordnung für Vertikalverträge bzw. die GVO für Technologietransfervereinbarungen direkte Anwendung. Außerdem findet die GVO für Technologietransfervereinbarungen analoge Anwendung auf Lizenzen für die Vervielfältigung und Verbreitung eines geschützten Werks, da hierin eine Produktion von Vertragsprodukten i.S.d. Art. 2 VO 772/2004 zu sehen ist.

Ein Beispiel für kartellrechtlich problematische Bestimmungen in Urheberrechtsverträgen sind gebietsmäßige Beschränkungen bezüglich des Verkaufs urheberrechtlich geschützter Produkte. Solche Beschränkungen sind nicht Teil des spezifischen Gegenstands des Urheberrechts. Etwas anderes gilt nur dann, wenn diese Beschränkungen Voraussetzung für die Einführung eines neuen Produkts oder die Erschließung eines neuen Markts sind.[798] Beim unkörperlichen Aufführungsrecht dagegen sind Gebietsbeschränkungen grundsätzlich zulässig.[799]

---

795 EuGH, 20.10.1993, verb. Rs. C-92/92 und C-326/92, Phil Collins/Imtrat, Slg. 1993, I-5145, 5179.

796 Langen/Bunte-Jestaedt, Art. 81, Fallgruppen, Rn. 288.

797 Mestmäcker/Schweitzer, § 27, Rn. 25.

798 Kommission, 23.12.1977, ABl. 1978 L 70/69, 72 – Campari.

799 EuGH, 18.3.1980, Rs. 62/79, Coditel/Ciné Vog, Slg. 1980, 881, 903.

Auch die so genannten Exklusivlizenzen sind nicht vom spezifischen Gegenstand des Schutzrechts erfasst, sofern sie das Verbreitungsrecht betreffen.[800] Im Bereich des Aufführungsrechts dagegen fallen ausschließliche Lizenzen nur unter bestimmten Umständen unter Art. 101 Abs. 1 AEUV – insbesondere, wenn deren Dauer übermäßig lang ist oder wenn unangemessen hohe Gebühren vorgesehen sind.[801]

Neben den genannten Vereinbarungen sind auch Mengenbeschränkungen und Mindestmengenvorgaben als wettbewerbsbeschränkend im Sinne des Art. 101 Abs. 1 AEUV zu qualifizieren.[802]

Schließlich werden Buchpreisbindungen, die auf mitgliedsstaatlichen Gesetzen – wie beispielsweise dem deutschen Gesetz über die Preisbindung für Bücher – beruhen, grundsätzlich nicht vom Kartellverbot des Art. 101 Abs. 1 AEUV erfasst.[803] Auf privatinitiierte Preisbindungssysteme für Bücher ist Art. 101 Abs. 1 AEUV dagegen anwendbar.[804]

III. Zusammenfassung und Vergleich

Die Frage, inwieweit Vereinbarungen, die im Zusammenhang mit den Rechten des geistigen Eigentums getroffen werden, vom Kartellverbot erfasst werden oder nicht, ist in Indien bislang weitgehend ungeklärt. Die zentrale Norm für das Verhältnis von Rechten des geistigen Eigentums und indischem Kartellverbot

---

800 Streinz-Eilmansberger, Art. 81, Rn. 213.

801 Wenn „Hindernisse errichtet werden, die im Hinblick auf die Bedürfnisse der Filmindustrie künstlich und ungerechtfertigt sind, (...) unangemessen hohe Vergütungen für die getätigten Investitionen ermöglicht werden oder (...) eine Ausschließlichkeit herbeigeführt wird, deren Dauer gemessen an diesen Bedürfnissen übermäßig lang ist“, EuGH, 6. 10. 1982, Rs. 262/81, Coditel II, Slg. 1982, 3381, 3402.

802 Siehe Mäger-Gehring, 4. Kap., Rn. 123; Streinz-Eilmansberger, Art. 81, Rn. 215.

803 S.o., 3. Teil, D, II, 1., a). Art. 101 Abs. 1 AEUV (ex-Art. 81 Abs. 1 EG) betrifft Verhaltensweisen von Unternehmen, nicht aber die durch Gesetz von einem Mitgliedsstaat getroffenen Maßnahmen (unter bestimmten Voraussetzungen sind allenfalls Preismaßnahmen von hoheitlich geschaffenen Organisationen erfasst, Müller-Graff, EuR 1985, 293, 295). Mitgliedsstaatliche Maßnahmen, wie z.B. die Buchpreisbindung, dürfen allerdings nicht die praktische Wirksamkeit der für die Unternehmen geltenden Wettbewerbsregeln ausschalten oder gegen die Warenverkehrsfreiheit i.S.v. Art. 34 AEUV (ex-Art. 28 EG) i.V.m. Art. 36 AEUV (ex-Art. 30 EG) verstoßen, vgl. EuGH, 10.1.1985, Rs. 229/83, Leclerc, Slg. 1985, 1, 31 u. 36.

804 Müller-Graff, EuR 1985, 293, 293; Immenga/Mestmäcker-Ellger, Art. 81 Abs. 3 EGV, Rn. 210. Grenzüberschreitende kollektive vertikale Preisbindungssysteme für Bücher sind von der Kommission und der Rechtsprechung in der Vergangenheit als nicht freistellungsfähig angesehen worden, Kommission, 25.11.1981, ABl. EG 1982 Nr. L 54/36, Rn. 49, 50 – VBBB/VBVB, bestätigt durch EuGH, 17.1.1984, verbundene Rs. 43/82 und 63/84, VBBB/VBVB, Slg. 1984, 19, Rn. 59; siehe auch oben, 3. Teil, D, II, 1., a).

zueinander ist Sec. 3 (5) (i) CA. Nach dieser Bestimmung sind alle „angemessenen Bedingungen, die zur Sicherung der Rechte (eines Schutzrechtsinhabers) erforderlich sind", vom Anwendungsbereich des Kartellverbots exkludiert. Als „erforderlich" können nur solche Bedingungen qualifiziert werden, die die mildeste von mehreren gleich geeigneten darstellen. Die Auslegung des Sec. 3 (5) (i) CA ergibt darüber hinaus, dass eine Bestimmung dann nicht als „angemessen" gilt und damit nicht von der Anwendbarkeit des indischen Kartellrechts ausgenommen werden kann, wenn sie eine missbräuchliche Ausnutzung eines Immaterialgüterrechts darstellt.[805]

Zweifellos sind solche Lizenzbestimmungen und Bestimmungen in Verträgen über die Veräußerung oder Vermietung patentrechtlich geschützter Güter „missbräuchlich" bzw. „unangemessen" und damit vom Kartellrecht ausgenommen, die gegen Sec. 140 Patents Act verstoßen.[806] Zu den nach Sec. 140 PA verbotenen Bestimmungen gehören solche, die den Lizenznehmer zum Erwerb bestimmter Produkte des Rechteinhabers zwingen oder die ihm verbieten, andere Produkte oder Verfahren als die des Lizenzgebers zu erwerben oder zu nutzen.

Abgesehen von den aufgezählten Fällen bleibt es mangels Rechtsprechung und kaum vorhandener Literatur zu diesem Thema weitgehend unklar, welche Lizenzbestimmungen im Einzelnen von der Anwendbarkeit des Kartellverbots befreit sind und welche nicht. Lediglich das ältere Werk Jhalas sowie das „Booklet on Intellectual Property Rights" der bisherigen indischen Wettbewerbsbehörde bieten hierfür einige Anhaltspunkte.[807] Der Umstand, dass keine Entscheidungen aus der Vergangenheit bekannt sind, in denen Lizenzbestimmungen auf Grundlage des Kartellverbots untersagt wurden, lässt vermuten, dass die Wettbewerbsbehörde auch in Zukunft bei der kartellrechtlichen Beurteilung lizenzrechtlicher Vereinbarungen äußerst zurückhalten sein wird.

In Europa dagegen haben sich durch Rechtsprechung und Kommissionspraxis feste Grundsätze herausgebildet, nach denen sich die Anwendbarkeit des Kartellrechts auf Vereinbarungen, Beschlüsse von Unternehmensvereinigungen und abgestimmten Verhaltensweisen, die im Zusammenhang mit Rechten des geistigen Eigentums getroffen oder durchgeführt werden, bestimmt. Demnach soll das europäische Wettbewerbsrecht immer dann nicht anwendbar sein, wenn sich die zu beurteilende Wettbewerbsbeschränkung aus dem spezifischen Gegenstand des jeweiligen Schutzrechts ergibt. Voraussetzung ist aber, dass das betreffende Schutzrecht noch nicht erschöpft ist, d.h., dass das vom Schutzrecht

805 Siehe oben, 3. Teil, E, I, 3., b), bb), (2), (c).

806 Vgl. , 3. Teil, E, I, 3., b), bb), (2), (a) und (c).

807 Bzgl. Jhala vgl. 3. Teil, E, I, 3., b), bb), (2), (b); bzgl. des "Advocacy booklet on Intellectual Property Rights" vgl. 3. Teil, E, I, 3., b), bb), (2).

geschützte Erzeugnis noch nicht innerhalb des europäischen Wirtschaftsraums in den Verkehr gebracht worden ist (Grundsatz der gemeinschaftsweiten Erschöpfung).[808] Was genau zum „spezifischen Gegenstand“ gehört, muss im Einzelfall im Hinblick auf die Funktionen des jeweiligen Schutzrechts sowie den Zielen des AEU-Vertrags ermittelt werden.[809]

Neben diesen generellen Prinzipien haben die europäische Kommission und die Gerichte differenzierte Grundsätze zur kartellrechtlichen Beurteilung unterschiedlicher Lizenzbestimmungen aufgestellt.[810]

Eine vergleichbar ausdifferenzierte Systematisierung ist im Bereich des indischen Kartellrechts bisher nicht erfolgt. Zudem wurden in Indien bisher viele Beschränkungen, die in Europa entweder als Kernbeschränkungen verboten sind oder für die eine Gruppenfreistellung ausscheidet, nicht vom Kartellverbot erfasst. Dies gilt beispielsweise für vertikale Preisbindungen in Patentlizenzverträgen.[811] Auch territoriale Beschränkungen in Patent-, Urheber- oder Markenlizenzverträgen sollten, anders als im europäischen Recht[812], nach bisheriger Rechtsprechung nicht in den Anwendungsbereich des alten Kartellverbots fallen.[813] Selbst wechselseitige Lizenzen[814] sowie patent- oder urheberrechtsbezogene Exklusivlizenzen[815] wurden in Indien, im Gegensatz zum europäischen Recht[816], grundsätzlich nicht unter das Kartellverbot subsumiert.

Der Vergleich zwischen indischem und europäischem Recht verdeutlicht die Tendenz, dass in Indien insgesamt deutlich weniger lizenzvertragliche Vereinbarungen kartellrechtlich erfasst wurden als in Europa. Hinzu kommt die weitgehende Passivität der bisherigen indischen Kartellbehörden und der Gerichte in

---

808 Siehe oben, 3. Teil, E, II, 1.

809 Langen/Bunte-Jestaedt, Art. 81 Fallgruppen, Rn. 264.

810 Bezogen auf Technologietransfervereinbarungen in der VO 772/2004 und in den TT-Leitlinien (Rn. 153 ff.).

811 In Europa eine Kernbeschränkung gemäß Art. 4 Abs. 1 lit. a) VO 772/2004; nach dem bisherigen indischen Recht zulässig gemäß Sec. 39 (3) MRTP-Act.

812 Vgl. Art. 4 Abs. 1 lit. c) und 4 Abs. 2 lit. c) VO 772/2004 bezogen auf Technologietransfervereinbarungen; Gebietslizenzen in Bezug auf das Markenrecht sind nicht vom spezifischen Gegenstand umfasst, daher ist das Kartellverbot anwendbar, Langen/Bunte-Jestaedt, Art. 81, Fallgruppen, Rn. 275; gleiches gilt grundsätzlich für Gebietsbeschränkungen in Urheberrechtslizenzverträgen, Kommission, 23.12.1977, ABl. 1978 L 70/69, 72 – Campari.

813 Jhala, S. 170.

814 Jhala, S. 194.

815 Jhala, S. 221 und 224.

816 In Europa gelten viele wechselseitige Lizenzen in Technologietransfervereinbarungen als Kernbeschränkungen, vgl. TT-Leitlinien, S. 163, 169, 175; bei Exklusivlizenzen wird in Europa dahingehend differenziert, ob sie zwischen Wettbewerbern oder Nicht-Wettbewerbern gewährt werden, TT-Leitlinien, Rn. 163, 165.

Bezug auf die Überprüfung wettbewerbsbeschränkender Lizenzbestimmungen am Maßstab des Kartellverbots[817], die sich vermutlich auch in Zukunft fortsetzen wird.

Zusammenfassend ist zu kritisieren, dass der Competition Act, 2002 die Begriffe der „Angemessenheit“ und „Erforderlichkeit“ und damit der Voraussetzungen für die Ausnahme vom Kartellverbot gemäß Sec. 3 (5) (i) CA nicht legaldefiniert. Dadurch und durch die fehlende Rechtspraxis zu dieser Frage besteht in Indien, im Gegensatz zu Europa, eine gewisse Rechtsunsicherheit im Hinblick auf die kartellrechtliche Zulässigkeit von Lizenzvereinbarungen. Die Hinweise zur Anwendung des Sec. 3 (5) CA auf einzelne Lizenzvereinbarungen, die die Competition Commission in dem „Booklet on Intellectual Property Rights“ veröffentlicht hat[818], sind zur Präzisierung der Bestimmung aus den oben genannten Gründen unzureichend.

F. Ausnahmen und Befreiungen vom Verbot wettbewerbsbeschränkender Vereinbarungen

I. Indisches Recht

Sowohl Sec. 3 (3) CA als auch Sec. 3 (5) CA enthalten Ausnahmeregelungen für die Anwendbarkeit des in Sec. 3 (1) CA enthaltenen Verbots wettbewerbsbeschränkender Verhaltensweisen. Die Ausnahmeregelung in Sec. 3 (3) CA bezieht sich auf Joint-Venture-Vereinbarungen und Sec. 3 (5) CA enthält Ausnahmebestimmungen für Vereinbarungen in Bezug auf gewerbliche Schutzrechte und den Warenexport.

Der unterschiedliche systematische Standort der Bestimmungen macht deutlich, dass sich die Ausnahmeregelung für Joint-Venture-Vereinbarungen lediglich auf den dritten Absatz von Sec. 3 CA bezieht, wohingegen die Ausnahmeregelungen des Sec. 3 (5) CA für den gesamten Tatbestand des Sec. 3 CA gelten.

1. Ausnahme für Joint Ventures, Sec. 3 (3) CA

Sec. 3 (3) CA, der bestimmte horizontale Fallgruppen aufzählt, bei denen eine „spürbar negative Wirkung auf den Wettbewerb in Indien“ per se vermutet wird, enthält am Ende eine Ausnahmebestimmung zugunsten von Joint-Venture-Vereinbarungen. Hinsichtlich der Wirkung dieser Ausnahmebestimmung kann auf die in dieser Arbeit bereits vorgenommenen Ausführungen verwiesen werden.[819]

817 Siehe oben, 3. Teil, E, I, 3., b), bb), (2), (b).
818 Siehe oben, 3. Teil, E, I, 3., b), bb), (2).
819 Siehe oben, Teil, 3. Teil, D, I, 2., c).

2. Ausnahme zugunsten von Immaterialgüterrechten, Sec. 3 (5) (i) CA

Bezüglich der Ausnahmebestimmung des Sec. 3 (5) (i) CA für Vereinbarungen im Zusammenhang mit gewerblichen Schutzrechten kann auf die Ausführungen des vorherigen Abschnitts[820] verwiesen werden.

3. Ausnahme für den Warenexport, Sec. 3 (5) (ii) CA

Sec. 3 (5) CA enthält neben den bereits genannten Ausnahmen zugunsten von Vereinbarungen im Zusammenhang mit geistigen Eigentumsrechten unter Punkt (ii) eine weitere Ausnahmebestimmung. Danach darf Sec. 3 CA nicht das Recht einer Person beschränken, Güter aus Indien zu exportieren. Vereinbarungen, die ausschließlich die Produktion, das Angebot, den Vertrieb oder die Kontrolle von zu exportierenden Gütern betreffen oder die Regelungen über im Ausland zu erbringende Dienstleistungen enthalten, sollen gemäß Sec. 3 (5) CA „nicht durch die Bestimmungen dieses Abschnitts beschränkt werden." Die systematische Stellung des Sec. 3 (5) CA, der den letzten Absatz des Sec. 3 CA bildet, macht deutlich, dass sich die Ausnahmebestimmung auf alle Absätze des Sec. 3 CA – einschließlich des Verbots wettbewerbsbeschränkender Vereinbarungen im ersten Absatz – bezieht.

Als Rechtsfolge des Sec. 3 (3) CA sind Exportkartelle und alle sonstigen wettbewerbsbeschränkenden Vereinbarungen bzw. Verhaltensweisen in Bezug auf Exportgüter vom indischen Kartellverbot freigestellt.

Zweck dieser Bestimmung ist die Steigerung der Ausfuhren und die Verbesserung der indischen Handelsbilanz, womit letztlich auch eine Aufwertung der indischen Währung erreicht werden soll.[821]

4. Kompetenz für weitere Freistellungen

Neben den im Competition Act, 2002 kodifizierten Ausnahmen vom Kartellverbot können von der indischen Zentralregierung für einen festgelegten Zeitraum weitere Freistellungen erlassen werden. Die Befreiungen erfolgen gemäß Sec. 54 CA durch öffentliche Bekanntmachung („notification") und können sich entweder auf eine Gruppe von Unternehmen, auf einzelne Unternehmen oder auf bestimmte Vereinbarungen bzw. Praktiken beziehen.[822]

Die Freistellung bestimmter Unternehmensgruppen vom Kartellrecht ist gemäß Sec. 54 (a) CA möglich, wenn sie für die Sicherheit des Staates oder für das öffentliche Interesse notwendig ist. Einzelne Unternehmen können freigestellt werden, wenn diese für die indische Bundesregierung oder eine indische Landesregierung hoheitliche Aufgaben wahrnehmen, Sec. 54 (c) CA. Freistel-

820 Siehe oben, Punkt, 3. Teil, E, I, 3.
821 Dugar, S. 759.
822 Vgl. hierzu auch oben: 3. Teil, B, I., 1.

lungen für bestimmte beschränkende Geschäftspraktiken oder Vereinbarungen sind möglich, wenn diese infolge von Verpflichtungen ausgeübt bzw. getroffen werden, die sich für Indien aus einem internationalen Abkommen oder einer Konvention ergeben, Sec. 54 (b) CA.

II. Europäisches Recht, Art. 101 Abs. 3 AEUV (ex-Art. 81 Abs. 3 EG)

Eine Wettbewerbsbeschränkung nach Art. 101 Abs. 1 AEUV ist ausnahmsweise dann nicht verboten, wenn die Voraussetzungen einer Freistellung gemäß Art. 101 Abs. 3 AEUV vorliegen. Seitdem das Anmelde- und Genehmigungssystem mit Inkrafttreten der VO Nr. 1/2003[823] durch das System der Legalausnahme ersetzt worden ist, ist für die Freistellung nach Art. 101 Abs. 3 AEUV kein Verwaltungsakt mehr erforderlich. Vielmehr sind wettbewerbsbeschränkende Vereinbarungen, Beschlüsse von Unternehmensvereinigungen oder abgestimmte Verhaltensweisen bei Vorliegen der Voraussetzungen des Art. 101 Abs. 3 AEUV automatisch vom Verbot des Art. 101 Abs. 1 AEUV ausgenommen. Die beteiligten Unternehmen müssen nach dem Prinzip der Selbstveranlagung selbst beurteilen, ob sie die Voraussetzungen des Art. 101 Abs. 3 AEUV erfüllen oder nicht.[824]

1. Freistellungsvoraussetzungen des Art. 101 Abs. 3 AEUV

Gemäß Art. 101 Abs. 3 AEUV ist Art. 101 Abs. 1 AEUV auf Vereinbarungen, Beschlüsse von Unternehmensvereinigungen oder aufeinander abgestimmte Verhaltensweisen nicht anwendbar, wenn diese Maßnahmen „unter angemessener Beteiligung der Verbraucher an dem entstehenden Gewinn zur Verbesserung der Warenerzeugung und -verteilung oder zur Förderung des technischen oder wirtschaftlichen Fortschritts beitragen", es sei denn, den Unternehmen werden Beschränkungen auferlegt, die für die Verwirklichung dieser Ziele nicht unerlässlich sind, oder ihnen wird die Möglichkeit eröffnet, für einen wesentlichen Teil der betreffenden Waren den Wettbewerb auszuschalten. Der Tatbestand besteht mithin aus zwei positiven und zwei negativen Voraussetzungen, welche kumulativ erfüllt sein müssen.

---

823 Verordnung (EG) Nr. 1/2003 des Rates vom 16. Dezember 2002 zur Durchführung der in den Artikeln 81 und 82 des Vertrags niedergelegten Wettbewerbsregeln, ABl. 2003 L 1/1.

824 Whish, S. 163.

a) Verbesserung der Warenerzeugung und -verteilung oder Förderung des technischen oder wirtschaftlichen Fortschritts

Zunächst müssen die betreffenden Vereinbarungen, Beschlüsse von Unternehmensvereinigungen oder abgestimmte Verhaltensweisen zu einer Verbesserung der Warenerzeugung und -verteilung oder zur Förderung des technischen oder wirtschaftlichen Fortschritts führen.

Eine Verbesserung der Warenerzeugung oder -verteilung ist dann gegeben, wenn die Vereinbarung, der Beschluss oder die abgestimmte Verhaltensweise im Einzelfall tatsächlich spürbare objektive Vorteile für die Produktion oder den Vertrieb hat, welche die mit der Wettbewerbsbeschränkung einhergehenden Nachteile überwiegen.[825] Diese wettbewerbsfördernden Effizienzgewinne müssen entweder bereits eingetreten oder mit hoher Wahrscheinlichkeit zu erwarten sein.[826] Die durch die Vereinbarung, den Beschluss oder die abgestimmte Verhaltensweise entstehenden Vorteile müssen nicht notwendigerweise in dem Mitgliedsstaat entstehen, in dem die an ihr beteiligten Unternehmen ihren Sitz haben. Vielmehr genügt es, wenn die Wettbewerbsbeschränkung irgendwo auf dem gemeinsamen Markt durch die mit der Vereinbarung, den Beschluss oder die abgestimmte Verhaltensweise erreichte Verbesserung aufgewogen wird.[827]

Eine Förderung des technischen oder wirtschaftlichen Fortschritts liegt dann vor, wenn die wettbewerbsbeschränkende Maßnahme dazu führt, dass verbesserte oder neue Produkte oder Technologien schneller entwickelt werden, als dies ohne die Vereinbarung, den Beschluss oder die abgestimmte Verhaltensweise der Fall wäre.[828]

b) Beteiligung der Verbraucher am Gewinn

Als weitere Voraussetzung des Art. 101 Abs. 3 AEUV müssen die Verbraucher angemessen am entstehenden „Gewinn“ beteiligt werden. Der Begriff „angemessene Beteiligung“ setzt voraus, dass die Unternehmen die positiven Wirkungen an die Verbraucher weitergeben und dass durch diese Weitergabe die tatsächlichen oder voraussichtlichen negativen Auswirkungen der Wettbewerbsbeschränkung mindestens ausgeglichen werden.[829] Dabei ist auf die unmittelbare Marktgegenseite, also auf die Abnehmer der Produkte abzustellen. Es ist nicht relevant, ob die Vorteile auf dem nachgelagerten Markt an die Endverbraucher weitergegeben werden oder nicht.[830] Der Begriff „angemessene“ Beteiligung

---

825 EuGH, 13.7.1966, verbundene Rs. 56 und 58/64, Grundig/Consten, Slg. 1966, 321, 387 u. 397.

826 Lange-Lange, Rn. 217.

827 Lange, S. 48, 49.

828 Horizontalleitlinien, Rn. 68.

829 LL zu Art. 81 Abs. 3 EG, Rn. 85.

830 Mäger-Mäger, 1. Kap., Rn. 9.

macht deutlich, dass die Vorteile nicht vollständig an die Verbraucher weitergegeben werden müssen. Außerdem lässt die Kommission im Hinblick auf die Verbraucherbeteiligung die hinreichend hohe Wahrscheinlichkeit ausreichen, dass die Vorteile tatsächlich und dauerhaft an die Verbraucher weitergegeben werden.[831] Diese Wahrscheinlichkeit ist dann gegeben, wenn die beteiligten Unternehmen durch den Wettbewerbsdruck auf dem relevanten Markt zu einer angemessenen Beteiligung gezwungen werden.[832]

Beispiele für die Weitergabe von Effizienzvorteilen sind Preissenkungen, Qualitätssteigerungen und die Verbesserung des Kundendienstes.[833]

c) Unerlässlichkeit der Wettbewerbsbeschränkung

Gemäß Art. 101 Abs. 3 AEUV muss die Beschränkung des Wettbewerbs durch die in Frage stehende Abrede unerlässlich sein, um den wirtschaftlichen Vorteil herbeizuführen. Unerlässlich ist eine Wettbewerbsbeschränkung dann, wenn die Vorteile ohne die Wettbewerbsbeschränkung nicht erreichbar sind und wenn keine weniger einschränkenden Mittel zur Erreichung der wirtschaftlichen Vorteile zur Verfügung stehen.[834] Dabei werden nur realistische und erreichbare Alternativen in Betracht gezogen.[835]

Für Beschränkungen, die in den schwarzen Klauseln der Gruppenfreistellungsverordnungen erscheinen oder die Kernbeschränkungen nach den Leitlinien oder Bekanntmachungen der Kommission sind, besteht die Vermutung, dass diese das Unerlässlichkeitskriterium nicht erfüllen können.[836]

d) Kein Ausschluss eines wesentlichen Teils des Wettbewerbs

Als letzte Voraussetzung des Art. 101 Abs. 3 AEUV darf die Vereinbarung, der Beschluss oder die abgestimmte Verhaltensweise den beteiligten Unternehmen nicht die Möglichkeit eröffnen, den Wettbewerb für einen wesentlichen Teil der betreffenden Waren auszuschließen. Ob der Wettbewerb zu einem wesentlichen Teil ausgeschlossen wird, muss anhand einer Gesamtschau aller wichtigen Marktkriterien wie Marktanteil, Marktstruktur und Ausweichmöglichkeiten ermittelt werden, was zunächst die Abgrenzung des relevanten Marktes voraussetzt.[837]

Bezüglich der Marktanteile hat die Kommission keine absoluten Schwellwerte eingeführt. Allerdings verdeutlichen die Leitlinien anhand von Beispielen,

---

831 Kommission, 17.7.1968, ABl. 1968 Nr. L 201/7, 9 – ACEC/Berliet.
832 Horizontalleitlinien, Rn. 34.
833 Mestmäcker/Schweitzer, § 13, Rn. 59.
834 Horizontalleitlinien, Rn. 35.
835 Mäger-Mäger, 1. Kap., Rn. 111.
836 LL zu Art. 81 Abs. 3 EG, Rn. 79.
837 Lange, S. 50.

dass es bei Marktanteilen von über 70 % wahrscheinlich ist, dass der Wettbewerb i.S.v. Art. 101 Abs. 3 AEUV beseitigt wird.[838]

Neben dem Kriterium des Marktanteils kommt es entscheidend auf die Marktstruktur und eventuell eintretende Marktstrukturveränderungen an.[839] Dabei ist sowohl der Außenwettbewerb als auch der Innenwettbewerb, also der Wettbewerb zwischen den Parteien der Vereinbarung bzw. Verhaltensweise, zu berücksichtigen.[840]

Die Möglichkeit zur Ausschaltung wesentlichen Wettbewerbs im Sinne des Art. 101 Abs. 3 AEUV ist nicht gleichbedeutend mit dem Bestehen einer marktbeherrschenden Stellung gemäß Art. 102 AEUV. Auch wenn das Erlangen einer marktbeherrschenden Stellung die Ausschaltung wirksamen Restwettbewerbs bewirkt, soll Art. 101 Abs. 3 AEUV nicht auf Vereinbarungen, Beschlüsse von Unternehmensvereinigungen und abgestimmte Verhaltensweisen angewendet werden, die den Missbrauch einer marktbeherrschenden Stellung darstellen.[841]

2. Gruppenfreistellungen

Gemäß Art. 101 Abs. 3 AEUV können nicht nur einzelne Vereinbarungen, Beschlüsse von Unternehmensvereinigungen oder Verhaltensweisen sondern auch „Gruppen" von Vereinbarungen, Beschlüssen von Unternehmensvereinigungen und abgestimmten Verhaltensweisen vom Verbot des Art. 101 Abs. 1 AEUV freigestellt werden. Damit sind solche Absprachen gemeint, denen gemeinsame oder gleichförmige Tatbestände zugrunde liegen und die angesichts der weitgehenden Gleichförmigkeit der Interessen der Beteiligten selbst, ihrer Handelspartner, ihrer Wettbewerber sowie der Verbraucher einer typisierenden Beurteilung zugänglich sind.[842]

Eine Gruppenfreistellung ist im Gegensatz zur Einzelfreistellung keine Beschluss i.S.v. Art. 288 Abs. 4 AEUV, sondern eine Verordnung (VO) i.S.v. Art. 288 Abs. 2 AEUV, da sie Wirkungen für eine unbestimmte Anzahl von Absprachen entfaltet. Die Kompetenz zum Erlass von Verordnungen liegt gemäß Art. 103 AEUV grundsätzlich beim Rat. Dieser hat der Kommission allerdings in verschiedenen Ermächtigungsverordnungen[843] für bestimmte Vereinbarungsge-

---

838 LL zu Art. 81 Abs. 3 EG, Rn. 116; Langen/Bunte-Bunte, Art. 81 EG Generelle Prinzipien, Rn. 209.

839 Bechtold, Art. 81 EG, Rn. 158.

840 Mestmäcker/Schweitzer, § 13, Rn. 73.

841 Langen/Bunte-Bunte, Art. 81 EG Generelle Prinzipien, Rn. 208; EuG, 10.7.1990, Rs. T-51/89, Tetra Pak, Slg. 1990, II-309, 358.

842 Lange-Lange, Rn. 236.

843 VO 19/65 für Alleinvertriebs-, Alleinbezugs- und Lizenzverträge, ABl. 1965 Nr. 36/533; VO 2821/71 für Normen- und Typenkartelle, Forschungs- und Entwicklungskooperationen sowie Spezialisierungsvereinbarungen, ABl. 1971 L 285/46; VO

genstände die Befugnis übertragen, die Einzelheiten von Gruppenfreistellungen zu regeln. Auf Grundlage dieser Ermächtigungen hat die Kommission eine Reihe von Gruppenfreistellungsverordnungen (GVO) erlassen.[844]

Vor Einführung des Systems der Legalausnahme dienten die Gruppenfreistellungsverordnungen hauptsächlich der Arbeitsentlastung der Kommission, welche über jede Freistellung einzeln zu entscheiden hatte. Aber auch heute erfüllen die Gruppenfreistellungsverordnungen eine wichtige Funktion: Durch sie wird die Rechtssicherheit für die betreffenden Unternehmen gestärkt und gleichzeitig die Einheitlichkeit der Anwendung des Gemeinschaftsrechts gewährleistet.[845]

Gruppenfreistellungsverordnungen gelten gemäß Art. 288 Abs. 2 AEUV gemeinschaftsweit unmittelbar und müssen von den Gerichten der Gemeinschaft angewendet werden.

Durch die abstrakte Formulierung der Freistellungen in den Gruppenfreistellungsverordnungen kann es dazu kommen, dass Vereinbarungen, Beschlüsse von Unternehmensvereinbarungen oder abgestimmte Verhaltensweisen freigestellt werden, die mit Art. 101 Abs. 3 AEUV unvereinbar sind. Die Kommission hat gemäß Art. 29 Abs. 1 VO 1/2003 in solchen Fällen das Recht, den Unternehmen den Rechtsvorteil der Befreiung vom Verbot des Art. 101 Abs. 1 AEUV wieder zu entziehen.

Fraglich ist, ob den Gruppenfreistellungsverordnungen nach der Umstellung auf das System der Legalausnahme eine deklaratorische oder eine konstitutive

---

3976/87 v. 14.12.1987 für den Luftverkehr, ABl. 1987 L 374/9; VO 1534/91 v. 31.3.1991 für die Versicherungswirtschaft, ABl. 1991 L 143/1; VO Nr. 492/92 für Konsortien (Absprachen) zwischen Schifffahrtsunternehmen, ABl. 1992 L 55/3.

844 VO (EG) Nr. 2790/99 der Kommission vom 22.12.1999 über die Anwendung von Art. 81 Abs. 3 des Vertrags auf Gruppen von vertikalen Vereinbarungen und aufeinander abgestimmte Verhaltensweisen (ABl. L 336, 29.12.1999, S. 21 ff); VO (EG) Nr. 2658/2000 der Kommission vom 29.11.2000 über die Anwendung von Art. 81 Abs. 3 des Vertrags auf Gruppen von Spezialisierungsvereinbarungen (ABl. L 304, 5.12.2000, S. 3 ff.); VO (EG) Nr. 2659/2000 der Kommission vom 29.11.2000 über die Anwendung von Art. 81 Abs. 3 des Vertrags auf Gruppen von Vereinbarungen über Forschung und Entwicklung (ABl. L 304, 5.12.2000, S. 7 ff.); VO (EG) Nr. 1400/2002 der Kommission vom 31.7.2002 über die Anwendung von Art. 81 Abs. 3 des Vertrags auf Gruppen von vertikalen Vereinbarungen und aufeinander abgestimmten Verhaltensweisen im Kraftfahrzeugsektor (ABl. L 203, 1.8.2002, S. 30 ff.); VO (EG) Nr. 358/2003 der Kommission vom 2.2.2003 über die Anwendung von Art. 81 Abs. 3 des Vertrags auf Gruppen von Vereinbarungen, Beschlüssen und aufeinander abgestimmten Verhaltensweisen im Versicherungssektor (ABl. Nr. L 53, 28.2.2003, S. 8 ff.); Verordnung (EG) Nr. 772/2004 der Kommission vom 27.4.2004 über die Anwendung von Art. 81 Abs. 3 EG-Vertrag auf Gruppen von Technologietransfer-Vereinbarungen (ABl. L 123, 27.4.2004, S. 11).

845 Langen/Bunte-Langen, Art. 81, Generelle Prinzipien, Rn. 230.

Wirkung zukommt. Teilweise wird die Meinung vertreten, dass die Gruppenfreistellungsverordnungen nur deklaratorischen Charakter haben, da sie nur noch feststellen, was nach Art. 101 Abs. 3 AEUV sowieso gelte.[846] Da dem Art. 101 Abs. 3 AEUV nunmehr unmittelbare Gültigkeit zukommt, ergebe sich aus den Gesetzen der Logik, dass die Gruppenfreistellungsverordnungen den Rahmen des Art. 101 Abs. 3 AEUV weder überschreiten noch einschränken könnten.[847] Einer anderen Ansicht nach kommt den Gruppenfreistellungsverordnungen auch im System der Legalausnahme eine konstitutive Wirkung zu.[848] Nach dieser Ansicht stellen die Gruppenfreistellungsverordnungen eine rechtsverbindliche Konkretisierung der Tatbestandsvoraussetzungen des Art. 101 Abs. 3 AEUV dar. Für diese Ansicht spricht der Wortlaut des Art. 29 VO Nr. 1/2003, wonach die Kommission die Möglichkeit hat, den „Rechtsvorteil" einer Gruppenfreistellungsverordnung „zu entziehen". Diese Regelung macht nur dann Sinn, wenn die Gruppenfreistellungsverordnungen auch weiterhin konstitutiven Charakter haben, denn sonst gäbe es keinen Rechtsvorteil, der zu entziehen wäre.[849] Auch die Kommission geht weiterhin von einer konstitutiven Wirkung von Gruppenfreistellungsverordnungen aus, denn sie hat klargestellt, dass die Gültigkeit und die Rechtsnatur von Gruppenfreistellungsverordnungen durch die VO Nr. 1/2003 nicht berührt werden.[850]

Folglich ist davon auszugehen, dass Gruppenfreistellungsverordnungen unmittelbare konstitutive Wirkung entfalten und rechtsverbindlich die Tatbestandsvoraussetzungen des Art. 101 Abs. 3 AEUV konkretisieren, so dass die unter eine Gruppenfreistellungsverordnung fallenden Vereinbarungen, Beschlüsse von Unternehmensvereinigungen und abgestimmte Verhaltensweisen stets auch nach Art. 103 Abs. 3 AEUV freigestellt sind, solange der Rechtsvorteil der Gruppenfreistellungsverordnung nicht von der Kommission oder einer nationalen Behörde nach Art. 29 VO 1/2003 entzogen wird.

III. Zusammenfassung und Vergleich

1. Normstruktur

Der Vergleich der indischen und der europäischen Ausnahmebestimmung zum Kartellverbot hat einen grundsätzlichen strukturellen Unterschied zwischen den Regelungen aufgezeigt: In der europäischen Kartellverbotsregelung wird formal zwischen den Verbotsvoraussetzungen in Art. 101 Abs. 1 AEUV und den Freistellungsvoraussetzungen in Art. 101 Abs. 3 AEUV unterschieden. Positive

846 Schwarze/Weitbrecht, § 2, Rn. 25; Creutzig, Rn. 302.
847 Gröning, WRP 2001, 83, 85; Bechtold, BB 2000, 2425, 2426.
848 Langen/Bunte-Bunte, Art. 81, Generelle Prinzipien, Rn. 234; Lange-Lange, Rn. 243.
849 Wagner, WRP 2003, 1369, 1375.
850 LL zu Art. 81 Abs. 3 EG, ABl. 2004 C 101/97, Rn. 2.

Freistellungsvoraussetzungen sind danach die Verbesserung der Warenerzeugung bzw. -verteilung, die Förderung des technischen oder wirtschaftlichen Fortschritts und die angemessene Beteiligung der Verbraucher am entstehenden Gewinn. Als negative Voraussetzung dürfen die Beschränkungen zur Erreichung der Ziele nicht unerlässlich sein oder den Wettbewerb für einen erheblichen Teil der betreffenden Waren ausschließen.

Im indischen Kartellgesetz dagegen enthält der Kartellverbotstatbestand des Sec. 3 CA keine allgemeinen Freistellungskriterien. Das bedeutet allerdings nicht, dass solche wettbewerbsfördernden Wirkungen im indischen Recht nicht berücksichtigt werden. In Indien werden diese wettbewerbsfördernden Wirkungen einer Vereinbarung vielmehr im Rahmen des Tatbestandsmerkmals der „negativen Wirkung auf den Wettbewerb" („adverse effect on competition") geprüft. Gemäß Sec. 19 (3) (d) bis (f) CA sind im Rahmen einer Abwägung folgende positive Auswirkungen auf den Wettbewerb zu berücksichtigen: Verbesserungen bei der Erzeugung oder Verteilung von Waren bzw. dem Angebot von Dienstleistungen, die Förderung des technischen, wissenschaftlichen oder wirtschaftlichen Fortschritts durch die betreffende Vereinbarung sowie der Zufluss von Vorteilen oder Gewinnen an die Verbraucher. Als potentiell negative Auswirkungen nennt Sec. 19 CA die Errichtung von Markteintrittsbarrieren[851] und die Verdrängung von Mitbewerbern aus dem Markt[852].

In formeller Hinsicht besteht der wesentliche Unterschied zwischen der europäischen und der indischen Regelung darin, dass wettbewerbsfördernde Kriterien jeweils an unterschiedlicher Stelle geprüft werden. Während Art. 101 AEUV zwischen Verbotstatbestand und Freistellungsvoraussetzungen differenziert, erfolgt in Sec. 3 (1) CA eine Abwägung wettbewerbsschädigender und wettbewerbsfördernder Wirkungen der Vereinbarung im Rahmen des Tatbestandsmerkmals der „negativen Wirkung auf den Wettbewerb".

In materieller Hinsicht stellt man aber in Indien im Rahmen der Abwägung bzw. in Europa im Rahmen der Freistellungsvoraussetzungen auf weitgehend einheitliche Kriterien ab. Dies gilt insbesondere für die positiven Freistellungskriterien, die in Indien und Europa identisch sind.

Einzig die materiellrechtliche Anforderung des Art. 101 Abs. 3 lit. a) AEUV, wonach Beschränkungen für die Verwirklichung der genannten Ziele unerlässlich sein müssen, um vom Kartellverbot ausgenommen zu werden, finden keine Entsprechung im indischen Recht. Da in Indien eine Gesamtabwägung wettbewerbsfördernder und wettbewerbsschädigender Faktoren erfolgt, werden allerdings nicht unerlässliche Beschränkungen im Ergebnis auch in Indien nicht freistellungsfähig sein. Denn Beschränkungen, die über das Unerläss-

851 Sec. 19 (3) (a) und (c) CA.
852 Sec. 19 (3) (b) CA.

liche hinausgehen, werden im Rahmen der in Indien vorgenommenen Gesamtabwägung schwerlich durch wettbewerbsfördernde Wirkungen zu rechtfertigen sein.

Der bedeutendste materielle Unterschied zwischen europäischer und indischer Regelung zur Berücksichtigung wettbewerbsfördernder Wirkungen liegt darin, dass die Kriterien des Sec. 19 (3) CA nicht abschließend sind. Neben den aufgezählten Kriterien kann die Kommission daher weitere positive Wettbewerbswirkungen der betreffenden Vereinbarung oder abgestimmten Verhaltensweise bzw. des Beschlusses in ihre Erwägungen mit einbeziehen. In diesem Punkt ist die indische Regelung weiter als die europäische.

2. Exportkartelle

In Indien besteht in Sec. 3 (5) (ii) CA eine Generalausnahme vom Kartellverbot für alle Vereinbarungen, die den Export ins Ausland betreffen. Ziel dieser Bestimmung ist die Förderung der indischen Exportwirtschaft und damit letztlich die Stärkung der indischen Außenhandelsbilanz.[853]

Auch in Europa sind Exportkartelle, die die Lieferung von Waren in Drittstaaten betreffen, in der Regel nicht vom Kartellverbot im Sinne des Art. 101 Abs. 1 AEUV erfasst. Etwas anderes gilt hingegen, wenn diese den Wettbewerb zwischen den Beteiligten auf dem Gemeinsamen Markt beschränken.[854] Dies kann beispielsweise dann der Fall sein, wenn diese Exportkartelle Händler in Drittstaaten daran hindern, Waren zu kaufen und in die Europäische Gemeinschaft zu reimportieren[855], bzw. wenn durch umfangreiche Verkäufe an Abnehmer außerhalb der Gemeinschaft die Intensität des Wettbewerbs innerhalb der Gemeinschaft vermindert wird.[856]

Die europäische Rechtsprechung, nach der die Ausnahmebestimmung für Exportkartelle auf solche Vereinbarungen, Beschlüsse von Unternehmensvereinigungen und abgestimmten Verhaltensweisen beschränkt ist, die keine spürbar wettbewerbsbeschränkende Wirkung auf den zwischenstaatlichen Handel innerhalb der Europäischen Gemeinschaft haben, ist sinnvoll, um einen optimalen Schutz des Wettbewerbs vor beschränkenden Vereinbarungen, Beschlüssen von Unternehmensvereinbarungen und abgestimmten Verhaltensweisen zu erreichen. Denn, wie das Beispiel zeigt, können auch Exportkartelle den Wettbewerb auf dem Binnenmarkt negativ tangieren.

---

853 Dugar, S. 759.

854 Entscheidung der Kommission, 30.11.1994, ABl. 1994 Nr. L 343 S. 1, 97 ff. – Zement.

855 Kommission, 19.12.1974, ABl. 1975 L 38/10, 12 – Goodyear Italiana.

856 EuGH, 16.12.1975, Rs. 40-48, 50, 54-56, 111, 113, 114/73, Suiker Unie u.a., Slg. 1975, 1663, 2036 ff.

3. Gruppenfreistellungen

Der Vergleich der Kartellverbotsbestimmungen des indischen und europäischen Kartellrechts zeigt einen weiteren Unterschied zwischen den beiden Rechtsbereichen auf: Während der Wortlaut des At. 101 Abs. 3 AEUV die Freistellung von Gruppen von Vereinbarungen, Beschlüssen und Verhaltensweisen ermöglicht, sieht der Competition Act, 2002 lediglich vor, dass bestimmte Gruppen bzw. Arten von Unternehmen („classes of enterprises") gemäß Sec. 54 (a) CA von der Anwendbarkeit des Kartellrechts ausgenommen werden können, wenn dies für die Sicherheit des Staates oder das öffentliche Interesse notwendig ist.

Die Freistellung bestimmter Gruppen von Vereinbarungen, Beschlüssen und abgestimmter Verhaltensweisen, wie sie in Europa vorgesehen ist, führt sowohl zur Verfahrenserleichterung für die Kartellbehörde als auch zu mehr Rechtssicherheit für die beteiligten Unternehmen.

G. Rechtsfolge des Verbots wettbewerbsbeschränkender Vereinbarungen und abgestimmter Verhaltensweisen

I. Indisches Recht

1. Nichtigkeit gemäß Sec. 3 (2) CA

Nach dem Wortlaut von Sec. 3 (2) Competition Act, 2002 ist jede Vereinbarung, die einen Verstoß gegen die Bestimmung des Sec. 3 (1) CA darstellt, nichtig. Die Nichtigkeitsfolge einer gegen das allgemeine Kartellverbot verstoßenden Vereinbarung ergibt sich mithin unmittelbar aus dem Gesetz. Das ist eine wesentliche Neuerung gegenüber dem Monopolies and Restrictive Trade Practices Act, 1969, nach dem die Nichtigkeit einer Vereinbarung erst durch die Kartellbehörde angeordnet bzw. ausgesprochen werden musste, Sec. 37 (1) (b) MRTP-Act.

Nach der Definition in Sec. 2 (g) Indian Contract Act, 1972 bedeutet die Nichtigkeit einer Vereinbarung, dass diese gesetzlich nicht durchsetzbar bzw. einklagbar ist. Nichtigkeit im Sinne des indischen Rechts bedeutet auch, dass der entsprechende Vertrag oder die Vereinbarung als nichtexistent angesehen wird. Einem nichtigen Vertrag fehlt jegliche rechtliche Wirksamkeit.[857]

Fraglich ist, ob die Nichtigkeitsfolge des Sec. 3 (2) CA „ex tunc" bzw. wie es im indischen Recht heißt „ab initio" eintritt oder ob die betreffende Vereinbarung erst ab dem Zeitpunkt als nichtig anzusehen ist, an dem die Kartellbehörde eine Maßnahme gemäß Sec. 27 CA[858] angeordnet hat. Die „fehlende Klarheit"

857 Suresh Chandra v. State of West Bengal., AIR 1976 Cal 110, 113.

858 Diese Maßnahmen sind im folgenden Abschnitt dargestellt.

des Gesetzes in dieser Frage wird in der indischen Literatur kritisiert, ohne dass jedoch eigene Lösungsansätze vorgeschlagen werden.[859]

Die Frage, ob die Nichtigkeit einer Vereinbarung im Sinne von Sec. 3 (2) CA ex tunc oder ex nunc eintritt, lässt sich anhand des Wortlauts der Norm nicht eindeutig klären. Auch in den zum Competition Act 2002 veröffentlichten Gesetzesmaterialien ist diese Frage nicht beantwortet worden. Eine andere Erwägung spricht aber für die ex tunc Wirkung der in Sec. 3 (2) CA beschriebenen Rechtsfolge: Der Umstand, dass die Nichtigkeitsfolge einer gegen das Kartellverbot verstoßenden Vereinbarung im Competition Act, 2002 gesetzlich festgelegt wurde, bedeutet, dass die Nichtigkeit bzw. der Zeitpunkt der Nichtigkeit nicht mehr von einer Entscheidung der Kartellbehörde abhängig sein soll, wie dies im bisherigen Gesetz der Fall war. Wenn sich aber die Nichtigkeit der wettbewerbsbeschränkenden Vereinbarung nunmehr direkt aus dem Gesetz ergibt, dann ist diese Vereinbarung bereits ab dem Zeitpunkt nichtig, ab dem sie zu existieren beginnt. Letztlich spricht auch der Zweck des Competition Act, den Wettbewerb umfassend vor Beschränkungen zu schützen, gegen die ex nunc Nichtigkeit, die zu einer Perpetuierung der wettbewerbsbeschränkenden Vereinbarung für die Vergangenheit führen würde. Zusammenfassend kann daher festgestellt werden, dass es sich bei der Nichtigkeit des Sec. 3 (2) CA um eine unmittelbar aus der Verletzung des gesetzlichen Tatbestands fließende und von Beginn an wirksame Rechtsfolge handelt.

2. Kommissionsverfügungen gemäß Sec. 27 CA

Die möglichen Verfügungen, die von der Kommission getroffen werden können, wenn sie im Rahmen ihrer Ermittlungen einen Verstoß gegen das Kartellverbot des Sec. 3 CA feststellt, sind im Einzelnen in Sec. 27 CA aufgezählt.

Bei Zuwiderhandlungen gegen die nach dieser Bestimmung erlassenen Anordnungen, kann die Kommission außerdem gemäß Sec. 42 bis 46 CA Zwangs- bzw. Strafgelder verhängen.

a) Abstellungs- und Unterlassungsverfügung, Sec. 27 (a) CA

Stellt die Competition Commission bei ihren Ermittlungen fest, dass ein Unternehmen, eine Unternehmensvereinigung, eine Person oder eine Personenvereinigung Partei einer gemäß Sec. 3 CA verbotenen Vereinbarung ist, so kann sie gemäß Sec. 27 (a) CA anordnen, dass die betreffende Person, Personenvereinigung oder Unternehmensvereinigung bzw. das betreffende Unternehmen von der Vereinbarung ablässt bzw. seine Beteiligung an dieser Vereinbarung been-

859 Dugar, S. 690, spricht von einer „Lack of clarity in this regard“ und warnt vor dem Aufkommen zahlreicher vermeidbarer Rechtsstreitigkeiten zwischen den Parteien von betreffenden Vereinbarungen.

det. Außerdem kann die Kommission den Parteien für die Zukunft verbieten, solch eine Vereinbarung wieder einzugehen.

b) Geldbuße gemäß Sec. 27 (b) CA

Gemäß Sec. 27 (b) CA kann die Kommission ein Bußgeld festsetzen, das von den Parteien einer gegen Sec. 3 (1) CA verstoßenden Vereinbarung zu zahlen ist. Die Höhe des Bußgelds, die ein Unternehmen, eine Unternehmensvereinigung, eine Person oder eine Personenvereinigung zu zahlen hat, kann bis zu 10 Prozent des durchschnittlichen Umsatzes des Unternehmens in den drei der Anordnung vorangehenden Jahren betragen. In Sec. 27 (b) a.E. CA ist darüber hinaus eine Sonderregelung für Kartelle enthalten: „In Fällen, in denen die gegen Sec. 3 verstoßende Vereinbarung im Rahmen eines Kartells getroffen wurde, soll die Kommission für jeden Produzenten, Verkäufer, Lieferanten, Händler oder Dienstleister, der Teil des Kartells ist, eine Geldbuße festsetzen, die entweder dem dreifachen des Gewinns entspricht, den das Kartell durch die betreffende Vereinbarung erwirtschaftet hat oder 10 Prozent des durchschnittlichen Umsatzes, den die Mitglieder des Kartells in den drei vorangegangenen Geschäftsjahren insgesamt erzielt haben, je nachdem, welcher Betrag höher ist."

Unter einem Kartell im Sinne des indischen Competition Act, 2002 ist gemäß Sec. 2 (c) CA eine Vereinigung („association") von Herstellern, Verkäufern, Zwischenhändlern, Einzelhändlern oder Dienstleistungsanbietern zu verstehen, die durch Vereinbarung untereinander die Produktion, den Vertrieb, den Verkauf oder den Preis von bzw. den Handel mit Waren oder die Erbringung von Dienstleistungen beschränken, kontrollieren oder zu kontrollieren versuchen. Der Begriff des Umsatzes („turnover") im Sinne des Competition Act, 2002 umfasst gemäß Sec. 2 (c) CA den Wert bzw. den Betrag aller verkauften Waren und Dienstleistungen eines Unternehmens.

Die Teilnahme an einem Kartell wird nach dieser Norm wesentlich stärker sanktioniert als die Partizipation an sonstigen, gemäß Sec. 3 (1) CA verbotenen Vereinbarungen. Anders als bei sonstigen wettbewerbsbeschränkenden Vereinbarungen, bei denen die Kartellbehörde ein Ermessen hinsichtlich der Höhe des Bußgeldes hat („impose such penalty as may deem fit"), sind die gesetzlich genannten Bußgelder im Falle von Kartellen grundsätzlich zwingend anzuordnen. Eine Reduzierung der Geldbuße kommt in diesen Fällen allenfalls unter den Voraussetzungen des Sec. 46 CA in Betracht, wenn das jeweilige Kartellmitglied durch seine Mitwirkung wesentlich zur Aufdeckung des Kartells bzw. der begangenen Gesetzesverstöße beiträgt.[860]

860 Vgl. 3. Teil, H, I, 2. a), aa), (6).

c) Anordnung von Änderungen, Sec. 27 (d) CA

Anstatt die Beendigung der wettbewerbswidrigen Vereinbarung (und ihre künftige Unterlassung) nach Sec. 27 (a) CA zu verfügen, kann die Kommission gemäß Sec. 27 (d) CA die Abänderung einer gegen die Generalklausel des Sec. 3 (1) CA verstoßenden Vereinbarung anordnen, damit sie gesetzeskonform wird. Der Umfang und Art und Weise der geforderten Änderungen werden von der Kommission in der Anordnung im Einzelnen spezifiziert.

d) Anweisung zur Befolgung von Anordnungen, Sec. 27 (e) CA

Sec. 27 (e) CA gibt der Kommission das Recht, die Unternehmen mittels einer gesonderten Verfügung zur Befolgung anderer Kommissionsverfügungen aufzufordern. Nach dem Wortlaut dieser Norm kann die Kommission die betreffenden Unternehmen anweisen, „jede andere Anordnung oder Anweisung, die von der Kommission nach diesem Gesetz erlassen werden kann, einschließlich der Aufforderung zur Begleichung entstandener Kosten", zu befolgen.

e) Generalkompetenz, Sec. 27 (g) CA

Sec. 27 (g) CA erlaubt es der Kommission, über die in Sec. 27 (a) bis (e) CA genannten Verfügungen bzw. Beschlüsse hinaus sonstige Verfügungen bzw. Beschlüsse zu erlassen, die sie in dem jeweiligen Fall für geeignet hält, um gegen einen Verstoß gegen Sec. 3 (1) CA vorzugehen. Darunter fallen unter anderem Beschlüsse, mit denen die Kommission Verpflichtungszusagen der Unternehmen für rechtsverbindlich erklärt („consent order").[861]

3. Einstweiliger Rechtsschutz, Sec. 33 CA

Um einen Verstoß gegen das Kartellverbot des Sec. 3 (1) CA zu unterbinden bzw. zu verhindern, kann die Competition Commission of India gemäß Sec. 33 CA eine einstweilige Verfügung gegen die Person, die den Gesetzesverstoß begangen hat, erlassen. Als Voraussetzung für den Erlass einer solchen Verfügung muss die Competition Commission of India davon überzeugt sein, dass gegen die Bestimmungen des Sec. 3 (1) CA verstoßen worden ist und dass dieser Verstoß noch andauert oder dass ein Verstoß gegen die genannten Bestimmungen unmittelbar bevorsteht und dass die Anordnung des einstweiligen Rechtsschutzes notwendig ist.

4. Schadensersatz

a) Bisher vorgesehene Schadensersatzregelung

Der Competition Act, 2002 sah in seiner ursprünglichen Fassung in Sec. 27 (c) CA a.F. vor, dass die Competition Commission of India – unter den Vorausset-

861 Dugar, S. 981.

zungen des Sec. 34 CA a.F. – über Schadensersatzansprüche entscheiden sollte, die sich aus dem Competition Act, 2002 ergeben.

Nach heftiger Kritik an dieser Regelung aus indischen Juristenkreisen hat sich im Jahr 2006 schließlich auch der indische Supreme Court hierzu kritisch geäußert.[862] Im Hinblick auf den in der indischen Verfassung festgeschriebenen Grundsatz der Gewaltenteilung hielt er es für problematisch, dass eine allein von der Regierung eingesetzte Behörde die Befugnis hat, Schadensersatz zu gewähren und somit judikative Befugnisse auszuüben. Daher, so die Richter, sei es vorzuziehen, dass zwei eigenständige Organe („two seperate bodies“) geschaffen werden, und zwar eines mit exekutiven und eines mit rechtsprechenden Befugnissen. Außerdem sprachen sich die Richter des Supreme Court für die Schaffung einer Rechtsmittelinstanz zur Überprüfung von Kommissionsentscheidungen aus.[863]

Dementsprechend wurden die verfahrensrechtlichen Bestimmungen des Competition Act von der indischen Regierung überarbeitet. Dies geschah durch den Competition (Amendment) Act, 2007[864], der als wesentliche Änderung die Schaffung eines gerichtsähnlichen Tribunals, des so genanten Competition Appellate Tribunal (CAT) vorsah. Dieses quasigerichtliche Tribunal übernimmt künftig die judikativen Funktionen im Rahmen des Competition Act, 2002 und fungiert als Rechtsmittelinstanz gegen Kommissionsentscheidungen.

b) Die neue Schadensersatzregelung

Durch den Competition (Amendment) Act, 2007 wurde unter anderem die Neuregelung des Sec. 53N CA in den Competition Act, 2002 eingeführt, in dem die Gewährung von Schadensersatz durch das Competition Appellate Tribunal geregelt wird.

Gemäß Sec. 53N (1) CA kann eine indische Bundes- oder Landesregierung, eine Gemeindebehörde, ein Unternehmen oder eine Person beim CAT beantragen, dass dieses über einen Schadensersatzanspruch entscheidet, dessen Bestehen sich als Folge von Ermittlungen der Competition Commission of India ergibt, und die Zahlung von Schadensersatz als Ausgleich für Verluste oder Schä-

862 Brahm Dutt v. Union of India, CLA 2005, Band 64, 214 ff.

863 Brahm Dutt v. Union of India, (2005) CLA 64, 214, 218.

864 Der Gesetzesentwurf zum Competition (Amendment) Act, 2007, der Competition (Amendment) Bill, 2007, der unverändert vom indischen Parlament verabschiedet wurde, ist online abrufbar unter: http://164.100.24.219/BillsTexts/LSBillTexts/asintroduced/competition%202007.pdf (27.06.2011). Der Competition (Amendment) Bill, 2007 ist am 29.08.2007 in das indische Unterhaus eingebracht worden und hat den Competition (Amendment) Bill, 2006 ersetzt (http://www.pib.nic.in/release/release.asp?relid=30612&kwd=; Stand: 27.03.2010), der zuvor am 9.3.2006 in das indische Parlament eingebracht worden war (http://pib.nic.in/release/release.asp?relid=17970; Stand: 27.06.2011).

den anordnet, die der Antragssteller erwiesenermaßen dadurch erlitten hat, dass der Antragsgegner gegen Bestimmungen aus dem zweiten Kapitel[865] des Competition Act, 2002 verstoßen hat. Die Höhe des gewährten Schadensersatzes ist gemäß Sec. 53N (3) CA insofern begrenzt, als dass die Zahlung des Schadensersatzes für das zur Zahlung verurteilte Unternehmen „realisierbar" („realisable") sein muss.

Voraussetzung der Aufnahme des Schadensersatzverfahrens durch das CAT ist es, dass dem Antrag die relevanten Ermittlungsergebnisse der Wettbewerbsbehörde beigefügt und die vorgeschriebenen Verfahrensgebühren entrichtet werden, Sec. 53N (2) CA. Vor Erlass eines Beschlusses kann das CAT gemäß Sec. 53N (3) a.E. CA „Empfehlungen" von der Competition Commission of India einholen. Sec. 53N (4) CA ermöglicht es, dass eine einzelne Person den Schadensersatzanspruch für mehrere durch eine Kartellrechtsverletzung geschädigte Personen im Namen und mit Wirkung für alle Geschädigten geltend macht.

II. Europäisches Recht

Die Rechtsfolgen eines Verstoßes gegen das Verbot von wettbewerbsbeschränkenden Vereinbarungen, Beschlüssen von Unternehmensvereinigungen und abgestimmten Verhaltensweisen ergeben sich aus Art. 101 AEUV, aus der VO 1/2003[866] sowie aus den zivilrechtlichen Normen der Mitgliedsstaaten. Art. 101 Abs. 2 AEUV i.V.m. Art. 1 Abs. 1 der VO 1/2003 regelt die Nichtigkeit der gegen Art. 101 AEUV verstoßenen Vereinbarungen und Beschlüsse. Die Gewährung privatrechtlicher Ansprüche auf Schadensersatz und Unterlassung richtet sich nach den jeweiligen Bestimmungen der Mitgliedsstaaten. Verwaltungs- und bußgeldrechtliche Folgen sind in der VO Nr. 1/2003 geregelt.

1. Zivilrechtliche Rechtsfolgen

a) Nichtigkeit, Art. 101 Abs. 2 AEUV

Gemäß Art. 101 Art. 2 AEUV sind alle nach Art. 101 AEUV verbotenen Vereinbarungen, Beschlüsse von Unternehmensvereinigungen und abgestimmte Verhaltensweisen nichtig. Die Nichtigkeit hat zur Folge, dass die wettbewerbswidrigen Vereinbarungen, Beschlüsse von Unternehmensvereinbarungen und abgestimmten Verhaltensweisen zwischen den Vertragsparteien keinerlei rechtliche Wirkung erzeugen und auch Dritten nicht entgegengehalten werden können. Diese Nichtigkeit tritt grundsätzlich kraft Gesetzes mit ex tunc Wirkung ein

865 Sec. 3 bis 6 CA.

866 Verordnung (EG) Nr. 1/2003 des Rates vom 16. Dezember 2002 zur Durchführung der in den Artikeln 81 und 82 des Vertrags niedergelegten Wettbewerbsregeln, ABl. 2003 L 1/1.

und gilt absolut und gegen jedermann.[867] Die Nichtigkeitsfolge des Art. 101 Abs. 2 AEUV erfasst alle Klauseln, die die Wettbewerbsbeschränkung bezwecken oder bewirken oder die der Sicherung oder Verwirklichung der wettbewerbsbeschränkenden Hauptpflichten dienen.[868]

Ob der Teil der Vereinbarung, des Beschlusses oder der abgestimmten Verhaltensweisen, der keinen wettbewerbsbeschränkenden Inhalt hat, wirksam bleibt oder nicht, bestimmt sich nach dem jeweiligen nationalen Recht der Mitgliedsstaaten. Im deutschen Recht hat die Nichtigkeit eines Teils des Rechtsgeschäfts grundsätzlich die Nichtigkeit des gesamten Rechtsgeschäfts zur Folge, § 139 BGB. Diese Norm wird in der Praxis allerdings regelmäßig durch Salvatorische Klauseln ausgeschlossen. Für die Reichweite und Wirkung solcher Klauseln ist die nationale Rechtspraxis zu beachten. Nach deutschem Recht ist die Salvatorische Klausel nur wirksam, wenn ohne die nichtige Regelung noch ein weiteres lebensfähiges Vertragswerk bestehen bleibt.[869]

Grundsätzlich nicht von der Nichtigkeitsfolge des Art. 101 Abs. 2 AEUV erfasst sind so genannte Folgeverträge. Darunter versteht man Verträge, die von den Kartellmitgliedern in Umsetzung der verbotenen Absprachen mit Dritten geschlossen werden.[870] Das deutsche Recht geht von der Wirksamkeit solcher Verträge aus, wenn sie nicht ihrerseits gegen Art. 101 Abs. 2 AEUV verstoßen.[871] Da sich die Auswirkungen der Nichtigkeit nach Art. 101 Abs. 2 AEUV auf Folgeverträge nach nationalem und nicht nach Gemeinschaftsrecht richtet[872], besteht aber die Möglichkeit, dass einzelne Mitgliedsstaaten anders lautende Regelungen treffen.

b) Schadensersatz

aa) Die Existenz eines gemeinschaftsrechtlichen Schadensersatzanspruchs

Fraglich ist, auf welcher Rechtsgrundlage Schadensersatz im Falle eines Verstoßes gegen Art. 101 AEUV gewährt werden kann.

Einer Ansicht nach ergibt sich ein solcher Schadensersatzanspruch unmittelbar aus dem Gemeinschaftsrecht.[873] Vertreter dieser Ansicht verweisen zur Stützung ihres Ansatzes auf die Rechtsprechung des EuGH zur Staatshaftung von Mitgliedsstaaten. Ebenso wie der EuGH in seiner Rechtsprechung – insbeson-

---

867 Mäger-Johanns, 10. Kap, Rn. 4; EuGH, 25.11.1971, Rs. 22/71, Béguelin/S.A.G.L., Slg. 1971, 949, 962.

868 Bechtold, Art. 81, Rn. 130.

869 Bechtold, Art. 81, Rn. 131.

870 Mäger-Johanns, 10. Kap., Rn. 10.

871 BGH WuW/E 152, 153; OLG Düsseldorf WuW/E 4182, 4184.

872 EuGH, 18.12.1986, Rs. 10/86, VAG/Magne, Slg. 1986, 4071, 4088.

873 GA van Gerven, Schlussanträge v. 27.10.1993 in der Rs. C-128/92, Banks/British Coal Corporation, Slg. 1994, I-1209, 1251 ff; Mäsch, EuR 2003, 841.

dere in den Urteilen „Francovich“[874] und „Brasserie du Pêcheur“[875] – einen eigenen europäischen Staatshaftungsanspruch geschaffen habe, sei die „Courage“ Entscheidung des EuGH dahingehend zu verstehen, dass betroffenen Marktteilnehmern bei Verstößen gegen das gemeinschaftsrechtliche Kartellverbot ein eigener gemeinschaftsrechtlicher Schadensersatzanspruch zustehe.[876]

Allerdings vermag der hier angestellte Vergleich mit dem Staatshaftungsrecht nicht zu überzeugen. Denn zum einen ist selbst dort die Existenz eines gemeinschaftsrechtlichen Staatshaftungsanspruchs umstritten[877] und zum anderen sind die beiden Fälle insoweit nicht vergleichbar, als dass es beim Staatshaftungsrecht um das Verhältnis des Bürgers zum Staat geht, Schadensersatzansprüche im Kartellrecht dagegen das Verhältnis zwischen Mitbürgern betreffen.

Die besseren Argumente sprechen vielmehr für die Ansicht, dass Schadensersatz bei Verstoß gegen Art. 101 AEUV nur nach den jeweiligen Normen des nationalen Rechts gewährt werden kann.[878] Hätten die Verfasser des AEU-Vertrages bzw. des EWG-Vertrages einen gemeinschaftsrechtlichen Schadensersatzanspruch schaffen wollen, so hätten sie sich nicht auf die Regelung der Nichtigkeitsfolge in Art. 101 Abs. 2 AEUV beschränkt. Außerdem sollte die Regelung der Zivilrechtsfolgen dem parlamentarischen Verfahren der Mitgliedsstaaten vorbehalten sein, da diese in der Regel eine detaillierte Analyse und Bewertung der Interessen der beteiligten Wirtschaftsteilnehmer voraussetzt. Auch der EuGH verneint die Existenz eines gemeinschaftsrechtlichen Schadensersatzanspruchs bei Kartellverstößen und begründet dies damit, dass der EG-Vertrag (heute AEU-Vertrag) „nicht zusätzlich zu den nach nationalem Recht bestehenden Rechtsbehelfen neue Klagemöglichkeiten zur Wahrung des Gemeinschaftsrechts vor nationalen Gerichten schaffen wollte“.[879]

Aufgrund der überzeugenden Argumente ist der Ansicht zuzustimmen, dass sich die Entstehung und Geltendmachung von Schadensersatzansprüchen bei Verstößen gegen das Kartellverbot nach dem jeweiligen nationalen Recht richtet.

Bei der Anwendung der nationalen Normen sind die allgemeinen Vorgaben des Gemeinschaftsrechts, insbesondere die Grundsätze der Äquivalenz und der

---

874 EuGH, 19.11.1991, verb. Rs. C-6/90 u. C-9/90, Francovich/Italien, Slg. 1991 I, 5357 ff.

875 EuGH, 5.3.1996, verb. Rs. C-46/93 u. C-48/93, Brasserie du pêcheur/Deutschland, Slg. 1996 I, 1029 ff.

876 Mäsch, EuR 2003, 841 f.

877 Bejahend: Sachs-Bonk, Art. 34, Rn. 52e; v.Mangoldt/Klein/Starck-v.Danwitz, Art. 34, Rn. 115; BGHZ 134, 30, 36; a.A.: Maunz/Dürig-Papier, Art. 34, Rn. 81.

878 So auch Schröter-Schröter, Art. 81 Abs. 2, Rn. 268.

879 EuGH, 7.7.1981, Rs. 158/80, Rewe/Hauptzollamt Kiel, Slg. 1981, 1805, 1838 – „Butterfahrten“.

Effektivität (Effizienzgebot), zu beachten.[880] Der Äquivalenzgrundsatz bzw. das Diskriminierungsverbot besagt, dass Verstöße gegen das Europarecht in den Rechtsfolgen nicht restriktiver behandelt werden dürfen als vergleichbare Verstöße gegen nationales Recht.[881] Nach dem Effektivitätsgebot („Effet utile") dürfen die angewandten einzelstaatlichen Normen die aus der Gemeinschaftsordnung entstehenden Rechte nicht praktisch unmöglich machen oder übermäßig erschweren.[882]

bb) Schadensersatz nach nationalem Recht am Beispiel Deutschlands

Nach deutschem Recht können Schadensersatzansprüche gemäß § 823 Abs. 2 BGB i.V.m. Art. 101 AEUV oder nach § 33 GWB i.V.m. § 1 GWB bzw. Art. 101 AEUV geltend gemacht werden.

Art. 101 Abs. 1 AEUV stellt grundsätzlich ein Schutzgesetz im Sinne von § 823 Abs. 2 BGB dar, da diese Norm nicht nur die Allgemeinheit vor Wettbewerbsbeschränkungen schützt, sondern auch in den Beziehungen zwischen Einzelnen unmittelbare Wirkungen erzeugt und in deren Person Rechte entstehen lässt.[883] Der Schadensersatzanspruch aus § 823 Abs. 2 BGB i.V.m. Art. 101 Abs. 1 AEUV setzt u.a. auch voraus, dass der Anspruchsteller zu dem geschützten Personenkreis der Norm gehört und dass die Norm den geforderten Rechtsschutz gewähren soll.[884] Als vom Schutzbereich des Art. 101 AEUV (ex-Art. 81 EG) umfasst wurden dabei in der Vergangenheit z.T. nur solche Marktteilnehmer angesehen, gegen die sich die Kartellabsprache gezielt richtete.[885]

Mit der Neufassung des § 33 GWB im Rahmen der 7. GWB-Novelle wurde ein neuer Schadensersatzanspruch geschaffen, unter dessen Voraussetzungen jeder Betroffene, d.h. jeder, der als Mitbewerber oder sonstiger Marktbeteiligter durch den Verstoß beeinträchtigt ist, Schadensersatz verlangen kann, §§ 33 Abs. 1 und 3 GWB.[886] Damit wurde das Erfordernis der finalen Schädigung Dritter

---

880 EuGH, 20.9.2001, Rs. C-453/99, Courage/Crehan, Slg. 2001, I-6297, 6324, Rn. 29; EuGH, 13.07.2006, verb. Rs C-295/04 bis C-298/04, Manfredi, EuZW 2006, 529, 533, Rn. 62.

881 Streinz, Rn. 553.

882 Streinz, Rn. 552.

883 EuGH, 10.7.1980, Rs. 37/79, Marty/Estée Lauder, Slg. 1980, 2481, 2500, Rn. 13.

884 BGH WuW 1998, 1202, 1203.

885 BGHZ 64, 232, 237.

886 Ob allerdings unter den Begriff des Marktbeteiligten neben Konkurrenten und Teilnehmern der Marktgegenseite (Lieferanten und Abnehmer) auch Angehörige nachfolgender Marktstufen („indirect purchaser") fallen, ist bislang nicht restlos geklärt. Ein guter Überblick zu den verschiedenen Meinungen und Argumenten für und gegen eine Begrenzung des Kreises der Betroffenen findet sich bei Langen/Bunte-Bornkamp, § 33, Rn. 39 ff.

abgeschafft, so dass jetzt grundsätzlich jeder durch eine Wettbewerbsbeschränkung Geschädigte einen Anspruch ableiten kann.[887]

Damit ist das deutsche Recht nunmehr im Einklang mit den Urteilen des EuGH in Sachen „Courage" sowie „Manfredi", wonach „jedermann" Ersatz des Schadens verlangen kann, der ihm durch eine wettbewerbsbeschränkende Vereinbarung oder durch ein wettbewerbsbeschränkendes Verhalten entstanden ist.[888] Der Begriff „jedermann" umfasst nach Ansicht des EuGH auch die Partei des gegen Art. 101 Abs. 1 AEUV verstoßenen Vertrags, sofern diese keine wesentliche Verantwortung für die jeweilige Wettbewerbsverzerrung trägt.[889] Zwischen dem Schaden und einem nach Artikel 101 AEUV verbotenen Kartell oder Verhalten muss ein ursächlicher Zusammenhang bestehen.[890]

Hinsichtlich des Umfangs des Schadensersatzanspruchs bestimmt § 33 Abs. 3 GWB, dass der durch den Kartellverstoß erlangte anteilige Gewinn des Unternehmens bei der Schadensberechnung nach § 287 ZPO berücksichtigt werden kann. § 33 Abs. 3 S. 2 GWB stellt klar, dass die Entstehung eines Schadens nicht durch die Abwälzung erhöhter Preise auf den nachgelagerten Markt ausgeschlossen ist. Damit ist die sog. „passing on defense" ausgeschlossen. Die Abwälzung wird lediglich im Rahmen der Vorteilsausgleichung berücksichtigt, wofür der Kläger die Beweislast trägt.[891]

Der EuGH hat im Bezug auf den Haftungsumfang ausgeführt, dass ein Geschädigter nicht nur Ersatz des Vermögensschadens (damnum emergens), sondern auch des entgangenen Gewinns (lucrum cessans) sowie die Zahlung von Zinsen verlangen können muss.[892] Die Mitgliedsstaaten können bei der Beurteilung von Schadensersatzklagen dafür Sorge tragen, dass sich der Berechtigte nicht bereichert.[893] Außerdem ist eine Schadensminderungspflicht des Geschädigten europarechtlich anerkannt.[894] Ebenso gilt auch im Gemeinschaftsrecht der Grundsatz, dass ein Einzelner nicht aus seinem eigenen rechtswidrigen Verhalten einen Nutzen ziehen darf, womit die Möglichkeit einer Schadensreduktion aufgrund von Mitverschulden besteht.[895]

---

887 Bechtold, Art. 81 EG, Rn. 137.

888 EuGH, 20.9.2001, Rs. C-453/99, Courage/Crehan, Slg. 2001, I-6297, 6323, Rn. 26; EuGH, 13.07.2006, verb Rs. C-295/04 bis C-298/04, Manfredi, EuZW 2006, 529, 533, Rn. 60.

889 EuGH, Urt. v. 20.9.2001, Rs. C-453/99, Courage/Crehan, Slg. 2001, I-6297, 6323 f.

890 EuGH, 13.07.2006, verb. Rs. C-295/04 bis C-298/04, Manfredi, EuZW 2006, 529, 533, Rn. 61.

891 Mäger-Johanns, 10. Kap., Rn. 23.

892 EuGH, 13.07.2006, verb. Rs. C-295/04 bis C-298/04, Manfredi, EuZW 2006, 529, 529.

893 EuGH, 20.9.2001, Rs. C-453/99, Courage/Crehan, Slg. 2001, I-6297, 6324, Rn. 30.

894 EuGH, 20.9.2001, Rs. C-453/99, Courage/Crehan, Slg. 2001, I-6297, 6325, Rn. 33.

895 EuGH, 20.9.2001, Rs. C-453/99, Courage/Crehan, Slg. 2001, I-6297, 6324, Rn. 31.

§ 33 IV GWB stellt schließlich fest, dass das nationale Gericht, welches über den Schadensersatzanspruch aufgrund eines Verstoßes gegen Art. 101 oder Art. 102 AEUV entscheidet, an die Feststellung eines Verstoßes durch eine bestandskräftige Entscheidung der zuständigen Kartellbehörde gebunden ist.

c) Unterlassungsanspruch

Ebenso wie die Schadensersatzansprüche richten sich Ansprüche auf Unterlassen nach nationalem Recht.[896] Eine Unterlassungsklage kann im deutschen Recht auf § 1004 BGB analog i.V.m. § 823 Abs. 2 BGB und Art. 101 AEUV bzw. auf § 33 Abs. 1 GWB i.V.m. Art. 101 Abs. 1 AEUV gestützt werden. Dies gilt auch für einen vorbeugenden Unterlassungsanspruch, wenn ein Verstoß gegen Art. 101 Abs. 1 AEUV ernstlich und greifbar droht, § 33 Abs. 1 S. 2 GWB.

d) Beseitigungsanspruch

Neben dem Schadensersatzanspruch steht dem „Betroffenen" gemäß § 33 Abs. 1 S. 1 GWB auch ein Beseitigungsanspruch zu. Dieser Anspruch ist darauf gerichtet, bereits eingetretene aber noch fortbestehende Beeinträchtigungen zu beseitigen. Der Beseitigungsanspruch ist genauso wie der Unterlassungsanspruch verschuldensunabhängig.

2. Öffentlich-rechtliche Rechtsfolgen

a) Entscheidungsmaßnahmen der Kommission

Die Art. 7 bis 10 der VO 1/2003 zählen die Maßnahmen auf, welche die Kommission zur Durchsetzung der Art. 101 und 102 AEUV ergreifen kann.

Stellt die Kommission – sei es auf eine Beschwerde hin oder von Amtswegen – eine Zuwiderhandlung gegen Art. 101 oder 102 AEUV fest, so kann sie die beteiligten Unternehmen und Unternehmensvereinigungen gemäß Art. 7 Abs. 1 VO 1/2003 durch Entscheidung verpflichten, diese Zuwiderhandlung abzustellen. Zur Abstellung solcher Verstöße kann die Kommission den Unternehmen gemäß Art. 7 Abs. 1 S.2 VO 1/2003 verhaltensorientierte oder, subsidiär, strukturelle Maßnahmen auferlegen. Die vorgeschriebenen Abhilfemaßnahmen müssen erforderlich und verhältnismäßig im Sinne des Art. 7 Abs. 1 S.3 VO 1/2003 sein. Unter Berücksichtigung dieser Prinzipien stehen der Europäischen Kommission mithin alle denkbaren Maßnahmen zur Verfügung, um einen Verstoß gegen Art. 101 und 102 AEUV abzustellen.[897]

In Fällen, in denen „prima facie" ein Wettbewerbsverstoß vorliegt und die Gefahr besteht, dass der Wettbewerb einen ernsten, nicht wieder gutzumachen-

896 Schröter-Schröter, Art. 81 Absatz 3, Rn. 272.
897 Lampert/N/K/W, Praxiskommentar, Rn. 149.

den Schaden erleidet, hat die Kommission nach Art. 8 VO 1/2003 die Möglichkeit, einstweilige Maßnahmen zu erlassen.

Art. 9 der VO 1/2003 ermöglicht es den Unternehmen, denen eine Abstellungsentscheidung durch die Kommission droht, durch eine Verpflichtungszusage die Bedenken der Kommission auszuräumen. Wenn dies gelingt, erklärt die Kommission die Zusage für bindend und stellt im Gegenzug fest, dass sie für ein Einschreiten keinen Anlass mehr sieht.

Mit der Umstellung vom Anmeldesystem auf das System der Legalausnahme haben die Unternehmen nicht mehr die Möglichkeit, die Vereinbarkeit von Vereinbarungen, Beschlüssen oder abgestimmten Verhaltensweisen mit dem europäischen Kartellrecht durch die Kommission förmlich prüfen und bestätigen zu lassen; nach dem Prinzip der Selbstveranlagung müssen sie die Vereinbarkeit von sich aus gewährleisten.[898] Dennoch hat die Kommission gemäß Art. 10 VO 1/2003 in Einzelfällen das Recht, aus Gründen des öffentlichen Interesses festzustellen, dass in Bezug auf eine bestimmte Vereinbarung oder abgestimmte Verhaltensweise bzw. auf einen Beschluss einer Unternehmensvereinigung Art. 101 Abs. 1 AEUV nicht anwendbar ist oder dass die Voraussetzungen des Art. 101 Abs. 3 AEUV erfüllt sind (Positiventscheidung).

Ein weiteres wichtiges Recht der Kommission ist in Art. 29 Abs. 1 VO 1/2003 geregelt: Hat eine Vereinbarung, ein Beschluss einer Unternehmensvereinigung oder eine abgestimmte Verhaltensweise, die unter eine Gruppenfreistellungsverordnung fällt, mit Art. 101 Abs. 3 AEUV unvereinbare Wirkungen, so kann die Kommission die Rechtsvorteile dieser GVO entziehen.

b) Buß- und Zwangsgelder

Gemäß Art. 23 Abs. 2 lit. 1 a) VO Nr. 1/2003 kann die Kommission bei Verstößen gegen Art. 101 AEUV Geldbußen gegen das den Verstoß begehende Unternehmen verhängen. Die Höhe der Geldbuße kann bis zu 10 % des jeweiligen im vorausgegangenen Geschäftsjahr erzielten Gesamtumsatzes des Unternehmens betragen, Art. 23 Abs. 2 S. 2 VO 1/2003. Geldbußen in gleicher Größenordnung können darüber hinaus bei Zuwiderhandlungen gegen einstweilige Maßnahmen und bei Nichteinhaltung von Verpflichtungszusagen nach Art. 9 VO 1/2003 verhängt werden, Art. 23 Abs. 2 VO 1/2003. Daneben sind in Art. 23 Abs. 1 VO 1/2003 Tatbestände geregelt, bei denen Geldbußen bis zu 1 % des Gesamtumsatzes verhängt werden können. Dazu gehören beispielsweise Verstöße gegen Auskunftspflichten oder das Nichtdulden von nach Art. 20 Abs. 4 VO 1/2003 angeordneten Nachprüfungen. Bei der Festsetzung der Höhe der Geldbuße ist sowohl die Dauer als auch die Schwere des Verstoßes maßgeblich, Art. 23 Abs. 3 VO 1/2003. Als ein Milderungsgrund bei der Festsetzung berücksichtigt die

898 Bechtold, Art. 10 VO 1/2003, Rn. 4.

Kommission die Mitwirkung eines Unternehmens an der Aufklärung des Sachverhalts im Kartellverfahren.[899]

Um die Unternehmen zu einem Handeln, Dulden oder Unterlassen im Sinne von Art. 24 Abs. 1 lit. a) bis e) zu zwingen, kann die Kommission schließlich unter den Voraussetzungen des Art. 24 VO 1/2003 Zwangsgelder von bis zu 5 % des im vorausgegangenen Geschäftsjahr erzielten durchschnittlichen Tagesumsatzes für jeden Tag des Verzugs festsetzen.

III. Zusammenfassung und Vergleich

Hinsichtlich der möglichen Rechtsfolgen bei Verstößen gegen das Kartellverbot weisen das europäische und das indische Kartellrecht viele Gemeinsamkeiten auf: Beide Gesetze sehen die Nichtigkeit[900] der wettbewerbsbeschränkenden Vereinbarung oder Verhaltensweise bzw. des Beschlusses vor und ermächtigen die jeweilige Wettbewerbsbehörde dazu, Maßnahmen zur Abstellung des Kartellverstoßes, Geldbußen, Maßnahmen des einstweiligen Rechtsschutzes sowie weitere Anordnungen zu erlassen.[901] Des Weiteren können die durch einen Verstoß gegen das Kartellverbot Geschädigten sowohl in Europa als auch in Indien Schadensersatz auf dem Privatklageweg erlangen.[902] Auch die Möglichkeit, Verpflichtungszusagen der Parteien für bindend zu erklären, besteht in beiden Rechtsordnungen.[903]

Auch im Hinblick auf die Höhe möglicher Geldbußen bei Verstoß gegen das jeweilige Kartellverbot weisen das europäische und das indische Kartellrecht Ähnlichkeiten auf: Das indische Recht sieht in Sec. 27 (b) CA eine Geldbuße für jede Partei der betreffenden Vereinbarung von bis zu 10 % des durchschnittlichen Umsatzes der drei der Anordnung vorangegangenen Jahren vor. Vergleichbar dazu ist die Regelung im europäischen Recht, nach der die Kommission eine Geldbuße in Höhe von bis zu 10 % des Gesamtumsatzes des jeweiligen vorausgegangenen Geschäftsjahres verhängen kann.

Ein bedeutender Unterschied besteht aber zwischen europäischem und indischem Recht, wenn der Verstoß gegen das Verbot von wettbewerbsbeschränkenden Vereinbarungen, Beschlüssen von Unternehmensvereinigungen und ab-

899 Wiedemann-Dieckmann, § 46, Rn. 20. Zur Kronzeugenregelung siehe auch: 3. Teil, H, II, 2., c).

900 In Indien: Sec. 3 (2) CA; in Europa: Art. 101 Abs. 2 AEUV (ex-Art. 81 Abs. 2 EG).

901 Siehe oben, bezogen auf Indien: 3. Teil, G, I, 2. und 3., bezogen auf Europa: 3. Teil, G, II, 2.

902 Siehe oben, bezogen auf Indien: 3. Teil, G, I, 4., b), bezogen auf Europa: 3. Teil, G, II, 1, b).

903 Siehe oben, bezogen auf Indien: 3. Teil, G, I, 2., e), bezogen auf Europa: 3. Teil, G, II, 2, a).

gestimmten Verhaltensweisen von einem Kartell[904] ausgeht: In diesem Fall beträgt die Strafe gemäß Sec. 27 (b) CA zwingend entweder 10 % des durchschnittlichen Gesamtumsatzes oder das Dreifache des durch die Wettbewerbsbeschränkung erwirtschafteten Gewinns, je nachdem, welcher Wert höher ist. Diese Regelung wird dem Umstand gerecht, dass Kartelle im Sinne des Competition Act in der Regel besonders starke Beschränkungen des Wettbewerbs bewirken.

Hinsichtlich möglicher Schadensersatzansprüche unterscheiden sich das indische und das deutsche Recht[905] weniger in materieller[906], dafür umso mehr in verfahrensrechtlicher Hinsicht: So sollen in Indien nicht die Gerichte, sondern ein eigens dafür eingerichtetes quasi-gerichtliches Tribunal – das Competition Appellate Tribunal – für die Gewährung von Schadensersatz zuständig sein.[907]

Neben diesen Unterschieden existieren weitere Fälle, in denen die Rechtsfolgen eines Verstoßes gegen das Kartellverbot im indischen und im europäischen Recht voneinander abweichen: Anders als in Indien haben die durch einen Kartellverstoß betroffenen Personen in Europa die Möglichkeit, über die jeweiligen mitgliedsstaatlichen Regelungen Unterlassungs- und Beseitigungsansprüche geltend zu machen.[908]

Ein weiterer Unterschied besteht dem ersten Anschein nach darin, dass das indische Recht im Gegensatz zum europäischen nicht ausdrücklich die Möglichkeit vorsieht, Positiventscheidungen im Sinne von Art. 10 VO 1/2003 zu erlassen. Da aber eine solche Entscheidung aufgrund der Generalkompetenz des Sec. 27 (g) CA grundsätzlich auch von der indischen Wettbewerbsbehörde erlassen werden könnte, liegt hierin kein tatsächlicher materieller Unterschied.

Ähnliches gilt für die Möglichkeit der indischen Kartellbehörde, Unterlassungsanordnungen zu erlassen: Zwar sind solche Unterlassungsanordnungen in der europäischen Kartellverfahrensverordnung nicht ausdrücklich aufgeführt, jedoch ist der Erlass solcher Unterlassungsverfügungen von der Befugnis zum

---

904 Unter einem Kartell versteht der indische Competition Act, 2002 gemäß Sec. 2 (c) CA eine Vereinigung („association") von Herstellern, Verkäufern, Zwischenhändlern, Einzelhändlern oder Dienstleistungsanbietern, die durch Vereinbarung untereinander die Produktion, den Vertrieb, den Verkauf oder den Preis von bzw. den Handel mit Waren oder die Erbringung von Dienstleistungen beschränken, kontrollieren oder zu kontrollieren versuchen.

905 Die Gewährung von Schadensersatz richtet sich nach den nationalen Bestimmungen, siehe oben, 3. Teil, G, II, 1, b).

906 Als einzige Besonderheit im indischen Recht ist hier Sec. 53N (3) CA zu nennen, der die Schadensersatzhöhe insofern begrenzt, als das diese für das Unternehmen realisierbar („realizable") sein muss.

907 Vgl. Sec. 53A (1) (b) und Sec. 53N CA.

908 Siehe oben, 3. Teil, G, II, 1, c) und d).

Erlass von Abhilfemaßnahmen im Sinne von Art. 7 Abs. 1 S.2 VO 1/2003 umfasst.[909]

Eine andere Regelung des indischen Kartellrechts, die in dieser Form in der europäischen Kartellverfahrensverordnung nicht vorgesehen ist, ist die ausdrückliche Ermächtigung der Wettbewerbsbehörde in Sec. 27 (d) CA, die Abänderung einer wettbewerbsbeschränkenden Vereinbarung anzuordnen und dabei das Ausmaß und die Art der nötigen Änderungen zu bestimmen.[910] Zwar hat die europäische Wettbewerbsbehörde gemäß Art. 7 VO 1/2003 auch weitreichende Kompetenzen bis hin zur Möglichkeit, strukturelle Maßnahmen zu erlassen, jedoch stehen diese – anders als in Indien – unter dem Vorbehalt der Erforderlichkeit und Verhältnismäßigkeit.

Schließlich hat die Competition Commission gemäß Sec. 27 (g) CA die generelle Kompetenz, im Falle eines Verstoßes gegen das Kartellverbot alle sonstigen Anordnungen oder Anweisungen zu treffen, „die sie für geeignet hält". Anders als im europäischen Kartellrecht sind die Befugnisse der indischen Kartellbehörde hierbei sehr weitreichend, da der Tatbestand nicht durch objektive Kriterien begrenzt ist. In Europa hingegen sind nur solche Abhilfemaßnahmen zulässig, die gegenüber der festgestellten Zuwiderhandlung verhältnismäßig und für eine wirksame Abstellung der Zuwiderhandlung erforderlich sind. Zudem können strukturelle Abhilfemaßnahmen in Europa nur nachrangig angeordnet werden.[911]

H. Behördenstruktur und Kartellverfahren

I. Indien

1. Zuständige Behörden/ Organe

Die beiden wesentlichen Instanzen des indischen Kartellverfahrens sind die Competition Commission of India und das Competition Appellate Tribunal (CAT). Dabei nimmt die Competition Commission die exekutiven und das Competition Appellate Tribunal die judikativen Rechte und Pflichten war, die sich aus dem Competition Act, 2002 ergeben. Des Weiteren ist der „Director General" zu nennen, der gemäß Sec. 41 CA im indischen Kartellverfahren tätig werden kann.

---

909 "Darüber hinaus ist die Kommission befugt, den Parteien aufzugeben, die beanstandeten Verstöße weder zu wiederholen noch Maßnahmen gleicher Wirkung zu treffen.", De Bronett, Art. 7, Rn. 6.

910 "Direct that the agreements shall stand modified to the extent and in the manner as may be specified in the order by the Commission.", Sec. 27 (d) CA.

911 Siehe oben, 3. Teil, G, II, 2, a).

a) Competition Commission of India

Die Competition Commission of India ist die neue, durch den Competition Act, 2002 geschaffene indische Kartellbehörde. Sie ersetzt die MRTP-Kommission und ist die wesentliche Instanz zur Durchsetzung des materiellen Kartellrechts und damit auch des hier behandelten Verbots wettbewerbsbeschränkender Vereinbarungen im Sinne von Sec. 3 CA. Die Gründung einer Behörde zur Verhinderung wettbewerbsbeschränkender Vereinbarungen und abgestimmter Verhaltensweisen war, wie sich aus der Präambel des Gesetzes ergibt, eines der wesentlichen Ziele des Competition Act, 2002. Dementsprechend sind dieser Behörde gleich zwei Kapitel im Competition Act, 2002 gewidmet. Bestimmungen über die Gründung und Organisationsstruktur der Kartellbehörde finden sich im dritten Kapitel[912] und ihre Pflichten und Befugnisse sind im vierten Kapitel[913] des Competition Act, 2002 geregelt.

aa) Gründung, Organisationsstruktur und Arbeitsaufnahme der Kommission

Die Competition Commission of India mit Sitz in Neu Delhi ist am 14.10.2003 durch Bekanntmachung[914] der Regierung gemäß den Vorschriften der Sec. 7 (1) - (3) CA gegründet worden. Gemäß Sec. 8 (1) CA besteht die Kommission aus zwei bis sechs Kommissionsmitgliedern („members“) und einem Vorsitzenden („chairperson“). Der Vorsitzende und die Mitglieder müssen gemäß Sec. 8 (2) CA angesehene Experten mit mindestens 15-jähriger praktischer Erfahrung im Bereich des internationalen Handels, der Wirtschaft, des Rechts, des Finanzwesens, des Rechnungswesens, des Managements, der Industrie oder der Öffentlichkeitsarbeit sein. Kommissionsmitglieder werden von der indischen Bundesregierung aus einer Liste ausgewählt, die zuvor von einem Auswahlkomitee zusammengestellt worden ist, Sec. 9 (1) CA. Die Mitglieder sowie der Vorsitzende werden jeweils für einen Zeitraum von fünf Jahren ernannt; sie dürfen das Amt aber gemäß Sec. 10 (1) a.E. CA höchstens bis zur Vollendung des fünfundsechzigsten Lebensjahres ausüben. Zur Competition Commission of India gehören neben dem Vorsitzenden und den Mitgliedern weitere Mitarbeiter, die gemäß Sec. 58 CA Beamtenstatus besitzen.[915]

Sec. 66 (2) Satz 3 CA sieht vor, dass die Mitarbeiter der bisherigen indischen Kartellbehörde von der neu geschaffenen Competition Commission of India zu ihren bisherigen Konditionen übernommen werden sollen. Nach dieser

---

912 Sec. 7 – 17 CA.

913 Sec. 18 – 40 CA.

914 Notification S.O. 1198 (E) vom 14.10.2003, Ministry of Finance, Department of Company Affairs, Gazette of India, Part-II, Section 3 (ii), Extraordinary.

915 Eine Übersicht der Mitarbeiter der indischen Kartellbehörde findet sich auf der Homepage der Competition Commission of India unter http://www.cci.gov.in/May2011/Organogram/Organogram060611.pdf (27.06.11).

Regelung sollen der „Director General of Investigation and Regulation“, seine Stellvertreter sowie alle Beamten und andere angestellten Mitarbeiter der MRTP-Kommission nach der Auflösung dieser Behörde Beamte oder Angestellte der Competition Commission of India oder des Appellate Tribunal werden. Dies gilt aber nicht für die „Mitglieder“ („members“) und den Vorsitzenden der MRTP-Kommission.

Gemäß Sec. 66 (1) CA wird die MRTP-Kommission außerdem erst zwei Jahre nach Inkrafttreten des Competition Act, 2002 aufgelöst, um in diesem Zeitraum alle Verfahren nach den Bestimmungen des MRTP-Act zu erledigen, die vor Inkrafttreten des neuen Gesetzes eingeleitet worden sind.

Derzeit[916] besteht die Kommission aus sechs Mitgliedern im Sinne von Sec. 8 CA[917], einem Vorsitzenden[918] sowie aus einer Gruppe von Mitarbeitern, die zum Teil aus den Reihen der bisherigen Wettbewerbsbehörde stammen. Die Ernennung des ersten Kommissionsvorsitzenden[919] wurde rückgängig gemacht, nachdem eine Petition gegen ihn beim indischen Supreme Court eingereicht worden war und das Gericht in der mündlichen Verhandlung unmissverständlich seine strikte ablehnende Haltung gegenüber dem Umstand äußerte, dass ein ehemaliger Verwaltungsbeamter – statt eines Richters – den Vorsitz einer Institution mit judikativen Kompetenzen übernimmt.[920]

bb) Pflichten und Befugnisse der Competition Commission

Die Pflichten, Befugnisse und Aufgaben der Competition Commission of India sind in Chapter IV des Competition Act, 2002 (Sec. 18 – 40 CA) geregelt.

Aufgaben bzw. Pflichten der Kommission sind die Eliminierung von wettbewerbsbeeinträchtigenden Praktiken, die Aufrechterhaltung und Förderung des Wettbewerbs in Indien, der Schutz von Verbraucherinteressen und die Sicherstellung, dass alle anderen Marktteilnehmer ihre Gewerbefreiheit ungestört auf dem indischen Markt ausüben können, Sec. 18 CA.

Die einzelnen Ermittlungsbefugnisse der Kommission bei Verstoß gegen das Verbot wettbewerbsbeschränkender Vereinbarungen im Sinne von Sec. 3 CA sowie das dazugehörige Verfahren sind in Sec. 19 und 26 CA beschrieben. Ge-

916 Stand: Mai 2011.

917 H.C.Gupta, R. Prasad, P.N. Parashar, Dr. Geeta Gouri, Anurag Goel, M.L.Tayal.

918 Dhanendra Kumar.

919 Ursprünglich wurde Mr. Dipak Chatterji als Vorsitzender der Kommission ernannt, siehe Notification S.O. 1200 (E) vom 14.10.2003, Ministry of Finance, Department of Company Affairs, Gazette of India, Part-II, Section 3 (ii), Extraordinary.

920 Die Haltung des Supreme Court wurde unter anderem an folgender Aussage des zuständigen Richters deutlich: "At this rate, if these things are allowed to continue, then the day is not far off when bureaucrats will replace all the judges in the country, including the Supreme Court", zitiert in: Competition Comission of India: Proposed Amendments, (2006) 69 SCL, 114, 117.

mäß Sec. 19 (1) CA hat die indische Wettbewerbsbehörde das Recht, Ermittlungen im Falle vermuteter Verstöße gegen Sec. 3 (1) CA (das Verbot wettbewerbsbeschränkender Vereinbarungen) und Sec. 4 (1) CA (das Verbot des Missbrauchs einer marktbeherrschenden Stellung) anzustellen. Diese leitet sie entweder aus eigenem Antrieb ein oder sie führt die Ermittlungen nach Erhalt von Informationen von Einzelpersonen, Verbraucher- oder Handelsvereinigungen oder infolge eines Hinweises seitens der indischen Bundesregierung, einer indischen Landesregierung oder einer sonstigen staatlichen Stelle durch, Sec. 19 (1) CA.

Sec. 27 CA enthält eine Aufzählung aller Verfügungen, die die Kommission erlassen kann, um gegen Verstöße gegen das Verbot wettbewerbsbeschränkender Vereinbarungen oder gegen das Verbot des Missbrauchs einer marktbeherrschenden Stellung vorzugehen. Die hier relevanten Verfügungen bei Verstößen gegen Sec. 3 CA sowie die möglichen einstweiligen Verfügungen, die von der Kommission gemäß Sec. 33 CA erlassen werden können, wurden weiter oben ausführlich behandelt.[921]

Nach den Bestimmungen des Competition Act, 2002 kommt der Competition Commission of India neben dem Schutz des Wettbewerbs eine weitere zentrale Funktion zu, die in der Vergangenheit nicht im indischen Kartellrecht geregelt war: Gemäß Sec. 49 CA ist die Wettbewerbskommission für das so genannte „Competition Advocacy“ zuständig. Darunter fallen im Wesentlichen zwei Aufgaben, und zwar zum einen die Beratung der Regierung und zum anderen die Öffentlichkeitsarbeit. Bezüglich der erstgenannten Aufgabe bestimmt Sec. 49 (1) CA, dass sowohl die indische Bundesregierung als auch die indischen Landesregierungen sich bei der Formulierung einer eigenen Wettbewerbspolitik – einschließlich der Erarbeitung und Überarbeitung des Wettbewerbsrechts – mit Fragen an die Wettbewerbskommission richten können, um deren Meinung einzuholen. Diese muss innerhalb von 60 Tagen eine unverbindliche Stellungnahme hierzu abgeben. Die zweite Aufgabe des „Competition Advocacy“ besteht gemäß Sec. 49 (2) CA darin, geeignete Maßnahmen zu ergreifen, um über die Wettbewerbspolitik aufzuklären, das Bewusstsein für Fragen des Wettbewerbs zu schaffen und diesbezüglich Wissen zu vermitteln.

Nicht die indische Bundesregierung bzw. die indischen Landesregierungen allein sind berechtigt, Auskunftsanfragen an die Kommission zu stellen. In Fällen, in denen sich eine Partei in einem Verfahren vor einer „statutory authority“ darauf beruft, dass eine Entscheidung dieser Behörde gegen Bestimmungen des Competition Act, 2002 verstößt, kann die betreffende Stelle eine Auskunftsanfrage an die Competition Commission of India stellen, Sec. 21 (1) CA. Der Begriff der „statutory authority“ im Sinne dieses Gesetzes ist in Sec. 2 (w) CA nä-

921 Siehe oben, 3. Teil, G, I, 2. und 3.

her definiert: Er umfasst alle Behörden, Ausschüsse, Handelsgesellschaften, Räte, Institute, Universitäten und andere juristische Personen, die durch ein oder unter einem indischen Gesetz geschaffen worden sind, um die Produktion, das Angebot an Waren und Dienstleistungen oder bestimmte Märkte zu regeln bzw. zu regulieren.[922]

Seit der Reform des Sec. 21 CA durch den Competition (Amendment) Act, 2007 ist es einer „statutory authority" auch möglich, aus eigenem Antrieb und ohne besonderen Anlass Auskunftsanfragen an die Competition Commission of India zu stellen, um klären zu lassen, ob eine geplante Entscheidung mit dem Kartellrecht übereinstimmt.[923] Gemäß Sec. 21 (2) CA gibt die Kommission ihre Stellungnahmen innerhalb von 60 Tagen ab.

Umgekehrt kann sich auch die Kommission nach Maßgabe des Sec. 21A CA mit Auskunftsanfragen an die vorbezeichneten staatlichen Stellen wenden.

cc) Grenzen der Kommissionsbefugnisse: Rechte der Regierung

(1) Weisungsrecht

Gemäß Sec. 55 CA unterliegt die Competition Commission of India dem Weisungsrecht der indischen Regierung. Diese kann der Wettbewerbskommission (wettbewerbs-) politische Weisungen erteilen, welche die Kommission befolgen muss. Für technische oder administrative Angelegenheiten gilt das Weisungsrecht allerdings nicht, Sec. 55 (1) CA. Die indische Zentralregierung kann gemäß Sec. 55 (2) CA selbst darüber entscheiden, ob es sich bei einer bestimmten Frage um eine wettbewerbspolitische Angelegenheit handelt oder nicht. Soweit es durchführbar ist, soll die Regierung der Kommission vor Erlass einer Weisung die Möglichkeit geben, sich zu äußern, Sec. 55 (1) a.E. CA.

(2) Ersetzungsrecht

Unter bestimmten, in Sec. 56 CA aufgezählten Umständen hat die indische Zentralregierung das Recht, die Competition Commission of India für einen Zeitraum von bis zu sechs Monaten zu ersetzen. Das setzt voraus, dass nach Ansicht der Regierung einer der in Sec. 56 CA genannten Gründe vorliegt. Dies ist gemäß Sec. 56 (1) (a) CA unter anderem dann der Fall, wenn die Kommission aufgrund bestimmter, außerhalb ihrer Macht stehender Umstände außerstande

---

922 Der genaue Wortlaut lautet: "Statutory authority" means any authority, board, corporation, council, institute, university or any other body corporate, established by or under any Central, State or Provincial Act for the purposes of regulating production or supply of goods or provision of any services or markets therefor or any matter connected therewith or incidental thereto.

923 „Provided that any statutory authority, may, suo motu, make such a reference to the Commission.", Sec. 21 (1) a.E. CA.

ist, die ihr nach den Bestimmungen des Competition Act auferlegten Funktionen und Pflichten zu erfüllen. Ein weiterer Grund für die Ersetzung der indischen Wettbewerbsbehörde ist gegeben, wenn diese es wiederholt unterlässt, Regierungsweisungen zu befolgen oder ihren gesetzlichen Funktionen und Pflichten nachzukommen, und wenn es infolge dieser Pflichtversäumnisse zu einer Verschlechterung der finanziellen Situation oder der Amtsführung der Behörde kommt. Letztlich kann die Wettbewerbsbehörde von der Regierung auch aus Gründen des öffentlichen Interesses ersetzt werden, Sec. 56 (1) (c) CA. In formeller Hinsicht muss die Regierung die Ersetzung öffentlich bekannt machen und der Kommission die Möglichkeit geben, gegen ihre geplante Ablösung Einspruch zu erheben, Sec. 56 (1) a.E. CA.

Ist der Zeitraum der Ersetzung der Kommission abgelaufen, so wird die Competition Commission durch Neuberufung ihres Vorsitzenden und ihrer Mitglieder gemäß Sec. 56 (3) CA wieder errichtet. Dabei können auch die ehemaligen Mitglieder und der bisherige Vorsitzende der Kommission wieder ernannt werden.

b) Das Competition Appellate Tribunal (CAT)

Die bedeutungsvollste Änderung des indischen Kartellrechts durch den Competition (Amendment) Act, 2007 erfolgte mit der Integration der Bestimmungen über das „Competition Appellate Tribunal“ durch das neu eingefügten Kapitel VIIIA des Competition Act, 2002. Mit diesem Tribunal wurde eine zweite, gegenüber der Wettbewerbsbehörde eigenständige Instanz geschaffen, die für die Gewährung von Schadensersatz und die rechtliche Überprüfung von Kommissionsentscheidungen zuständig ist.[924]

aa) Anlass für die Schaffung des CAT

Gemäß der ursprünglichen Fassung des Competition Act, 2002 lag die Kompetenz für die Gewährung von Schadensersatz bei der Wettbewerbskommission.[925] Als Rechtsmittelinstanz gegen Entscheidungen war bislang ausschließlich der indische Supreme Court vorgesehen.[926]

Der indische Supreme Court zweifelte die Verfassungsmäßigkeit der erstgenannten Regelung an. Im Hinblick auf das Gewaltenteilungsprinzip wurde es als problematisch angesehen, dass die Wettbewerbskommission als Exekutivbehörde, die noch dazu von einem Verwaltungsbeamten und nicht von einem Richter geleitet wird, wie ein Gericht über Schadensersatzansprüche entscheiden

924 Vgl. Sec. 53A (1) (b) und Sec. 53A (1) (a) CA.
925 Sec. 27 (c) und Sec. 34 CA a.F.
926 Sec. 40 CA a.F.

kann. Ohne tatsächlich in der Sache zu entscheiden,[927] machte der Supreme Court in seinem Beschluss vom 20.01.2005 Vorschläge, wie eine verfassungsmäßige Behördenstruktur aussehen könnte: „In Übereinstimmung mit dem, was als internationale Praxis gilt", so das Gericht, „ist es für den Beklagten angebracht, über die Schaffung zweier getrennter Gremien nachzudenken, eins mit beratenden und regulierenden Rechten und ein weiteres mit rechtsprechenden Befugnissen."[928] Darüber hinaus empfahl das Gericht die Schaffung einer Appellationsinstanz.[929]

Unter Berücksichtigung dieser Entscheidung legte die indische Regierung dem Parlament am 09.03.2006 einen Entwurf[930] zur Änderung des Competition Act, 2002 vor, der als wesentliche Neuerung Bestimmungen zur Schaffung des Competition Appellate Tribunal enthielt.

bb) Die Regelungen zum CAT im Einzelnen

Wie bereits erwähnt, befinden sich die Bestimmungen über das CAT im neu eingefügten Kapitel VIIIA des Competition Act, 2002. Das Tribunal soll gemäß Sec. 53C CA aus einem Vorsitzenden und bis zu zwei weiteren Mitgliedern bestehen, die durch die indische Regierung ernannt werden. Das Amt des Vorsitzenden kann gemäß Sec. 53D (1) CA nur von ehemaligen oder amtierenden Richtern des indischen Supreme Court oder Vorsitzenden eines indischen High Court ausgeübt werden. Die anderen Mitglieder des Competition Appellate Tribunal sollen mindestens 25 Jahre Berufserfahrung in den Bereichen der Wirtschaft, des Rechts, der Verwaltung oder in einem anderen der in Sec. 53D (2) CA aufgezählten Bereiche haben. Neben dem Vorsitzenden und den Mitgliedern des CAT kann die Regierung gemäß Sec. 53M CA weitere Mitarbeiter einstellen.

Sec. 53A CA regelt die Funktionen bzw. Aufgaben des Tribunals. Demnach soll dass CAT über Schadensersatzklagen entscheiden, welche sich auf die Er-

927 Von einer Entscheidung in der Sache ist abgesehen worden, da die indische Regierung Nachbesserungen des Gesetzes angekündigt hatte.

928 Brahm Dutt v. Union of India, (2005) 64 CLA 214, 218.

929 "This followed up by an appellate body as contemplated by the proposed amendment, can go a long way, in meeting the challenge sought to be raised in this Writ Petition based on the doctrine of separation of powers recognized by the Constitution. Any way, it is for those who are concerned with the process of amendment to consider this aspect.", Brahm Dutt v. Union of India, (2005) 64 CLA 214, 218.

930 The Competition (Amendment) Bill, 2006, Bill No. 18 of 2006, http://www.icai.org/resource_file/9079Competition_Bill_2006.pdf (27.06.2011); am 29.07.2007 ersetzt durch den Competition (Amendment) Bill, 2007. Letzterer ist zu finden unter:, http://164.100.24.219/BillsTexts/LSBillTexts/asintroduced/competition%202007.pdf (27.06.2011).

mittlungsergebnisse der Competition Commission stützen, sowie gegebenenfalls unter den Voraussetzungen des Sec. 53N CA Schadensersatz zusprechen.

Außerdem fungiert das CAT gemäß Sec. 53A (1) (a) CA als Appellationsinstanz für Rechtsbehelfe gegen alle Anweisungen, Beschlüsse und Verfügungen, die von der Competition Commission of India gemäß den dort aufgezählten Bestimmungen erteilt bzw. erlassen wurden.[931] In seiner Funktion als Appellationsinstanz hat das CAT die Befugnis, die Anweisungen, Beschlüsse oder Verfügungen der Kommission, nach Anhörung der beteiligten Parteien, zu bestätigen, abzuändern oder aufzuheben, Sec. 53B (3) CA.

Verstößt eine Person ohne angemessenen Grund gegen Entscheidungen des CAT, so kann gegen diese Person eine Haftstrafe von bis zu einem Jahr oder eine Geldstrafe von bis zu einer Million Rupien verhängt werden, Sec. 53Q CA.

Gemäß Sec. 53T CA schließlich, kann jede Person, die durch eine Entscheidung oder Verfügung des CAT beeinträchtigt wurde, innerhalb von 60 Tagen nach Bekanntmachung der Entscheidung bzw. der Verfügung Rechtsmittel beim indischen Supreme Court einlegen.

c) Der „Director General“

Zur Unterstützung der Kommission bei der Untersuchung vermeintlicher Verstöße gegen das indische Kartellrecht sieht der Competition Act, 2002 das Amt des „Director General“ vor.

Wie Sec. 16 (1) CA bestimmt, ernennt die indische Zentralregierung den „Director General“ durch Notifikation, damit dieser „die indische Kartellbehörde bei der Durchführung von Ermittlungen über Verstöße gegen die Bestimmungen des Competition Act, 2002 unterstützt sowie weitere, in diesem Gesetz vorgesehene Aufgaben ausführt“. Sec. 41 (1) CA erweitert die Ermittlungsbefugnisse des „Director General“ auf alle Fälle mutmaßlicher Verstöße gegen Vorschriften und Verordnungen, die gemäß den Bestimmungen des Competition Act, 2002 erlassen worden sind. Außerdem stellt diese Regelung fest, dass der „Director General“ seine Ermittlungstätigkeit nur nach Anweisung durch die Kommission aufnimmt. Zur Erfüllung seiner Aufgaben steht dem „Director General“ ein Stab an Mitarbeitern („Additional, Joint, Deputy or Assistant Directors General or ... officers or other employees“) zu, Sec. 16 (1A) CA. Für seine Ermittlungen stehen dem „Director General“ gemäß Sec. 41 (2) CA i.V.m. Sec. 36 (2) CA die gleichen investigativen Kompetenzen zu wie einem Zivilgericht unter dem Code of Civil Procedure, 1908. Dazu gehört das Recht, Personen vor-

931 “To hear and dispose of appeals against any direction issued or decision made or order passed by the Commission under sub-sections (2) and (6) of section 26, section 27, section 28, section 31, section 32, section 33, section 38, section 39, section 43, section 44, section 45 or section 46 of the Act”, Sec. 54A (1) (a) CA.

zuladen, ihre Gerichtspräsenz zu erzwingen und sie unter Eid zu vernehmen[932], das Recht, die Offenlegung und Vorlage von Dokumenten zu verlangen[933], das Recht zur Einforderung schriftlicher eidesstattlicher Erklärungen[934] sowie das Recht, nach Maßgabe von Sec. 123 und 124 Indian Evidence Act, 1872 auf staatliche Urkunden oder Dokumente zuzugreifen[935]. Darüber hinaus hat der „Director General“ dieselben Ermittlungsbefugnisse wie ein Aufsichtsbeamter gemäß Sec. 240 und 240A des Companies Act, 1956,[936] der Ermittlungen über die Geschäfte eines Unternehmens anstellt.

Der Sinn und Zweck des Amtes des „Director General“ lässt sich am ehesten unter Berücksichtigung seiner historischen Entwicklung verstehen. Im Monopolies and Restrictive Trade Practices Act, 1969 – dem Vorgängergesetz des Competition Act, 2002 – fungierte der „Director General“ als selbstständige Vorermittlungsinstanz im Falle vermuteter Verstöße gegen das indische Kartellrecht. Gemäß Sec. 11 (1) MRTP-Act untersuchte der „Director General“ einen Sachverhalt daraufhin, ob genügend Anhaltspunkte für die Einleitung eines Ermittlungsverfahrens durch die MRTP-Kommission vorlagen oder nicht. Als selbstständiges Ermittlungsorgan konnte er die Untersuchungen auch aus eigenem Antrieb einleiten und war nicht von einer Beauftragung durch die Kartellbehörde abhängig, Sec. 11 (2) MRTP-Act. Ursprünglich war ein solches Vorverfahren, welches der Verfahrensbeschleunigung und Arbeitsentlastung der MRTP-Kommission dienen sollte, obligatorisch. Seit der Reform des MRTP-Act von 1984 dagegen stand es im Ermessen der MRTP-Kommission, ob diese direkt eigene Ermittlungen einleitet oder den „Director General“ zur Durchführung eines Vorverfahrens veranlasst.[937]

Auch nach dem neuen Gesetz führt der „Director General“ die hier beschriebenen Funktionen aus. Zwar spricht das neue Gesetz in diesem Zusammenhang nicht mehr von einem Vorverfahren oder von Vorermittlungen, jedoch ergibt sich aus dem Competition Act, 2002 die zwingende anfängliche Beteiligung des „Director General“ am Ermittlungsverfahren. Gemäß Sec. 26 (1) CA soll die Kommission in allen Fällen, in denen dem ersten Anschein nach eine wettbewerbsbeschränkenden Vereinbarung im Sinne des Sec. 3 CA getroffen wurde, den „Director General“ anweisen, diesbezügliche Ermittlungen durchzuführen. Dieser muss gemäß Sec. 26 (3) CA innerhalb der von der Kommission vorgegebenen Zeit einen Bericht über die Ergebnisse seiner Ermittlungen ablie-

932 Sec. 41 (2) CA i.V.m. Sec. 36 (2) (a) CA.

933 Sec. 41 (2) CA i.V.m. Sec. 36 (2) (b) CA.

934 Sec. 41 (2) CA i.V.m. Sec. 36 (2) (c) CA.

935 Sec. 41 (2) CA i.V.m. Sec. 36 (2) (c) CA.

936 The Companies Act, 1956, Act No. 1 of 1956, http://www.vakilno1.com/bareacts/companiesact/companiesacts.htm (Stand: 27.06.2011).

937 Siehe Sec. 11 MRTP-Act, Fußnote 3.

fern. Wird in dem Bericht festgestellt, dass Bestimmungen des Competition Act, 2002 verletzt wurden, und ist die Kommission der Ansicht, dass weitere Ermittlungen vonnöten sind, so führt sie solche Ermittlungen in Übereinstimmung mit den Regelungen des Kartellrechts durch, Sec. 26 (8) CA.

Zusammenfassend lässt sich feststellen, dass die Funktion des „Director General“ als Instanz für die Durchführung von ersten Ermittlungen darin liegt, die Kommission bei ihrer Arbeit zu entlasten und somit insgesamt zur Beschleunigung kartellrechtlicher Verfahren beizutragen.

2. Das indische Kartellverfahren

a) Gang des Verfahrens

aa) Das Verfahren vor der Competition Commission

Die Competition Commission of India hat das Recht, eigene Verfahrensvorschriften zu erlassen, wobei sie sich gemäß Sec. 36 (1) CA von den Grundsätzen des Naturrechts („natural justice“) leiten lassen soll. Zur Erfüllung ihrer Aufgaben nach dem Competition Act, 2002 werden ihr – genauso wie dem „Director General“ – durch Sec. 36 CA gerichtsähnliche Ermittlungsbefugnisse zugesprochen. Sie kann demnach Personen vorladen und unter Eid vernehmen[938], Personen zur Abgabe eidesstattlicher Erklärungen auffordern[939], die Vorlage wichtiger Dokumente verlangen[940] und nach Maßgabe von Sec. 123 und 124 Indian Evidence Act, 1872 auf staatliche Urkunden oder Dokumente zugreifen[941]. Darüber hinaus kann die Kommission einzelne Personen dazu anweisen, dem „Director General“ oder einem Bevollmächtigten der Kommission Geschäftsbücher oder andere Dokumente vorzulegen, die sich in deren Gewahrsam oder unter deren Kontrolle befinden, Sec. 36 (4) CA. Schließlich hat sie gemäß Sec. 36 (3) CA die Befugnis, Sachverständige zu berufen bzw. Meinungen und Gutachten von Sachverständigen einzuholen.

Bei Verstoß oder Nichtbefolgung einer nach Sec. 36 (2) und (4) CA getroffenen Kommissionsanordnung sieht Sec. 43 CA eine Strafe von bis zu 100.000 Rupien[942] pro Tag vor.

(1) Einleitung des Verfahrens

Ein Ermittlungsverfahren im Falle eines mutmaßlichen Verstoßes gegen das Verbot wettbewerbsbeschränkender Vereinbarungen kann auf verschiedene Weise begonnen werden. Als erste Variante kann die Competition Commission

938 Sec. 36 (2) (a) CA.
939 Sec. 36 (2) (e) CA.
940 Sec. 36 (2) (b) CA.
941 Sec. 36 (2) (c) CA.
942 Dies entspricht ca. 1590 Euro bei einem Euro/Rupen-Kurs von 1:62,7.

of India das Ermittlungsverfahren aus eigenem Antrieb einleiten, wenn sie die Vermutung hat, dass ein oder mehrere Unternehmen gegen Sec. 3 (1) CA verstoßen bzw. verstoßen haben. Darüber hinaus können Verbraucher, sonstige Personen, Verbraucherorganisationen und Handelsvereinigungen die Kommission über mutmaßliche Verstöße gegen Sec. 3 (1) CA informieren, um sie zum Tätigwerden zu veranlassen, Sec. 19 (1) (a) CA. Voraussetzung für ein Tätigwerden der Kommission in diesen Fällen ist die zeitgleiche Entrichtung von Verfahrensgebühren, „deren Höhe in gesonderten Bestimmungen festzulegen ist“[943]. Letztlich kann die Initiierung des Ermittlungsverfahrens gemäß Sec. 19 (1) (b) CA auch durch einen Hinweis von Seiten der indischen Zentralregierung, einer indischen Landesregierung oder einer sonstigen staatlichen Stelle an die Kommission erfolgen.

Neben den hier dargestellten Möglichkeiten der Einleitung eines Ermittlungsverfahrens wird die Kommission auch im Falle einer Auskunftsanfrage durch eine staatliche Stelle gemäß Sec. 21 CA tätig.

(2) Ermittlungsverfahren

Nachdem das Verfahren auf eine der genannten Arten initiiert wurde, kommt es darauf an, ob die Kommission dem ersten Anschein nach der Meinung ist, dass ein Verstoß gegen das Verbot wettbewerbsbeschränkender Vereinbarungen vorliegt oder nicht. Ist das nicht der Fall, so soll die Kommission die Angelegenheit gemäß Sec. 26 (2) CA „umgehend beenden und dazu solche Verfügungen bzw. Anordnungen erlassen, die sie für angebracht hält“. Andernfalls weist sie den „Director General“ an, das Ermittlungsverfahren durchzuführen und innerhalb eines bestimmten Zeitraums einen Bericht über die Ergebnisse seiner Ermittlungen abzuliefern, Sec. 26 (1) und (3) CA.

Ist dem Bericht des „Director General“ zufolge der Tatbestand des Sec. 3 CA erfüllt, so kann die Kommission weitere eigene Ermittlungen in dem Fall anstellen oder auf Grundlage der durch den „Director General“ durchgeführten Ermittlungen Anordnungen und Verfügungen im Sinne von Sec. 27 CA gegen die an der verbotenen Vereinbarung beteiligten Unternehmen erlassen, Sec. 26 (8) CA.

Kommt der „Director General“ in seinem Bericht zu dem Ergebnis, dass in dem von ihm ermittelten Fall kein Verstoß gegen die Bestimmungen des Competition Act, 2002 vorliegt, so richtet sich das weitere Verfahren nach Sec. 26 (5) CA: Die Competition Commission leitet den Bericht des „Director General“ in diesem Fall an die Zentralregierung, Landesregierung, staatliche Behörde,

943 Die Höhe der Verfahrensgebühr beträgt gemäß Sec. 19 (1) (a) CA i.V.m. Sec. 49 (1) Competition Commission General Regulations, 2004, 50.000 Rupien (dies entspricht 795 Euro bei einem Umrechnungskurs von 1 Euro = 62,67 Rupien).

Person oder Personenvereinigung weiter, von der sie die Informationen über den vermuteten Gesetzesverstoß erhalten hat, und gibt dieser Partei die Gelegenheit, in Bezug auf den Bericht Einwände geltend zu machen oder Vorschläge abzugeben. Ist die Kommission nach Berücksichtigung dieser Einwände und Vorschläge der Ansicht, dass weitere Ermittlungen in dem Fall erforderlich sind, so kann sie entweder den „Director General" zur Durchführung weiterer Ermittlungen oder Untersuchungen anweisen oder selbst weitere Untersuchungen in der betreffenden Sache anstellen, Sec. 26 (7) CA. Stimmt die Kommission dagegen nach Durchsicht der Einwände bzw. Vorschläge mit der Ansicht des „Director General" überein, dass ein Kartellverstoß nicht feststellbar ist, so schließt sie die Angelegenheit gemäß Sec. 26 (6) CA und erlässt entsprechende Verfügungen.

Sec. 35 CA bestimmt, wer berechtigt ist, als Prozessbevollmächtigter für eine Person, ein Unternehmen oder für den „Director General" im Verfahren vor der Competition Commission of India aufzutreten. Berechtigt sind demnach Wirtschaftsprüfer, „Gesellschaftssekretäre"[944], Kostenbuchhalter und Rechtsanwälte.

(3) Kommissionsanordnungen

Steht nach Abschluss des Ermittlungsverfahrens fest, dass der Tatbestand des Sec. 3 (1) CA erfüllt ist, so kann die Kommission gegen die an der verbotenen Vereinbarung beteiligten Unternehmen Verfügungen im Sinne von Sec. 27 CA erlassen. Dazu gehören im Einzelnen – wie oben ausgeführt – die Abstellungs- und Unterlassungsverfügung[945], die Verhängung eines Bußgeldes[946], die Abänderungsverfügung[947], die Aufforderung zur Befolgung von Anordnungen[948] sowie weitere geeignete Verfügungen gemäß Sec. 27 (g) CA. Außerdem kann die Kommission gemäß Sec. 33 CA Maßnahmen des einstweiligen Rechtsschutzes erlassen.

(4) Vollstreckung/Durchsetzung der Anordnungen und Strafen

Die ursprüngliche Fassung des Competition Act, 2002 räumte der Competition Commission weitreichende Kompetenzen zur Durchsetzung ihrer Verfügungen

---

944 Gesellschaftssekretäre sind gemäß Sec. 35 (b) CA alle Personen, die unter den Begriff des „Company Secretary" im Sinne von Sec. 2 (1) (c) Company Secretaries Act, 1980 (56 of 1980) fallen und die im Besitze eines „certificate of practice" im Sinne von Sec. 6 (1) Company Secretaries Act, 1980 sind. Das Gesetz ist abrufbar unter: http://www.mca.gov.in/Ministry/actsbills/pdf/The_Companies_Secretaries_Amendment_Act_2006.pdf (27.06.2011).

945 Sec. 27 (a) CA.

946 Sec. 27 (b) CA.

947 Sec. 27 (d) CA.

948 Sec. 27 (e) CA.

ein. So sah Sec. 39 CA a.F. vor, dass die Kommission diese wie einen Gerichtsbeschluss oder ein Gerichtsurteil selbst vollstrecken konnte. In Fällen, in denen der Kommission die eigene Durchsetzung ihrer Anordnungen nicht möglich war, konnte sie einen indischen High Court anweisen, ihre Anordnungen zu vollstrecken. Das jeweilige angewiesene Gericht war gesetzlich verpflichtet, diese Anordnungen ohne Überprüfung ihrer Rechtmäßigkeit zu vollstrecken. Diese Regelung ist beanstandet worden, weil sie bedeuten würde, dass die Kommission in dieser Hinsicht in der Hierarchie über den indischen High Courts steht. Dies war auch ein wesentlicher Grund dafür, dass die Berufung eines Staatsbeamten ohne Richterbefähigung zum Vorsitzenden der Kommission stark kritisiert wurde.[949]

Als Folge dieser Kritik wurde Sec. 39 CA durch den Competition (Amendment) Act, 2007 abgeändert. In seiner neuen Fassung ist Sec. 39 CA auf den Fall beschränkt, dass eine Person es unterlässt, ein gegen sie nach den Bestimmungen des Competition Act, 2002 verhängtes Bußgeld zu zahlen. Die Kommission ist in diesem Fall berechtigt, für die Eintreibung des Geldes die Hilfe der indischen Finanzbehörden in Anspruch zu nehmen. Sec. 39 CA sieht vor, dass die Wettbewerbsbehörde den Fall zwecks Vollstreckung an das Finanzamt weiterleiten kann und dass das Amt die säumige Person dann wie ein Einkommenssteuerschuldner im Sinne des indischen Income-tax Act, 1961 behandelt.

Die Sec. 42 bis 46 CA schließlich regeln die möglichen Strafen im Falle von Verstößen gegen Kommissionsanordnungen oder gegen gesetzliche Informationspflichten. So kann die Kommission gemäß Sec. 42 CA gegen jede Person, die ein unter dem Competition Act, 2002 verhängtes Bußgeld nicht bezahlt oder die gegen Anordnungen oder Beschlüsse der Kommission im Sinne der Sec. 27, 28, 31-33 oder 42A CA[950] verstößt, ein Verfahren vor dem zuständigen Gericht einleiten. Der betreffenden Person drohen in diesem Fall gemäß Sec. 42 (3) CA Geldstrafen von bis zu 250 Millionen Rupien[951] oder Zwangshaft von bis zu drei Jahren. Mit bis zu 10 Millionen Rupien werden Personen bestraft, die vor der Kommission falsche Angaben machen, wesentliche Einzelheiten verschweigen oder die vorsätzlich Urkunden oder Dokumente fälschen, unterdrücken, ver-

949 Bfai, Wettbewerbsrecht Indien, S. 3.

950 Sec. 27 CA regelt die Anordnungen, die von der Kommission bei Verstößen gegen das Kartellverbot i.S.v. Sec. 3 CA (sowie gegen Sec. 4 CA) getroffen werden können; Sec. 28 CA regelt Kommissionsbefugnisse im Falle von Unternehmen mit einer marktbeherrschenden Stellung; Sec. 31 CA enthält Anordnungsbefugnisse der Kommission im Falle von Zusammenschlüssen; Sec. 32 CA regelt die Verfügungskompetenzen der Kommission bei im Ausland begangenen Wettbewerbsverstößen. Sec. 33 CA enthält Regelungen über den einstweiligen Rechtsschutz; sec. 42A CA schließlich regelt den Anspruch auf Schadensersatz bei Verstößen gegen das Kartellverbot.

951 Dies entspricht 3.975.000 Euro bei einem Euro/Rupien-Kurs von 1/62,84 Rupien.

nichten oder beschädigen, Sec. 45 CA. Bei Verstößen gegen verfahrensrechtliche Anordnungen im Sinne von Sec. 36 (2) und (4) CA[952] drohen außerdem Zwangsgelder von bis zu 100.000 Rupien[953] pro Tag.

(5) Rechtsschutzmöglichkeiten

Nach der bisherigen Fassung des Competition Act, 2002 konnte eine Person, die durch eine Kommissionsanordnung beschwert war, nach ihrer Wahl entweder ein Beschwerdeverfahren einleiten oder einen Antrag auf „review of order" bei der Kommission stellen. Die Beschwerde konnte gemäß Sec. 40 CA a.F. innerhalb von 60 Tagen nach Erhalt der Entscheidung oder Anordnung der Kommission beim indischen Supreme Court eingelegt werden, wobei dargelegt werden musste, dass eine wesentliche Rechtsfrage („substantial question of law") im Sinne des Sec. 100 Code of Civil Procedure, 108 zu klären war. Alternativ konnte die durch eine Kommissionsanordnung beschwerte Person gemäß Sec. 37 CA a.F. innerhalb von 30 Tagen nach Erlass einer Anordnung ein Antrag auf „review of order" bei der Kommission stellen. Die Kommission sollte daraufhin in einer Art Widerspruchsverfahren die von ihr erlassenen Verfügungen überprüfen und diese gegebenenfalls ändern oder annullieren.

Insbesondere die Regelung des Sec. 40 CA in der bisherigen Fassung des Competition Act, 2002 ist in Indien stark kritisiert worden. Angesichts der Tatsache, dass die Verfahrensdauer vor dem indischen Supreme Court nicht selten bis zu 30 Jahre beträgt, wurde bezweifelt, dass das höchste indische Gericht die zusätzliche Aufgabe als Beschwerdeinstanz in Kartellsachen angemessen erfüllen kann.[954]

Folglich wurde mit dem Competition (Amendment) Act, 2007 die Möglichkeit der unmittelbaren Beschwerde beim indischen Supreme Court abgeschafft. Gleichzeitig wurde die Regelung über das Widerspruchsverfahren gemäß Sec. 37 CA a.F. aus dem Competition Act, 2002 entfernt.

An Stelle dieser Rechtsbehelfe tritt nunmehr das Beschwerdeverfahren vor dem neu geschaffenen Competition Appellate Tribunal. Gemäß Sec. 53A (1) (a) CA kann eine Beschwerde gegen alle Anweisungen, Beschlüsse, Anordnungen oder Verfügungen, welche die Competition Commission gemäß Sec. 26 (2) CA, Sec. 26 (6) CA, Sec. 27-28 CA, Sec. 31-33 CA, Sec. 38-39 CA sowie Sec. 43-46

952 Sec. 36 (2) CA zählt die gerichtsähnlichen Ermittlungsbefugnisse der Kommission auf (Recht zur Vorladung, Recht zur eidlichen Vernehmung, Recht zur Einforderung eidesstattlicher Erklärungen, Recht zur Dokumenteneinsicht).

953 Dies entspricht ca. 1.590 Euro bei einem Euro/Rupen-Kurs von 1:62,7.

954 Bfai, Wettbewerbsrecht Indien, S. 4.

CA[955] erlassen hat, beim Tribunal eingelegt werden und muss von diesem entschieden werden. Die Einzelheiten des Verfahrens sind in Sec. 53B CA geregelt. Berechtigt zur Einlegung der Beschwerde sind demnach die indische Bundesregierung, indische Landesregierungen, Gemeindebehörden sowie alle sonstigen Personen, die durch Anweisungen, Beschlüsse, Anordnungen oder Verfügungen, welche die Kommission nach den in Sec. 53A (1) (a) CA genannten Bestimmungen erlassen hat, beschwert sind. Gemäß Sec. 53B (2) CA muss die Beschwerde innerhalb von 60 Tagen nach Erhalt der jeweiligen Anweisung, Anordnung oder Verfügung bzw. des jeweiligen Beschlusses unter Zahlung der Verfahrensgebühr eingelegt werden. Ungeachtet dessen kann die Kommission auch über eine später eingereichte Beschwerde entscheiden, wenn ein hinreichender Grund für diese Verspätung vorliegt. Nach Anhörung der betreffenden Parteien erlässt das Competition Appellate Tribunal einen Beschluss, in dem es gemäß Sec. 53B (3) CA – je nach Sachlage – die strittige Kommissionsanordnung entweder bestätigt, abändert oder aufhebt. Sec. 53B (5) CA bestimmt schließlich, dass sich das CAT so schnell wie möglich mit einer eingelegten Beschwerde befassen soll und sich „bemühen soll", die Sache innerhalb von sechs Monaten nach Einlegung der Beschwerde zu erledigen.

Gegen den Beschluss des CAT kann gemäß Sec. 53T CA Rechtsbeschwerde beim indischen Supreme Court eingelegt werden. Nach dem Wortlaut dieser Bestimmung kann „jede Person, die durch einen Beschluss oder eine Verfügung

---

955 Sec. 26 (2) CA: Anordnungen zur Einstellung des Ermittlungsverfahrens, wenn die Kommission der Ansicht ist, dass ein Kartellverstoß dem ersten Anschein nach nicht vorliegt;
Sec. 26 (6) CA: Kommissionsanordnungen zur Einstellung des Ermittlungsverfahrens, auf Grund des Berichts des „Director General";
Sec. 27 CA: Kommissionsanordnungen bei festgestelltem Verstoß gegen das Verbot wettbewerbsbeschränkender Vereinbarungen gemäß Sec. 3 (1) CA;
Sec. 28 CA: Anordnungen in Bezug auf marktbeherrschende Unternehmen;
Sec. 31 CA: Anordnungen bei Unternehmenszusammenschlüssen;
Sec. 32 CA: Kommissionsanordnungen bei im Ausland oder von ausländischen Unternehmen begangenen Kartellrechtsverstößen.
Sec. 33 CA: Einstweilige Anordnungen;
Sec. 38 CA: Berichtigung fehlerhafter Kommissionsanordnungen;
Sec. 39 CA: Verweisung an die Finanzbehörde zur Eintreibung nicht bezahlter Geldsstrafen;
Sec. 43 CA: Zwangsgeldanordnung bei Nichtbefolgung bestimmter Kommissionsanordnungen;
Sec. 44 und 45 CA: Anordnung von Geldstrafen im Falle unterlassener oder falscher Aussagen sowie bei Fälschung, Unterdrückung, Vernichtung oder Beschädigung von Urkunden;
Sec. 46 CA: Strafmilderung im Falle der Mitwirkung eines Unternehmens an der Aufdeckung von Kartellverstößen (Bonusregelung).

des Appellate Tribunal beeinträchtigt ist, innerhalb von 60 Tagen, nachdem ihr der Beschluss bzw. die Verfügung mitgeteilt worden ist, Rechtsbeschwerde beim indischen Supreme Court einlegen". Liegt ein hinreichender Grund („sufficient cause") für eine Verzögerung durch die Partei vor, so kann der Supreme Court eine Revision auch nach Ablauf dieser Frist annehmen, Sec. 53T CA.

(6) Bonusregelung/ Kronzeugenregelung, Sec. 46 CA

Sec. 46 CA enthält Regelungen über die Ermäßigung kartellrechtlicher Geldbußen als Gegenleistung für die Zusammenarbeit mit der Competition Commission of India bei deren Ermittlungen. Danach kann die Kommission jedem Hersteller, Verkäufer, Großhändler, Einzelhändler oder Dienstleister, der an einem Kartell beteiligt ist, das mutmaßlich gegen Sec. 3 (1) CA verstößt, eine Ermäßigung der normalerweise für einen solchen Gesetzesverstoß verhängten Geldbuße gewähren. Vorraussetzung dafür ist, dass die Kommission davon überzeugt ist, dass die betreffende Partei die mutmaßlichen Kartellrechtsverstöße vollständig und wahrheitsgemäß aufgedeckt hat und dass die Enthüllungen der Partei wesentlich bzw. entscheidend sind, Sec. 46 CA.

Sec. 46 CA bestimmt außerdem, dass eine Ermäßigung des Bußgelds nur dann in Betracht kommt, wenn die enthüllenden Informationen bei der Kommission eingehen, bevor diese den Ermittlungsbericht des „Director General" gemäß Sec. 26 CA erhält. Diese Bestimmung wurde durch den Competition (Amendment) Act, 2007 in den Competition Act, 2002 eingeführt und ersetzt die ursprüngliche Bestimmung, wonach die Aufdeckung eines Kartellrechtsverstoßes vor Einleitung des Ermittlungsverfahrens erfolgen musste. Dies führte mithin zu einer Ausweitung der Bonusregelung. Zu einer Erweiterung des Anwendungsbereichs der Bonusregelung kam es auch dadurch, dass eine Bußgeldreduzierung nunmehr für jede Partei, die vollständige, ehrliche und wesentliche aufdeckende Informationen abgibt, in Betracht kommt, und nicht wie bisher vorgesehen nur für die erste Partei, die enthüllende Informationen liefert.

bb) Das Verfahren vor dem CAT

Nachdem das Berufungsverfahren bereits weiter oben bereits erläutert wurde, soll sich dieser Abschnitt auf die Darstellung des Schadensersatzverfahrens sowie des allgemeinen Prozessrechts vor dem Competition Appellate Tribunal (CAT) beschränken.

Aus Sec. 53A (1) (b) CA ergibt sich das Recht des CAT, über Schadensersatzklagen, die sich auf Ermittlungsergebnisse der Competition Commission of India stützen, zu entscheiden und gegebenenfalls Schadensersatz zuzusprechen. Sec. 53N CA regelt die Einzelheiten dieses Verfahrens: Danach können sowohl die indische Bundesregierung als auch indische Landesregierungen, Gemeindebehörden, Unternehmen und Einzelpersonen beim CAT einen Antrag auf Durchführung eines Schadensersatzverfahrens stellen. Mit dem Antrag soll ein Beschluss des CAT erwirkt werden, mit dem Inhalt, dass der Antragsteller seinen Schaden, der nachweislich dadurch entstanden ist, dass ein Unternehmen gegen die eine Bestimmung aus dem zweiten Kapitel[956] des Competition Act, 2002 verstoßen hat, von diesem ersetzt bekommt, Sec. 53N (1) CA.

Die Partei, die einen Antrag auf Schadensersatz beim CAT stellt, muss diesem Antrag gemäß Sec. 53N (1) CA die relevanten Untersuchungsergebnisse der Kommission, soweit vorhanden, beilegen und die Verfahrensgebühren entrichten. Kommt das Tribunal bei seinen Untersuchungen zu dem Ergebnis, dass der Antragssteller einen Schadensersatzanspruch hat, so ordnet es an, dass das Unternehmen, welches die kausale Rechtsverletzung begangen hat, eine bestimmte – für das Unternehmen realisierbare Summe – als Entschädigung an den Antragssteller zu zahlen hat, Sec. 53N (3) CA.

Das indische Kartellrecht ermöglicht die Erhebung von Sammelklagen zur Geltendmachung von kartellrechtlichen Schadensersatzansprüchen. Eine solche Klage setzt gemäß Sec. 53N (4) CA voraus, dass mehreren Personen dadurch ein Schaden entstanden ist, dass ein Unternehmen gegen eine Bestimmung aus Kapitel 2 des Competition Act, 2002 oder gegen die Sections 42A bzw. 53Q Abs. 2 CA verstoßen hat. In diesem Fall können eine oder mehrere der geschädigten Personen im Namen der anderen Betroffenen einen Antrag auf Einleitung des Schadensersatzverfahrens beim CAT stellen, sofern dieses die Erlaubnis dafür erteilt, Sec. 53N (4) CA.

Das Competition Appellate Tribunal hat gemäß Sec. 53-O (1) CA das Recht, eigene Verfahrensregelungen zu erlassen. Dabei ist es nicht den Bestimmungen des indischen Code of Civil Procedure, 1908 sondern ausschließlich den Prinzipien des Naturrechts („natural justice“) unterworfen. Zur Erfüllung seiner Aufgaben hat das Competition Appellate Tribunal gemäß Sec. 53-O (2) CA dieselben Ermittlungsbefugnisse wie ein Gericht unter dem Code of Civil Procedure, 1908. Zu diesen in Sec. 53-O (2) CA aufgezählten Rechten gehört das Recht zur Vorladung von Personen und deren eidlicher Vernehmung, das Recht, Dokumente einzufordern, der Zugriff auf staatliche Dokumente, das Recht, die Parteien zur Abgabe eidesstattlicher Erklärungen aufzufordern, das Recht zur Überprüfung eigener Beschlüsse sowie das Recht, bei Nichterscheinen einer Partei einen „ex parte“-Beschluss[957] zu fassen.

Die Vollstreckung der Beschlüsse des Competition Appellate Tribunal ist in Sec. 53P CA geregelt. Nach dieser Bestimmung sollen Beschlüsse des CAT in

956 Chapter II des Competition Act, 2002 umfasst die Sec. 3 bis 6 CA und damit auch das in dieser Arbeit behandelte Verbot wettbewerbsbeschränkender Vereinbarungen (Sec. 3 CA).

957 Beschlussfassung auf Antrag und in Anwesenheit von nur einer Partei, vgl: http://www.legal-explanations.com/definitions/ex-parte.htm (27.06.2011).

gleicher Weise wie Urteile eines indischen Gerichts in einem anhängigen Verfahren durchgesetzt werden. Darüber hinaus hat das CAT die Möglichkeit, seine eigenen Beschlüsse zwecks Vollstreckung an ein gemäß Sec. 53 (1) (a) und (b) CA örtlich zuständiges Zivilgericht zu übermitteln, wenn es selbst nicht zur Durchsetzung in der Lage ist. Das Gericht muss den übermittelten Beschluss so vollstrecken, als ob es sich dabei um ein eigenes Urteil handeln würde, Sec. 53P (2) CA.

Sec. 53U CA nennt einen weiteren Fall, in welchem dem CAT gerichtsähnliche Befugnisse zugesprochen werden: Demnach soll das CAT im Falle einer Missachtung seiner Autorität dieselben Befugnisse haben und ausüben wie ein indischer High Court gemäß den Bestimmungen des Contempt of Court Act, 1971.

Rechtsbehelfe gegen Beschlüsse des Competition Appellate Tribunal können nach Maßgabe des Sec. 53T CA innerhalb von 60 Tagen nach Bekanntgabe an die beschwerten Personen/Unternehmen („sixty days from the date of communication...to them") beim indischen Supreme Court eingelegt werden.

b) Verfahrensgrundsätze im indischen Recht

aa) „Principles of natural justice"

Wie weiter oben dargestellt, hat die indische Wettbewerbsbehörde gemäß Sec. 36 (1) CA die Befugnis, eigene Verfahrensbestimmungen zu erlassen. Sec. 36 (1) CA schreibt darüber hinaus fest, dass sich die Kommission bei der Ausübung ihrer Aufgaben von den Prinzipien des Naturrechts bzw. der natürlichen Gerechtigkeit („principles of natural justice") leiten lassen muss. Der Begriff „natural justice" im Sinne des indischen Rechts umfasst die beiden Prinzipien „audi alteram parte" und „nemo debet esse judex in propria sua causa".[958] Das Prinzip „audi alteram parte" enthält den Grundsatz des rechtlichen Gehörs und besagt, dass die Parteien eines Verfahrens vor Erlass einer sie betreffenden Entscheidung anzuhören sind.[959] Außerdem muss jede Person über die Einlei-

958 Dugar, S. 1066.

959 Dieses Prinzip wird wiederum in fünf Grundsätze unterteilt: 1. Ein Richter muss beide Parteien eines Verfahrens anhören, wobei jeweils die gegnerische Partei anwesend sein sollte; 2. Dem Beklagten darf nicht der Zugriff auf ihn entlastende Beweismittel verwehrt werden, die er vorlegen möchte; 3. Der Beklagte muss die Gelegenheit bekommen den Zeugen der Anklage ins Kreuzverhör zu nehmen, muss eigene Zeugen zu seiner Verteidigung benennen dürfen und sich selbst zum Verhör zur Verfügung stellen können; 4. Dürfen Beweismittel gegen den Beklagten nicht ohne sein Mitwissen erhoben werden; 5. Ein Beklagter muss die Möglichkeit bekommen, gegen ihn vorliegende Beweismittel zu erläutern. Vgl. Andhra Pradesh Vigilance Commission, Vigilance Manual, Volume I, Chapter XXII, 3. Principles of Natural Justice, S. 262 – 263; abruf-

tung eines gegen sie gerichteten Verfahrens in Kenntnis gesetzt werden. Das Prinzip des rechtlichen Gehörs hat in dem Anhörungserfordernis des Sec. 53B (3) CA seinen Ausdruck gefunden.

Das zweite Prinzip, „nemo debet esse judex in propria sua causa", besagt, dass niemand Richter in eigener Sache sein darf. Es enthält den Grundsatz der Unvoreingenommenheit, nach dem jeder Richter unparteiisch, objektiv und frei von jeglichen Vorurteilen sein muss.[960] Dieses Prinzip gilt analog für die Mitglieder von Tribunalen, die ihre Entscheidungen in einem juristischen oder quasi-juristischen Verfahren treffen.[961]

bb) Vertraulichkeit

Die Vertraulichkeit von Daten, die in einem Kartellverfahren erhoben worden sind, ist in Sec. 57 CA geregelt. Danach dürfen unternehmensbezogene Informationen, die von der Kommission oder dem CAT im Laufe des Kartellverfahrens erlangt worden sind, nicht ohne die vorherige schriftliche Einwilligung des betreffenden Unternehmens offen gelegt werden. Außerdem dürfen diese Informationen ausschließlich zum Zwecke und in Übereinstimmung mit dem Competition Act, 2002 oder einem anderen indischern Gesetz verwendet werden.

II. Europa

1. Zuständige Behörden/ Organe

Die Europäische Kommission hat – als eine ihrer in Art. 17 EUV festgelegten Aufgaben – für die Anwendung des AEUV-Vertrags und der auf Grundlage des Vertrags erlassenen Maßnahmen Sorge zu tragen. Für den Bereich des europäischen Wettbewerbs ist dieser Auftrag in Art. 105 Abs. 1 S. 1 AEUV (ex-Art. 85 Abs. 1 S. 1 EG) näher konkretisiert. Demnach achtet die Kommission „auf die Verwirklichung der in den Artikeln 101 und 102 niedergelegten Grundsätze". Mit anderen Worten fungiert die Kommission als europäische Wettbewerbsbehörde. Innerhalb der Kommission ist die aus zehn Direktionen bestehende Generaldirektion IV, die den Weisungen des für Wettbewerbsfragen zuständigen Kommissionsmitglieds unterliegt, dem sie als Sonderdienst zur Seite steht, für den Wettbewerb zuständig.[962]

Daneben haben gemäß Art. 5 und 6 VO 1/2003 auch die mitgliedsstaatlichen Kartellbehörden und Gerichte das Recht, über Vereinbarungen zwischen Unternehmen, Beschlüsse von Unternehmensvereinigungen und aufeinander abge-

bar unter: http://apvc.ap.nic.in/js/manual.asp (27.01.2009), auf der rechten Seite unter der Überschrift "Click here to Download the Manuals", Link: "Volume I".

960 Dugar, S. 1067.

961 Manaklal v. Dr. Prem Chand Singhvi, AIR 1957 SC 425, 429.

962 Lange-Immenga, Rn. 1396.

stimmte Verhaltensweisen im Sinne des Art. 101 AEUV zu entscheiden, die geeignet sind, den Handel zwischen den Mitgliedsstaaten zu beeinträchtigen. Ein wesentliches Ziel, das mit der Neufassung des europäischen Kartellverfahrensrechts durch die VO 1/2003[963] verfolgt wurde, ist die Dezentralisierung der Anwendung des europäischen Kartellrechts und somit die Entlastung der Kommission, damit diese sich auf die Verfolgung der schwerwiegendsten Verstöße konzentrieren kann.[964] Zwar konnten die nationalen Kartellbehörden und Gerichte bereits unter der VO 17/62 das europäische Kartellrecht anwenden, jedoch wurde diese Möglichkeit bisher durch das Monopol der Kommission, Freistellungsentscheidungen gemäß Art. 101 Abs. 3 AEUV zu treffen, stark eingeschränkt. Diese Beschränkung wurde durch den Übergang vom Anmelde- und Freistellungssystem zum System der Legalausnahme durch die VO 1/2003 abgeschafft. Nunmehr haben die nationalen Wettbewerbsbehörden gemäß Art. 5 VO 1/2003 und die nationalen Gerichte gemäß Art. 6 VO 1/2003 das Recht und die Pflicht, Art. 101 AEUV in seiner Gesamtheit anzuwenden.

Die Frage, ob und wann ein Wettbewerbsverstoß durch eine einzelne nationale Behörde, durch mehrere parallel handelnde nationale Behörden oder durch die Europäische Kommission bearbeitet wird, ist in der „Bekanntmachung über die Zusammenarbeit innerhalb des Netzes der Wettbewerbsbehörden“[965] sowie in der „gemeinsamen Erklärung des Rates und der Kommission zur Arbeitsweise des Netzes der Wettbewerbsbehörden“[966] im Einzelnen geregelt. Eine Wettbewerbsbehörde ist grundsätzlich dann zuständig, wenn sie gut geeignet ist, sich eines Falles anzunehmen („well placed authority“), was sich danach bestimmt, ob ihr eigenes Hoheitsgebiet betroffen ist und ob sie die Möglichkeit hat, die erforderlichen Beweise zu erheben und die gesamte Zuwiderhandlung wirksam zu beenden. Für den Fall, dass mehr als drei nationale Behörden die Zuständigkeit nach diesen Grundsätzen für sich beanspruchen bzw. der Fall mit Gemeinschaftsbestimmungen verknüpft ist, die ausschließlich oder effizienter

---

963 Verordnung (EG) Nr. 1/2003 des Rates vom 16. Dezember 2002 zur Durchführung der in den Artikeln 81 und 82 des Vertrags niedergelegten Wettbewerbsregeln, ABl. 2003 L 1/1.

964 Vgl. Erwägungsgründe Nr. 3, 6 und 8 VO 1/2003.

965 Bekanntmachung der Kommission über die Zusammenarbeit innerhalb des Netzes der Wettbewerbsbehörden (ECN-Bekanntmachung), Amtsblatt C 101 vom 27.4.2004, Abl. 2004, Nr. C 101, 43, Rn. 5 ff.

966 Gemeinsame Erklärung des Rates und der Kommission zur Arbeitsweise des Netzes der Wettbewerbsbehörden, Rat der Europäischen Union, Dok. 15435/02 ADD 1 vom 10.12.2002, Rn. 15 ff.

von der Europäischen Kommission angewendet werden können, soll diese das betreffende Verfahren übernehmen.[967]

Die Kommission kann gemäß Art. 11 Abs. 6 VO 1/2003 jederzeit ein Verfahren zum Erlass einer Entscheidung nach Kapitel III der VO 1/2003 einleiten (Selbsteintrittsrecht der Kommission), wodurch die Zuständigkeit der nationalen Behörden entfällt.

2. Kartellverfahren

Das europäische Kartellverfahren ist in der VO 1/2003 sowie in der entsprechenden Durchführungsverordnung VO 773/2004 vom 07.04.2004 geregelt. Hierin finden sich Bestimmungen zu den Ermittlungsbefugnissen der Kommission, zu ihren Entscheidungs- und Sanktionsmöglichkeiten sowie zu allgemeinen Verfahrensgrundsätzen. Bezüglich der Entscheidungs- und Sanktionsmöglichkeiten der Kommission ist auf die oben gemachten Ausführungen zu verweisen.[968]

a) Verfahrensbeginn

Durch die Erhebung von Beschwerden erhält die Kommission Informationen zur Aufdeckung von Verstößen gegen das europäische Wettbewerbsrecht. Daher bestärkt die Kommission alle Bürger und Unternehmen, sich bei vermuteten Wettbewerbsverstößen an die Kommission zu wenden. Dies kann auf zwei Wegen erfolgen: Zum einen können sich Bürger oder Unternehmen mit einer formlosen Mitteilung über vermutete Kartellrechtsverstöße an die Kommission wenden. Dies kann schriftlich[969] oder über das eigens zu diesem Zwecke eingerichtete E-Mail-Postfach[970] erfolgen.

Zum anderen kann eine Beschwerde gemäß Art. 7 VO 1/2003 i.V.m. Art. 5 bis 9 VO 773/2004 eingereicht werden, wozu alle natürlichen und juristischen Personen, die ein berechtigtes Interesse darlegen, sowie Mitgliedstaaten befugt sind. Weitere Voraussetzungen sowie der Ablauf des Beschwerdeverfahrens sind in der „Bekanntmachung der Kommission über die Behandlung von Beschwerden durch die Kommission gemäß Art. 101 und 102 AEUV"[971] geregelt, in deren Anhang auch das entsprechende Antragsformular, das Formblatt C, abgedruckt ist.

---

967 Bekanntmachung der Kommission über die Zusammenarbeit innerhalb des Netzes der Wettbewerbsbehörden, Amtsblatt C 101 vom 27.4.2004, Abl. 2004, Nr. C 101, 43, Rn. 14, 15.

968 S.o.: 3. Teil, G, II, 2.

969 An: "Europäische Kommission, GD Wettbewerb, B - 1049 Brüssel, Belgien".

970 An: "comp-market-information@ec.europa.eu".

971 Bekanntmachung der Kommission über die Behandlung von Beschwerden durch die Kommission gemäß Artikel 81 und 82 EG-Vertrag, ABl. 2004 C 101/65.

Nach Einlegung einer schriftlichen Beschwerde prüft die Kommission in einer ersten Phase, ob sich aus dem vorgetragenen Sachverhalt Anhaltspunkte für einen Verstoß gegen Art. 101 oder 102 AEUV ergeben und tritt gegebenenfalls mit dem Beschwerdeführer in Kontakt, um tatsächliche und rechtliche Umstände zu klären oder Unklarheiten zu beseitigen.[972] In einer zweiten Phase kann die Kommission eine genauere Prüfung des Falles vornehmen und gegebenenfalls Maßnahmen gemäß Art. 7 Abs. 1 VO 1/2003 anordnen. Sofern die Angaben es nach Ansicht der Kommission nicht rechtfertigen, der Beschwerde nachzugehen, teilt sie dies dem Beschwerdeführer mit und fordert ihn zu einer Stellungnahme hierüber auf, Art. 7 Abs. 1 VO 773/2004. Die Beschwerde gilt gemäß Art. 7 Abs. 3 VO 773/2004 als zurückgezogen, wenn sich der Beschwerdeführer nicht innerhalb der festgesetzten Frist äußert.

Anhand der Ausführungen des Beschwerdeführers entscheidet die Kommission schließlich, ob sie ein Verfahren einleitet oder die Beschwerde durch eine formelle Entscheidung i.S.d. Art. 7 Abs. 2 VO 773/2004 abweist.

b) Ermittlungsbefugnisse der Kommission

In Art. 17 bis 22 der VO 1/2003 sind die Rechte der Kommission zur Aufdeckung und Aufklärung von Wettbewerbsverstößen geregelt. Als besonders praxisrelevant sind hierbei das Auskunftsverlangen gemäß Art. 18 VO 1/2003 sowie die Nachprüfungsbefugnisse nach Art. 20 VO 1/2003 hervorzuheben.

Mit Hilfe des Auskunftsverlangens gemäß Art. 18 Abs. 2 VO 1/2003 oder mit der Auskunftsentscheidung gemäß Art. 18 Abs. 3 VO 1/2003 kann die Kommission die für die Erfüllung ihrer Aufgaben erforderlichen Auskünfte von Unternehmen und Unternehmensvereinigungen einholen. Im Gegensatz zum einfachen Auskunftsverlangen sind an die Nichtbeantwortung der Auskunftsentscheidung Zwangsgelder geknüpft, Art. 24 VO 1/2003. Beide Arten des Auskunftsersuchens setzen die Angabe der geforderten Auskünfte, der Rechtsgrundlage, des Zwecks sowie eventueller Sanktionen bei unrichtigen Auskünften voraus. Die Auskunftsentscheidung muss außerdem die Sanktionsmöglichkeiten im Falle der Nichtbeantwortung darlegen und den Hinweis auf das Klagerecht vor dem Gerichtshof beinhalten, Art. 18 Abs. 3 VO 1/2003. Die Auswahl zwischen einfachem und verbindlichem Auskunftsverlangen liegt im Ermessen der Kommission und muss von dieser pflichtgemäß und unter Berücksichtigung des Grundsatzes der Verhältnismäßigkeit ausgeübt werden.[973]

Nachprüfungen gemäß Art. 20 VO 1/2003 stellen ein weiteres zentrales Hilfsmittel bei der Ermittlung von Kartellverstößen dar. Die Nachprüfungsbefugnisse umfassen gemäß Art. 20 Abs. 2 der VO das Recht der beauftragten

---

972 Bechtold, Art. 7 VO 1/2003, Rn. 18.

973 Loewenheim/Meessen/Riesenkampff-Bartelmeß/Rudolf, Art. 18 Kartelverfahrensverordnung, Rn. 17.

Kommissionsbediensteten, alle Räumlichkeiten, Grundstücke und Transportmittel der Unternehmen zu betreten und zu versiegeln, Bücher und sonstige Geschäftsunterlagen zu prüfen und zu kopieren sowie mündliche Erklärungen von Unternehmensmitarbeitern zu verlangen und diese gegebenenfalls zu protokollieren.

Die Kommission kann die Nachprüfung nach ihrer Wahl entweder gemäß Art. 20 Abs. 3 VO 1/2003 aufgrund eines schriftlichen Nachprüfungsauftrags vornehmen oder gemäß Art. 20 Abs. 4 VO 1/2003 aufgrund einer Nachprüfungsentscheidung. Im Gegensatz zum Nachprüfungsauftrag haben die Unternehmen bei der Nachprüfungsentscheidung eine Duldungs- und Mitwirkungspflicht, bei deren Missachtung Geldbußen gemäß Art. 23 Abs. 1 VO 1/2003 drohen. Die Kommission hat bei ihrer Wahl zwischen den beiden Arten der Nachprüfung den Verhältnismäßigkeitsgrundsatz zu beachten.[974] Außerdem hat sie gemäß Art. 20 Abs. 3 VO 1/2003 die Pflicht, die Wettbewerbsbehörde, in deren Hoheitsgebiet ein schriftlicher Nachprüfungsauftrag erfolgen soll, zu benachrichtigen. Im Fall von Nachprüfungsentscheidungen muss die Kommission die Wettbewerbsbehörde des betreffenden Hoheitsgebiets anhören, Art. 20 Abs. 4 VO 1/2003.

Artikel 21 VO 1/2003 erweitert die Nachprüfungsbefugnisse der Kommission auf andere Räumlichkeiten als die eines Unternehmens. Hiernach dürfen auch Privatwohnungen von Mitarbeitern der betreffenden Unternehmen durchsucht werden, wenn der begründete Verdacht besteht, dass sich dort Beweismittel für einen schweren Verstoß gegen Art. 101 oder 102 AEUV befinden.

Als weiteres Ermittlungsinstrument hat die Kommission unter den Voraussetzungen des Art. 17 VO 1/2003 die Befugnis, nicht auf den Einzelfall bezogene Untersuchungen bestimmter Wirtschaftszweige oder – sektorübergreifend – einer bestimmten Art von Vereinbarungen, Beschlüssen oder abgestimmten Verhaltensweisen durchzuführen.

Durch Art. 19 der VO 1/2003 wird der Kommission schließlich erstmals ausdrücklich die Befugnis zur Befragung natürlicher und juristischer Personen auch außerhalb von Nachprüfungen zuerkannt. Allerdings wird die Praxisrelevanz dieser Regelung aufgrund des Zustimmungserfordernisses der zu befragenden Person sowie des Fehlens von Sanktionen bei Verweigerung oder Fehlauskünften als gering angesehen.[975]

c) Kronzeugenregelung

Beteiligt sich ein Unternehmen im Kartellverfahren an der Aufklärung eines Sachverhalts, so kann die ihm zustehende Strafe reduziert oder erlassen werden.

974 Lange-Immenga, Rn. 1432.
975 Mäger-Johanns, 11. Kap., Rn. 8.

Im Falle von Wettbewerbsbeschränkungen durch Kartelle – d.h. durch Absprachen und/oder abgestimmte Verhaltensweisen zwischen Konkurrenten – ergeben sich die Voraussetzungen für eine Strafreduzierung aus der so genannten Kronzeugenregelung der Kommission.[976]

Zweck dieser Regelung ist die Schaffung von Anreizen, um die Kartellbeteiligten dazu zu bringen, aus dem Kartell auszusteigen und mit der Kartellbehörde zusammenzuarbeiten.[977] Durch die Kronzeugenregelung ist die Arbeit der Kommission, insbesondere im Hinblick auf die Aufdeckung von Kartellen, erheblich erleichtert worden.[978]

Der vollständige Erlass einer Geldbuße, die andernfalls verhängt worden wäre, wird einem Unternehmen dann gewährt, wenn es als Erstes Informationen und Beweismittel vorlegt, welche es der Kommission ermöglichen, gezielte Nachprüfungen in Bezug auf das mutmaßliche Kartell durchzuführen oder eine Verletzung von Art. 101 AEUV festzustellen. Die Kommission darf zuvor nicht über eigene ausreichende Beweismittel zur Anordnung von Nachprüfungen bzw. zur Feststellung von Zuwiderhandlungen verfügt haben.[979] Liegen die Voraussetzungen für einen vollständigen Erlass der Geldbuße nicht vor, so kann ihre Höhe um bis zu 50 % reduziert werden. Dafür muss das Unternehmen der Kommission Beweismittel vorlegen, die gegenüber den bereits im Besitz der Kommission befindlichen Beweismitteln einen erheblichen Mehrwert darstellen. Für die Bestimmung des Mehrwerts kommt es darauf an, in welchem Ausmaß die vorgelegten Beweismittel der Kommission dazu verhelfen, das mutmaßliche Kartell nachzuweisen.[980]

d) Verfahrensgrundsätze und -garantien

Im verwaltungsrechtlichen Kartellverfahren der Kommission ist eine Reihe von allgemeinen Verfahrensgrundsätzen zu beachten.

aa) Anspruch auf rechtliches Gehör

Zu den fundamentalen Grundsätzen des Gemeinschaftsrechts gehört der Anspruch auf Gewährung rechtlichen Gehörs.[981] Dieser Grundsatz ist für den Bereich des Wettbewerbsrechts in Art. 27 VO 1/2003 i.V.m. Art. 10 ff. VO (EG) Nr. 773/2004 geregelt. Danach darf die Kommission – in den dort aufgezählten Fällen – eine Entscheidung gegen ein Unternehmen nur dann auf bestimmte Be-

976 Mitteilung der Kommission über den Erlass und die Ermäßigung von Geldbußen in Kartellsachen (Kronzeugenmitteilung), Abl. 2006/C298/11, 17 ff.

977 GK-Schütz, Art. 23 VO 1/2003 Rn. 31 f.; Lange-Immenga, Rn. 1492.

978 Korah, S. 472.

979 Kommission, Kronzeugenmitteilung, Rn. 8, 10 und 11.

980 Kommission, Kronzeugenmitteilung, Rn. 23-26.

981 EuGH, 8.7.1999, Rs. C-51/92 P, Hercules Chemicals, Slg. 1999, I-4235, 4274, Rn. 76.

schwerdepunkte stützen, wenn die betreffenden Unternehmen zuvor die Möglichkeit hatten, sich zu diesen Punkten zu äußern, Art. 27 Abs. 1 VO 1/2003. Um den Parteien die Möglichkeit zur Stellungnahme zu geben, werden die Beschwerdepunkte den Parteien gemäß Art. 10 Abs. 1 VO Nr. 773/2004 mitgeteilt.

bb) Recht auf Akteneinsicht

In Art. 27 VO 1/2003 ist darüber hinaus das Akteneinsichtsrecht normiert. Danach haben die Parteien in einem Beschwerdeverfahren das Recht, nach Mitteilung der Beschwerdepunkte, Einsicht in die Akten der Kommission zu nehmen, Art. 27 Abs. 2 i.V.m. Art. 15 Abs. 1 VO 773/2004.

Dieses Recht findet seine Grenzen in dem berechtigten Interesse der Unternehmen an der Wahrung ihrer Geschäftsgeheimnisse. Außerdem sind andere vertrauliche Informationen sowie interne Schriftstücke der Kommission und der mitgliedsstaatlichen Wettbewerbsbehörden gemäß Art. 27 Abs. 2 S.3 VO 1/2003 von der Akteneinsicht ausgenommen.

cc) Vertraulichkeitsschutz

Art. 28 VO 1/2003 schützt die Vertraulichkeit erlangter Informationen. Die Vertraulichkeit wird sowohl durch das Verwertungsverbot als auch durch das Berufsgeheimnis geschützt.

Das Verwertungsverbot verpflichtet die Kommission dazu, erlangte Informationen nur zu dem Zweck zu verwerten, zu dem sie eingeholt wurden, Art. 28 Abs. 1 VO 1/2003. Gemäß Art. 28 Abs. 1 i.V.m Art. 12 und 15 VO 1/2003 ist das Verwertungsverbots allerdings insofern eingeschränkt, als dass die Kommission mit den mitgliedstaatlichen Behörden und Gerichten zusammenzuarbeiten und Informationen austauschen darf.

Nach Art. 28 Abs. 2 VO 1/2003 dürfen alle Beamten und Bediensteten der europäischen Kommission und der mitgliedsstaatlichen Wettbewerbsbehörden, die im Zuge der Anwendung der VO 1/2003 Informationen erlangen, die unter das Berufsgeheimnis fallen, diese nicht freigeben. Eine Einschränkung des Berufsgeheimnisses erfolgt, wenn Informationen gemäß den Artikeln 11, 12, 14, 15 und 27 der VO 1/2003 ausgetauscht bzw. verwendet werden.

e) Rechtsschutz

Kommissionsmaßnahmen unterliegen der Überprüfung durch die Gemeinschaftsgerichte. Gegen beschwerende Kommissionsentscheidungen, wie zum Beispiel Untersagungsentscheidungen oder Entscheidungen über die Verhängung von Buß- oder Zwangsgeldern, können die beeinträchtigten Unternehmen unter den Voraussetzungen des Art. 263 AEUV (ex-Art. 230 EG) binnen zwei

Monaten Klage vor dem EuG[982] erheben. Ist diese begründet, so wird die betreffende Entscheidung für nichtig erklärt und das strittige Verfahren muss gemäß Art. 266 Abs. 1 AEUV (ex-Art. 233 Abs. 1 EG) durch die Kommission wieder aufgenommen werden.

Nach Maßgabe des Art. 256 Abs. 2 S.2 AEUV (ex-Art. 225 Abs. 2 S.2 EG) können beim EuGH Rechtsmittel gegen die Entscheidungen des EuG eingelegt werden. Die gerichtliche Überprüfung durch den EuGH ist dabei auf Rechtsfragen beschränkt.[983]

III. Zusammenfassung und Vergleich

1. Behördenstruktur und Behördenbefugnisse

Im Bereich des Aufbaus der Wettbewerbsbehörden und ihrer Befugnisse gibt es mehrere erwähnenswerte Unterschiede zwischen dem europäischen und dem indischen Kartellrecht:

Schon die Struktur der Wettbewerbsbehörden unterscheidet sich voneinander: Während die indische Competition Commission eine eigenständige juristische Person („body corporate") ist[984], ist die Generaldirektion Wettbewerb eine Verwaltungseinheit innerhalb der Europäischen Kommission und damit Teil des Exekutivorgans der Europäischen Union[985]. Auf der anderen Seite ist den beiden Wettbewerbsbehörden gemeinsam, dass sie an die Weisungen der Exekutive gebunden sind.[986]

Während das europäische Wettbewerbsrecht von der Europäischen Kommission und von den mitgliedsstaatlichen Wettbewerbsbehörden durchgesetzt wird[987], ist in Indien allein die Competition Commission für die Durchsetzung des Kartellrechts in dem gesamten Staatsgebiet zuständig.

Anders als das europäische Kartellrecht sieht der Competition Act, 2002 die Schaffung einer quasi-juristischen Instanz („Competition Appellate Tribunal") vor, die zum einen als Appellationssinstanz gegen Entscheidungen der Kommission fungiert und zum anderen über kartellrechtliche Schadensersatzansprüche entscheiden soll.[988] Das Appellate Tribunal nimmt mithin die judikativen Funktionen im Rahmen des Competition Act, 2002 wahr.

---

982 Die Zuständigkeit des EuG für Entscheidungen im ersten Rechtszug ergibt sich aus Art. 256 Abs. 1 AEUV (ex-Art. 225 Abs. 1 EG).

983 Mäger-Johanns, S. 364.

984 Vgl. Sec. 7 (2) CA.

985 Siehe oben, 3. Teil, H, II, 1.

986 Siehe oben, in Bezug auf Indien: 3. Teil, H, I, 1, a), cc), (1), in Bezug auf Europa: 3. Teil, H, II, 1.

987 Siehe oben, 3. Teil, H, II, 1.

988 Vgl. Sec. 53A (1) (a) und (b)

Eine weitere Besonderheit des indischen Kartellrechts, die auf den ersten Blick keine Entsprechung im europäischen Wettbewerbsrecht findet, ist der Abschnitt über den Kommissionsaufgabenbereich „Competition Advocacy“ gemäß Sec. 49 CA. Dieser Aufgabenbereich umfasst zum einen die Regierungsberatung in wettbewerbspolitischen Fragen – insbesondere bei der Ausarbeitung neuer Gesetze – und zum anderen die Öffentlichkeitsarbeit, d.h. die Aufklärung und Weiterbildung der Öffentlichkeit in Bezug auf den Wettbewerb und das Wettbewerbsrecht.[989] Sinn und Zweck des im Competition Act ausdrücklich genannten Aufgabenbereichs „Competition Advocacy“ ist es, in Indien eine „Kultur des Wettbewerbs“ zu schaffen. Die Notwendigkeit der aufklärenden und beratenden Tätigkeit der Kommission wird vor allem damit begründet, dass es den Marktteilnehmern in Indien, wie in vielen Entwicklungs- bzw. Schwellenländern, mangels Erfahrung noch weitestgehend am Verständnis bzw. an der Wertschätzung für die Vorzüge des Wettbewerbs und der Wettbewerbspolitik fehlt.[990]

Auch wenn die europäischen Wettbewerbsnormen dies nicht ausdrücklich als eigenständigen Aufgabenbereich umschreiben, ist auch die europäische Wettbewerbsbehörde in dem im indischen Recht als „Competition Advocacy“ bezeichneten Bereich tätig: Zu den Tätigkeiten der Kommission im Bereich dieser Öffentlichkeitsarbeit gehören die Veröffentlichung des regelmäßig erscheinenden „EC Competition Policy Newsletter“[991], die Publizierung des alljährlichen Berichts über die Wettbewerbspolitik[992], die Publizierung der Broschüre „Europäische Wettbewerbspolitik und die Verbraucher“[993] sowie die Veröffentlichung der Kommissionsentscheidungen auf der Webseite der Kommission. Aber auch im zweiten Teilbereich der „Competition Advocacy“, der regierungsnahen Beratung – insbesondere bei der Ausarbeitung von Gesetzesentwürfen –, ist die europäische Wettbewerbsbehörde tätig. Denn als Teil der Europäischen Kommission, also des Organs mit dem alleinigen Initiativrecht in der europäischen Gesetzgebung, arbeitet die Generaldirektion Wettbewerb intern mit den anderen Direktionen zusammen und gestaltet die Gesetzesentwürfe aus wettbewerbspolitischer Sicht mit. Zusammenfassend kann daher festgestellt werden, dass die „Competition Advocacy“ sowohl in Indien als auch in Europa zum Tätigkeitsbereich der jeweiligen Wettbewerbsbehörde gehört.

---

989 Siehe oben, 3. Teil, H, I, 1, a), bb).

990 “Approach Paper on Competition Advocacy”, Competition Commission of India, S. 4, abrufbar unter: http://www.cci.gov.in/media/Advocacy/approch_paper_advo10407.pdf (27.03.2010).

991 Online unter: http://ec.europa.eu/competition/publications/cpn/ (27.06.2011).

992 Online abrufbar unter: http://ec.europa.eu/comm/competition/annual_reports/ (27.06. 2011).

993 Http://ec.europa.eu/comm/competition/publications/consumer_de.pdf (27.06.2011).

Ein weiterer Unterschied besteht schließlich in der unterschiedlichen Funktion des Generaldirektors („Director General") im europäischen und indischen Recht. Während der Generaldirektor Wettbewerb in Europa als Leiter der Generaldirektion Wettbewerb fungiert, ist der „Director General" in Indien, zusammen mit seinem Mitarbeiterstab, für die Durchführung erster Ermittlungen innerhalb der Wettbewerbsbehörde zuständig.[994] Die Leitung der Competition Commission wird dagegen vom vorsitzenden Kommissionsmitglied („chairperson") wahrgenommen.

2. Kartellverfahren

Sowohl in Indien als auch in Europa können die Wettbewerbsbehörden durch Einzelpersonen, Unternehmen bzw. Unternehmensvereinigungen und staatliche Stellen über mutmaßliche Verstöße gegen das Wettbewerbsrecht informiert werden.[995] Während man sich an die Europäische Kommission formlos per E-Mail-Mitteilung wenden kann[996], kann die indische Wettbewerbsbehörde nur in einem formellen Verfahren bei gleichzeitiger Entrichtung einer Verfahrensgebühr informiert werden.[997]

Das Kartellverfahren läuft in Indien und in Europa ähnlich ab: Besteht ein Anfangsverdacht[998], so werden jeweils genauere Ermittlungen eingeleitet. Im Gegensatz zum europäischen Recht besteht in Indien mit dem Director General eine separate Instanz für die Durchführung von ersten Ermittlungen. Im Anschluss an diese Vor-Ermittlungen kann die Competition Commission entweder weitere Ermittlungen anstellen oder Abhilfemaßnahmen anordnen.[999] In Europa dagegen werden die Ermittlungen direkt von der Generaldirektion Wettbewerb durchgeführt. Bestätigen die Ermittlungen den Anfangsverdacht, so ordnet die Wettbewerbsbehörde jeweils Abhilfemaßnahmen an. Andernfalls werden die Beschwerdeführer um eine Stellungnahme gebeten. [1000] Dass die hier genannten Unterschiede irgendwelche Auswirkungen auf den investigativen Erfolg der jeweiligen Kartellbehörden haben, ist nicht anzunehmen.

994 Siehe oben, 3. Teil, H, I, 1., c).

995 Bezogen auf Indien vgl.: Sec. 19 (1) (a) CA; bezogen auf Europa siehe oben: 3. Teil, H, II, 2., a).

996 Siehe oben, 3. Teil, H, II, 2. a).

997 Siehe oben, 3. Teil, H, I, 2. a), aa), (1); die Höhe der Verfahrensgebühr beträgt gemäß Sec. 19 (1) (a) CA i.V.m. Sec. 49 (1) Competition Commission General Regulations, 2004, 50.000 Rupien (dies entspricht 795 Euro bei einem Umrechnungskurs von 1 Euro = 62,67 Rupien.

998 Eine Ausnahme zum Erfordernis eines konkreten Anfangsverdachts gegen ein bestimmtes Unternehmen besteht bei der Untersuchung bestimmter Wirtschaftszweige nach Art. 17 VO 1/2003, Schwarze/Weitbrecht, S. 53.

999 Sec. 26 (6) - (8) CA.

1000 Für Indien geregelt in Sec. 27 (5) CA.

Im Hinblick auf die Ermittlungsbefugnisse der Wettbewerbsbehörden in Indien und Europa gibt es einige Unterschiede: Um Auskünfte über vermutete Verstöße zu erlangen, kann die Europäische Kommission sich des freiwilligen Auskunftsverlangens, der zwingenden Auskunftsentscheidung oder des allgemeinen Befragungsrechts bedienen. Im Rahmen des Nachprüfungsrechts kann sie außerdem mündliche Erklärungen von Unternehmensmitarbeitern verlangen und diese protokollieren.[1001] Demgegenüber haben der Director General bzw. die Competition Commission of India das Recht, Personen zur Befragung vorzuladen, ihre Präsenz zu erzwingen, sie eidlich zu vernehmen oder schriftliche eidesstattliche Erklärungen anzufordern. Zur Erlangung unternehmensbezogener Daten kann die indische Kartellbehörde außerdem die Offenlegung und Vorlage von Dokumenten und Geschäftsbüchern verlangen.[1002] Auch die Europäische Kommission hat das Recht, Bücher und Geschäftsunterlagen zu prüfen sowie Kopien anzufertigen.[1003] Darüber hinaus kann die Europäische Kommission betriebliche sowie – unter den Voraussetzungen des Art. 21 VO 1/2003 – auch private Räumlichkeiten, Grundstücke und Transportmittel betreten. Betriebliche Räumlichkeiten, Bücher oder Unterlagen können außerdem zum Zwecke der Nachprüfung versiegelt werden.[1004] Im indischen Kartellrecht sind entsprechenden Regelungen zum Betreten von Geschäfts- oder Privaträumen für den Director General enthalten[1005], nicht aber für die Kommission.

Auch die Möglichkeiten zur Durchsetzung von Anordnungen der jeweiligen Wettbewerbsbehörde unterscheiden sich im indischen und europäischen Recht. Während das europäische Recht als einziges Mittel des Verwaltungszwangs das Zwangsgeld[1006] vorsieht, hat die indische Kartellbehörde darüber hinaus die Möglichkeit, eine Zwangshaft von bis zu drei Jahren anzuordnen, wenn eine Kommissionsanordnung nicht befolgt oder ein Zwangsgeld nicht gezahlt wird, Sec. 42 (3) CA.

Auch im Hinblick auf die in Indien und Europa vorgesehenen Kronzeugenregelungen bestehen Unterschiede: Während die europäische Kronzeugenmitteilung zwischen dem vollständigen[1007] und dem teilweisen[1008] Bußgelderlass

---

1001 Siehe oben, 3. Teil, H, II, 2, b).

1002 Siehe oben, 3. Teil, H, I, 2., a), aa).

1003 Siehe oben Siehe oben, 3. Teil, H, II, 2, b).

1004 Siehe oben Siehe oben, 3. Teil, H, II, 2, b).

1005 Sec. 41 Abs. 3 i.V.m. Sec. 240, 240A Companies Act, 1956.

1006 Art. 24 VO 1/2003.

1007 In Fällen, in denen ein Unternehmen als Erstes erhebliche Informationen und Beweismittel vorlegt, die entweder gezielte Nachprüfungen ermöglichen oder zur Feststellung eines Verstoßes gegen Art. 101 AEUV (ex-Art. 81 EG) führen, Art. 8 der Kronzeugenmitteilung.

unterscheidet, sieht die indische Regelung lediglich einen Bußgeldreduzierung[1009], nicht aber einen vollständigen Bußgelderlass vor. Außerdem kommt die Bußgeldreduzierung nach der indischen Kronzeugenregelung nur bis zu dem Zeitpunkt in Betracht, zu dem die Kommission den Ermittlungsbericht des Director General erhält, Sec. 46 CA.

Hinsichtlich der Rechtsschutzmöglichkeiten können sowohl in Indien als auch in Europa grundsätzlich zwei Instanzen genutzt werden. Der wesentliche Unterschied besteht darin, dass in Indien ein quasigerichtliches Tribunal und nicht ein ordentliches Gericht für Beschwerden gegen Kommissionsentscheidungen zuständig ist.[1010] Dies dient der Sicherstellung eines zügigen Kartellverfahrens in Indien, welches ansonsten angesichts der langen durchschnittlichen Verfahrensdauer vor den indischen Gerichten[1011] nur unzureichend gewährleistet wäre.

3. Verfahrensgrundsätze

Sowohl im indischen als auch im europäischen Recht stehen den Parteien bestimmte Verfahrensrechte zu. Die Verfahrensgarantien des europäischen und indischen Kartellrechts ähneln sich zum großen Teil. Gemeinsamkeiten bestehen beim Schutz der Vertraulichkeit – vor allem hinsichtlich des Verbots der zweckfremden Verwertung von Informationen – sowie bei der Anerkennung des Anhörungsrechts.[1012] Auch die Geschäftsgeheimnisse der Unternehmen werden sowohl nach europäischem wie auch nach indischem Kartellrecht geschützt.[1013]

Ein Akteneinsichtsrecht, wie es in Art. 27 VO 1/2003 vorgesehen ist, ist zwar nicht im indischen Kartellgesetz normiert, es wird aber in vergleichbarer Weise durch den indischen „Right to Information Act 2005“[1014] gewährt, der die indischen Bürger berechtigt, Einsicht in Akten und Dokumente von indischen

---

1008 Der teilweise Bußgelderlass (je nach Zeitpunkt der Vorlage von bis zu 50 %) ist anwendbar, bei Unternehmen, die Beweismittel mit einem erheblichen Mehrwert gegenüber den sich bereits im Besitz der Kommission befindlichen Beweismitteln vorlegen, Art. 23 – 26 der Kronzeugenmitteilung.

1009 Siehe oben Siehe oben, 3. Teil, H, I, 2, a), aa), (6).

1010 Vgl. Sec. 53A (1) (a) CA.

1011 In Indien kommen 13 Richter auf eine Million Menschen. Die durchschnittliche Verfahrensdauer beträgt mehr als 10 Jahre, vgl. Müller, S. 14 f.

1012 Siehe oben, in Bezug auf Indien: 3. Teil, H, I, 2, b), aa) und bb); in Bezug auf Europa: 3. Teil, H, II, 2, d), aa) und cc).

1013 Im indischen Kartellrecht gemäß Sec. 57 CA; im europäischen Kartellrecht wird der Schutz der Geschäftsgeheimnisse insbesondere durch Art. 27 IV und Art. 30 VO 1/2003 gewahrt.

1014 The Right to Information Act, 2005, No. 22 of 2005, 15.06.2005, http://persmin.nic.in/RTI/WebActRTI.htm (27.01.2009).

Behörden und sonstigen staatlichen Einrichtungen zu nehmen und Kopien erhalten.[1015]

Im Ergebnis werden sowohl im indischen wie auch im europäischen Kartellrecht vergleichbare Verfahrensgrundsätze gewährt.

1015 Voraussetzung ist ein Antrag an den zuständigen „Public Information Officer" der jeweiligen staatlichen Einrichtung und die Entrichtung einer Gebühr, Sec. 6 I Right to Information Act 2005 (RTI). Das Informationsverlangen muss nicht begründet werden, Sec. 6 II RTI. Die Auskunft bzw. Akteneinsicht muss in der Regel innerhalb von 30 Tagen gewährt werden, Sec. 7 I RTI. Ausnahmen und Grenzen des Auskunftsrechts sind in den Sec. 8 und 9 RTI geregelt.

4. Teil: Schlussbetrachtung

Die vergleichende Analyse hat gezeigt, dass sowohl in materiellrechtlicher als auch in formeller Hinsicht ein hohes Maß an Übereinstimmung zwischen dem europäischen und dem neuen indischen Kartellrecht besteht. Dies beginnt damit, dass in beiden Rechtsordnungen vorrangig dasselbe Schutzobjekt, nämlich die Entscheidungs- und Handlungsfreiheit der Marktteilnehmer, geschützt ist.[1016] Sowohl in Indien als auch in Europa sind wettbewerbsbeschränkende Vereinbarungen, Beschlüsse von Unternehmensvereinigungen und abgestimmte Verhaltensweisen vom jeweiligen Kartellverbot erfasst[1017]; einseitige Maßnahmen hingegen nicht[1018]. In beiden Rechtskreisen wird zudem zwischen horizontalen und vertikalen Wettbewerbsbeschränkungen differenziert.[1019] Sowohl der Competition Act, 2002 als auch das europäische Kartellrecht sehen eine Marktabgrenzung in sachlicher und räumlicher Hinsicht vor.[1020] In beiden Rechtsordnungen muss eine Wettbewerbsbeschränkung spürbar sein, was jeweils nach ähnlichen Kriterien beurteilt wird.[1021] Preisabsprachen[1022], Beschränkungen von Produktion, Warenabsatz, technischer Entwicklung und Investitionen[1023] sowie Alleinbezugsvereinbarungen[1024] werden im indischen und europäischen Kartellrecht weitgehend übereinstimmend behandelt. Sowohl im indischen als auch im europäischen Recht können beschränkende Vereinbarungen, Beschlüsse von Unternehmensvereinigungen und abgestimmte Verhaltensweisen kartellrechtlich zulässig sein, wenn sie zu Verbesserungen bei der Erzeugung oder Verteilung von Produkten beitragen oder den technischen oder wirtschaftlichen Fortschritt fördern.[1025] Genauso wie Art. 101 Abs. 2 AEUV sieht auch Sec. 3 (2) CA die Nichtigkeit von wettbewerbsbeschränkenden Vereinbarungen, Beschlüssen von Unternehmensvereinigungen und abgestimmten Verhaltensweisen vor. Bei festgestellten Kartellrechtsverstößen haben die Competition Commission und die europäische Wettbewerbsbehörde ähnliche Befugnisse: Beide können Maßnahmen zur Abstellung des Kartellverstoßes sowie einstweilige Verfügungen anordnen und Bußgelder festsetzen.[1026] Zur Durchset-

1016 Siehe oben, 3. Teil, C, III, 1.
1017 Siehe oben, 3. Teil, C, III, 3.
1018 Siehe oben, 3. Teil, C, III, 3.
1019 Siehe oben, 3. Teil, C, III, 3.
1020 Siehe oben, , 3. Teil, C, III, 4.
1021 Siehe oben, 3. Teil, C, III, 5.
1022 Siehe oben, 3. Teil, D, III, 1.
1023 Siehe oben, 3. Teil, D, III, 2.
1024 Siehe oben, 3. Teil, D, III, 5.
1025 Siehe oben, 3. Teil, F, III, 1.
1026 Siehe oben, 3. Teil, G, III.

zung der Anordnungen können beide Behörden darüber hinaus Zwangsgelder verhängen.[1027] Genauso wie das europäische Kartellrecht sieht auch das indische Kartellgesetz eine Kronzeugenregelung vor.[1028] Schließlich existieren im indischen und europäischen Kartellrecht gleichartige Verfahrensgrundsätze und Verfahrensgarantien.[1029]

Ungeachtet dieser weitreichenden Gemeinsamkeiten der Kartellrechte beider Rechtsordnungen hat die vertiefte Analyse auch eine Reihe von Unterschieden zwischen den Regelungen zur Behandlung von wettbewerbsbeschränkenden Vereinbarungen, Beschlüssen von Unternehmensvereinigungen und abgestimmten Verhaltensweisen in Indien und Europa offenbart. Zum Zwecke der Übersichtlichkeit werden die wichtigsten Differenzen zwischen indischem und europäischem Wettbewerbsrecht im folgenden Abschnitt aufgezählt und bewertet.

A. Zusammenfassung der Differenzen und Stellungnahme

1. Der erste essentielle Unterschied zwischen indischem und europäischem Kartellrecht betrifft den Geltungsbereich der jeweiligen Gesetze. Als Besonderheit des indischen Rechts ist hier die Nichtanwendbarkeit des Competition Act, 2002 auf die Preisbindung pharmazeutischer Produkte zu erwähnen.[1030] Ziel der Preisbindung auf dem indischen Pharmamarkt[1031] ist es, die Arzneimittelpreise in Indien stabil und auf einem niedrigen Niveau zu halten, um die medizinische Versorgung aller Bevölkerungsschichten Indiens sicherzustellen. Diese Preisbindung stellt zwar eine Beschränkung des indischen Wettbewerbs dar, diese ist aber vor dem Hintergrund der noch immer inadäquaten Gesundheitsversorgung vor allem der armen Bevölkerung in Indien nachvollziehbar. Es wäre vorzugswürdig, wenn auch dieser Ausnahmebereich abgeschafft werden würde, sobald sich die Versorgungssituation ausreichend stabilisiert hat. Anstelle der staatlichen Preisfestsetzung sollte dann der freie Wettbewerb treten, um das angestrebte niedrige Preisniveau zu gewährleisten.

1027 Siehe oben, 3. Teil, H, III, 2.

1028 Im indischen Recht: Sec. 46 CA; in Europa: Mitteilung der Kommission über den Erlass und die Ermäßigung von Geldbußen in Kartellsachen (Kronzeugenmitteilung), Abl. 2006/C298/11, 17 ff.

1029 Siehe oben, 3. Teil, H, III, 3.

1030 Siehe oben, 3. Teil, B, I, 1.

1031 Grundlage hierfür ist die Drugs (Prices Control) Order 1995, Gazette of India – Extraordinary, Part II, Section 3, Sub-Section (ii), 6.1.1995, Ministry of Chemicals and Fertilizers, Department of Chemicals and Petrochemicals, New Delhi 1995.

Auch in Europa existieren Besonderheiten im Anwendungsbereich des Kartellrechts, die keine Entsprechung im indischen Recht haben. Nach der im europäischen Recht ausdrücklich vorgesehenen Bereichsausnahme für den Agrarsektor sind landwirtschaftliche Betriebe und Vereinigungen in Europa von der Anwendbarkeit des Kartellrechts ausgenommen.[1032] Die Existenzberechtigung dieser Regelung erscheint aber fragwürdig. Begründet wurde die Einführung dieser Bereichsausnahme mit den besonderen ökonomischen Risiken und Rigiditäten auf den Agrarmärkten. Der Umstand, dass diese Ausnahmebestimmung in der bisherigen Praxis kaum Anwendung gefunden hat[1033], spricht gegen die Notwendigkeit dieser Bestimmung. Angesichts des Umstands, dass der europäische Agrarsektor wie kein anderer Bereich durch Subventionen geprägt ist – wodurch das wettbewerbliche Geschehen auf diesen Märkten sowohl innerhalb als auch außerhalb Europas erheblich beeinflusst wird – sollte eine vollständige kartellrechtliche Überprüfbarkeit der betreffenden Märkte gewährleistet sein. Konsequenterweise sollte die Bereichsausnahme abgeschafft werden.

2. Ob Vereinbarungen, Beschlüsse oder abgestimmte Verhaltensweisen unter das Kartellverbot des Sec. 3 (1) CA fallen, bestimmt sich in Indien – außer in den gemäß Sec. 3 (3) CA per se verbotenen Fällen – anhand einer umfassenden Abwägung aller negativen und positiven Wirkungen der jeweiligen Vereinbarung oder Verhaltensweise.[1034]

   Vom europäischen Kartellverbot gemäß Art. 101 Abs. 1 AEUV sind hingegen grundsätzlich alle Vereinbarungen, Beschlüsse von Unternehmensvereinigungen und abgestimmte Verhaltensweisen erfasst, die zu einer spürbaren Verhinderung, Einschränkung oder Verfälschung des Wettbewerbs führen, ohne dass es hier zu einer umfassenden Gesamtabwägung wie im indischen Recht kommt.[1035] Ausnahmen sind nur nach den in Art. 101 Abs. 3 AEUV fest umschriebenen Kriterien möglich, d.h. wenn die Maßnahme „unter angemessener Beteiligung der Verbraucher am entstehenden Gewinn zur Verbesserung der Warenerzeugung oder -verteilung oder zur Förderung des technischen oder wirtschaftlichen Fortschritts“ beiträgt und auch die negativen Kriterien des Art. 101 Abs. 3 AEUV einer Freistellung nicht entgegenstehen.

   Durch den Verzicht auf einen allgemeinen Abwägungsprozess im Rahmen von Art. 101 Abs. 1 AEUV und durch die Auflistung bestimmter wettbe-

1032 Siehe oben, 3. Teil, B, II, 1.

1033 Siehe oben, 3. Teil, B, III, 1.

1034 Siehe oben, 3. Teil, C, I, 2., c).

1035 So zumindest die herrschende Meinung, siehe oben, 3. Teil, C, III, 4. und 3. Teil, C, II, 3., b).

werbsfördernder Kriterien, die bei der Beurteilung von Vereinbarungen, Beschlüssen und abgestimmten Verhaltensweisen berücksichtigt werden dürfen, bietet das europäische Recht im Gegensatz zum indischen ein höheres Maß an Rechtssicherheit, Operationalität und Justiziabilität.

Die weniger formalistische Regelung des indischen Rechts hat dagegen den Vorteil, dass sie eine umfassendere Analyse der Wettbewerbswirkungen einer Vereinbarung, eines Beschlusses oder einer abgestimmten Verhaltensweise zulässt als die stärker regelgeleitete europäische Bestimmung. Anders als die Europäische Kommission kann die Competition Commission of India alle denkbaren wettbewerbsfördernden Wirkungen einer Vereinbarung, eines Beschlusses bzw. einer abgestimmten Verhaltensweise mitberücksichtigen, ohne auf bestimmte Kriterien begrenzt zu sein.

3. Weitere Unterschiede zwischen indischem und europäischem Kartellrecht bestehen bei der Frage der Marktabgrenzung.

   Anders als in Europa wird eine zeitliche Abgrenzung des relevanten Marktes weder im indischen Kartellgesetz noch in der bisherigen Rechtsprechung erwähnt. Ob dieser Umstand zu Unterschieden in der Rechtspraxis führen wird oder nicht, bleibt abzuwarten. Ohnehin ist der denkbare Anwendungsbereich der zeitlichen Marktabgrenzung sehr klein.

   Im Gegensatz zur Praxis des europäischen Rechts stellen das neue indische Kartellrecht und die bisherige indische Rechtspraxis bei der Bestimmung des sachlich relevanten Marktes ausschließlich auf die Möglichkeit der Substituierbarkeit auf der Nachfrageseite, nicht aber auf eine mögliche Angebotssubstituierbarkeit ab.[1036]

   Hier ist die europäische Rechtspraxis vorzugswürdig: Sinn und Zweck der Bestimmung des relevanten Marktes ist die Ermittlung von Unternehmen, die einen Disziplinierungsdruck auf die Entscheidungen eines bestimmten Unternehmens ausüben können.[1037] Solch ein Disziplinierungsdruck besteht aber auch dann, wenn das betreffende Unternehmen bei der Preissteigerung eines seiner Produkte damit rechnen muss, dass andere Unternehmen ihre Produktion kurzfristig auf das betreffende Produkt umstellen und dadurch mit diesem um dieselben Abnehmer konkurrieren. Es wäre daher zu begrüßen, wenn die Substituierbarkeit auf der Angebotsseite auch in Indien bei der Marktabgrenzung Berücksichtigung fände.

4. Im Gegensatz zum europäischen Kartellrecht enthält die indische Kartellverbotsnorm kein Verbot von Konditionenabsprachen. Damit die in der Präambel festgeschriebenen Ziele der Förderung und Bewahrung des Wettbewerbs optimal erreicht werden können, sollte Sec. 3 (1) des Compe-

1036 Siehe oben, 3. Teil, C, III, 4.

1037 Mäger, S. 32.

tition Act, 2002 dahingehend abgewandelt werden, dass nicht nur Preis- sondern auch Konditionenabsprachen unter das Kartellverbot fallen.

5. Anders als im europäischen Recht[1038] existiert in Indien keine Ausnahmeregelung vom Kartellverbot zugunsten von Spezialisierungsvereinbarungen. Angesichts des Umstands, dass solche Vereinbarungen durch Verbesserung der Warenerzeugung und Warenverteilung auch wettbewerbsfördernde Wirkungen entfalten können, sollten solche Spezialisierungsvereinbarungen nicht unter das strenge Per-se-Verbot fallen.
6. Territoriale Beschränkungen bzw. Gebietsbeschränkungen werden im europäischen Kartellrecht restriktiver als im indischen Kartellrecht behandelt. Anders als in Europa sind Beschränkungen des passiven Verkaufs im Rahmen von Alleinvertriebsvereinbarungen in Indien nicht generell verboten.

   Ein Grund für die strengere Behandlung von Gebietsbeschränkungen im europäischen Kartellrecht ergibt sich aus dem im AEU-Vertrag[1039] verankerten Ziel der Herbeiführung eines Binnenmarktes.[1040] Die Wettbewerbsregeln der europäischen Gemeinschaft, die dem Ziel der Schaffung eines Systems des unverfälschten Wettbewerbs in der Gemeinschaft dienen, sind im Kontext der übrigen Ziele des AEU-Vertrags anzuwenden und zu interpretieren.[1041] Daher – und weil die Schaffung eines Gemeinsamen Marktes letztlich denselben Zwecken dient, wie der Schutz des Wettbewerbs[1042] – ist der restriktiven Haltung gegenüber territorialen Beschränkungen im europäischen Wettbewerbsrecht zuzustimmen.

   Da in Indien bereits ein landesweiter Binnenmarkt existiert, ist das Kriterium der Marktintegration[1043] bei der Anwendung und Auslegung des Competition Act, 2002 nicht von Relevanz. Dementsprechend werden Gebietsbeschränkungen im Rahmen des indischen Kartellrechts weniger

---

1038 Vgl. die VO 2658/2000. Voraussetzung für eine Freistellung ist, dass die Summe der Marktanteile der beteiligten Unternehmen im relevanten Markt 20 % nicht überschreitet.

1039 Art. 3 EUV und Art. 26 AEUV (ex-Art. 14 EG).

1040 Vgl. auch Rn. 13 der LL zu Art. 81 Abs. 3 EG: „Artikel 81 soll den Wettbewerb im Markt schützen, um den Wohlstand der Verbraucher zu fördern und eine effiziente Ressourcenallokation zu gewährleisten. Wettbewerb und Marktintegration dienen diesen Zielen, da die Schaffung und Erhaltung eines offenen Binnenmarktes zu einer effizienten Ressourcenallokation in der gesamten Gemeinschaft zum Wohle der Verbraucher führt.".

1041 Jones/Sufrin, S. 18; Heinemann, S. 289.

1042 Insbesondere der effizienten Ressourcenallokation in der EU, LL zu Art. 81 Abs. 3 EG, Rn. 13.

1043 Allenfalls das Kriterium des Erhalts bzw. Schutzes des Binnenmarkts dürfte in Indien relevant sein.

streng beurteilt. Dies wird dem Umstand gerecht, dass solche im Rahmen von Alleinvertriebsvereinbarungen getroffenen Gebietsbeschränkungen im Einzelfall auch positive Wirkungen auf den Wettbewerb haben können.[1044]

7. Alleinvertriebsvereinbarungen zwischen einem Hersteller und einem Großhändler sind nach bisheriger indischer Rechtspraxis generell zulässig, wenn diese Vereinbarung nicht an die Einzelhändler weitergegeben wird und sich somit nicht auf den Wettbewerb auf der letzten Absatzstufe auswirkt.[1045] Da das neue indische Kartellgesetz gemäß seiner Präambel ausdrücklich die Handlungsfreiheit aller Marktteilnehmer, also auch die der Zwischenhändler, schützt, sollten die neue indische Wettbewerbsbehörde und die zuständigen Gerichte die bisherige Rechtspraxis aufgeben. Vielmehr sollten Alleinvertriebsvereinbarungen künftig im Hinblick auf ihre positiven und negativen Wirkungen auf den Wettbewerb anhand der Umstände des jeweiligen Einzelfalles beurteilt werden.
8. Nachvertragliche Wettbewerbsverbote in Vertikalverträgen sind in Indien prinzipiell unzulässig[1046], während sie in Europa im Einzelfall zum Schutze des Verkäufer-Know-hows zulässig sein können, sofern sie eine Dauer von einem Jahr nicht überschreiten.[1047] Die grundsätzliche Ablehnung nachvertraglicher Wettbewerbsverbote im indischen Recht lässt außer Acht, dass solche Verbote auch technologie- und wettbewerbsfördernd wirken können. Dies ist dann der Fall, wenn das Wettbewerbsverbot im Einzelfall für den Rechteinhaber eine conditio sine qua non für die Lizenzerteilung darstellt, weil er ohne ein solches Verbot die Weitergabe der Technologie an Dritte befürchten und daher von einer Lizenzerteilung absehen würde.

   Es wäre daher wünschenswert, wenn die Rechtspraxis in Indien von ihrer nahezu kategorischen Ablehnung nachvertraglicher Wettbewerbsverbote ablässt und die potenziell wettbewerbsfördernden Wirkungen solcher Verbote künftig stärker mitberücksichtigt.
9. Das indische Kartellrecht enthält eine ausdrückliche Regelung zur Privilegierung von Vereinbarungen, die im Rahmen eines Joint Ventures

---

1044 Der Alleinvertrieb kann vor allem dann mit Effizienzgewinnen einhergehen, wenn von den Händlern Investitionen zum Schutz oder Aufbau des Markenimages verlangt werden. Effizienzgewinne fallen am ehesten bei neuen und bei komplexen Produkten sowie bei Produkten, deren Qualitätseigenschaften vor dem Verbrauch (sogenannte Erfahrungsgüter) oder sogar nach dem Verbrauch (sogenannte Vertrauensgüter) schwierig zu beurteilen sind, an. Der Alleinvertrieb kann außerdem Einsparungen bei den Logistikkosten mit sich bringen, da bei Transport und Vertrieb Größenvorteile genutzt werden können, Vertikalleitlinien, Rn. 174.

1045 Siehe oben, 3. Teil, D, III, 3.

1046 Siehe oben, 2. Teil, C, II.

1047 Siehe oben, 3. Teil, D, II, 2., b), ff).

getroffen worden sind. Auf diese soll das Per-se-Verbot grundsätzlich nicht anwendbar ist.[1048] Es wäre sachdienlich, wenn sich in der künftigen Rechtspraxis genaue Kriterien dafür herausbilden würden, in welchem Umfang Gemeinschaftsunternehmen am Kartellverbot zu messen sind und wie eine Abgrenzung zu den Fusionskontrollregelungen zu erfolgen hat.

10. Eine Reihe von Fallgruppen, die im europäischen Kartellrecht behandelt werden, sind weder im bisherigen indischen Kartellrecht problematisiert noch in das neue Gesetz mit aufgenommen worden. Dazu gehören Forschungs- und Entwicklungskooperationen, Vereinbarungen über eine gemeinsame Produktion, Einkaufsvereinbarungen, Umweltvereinbarungen, Vermarktungs- und Verkaufsvereinbarungen sowie Normen- und Typenkartelle. Es wäre wünschenswert, wenn die potenziell wettbewerbsbeschränkenden Wirkungen solcher Vereinbarungen von der indischen Competition Commission und der zuständigen Gerichtsbarkeit künftig berücksichtigt werden.
11. Das indische und das europäische Kartellrecht unterscheiden sich auch hinsichtlich der kartellrechtlichen Beurteilung von Vereinbarungen, Beschlüssen und abgestimmten Verhaltensweisen im Bereich des gewerblichen Rechtsschutzes bzw. Urheberrechts voneinander: Anders als in Europa gibt es in Indien keine ausdifferenzierten Grundsätze für die kartellrechtliche Beurteilung von wettbewerbsbeschränkenden Vereinbarungen, Beschlüssen oder abgestimmten Verhaltensweisen, die im Zusammenhang mit Rechten des geistigen Eigentums getroffen bzw. durchgeführt werden. Der entsprechenden Regelung in Sec. 3 (5) (i) CA, die die Anwendbarkeit des Kartellrechts auf im Zusammenhang mit gewerblichen Schutzrechten getroffenen Vereinbarungen regelt, mangelt es aufgrund der Verwendung unbestimmter Rechtsbegriffe an ausreichender Rechtsklarheit.

    Vorteilhaft wäre daher, wenn die indische Kartellbehörde ausführliche und ausdifferenzierte Leitlinien für die Anwendung des Sec. 3 (5) CA auf im Zusammenhang mit gewerblichen Schutzrechten getroffene Vereinbarungen erstellen würde, um die bestehenden Rechtsunsicherheiten bei der Anwendung des Kartellverbots in diesen Fällen zu beseitigen und um die Praktikabilität der Rechtsanwendung dieser Norm zu verbessern.

    Nach der bisherigen Rechtspraxis erfolgte keinerlei kartellrechtliche Überprüfung wettbewerbsbeschränkender Lizenzvereinbarungen in Indien. Diese passive Rechtspraxis sollte aufgegeben werden, um solche Vereinbarungen künftig am Maßstab des Sec. 3 (5) (i) CA zu messen.
12. In Indien sind Exportkartelle sowie alle sonstigen Vereinbarungen, Beschlüsse und abgestimmten Verhaltensweisen in Bezug auf Waren, die für

1048 Siehe oben, 3. Teil, D, III, 8.

den Export bestimmt sind, gemäß Sec. 3 (5) (ii) CA generell von der Anwendbarkeit des Kartellverbots ausgenommen. Nach europäischem Kartellrecht dagegen sind exportbezogene Vereinbarungen, Beschlüsse oder Verhaltensweisen nur dann zulässig, wenn sie keine negativen Auswirkungen auf den Wettbewerb in Europa haben.[1049] Die europäische Regelung bietet mithin einen besseren Schutz für den inländischen Wettbewerb als die indische. Zugunsten eines optimalen Wettbewerbsschutzes auf dem indischen Markt wäre es vorteilhaft, wenn die Ausnahmebestimmung des Sec. 3 (5) (ii) CA auf solche Vereinbarungen bzw. Verhaltensweisen begrenzt wäre, die keine spürbar wettbewerbsbeschränkende Wirkung innerhalb Indiens haben.

Das wirtschaftspolitische Ziel der Stärkung des indischen Außenhandels würde durch solch eine Einschränkung nur minimal beeinträchtigt werden. Auch könnten indische Unternehmen ihre Exportaktivitäten weiterhin koordinieren, solange sie den Wettbewerb auf dem indischen Binnenmarkt nicht beeinträchtigen.

13. Im Gegensatz zum europäischen Kartellrecht ist es im indischen Recht nicht vorgesehen, bestimmte Gruppen von Vereinbarungen, Beschlüssen oder abgestimmten Verhaltensweisen von vornherein von der Anwendbarkeit des Kartellverbots freizustellen. Im indischen Recht können gemäß Sec. 54 CA lediglich bestimmte Gruppen von Unternehmen aus Gründen des öffentlichen Interesses von der Anwendbarkeit des Kartellrechts ausgenommen werden. Aus Gründen der Rechtssicherheit und um die Anwendbarkeit des Kartellrechts zu vereinfachen, wäre es vorteilhaft, wenn auch das indische Kartellrecht die Befreiung bestimmter Gruppen von Vereinbarungen, Beschlüssen und abgestimmter Verhaltensweisen durch den Erlass von Gruppenfreistellungsverordnungen ermöglichen würde.

    Auf der anderen Seite ist die Freistellungsmöglichkeit der indischen Regierung für bestimmte Gruppen von Unternehmen aus Gründen des „öffentlichen Interesses“[1050] als zu weitreichend zu kritisieren. Bei extensiver Anwendung der Ausnahmebestimmung auf Grundlage des weit interpretierbaren unbestimmten Rechtsbegriffs des „öffentlichen Interesses“ besteht die Gefahr, dass das Kartellrecht in weitem Maße außer Kraft gesetzt werden könnte.

14. Im Falle von Verstößen gegen das Verbot wettbewerbsbeschränkender Vereinbarungen durch ein Kartell sieht das indische Kartellrecht eine etwas härtere Rechtsfolge als die europäische Regelung vor. Während die europäische Kommission eine Geldbuße von bis zu 10 % des Gesamtumsatzes

1049 Siehe oben, 3. Teil, F, III, 2.

1050 Sec. 54 (a) CA.

des jeweiligen vorausgegangenen Geschäftsjahres verhängen kann[1051], beträgt die Strafe für die Unternehmen eines Kartells nach indischem Recht entweder 10 % des durchschnittlichen Jahresumsatzes der drei der Anordnung vorangegangenen Jahre oder das dreifache des durch die Kartellabsprache erwirtschafteten Gewinns, je nachdem, welcher Wert höher ist[1052]. Die Regelung ist aufgrund der von ihr ausgehenden Abschreckungswirkung zur wirksamen Verhinderung von Kartellen gut geeignet. Sie macht von vornherein deutlich, dass sich eine Kartellbildung nicht rentiert, da die Unternehmen im Falle der Aufdeckung mindestens das Dreifache des erwirtschafteten Gewinns wieder abführen müssen. Auf der anderen Seite hat die Regelung den Nachteil der mangelnden Flexibilität, die eine differenzierte Behandlung verschiedener Kartelle verhindert: So werden etwa Kartelle, die neben ihren wettbewerbsbeschränkenden Wirkungen auch etwaige Rationalisierungseffekte mit sich bringen[1053] genauso wie Hardcore-Kartelle[1054] behandelt. Dennoch ist die getroffene Regelung, die eine Ermessensbetätigung der Wettbewerbsbehörde im Falle von Kartellen ausschließt, auch im Hinblick auf die in Indien immer noch verbreitete Problematik der Korruption[1055] im Ergebnis zu begrüßen.

15. Anders als in Europa, wo die Geschädigten eines Kartellverstoßes auf Grundlage der mitgliedsstaatlichen Regelungen die Möglichkeit haben, in Form der privaten Rechtsdurchsetzung Unterlassungs- und Beseitigungsansprüche geltend zu machen[1056], besteht diese Möglichkeit nach dem indischen Recht nicht.

    Im Sinne eines effektiven Wettbewerbsschutzes wäre es wünschenswert, wenn die private Durchsetzung des Kartellrechts in Indien auch in Form von privaten Unterlassungs- und Beseitigungsklagen – und nicht wie bislang ausschließlich durch Schadensersatzklagen – ermöglicht werden würde.

1051 Siehe oben, 3. Teil, G, III.

1052 Siehe oben, 3. Teil, G, III.

1053 Z.B. Spezialisierungskartelle, Mäger-Gehring, 2. Kapitel, Rn. 23.

1054 Kartelle, die Vereinbarungen über Kernbeschränkungen („hardcore restrictions") enthalten, d.h. Beschränkungen der Preisbildungsfreiheit, der Produktion, des Absatzes sowie Markt- oder Kundengruppenaufteilungen oder absolute Gebietsbeschränkungen, Langen/Bunte-Braun, Art. 81 Fallgruppen, Rn. 20.

1055 Vgl. India Corruption Study 2005: To improve Governance, Vol. I: Key Highlights (http://iri.org.in/related_readings/India%20Corruption%20Study%202005.pdf; Stand: 27.06.2011), Vol II: Corruption in Judiciary (http://www.lawyersclubindia.com/forum/files/31_corruption%20in%20judiciary.pdf; Stand: 27.06.2011), Transparancy International India, Centre for Media Studies (CMS), Delhi 2005.

1056 Siehe oben, 3. Teil, G, II, c) und d).

16. Gemäß Sec. 27 (d) CA hat die indische Wettbewerbsbehörde die Kompetenz, die Abänderung von wettbewerbsbeschränkenden Vereinbarungen anzuordnen und dabei das Ausmaß und die Art der nötigen Änderungen zu bestimmen. Gemäß Sec. 27 (g) CA hat sie darüber hinaus die Generalkompetenz zum Erlass aller Verfügungen, „die sie für geeignet hält".
    In Europa hingegen sind nur solche Abhilfemaßnahmen zulässig, die gegenüber der festgestellten Zuwiderhandlung verhältnismäßig und für eine wirksame Abstellung der Zuwiderhandlung erforderlich sind, Art. 7 Abs. 1 S.3 VO 1/2003. Zudem können strukturelle Abhilfemaßnahmen nur nachrangig angeordnet werden.[1057]
    Im Hinblick auf die unternehmerische Freiheit und die Vertragsfreiheit der Parteien sind diese Regelungen als zu weitreichend zu kritisieren. Eine tatbestandliche Begrenzung von Sec. 27 (d) und (g) CA durch den Grundsatz der Verhältnismäßigkeit wäre daher zu begrüßen.
17. Eine Besonderheit des indischen Verfahrensrechts, die keine Entsprechung im europäischen Recht hat, ist das Competition Appellate Tribunal, eine neu geschaffene quasigerichtliche Instanz, welche die judikativen Funktionen im Zusammenhang mit dem Competition Act, 2002 übernimmt. Das Tribunal ist zuständig für die Gewährung von Schadensersatz bei Verstößen gegen das Kartellrecht und fungiert als Rechtsmittelinstanz gegen Entscheidungen der Wettbewerbsbehörde.[1058] Diese Regelung ist angesichts der überlasteten Gerichtsbarkeit und der langen durchschnittlichen Verfahrensdauer[1059] in Indien zu begrüßen, um eine effektive private Rechtsdurchsetzung des Kartellrechts zu ermöglichen.
18. In Europa besteht die Möglichkeit, per E-Mail mit der Wettbewerbsbehörde in Kontakt zu treten, um diese über potenziell wettbewerbswidrige Vereinbarungen, Beschlüsse oder Verhaltensweisen zu informieren.[1060] Im indischen Kartellrecht dagegen ist hierfür ausschließlich ein formelles Verfahren vorgesehen, bei dem zudem eine Verwaltungsgebühr entrichtet werden muss.[1061] Da die Wettbewerbsbehörden gerade bei der Aufdeckung von Kartellen und abgestimmten Verhaltensweisen auf die Mithilfe von Mitwissenden angewiesen sind, ist die europäische Regelung in diesem Punkt vorzugswürdig.

1057 Siehe oben, 3. Teil, G, II, 2., a).

1058 Sec. 53A (1) (a) und (b).

1059 In Indien kommen 13 Richter auf eine Million Menschen. Die durchschnittliche Verfahrensdauer beträgt mehr als 10 Jahre, vgl. Müller, S. 14 f.

1060 Siehe oben, 3. Teil, H, II, 2. a).

1061 Siehe oben, 3. Teil, H, I, 2. a), aa), (1).

19. Im Gegensatz zur europäischen Kartellbehörde hat die indische Competition Commission die Möglichkeit der Anordnung von Zwangshaft von bis zu drei Jahren, wenn eine Kommissionsanordnung nicht befolgt oder ein Zwangsgeld nicht gezahlt wurde.[1062] Die Verhängung von Zwangshaft ist ein gut geeignetes Instrument zur effektiven Vollstreckung des Kartellrechts. Es ist vor allem in solchen Fällen hilfreich, in denen sich der Pflichtige, etwa aufgrund der Höhe des ihm zur Verfügung stehenden Einkommens, allein durch Zwangsgeld nicht beugen lässt. Aufgrund der Schwere des Eingriffs sollte die Zwangshaft allerdings nur dann zugelassen werden, wenn die vorherige Verhängung von Zwangsgeld ergebnislos geblieben ist. Sec. 42 (1) CA, der die wahlweise Anwendung von Zwangsgeld oder Zwangshaft vorsieht, sollte dementsprechend abgeändert werden.

20. Die Kronzeugenregelungen des indischen und europäischen Kartellrechts unterscheiden sich dahingehend voneinander, dass die indische Regelung nur eine Bußgeldreduzierung[1063] ermöglicht, während nach der europäischen Regelung darüber hinaus ein vollständiger Bußgelderlass möglich ist[1064]. In Anbetracht der Tatsache, dass Kartelle geheim sind und ihre Aufdeckung und Untersuchung ohne die Mitwirkung von beteiligten Unternehmen oder Einzelpersonen äußerst schwierig ist[1065], sollte eine Kronzeugenregelung einen möglichst großen Anreiz für die Zusammenarbeit mit den Kartellbehörden schaffen. Daher ist die europäische Kronzeugenregelung vorzugswürdig. Sie ermöglicht es einem Kartellbeteiligten, das Kartell aufzudecken, ohne sich dabei selbst einer Bestrafung in Form eines Bußgeldes auszusetzen.

    Im Gegensatz zur europäischen Kronzeugenregelung kommt eine Bußgeldreduzierung nach der indischen Bestimmung außerdem nur in Betracht, wenn die Kartellbehörde die relevanten Informationen vor Ablauf des Vorermittlungsverfahrens erhält.[1066] Diese zeitliche Begrenzung der Anwendbarkeit der indischen Kronzeugenregelung ist zu bemängeln, da auch spätere Informationen noch einen erheblichen Wert darstellen können. Sachgerechter wäre es, bei der Anwendbarkeit der Bußgeldreduzierung darauf abzustellen, ob die zur Verfügung gestellten Informationen einen Mehrwert gegenüber den der Kommission bereits bekannten Informationen darstellen oder nicht.

1062 Sec. 42 (3) CA.

1063 Siehe oben, 3. Teil, H, III, 2.

1064 Siehe oben, 3. Teil, H, III, 2.

1065 Mitteilung der Kommission über den Erlass und die Ermäßigung von Geldbußen in Kartellsachen, (2006/C 298/11), Rn. 3.

1066 Sec 46 CA.

B. Fazit

Hinsichtlich der Beantwortung der Frage, ob der Wettbewerb in Indien durch den Competition Act, 2002 effektiv vor einer Beeinträchtigung durch wettbewerbsbeschränkende Vereinbarungen, Beschlüsse und abgestimmte Verhaltensweisen geschützt ist und ob dieser Schutz in seiner Intensität und seinem Ausmaß dem durch das europäische Kartellrecht gewährtem Wettbewerbsschutz entspricht, ist zwischen der Kodifikation als solches und ihrer Implementierung zu differenzieren.

Was das Gesetzeswerk selbst betrifft, so hat der hier durchgeführte Vergleich gezeigt, dass der Competition Act, 2002 in vielen Punkten von den entsprechenden Regelungen des europäischen Kartellrechts abweicht. Dennoch sind die Gemeinsamkeiten zwischen europäischem und neuem indischem Kartellrecht ausgeprägter als ihre Unterschiede. Vor allem in den substantiellen Bereichen des Kartellrechts herrschen die Gemeinsamkeiten vor. Beispielhaft sind hier die Übereinstimmungen hinsichtlich des Schutzbereichs der Gesetze, die Ähnlichkeiten im Bereich des persönlichen und sachlichen Anwendungsbereichs der Kartellverbotsbestimmungen, die Gemeinsamkeiten bei der Marktabgrenzung, die Übereinstimmungen hinsichtlich des Großteils der erfassten Fallgruppen, die große Ähnlichkeit der Ausnahme- bzw. Freistellungsvoraussetzungen, die Gemeinsamkeiten hinsichtlich der Rechtsfolgen und der kartellbehördlichen Anordnungs- und Sanktionsbefugnisse sowie die Gleichartigkeit der gewährten Verfahrensgrundsätze und Verfahrensgarantien zu nennen.[1067]

Im Vergleich zu diesen Gemeinsamkeiten sind die ermittelten Abweichungen zwischen Competition Act, 2002 und den entsprechenden Bestimmungen des europäischen Kartellrechts von geringerer Relevanz. Teilweise werden formal andere Methoden bzw. Prinzipien benutzt, die aber zu denselben Ergebnissen führen[1068]. Zum Teil existieren Abweichungen im indischen Recht, die zugleich Vorteile als auch Nachteile gegenüber den vergleichbaren Regelungen des europäischen Kartellrechts mit sich bringen.[1069] Andere Unterschiede wiederum können nicht abschließend bewertet werden, da sie erst durch die Rechtspraxis näher konkretisiert werden müssen.[1070]

1067 Vgl. die Aufzählung und die Einzelnachweise am Anfang des 4. Teils.

1068 Vgl. oben, 3. Teil, B, III, 2.

1069 Dies gilt beispielsweise für den umfassenden Abwägungsprozess im Rahmen des indischen Kartellverbots unter Berücksichtigung aller potenziell negativen und positiven Auswirkungen der betreffenden Vereinbarung, Vgl. 4. Teil, A., Punkt 2.

1070 Beispielsweise ist die Frage ungeklärt, ob Alleinvertriebsvereinbarungen, die sich nicht auf die letzte Absatzstufe auswirken, auch künftig kartellrechtlich privilegiert werden, vgl. 4. Teil, A., Punkt 7; ebenfalls offen ist, ob und inwieweit das Kartellrecht künftig auf Lizenzvereinbarungen angewendet werden wird, vgl. 4. Teil, A., Punkt 11.

Einige abweichende Regelungen des indischen Kartellrechts sind gegenüber den europäischen Regelungen vorteilhafter, um einen effektiven Wettbewerbsschutz zu gewährleisten.[1071] Schließlich existieren aber auch einige abweichende Regelungen, die verbesserungswürdig sind, um den Wettbewerb optimal zu schützen.[1072]

Summa summarum kann festgestellt werden, die Gemeinsamkeiten zwischen europäischem und neuem indischem Kartellrecht gegenüber den Differenzen weit überwiegen.

Aufgrund der weitreichenden Übereinstimmungen, die vor allem in den essentiellen Bereichen des Kartellrechts existieren, kann im Ergebnis festgestellt werden, dass das Ausmaß, mit dem der Competition Act, 2002 den Wettbewerb auf dem indischen Markt vor Beschränkungen durch Vereinbarungen, Beschlüsse und abgestimmte Verhaltensweisen schützt, zum weitaus überwiegenden Teil dem Schutzniveau entspricht, den Art. 101 AEUV bezogen auf den europäischen Markt bietet. Damit wird der Wettbewerb in Indien durch den Competition Act, 2002 sehr viel besser geschützt als durch die insuffizienten Regelungen des Vorgängergesetzes.

Was allerdings im Rahmen dieser Arbeit nicht abschließend geklärt werden kann, ist die Frage, ob die Möglichkeiten, die der Competition Act, 2002 zur Bekämpfung von wettbewerbsbeschränkenden Vereinbarungen, Beschlüssen und abgestimmten Verhaltensweisen bietet, von der Competition Commission of India künftig auch ausgeschöpft werden. Zweifel an einer effektiven Implementierung des neuen indischen Kartellrechts sind nicht unberechtigt. Denn die retrospektive Betrachtung zeigt, dass kartellrechtliche Bestimmungen in Indien in der Vergangenheit nur sehr unzureichend appliziert worden sind. Da die ehemaligen Mitarbeiter der MRTP-Kommission gemäß Sec. 66 (2) CA von der Competition Commission übernommen werden, besteht außerdem die Gefahr, dass die effektive Implementierung des neuen Gesetzes durch überholte Paradigmen bzw. Denkweisen der bisherigen Mitarbeiter beeinträchtigt wird. Man kann nur zu hoffen, dass die neue indische Kartellbehörde dennoch künftig konsequent und akkurat agieren wird, um den indischen Wettbewerb effektiv vor

1071 Dies gilt beispielsweise, mit Einschränkungen, für den Umstand, dass Kartelle in Indien gegenüber sonstigen wettbewerbsbeschränkenden Vereinbarungen stärker bestraft werden, vgl. 4. Teil, A., Punkt 14; vorteilhaft ist auch die Schaffung des CAT. Bei einer alleinigen Zuständigkeit der ordentlichen Gerichtsbarkeit für den Rechtsschutz in Kartellsachen, wäre der effektive Rechtsschutz – angesichts der langen durchschnittlichen Verfahrensdauer in Indien – gefährdet. Vgl. 4. Teil, A., Punkt 17.

1072 Zu nennen sind hier insbesondere die fehlende Behandlung von Konditionenabsprachen, von Forschungs- und Entwicklungskooperationen, von Einkaufs- und Vermarktungsvereinbarungen sowie von Typenkartellen im indischen Kartellrecht, vgl. 4. Teil, A., Punkte 5. und 17.

wettbewerbsbeschränkenden Vereinbarungen, Beschlüssen von Unternehmensvereinigungen und abgestimmten Verhaltensweisen zu schützen. Der Competition Act, 2002 jedenfalls stellt eine adäquate Rechtsgrundlage dar, um einen wirkungsvollen Wettbewerbsschutz zu gewährleisten.

Literaturverzeichnis

Agarwal, V.K.:	Concentration of economic power and monopolies in India – with special reference to MRTP Act, New Delhi, 1987 (zitiert: Agarwal, S.).
Amato, Guiliano/ Ehlermann, Claus-Dieter:	EC Competition Law – A Critical Assessment, Oxford and Portland 2007 (zitiert: Amato/Ehlermann-Bearbeiter, S.).
Bechtold, Rainer u.a.:	EG-Kartellrecht, Kommentar, 2. Auflage, München 2009 (zitiert: Bechtold, Art./Abschnitt, Rn.).
Bechtold, Rainer:	Modernisierung des EG-Wettbewerbsrechts: Der Verordnungs-Entwurf der Kommission zur Umsetzung des Weißbuchs, in: BB 2000, S. 2425-2431 (zitiert: Bechtold, BB 2000, S.).
Bellamy, Christopher/ Child, Graham/ Roth, Peter:	European Community Law of Competition, 6th Edition, London 2008 (zitiert: Bellamy/Child, Rn.).
Bhattacharjea, Aditya:	India's Competition Policy: An Assessment, Delhi 2003, http://ssrn.com/abstract=440080 (27.03.2010) (zitiert: Bhattacharjea, S.).
Bieber, Roland/ De Courten, Alix/ Gablin, Samuel:	Einführung in das europäische Wettbewerbsrecht, Bern 2002 (zitiert: Bieber, S.).
Bronett, Georg-Klaus de:	Kommentar zum EU-Kartellverfahrensrecht – VO 1/2003, München 2005 (zitiert: De Bronett, Art., Rn.).
Bundesagentur für Außenwirtschaft:	Das zukünftige Wettbewerbsrecht Indiens, http://www.bfai.de/DE/Navigation/Metanavigation/Suche/sucheUebergreifendGT.html, Freitext:

„Wettbewerbsrecht“, Land: „Indien“ (27.03.2010), Köln 2004 (zitiert: Bfai, Wettbewerbsrecht Indien, S.).

Chakraborti, A.M.: MRTP a Compendium, 4th Edition, Delhi 1984 (zitiert: Chakraborti, S.).

Chakravarthy, S.: Competition genie – India about to open the lid, in: Corporate Law Adviser, Magazine Section, Vol. 38, 2000, S. 39 ff. (zitiert: Chakravathy, (2000) 38 CLA (Mag.) S.).

Chakravarthy, S.: New Indian Competition Law on the anvil, in: Corporate Law Adviser, Magazine Section, S. 8 ff. (zitiert: Chakravarthy, (2001) 42 CLA (Mag.) S.).

Chakravarty, S.: Why India adopted a new Competition Law, CUTS Centre for Competition, Investment & Economic Regulation, Http://www.cuts-international.org/pdf/wiancl.pdf (27.06.2011), Jaipur 2006 (zitiert: Chakravarty, CUTS, S.).

Creutzig, Jürgen: EG-Gruppenfreistellungs-Verordnung für den Kraftfahrzeugsektor, Praxiskommentar, Heidelberg 2003 (zitiert: Creutzig, Rn.).

Datt, Ruddar/ Sundharam, K.P.M: Indian Economy, 47th Revised Edition, New Delhi 2003 (zitiert: Datt/Sundharam, Indian Economy, S.).

Dugar, S. M.: Commentary on the MRTP Law, Competition Law & Consumer Protection Law, Volume 1: Part I: Commentary on the Monopolies and Restrictive Trade Practices Act, 1969; Part II: Commentary on the Competition Act, 2002, 4th Edition, New Delhi 2006 (zitiert: Dugar, S.).

Ekey, Friedrich u.a.:	Heidelberger Kommentar zum Wettbewerbsrecht, 2. Auflage, Heidelberg 2005 (zitiert: Bearbeiter in HK-WettbR, S.).
Emmerich, Volker:	Kartellrecht, 11. Auflage, München 2008 (zitiert: Emmerich, §, Rn.).
Fritsche, Jörg:	„Notwendige“ Wettbewerbsbeschränkungen im Spannungsfeld von Verbot und Freistellung nach Art. 85 EGV, in: ZHR 160 (1996) 31-58 (zitiert: Fritsche, ZHR 160 (1996), S.).
Gleiss, Alfred/ Hirsch, Martin:	Kommentar zum EG-Kartellrecht, Band 1: Art. 85 EG und Gruppenfreistellungsverordnungen, 4. Auflage, Heidelberg 1993 (zitiert: Gleiss/Hirsch, Art., Rn.).
Goldar, Bishwanath:	Impact on India of Tariff and Quantitative Restrictions under WTO, Working Paper No. 172 of the Indian Council for Research on International Economic Relations, http://icrier.org/pdf/WP172.pdf (03.07.2011), New Delhi 2005 (zitiert: Bishwanath, S.).
Government of India, Department of Company Affairs:	Report of the High Level Committee on Competition Policy and Law, New Delhi 2000 (zitiert: Report of the High-level Committee, para.).
Government of India, Ministry of Industry:	Hazari Committee Report on Industrial Licensing Procedure, New Delhi 1965.
Government of India, Planning Commission:	Report of the Committee on Distribution of Income and Levels of Living (Mahalanobis Committee Report), New Delhi 1964.

Goyder, D.G.:	Goyder's EC Competition Law, 5. Auflage, Oxford 2009 (zitiert: Goyder, S.).
Grabitz, Eberhard/ Hilf, Meinhard:	Das Recht der Europäischen Union, Kommentar, Band II, Art. 56 – 188 EGV, 37. Ergänzungslieferung, München 2008 (zitiert: Grabitz/Hilf-Bearbeiter, Art., Rn.).
Gröning, Jochem:	Die dezentrale Anwendung des EG-Kartellrechts gemäß dem Vorschlag der Kommission zur Ersetzung der VO 17/62, in: WRP 2001, S. 83-89 (zitiert: Gröning, WRP 2001, S.).
Heinemann, Andreas:	Immaterialgüterschutz in der Wettbewerbsordnung: Eine grundlagenorientierte Untersuchung zum Kartellrecht des geistigen Eigentums, Tübingen 2002 (zitiert: Heinemann, S.).
Hirsch, Günter/ Montag, Frank/ Säcker, Franz Jürgen:	Münchener Kommentar zum Europäischen und Deutschen Wettbewerbsrecht (Kartellrecht), Band 1: Europäisches Wettbewerbsrecht, München 2007 (zitiert: MüKo-Bearbeiter, Art., Rn.).
Horsch, Saskia:	Die Handelsvertretung im EG-Kartellrecht unter besonderer Berücksichtigung der Gruppenfreistellungsverordnung Nr. 2790/1999 und der Leitlinien für vertikale Beschränkungen, Berlin u.a. 2005 (zitiert: Horsch, S.).
Immenga, Ulrich/ Mestmäcker, Ernst-Joachim:	Wettbewerbsrecht, Kommentar, Band 1: Kommentar zum Europäischen Kartellrecht, 4. Auflage, München 2007 (zitiert: Immenga/Mestmäcker-Bearbeiter, Art./Abschnitt, Rn.).

Jaeger, Wolfgang/ Pohlmann, Petra/ Rieger, Harald/ Schroeder, Dirk	Frankfurter Kommentar zum Kartellrecht. Mit Kommentierung des EG-Kartellrechts, des GWB und einer Darstellung ausländischer Kartellrechtsordnungen, Band II: EG-Kartellrecht, 65. Ergänzungslieferung, Köln 2008 (zitiert: FK-Bearbeiter, Art., Rn.).
Jalan, Bimal:	The Indian Economy – Problems and Prospects, New Delhi 1992 (zitiert: Jalan, Economy Prospects, S.).
Jhala, H.M.:	Intellectual Property and Competition Law in India – with Special Reference to Patents, Trademarks, Copyrights and Know-how Contracts, Bombay 1985 (zitiert: Jhala, S.).
Jones, Alison/ Sufrin, Brenda:	EC Competition Law – Text, Cases and Materials, 3rd Edition, Oxford 2008 (zitiert: Jones/Sufrin, S.).
Köhler, Helmut/ Bornkamm, Joachim:	Gesetz gegen den unlauteren Wettbewerb – UWG 29. Auflage, München 2011 (zitiert: Köhler/Bornkamm-Bearbeiter, Abschnitt/§, Rn.).
Korah, Valentine:	An Introductory Guide to EC Competition Law and Practice, 9th Edition, Oxford and Portland 2007 (zitiert: Korah, S.).
Korde, V.T.:	Evolution of Competition Laws and Policy: Basic issues and Indian experience, in: SEBI & Corporate Laws, Magazine Section, Vol. 63, 2005, S. 144 ff. (zitiert: Korde, (2005) 63 SCL (Mag.), S.).
Krishnamurthi, S.:	Principles of Law relating to MRTP, 3rd Edition, New Delhi 1989 (zitiert: Krishnamurti, S.).

Kübler, Johanna/ Lampert, Thomas/ Niejahr, Nina/ Weidenbach, Georg:	EG-KartellVO – Praxiskommentar zur Verordnung (EG) Nr. 1/2003, Heidelberg 2004 (zitiert: Lampert/N/K/W, Praxiskommentar, Rn.).
Kumar, Rahul:	Competition Act, 2002: A Critical Review, in: SEBI & Corporate Laws, Magazine Section, Vol. 71, 2006, S. 131 ff. (zitiert: Kumar, (2006) 71 SCL (Mag.) S.).
Lange, Knut-Werner:	Europäisches und deutsches Kartellrecht, Frankfurt am Main 2006 (zitiert: Lange, S.).
Lange, Knut-Werner:	Handbuch zum deutschen und europäischen Kartellrecht, 2. Auflage, Frankfurt am Main 2006 (zitiert: Lange-Bearbeiter, Rn.).
Langen, Eugen/ Bunte, Hermann-Josef:	Kommentar zum deutschen und europäischen Kartellrecht, Band 1: Deutsches Kartellrecht, 11. Auflage, Köln 2011 Band 2: Europäisches Kartellrecht, 11. Auflage, Köln 2010 (zitiert: Langen/Bunte-Bearbeiter, Art./Abschnitt, Rn.).
Lenz, Carl-Otto/ Borchardt, Klaus Dieter:	EU und EG-Vertrag: Kommentar zu dem Vertrag über die Europäische Union und zu dem Vertrag zur Gründung der Europäischen Gemeinschaft, 4. Auflage, Köln 2006 (zitiert: Lenz-Bearbeiter, Art., Rn.).
Loewenheim, Ulrich/ Meessen, Karl M./ Riesenkampff, Alexander:	Kartellrecht – Europäisches und Deutsches Recht, Kommentar, 2. Auflage, München 2009 (zitiert: Loewenheim/M/R-Bearbeiter, Art./Abschnitt, Rn.).
Luthra, Tim Goro:	Zulassung und Rechtsschutz von Direktinvestitionen in den Entwicklungsländern unter Berücksichtigung Indiens, Baden-Baden 2002 (zitiert: Luthra, S.).

Mäger, Thorsten:	Europäisches Kartellrecht, Baden-Baden 2006 (zitiert: Mäger-Bearbeiter, Kapitel, Rn.).
Mann, Frederick Alexander:	The doctrine of international jurisdiction revisited after twenty years, in: Recueil des Cours de L'Academie de Droit International de la Haye (1984), volume 186 , issue III , S. 9 ff. (zitiert : Mann, Rec. Cours 1984 III, S.).
Mäsch, Gerald:	Private Ansprüche bei Verstößen gegen das europäische Kartellverbot – ‚Courage' und die Folgen, in: EuR 2003, S. 825-846 (zitiert: Mäsch, EuR 2003, S.).
Maunz, Theodor/ Dürig, Günter:	Grundgesetz Kommentar, Band IV: Art. 23-53a, 61. Ergänzungslieferung, München 2011 (zitiert: Maunz/Dürig-Bearbeiter, Art., Rn.).
Mehta, Pradeep S.:	Towards a Functional Competition Policy for India – An Overview, New Delhi 2005 (zitiert: Bearbeiter in Mehta, Towards a Functional Competition Policy, S.).
Mestmäcker, Ernst-Joachim/ Schweitzer, Heike:	Europäisches Wettbewerbsrecht, 2. Auflage, München 2004 (zitiert: Mestmäcker/Schweitzer, §, Rn.).
Mitra, K. K.:	Commentaries on the Monopolies & Restrictive Trade Practices Act, 1969, Calcutta 1990 (zitiert: Mitra, S.).
Mittal, D.P.:	Competition Law, New Delhi 2003 (zitiert: Mittal, S.).

Müller, Nicole: Indisches Recht mit Schwerpunkt auf gewerblichem Rechtsschutz im Rahmen eines Projektgeschäfts in Indien, Schriftenreihe des Institute for International Business & Law (IBL)
Braunschweig 2007, http://mpra.ub.uni-muenchen.de/6809/1/IBL_Review_Vol_12.pdf (27.03.2010)
(zitiert: Müller, S.).

Müller-Graff, Peter-Christian: Wettbewerbsbeschränkung durch Gesetz: Preisbindungspflicht bei Büchern – Zum Leclerc-Urteil des EuGH vom 10.1.1985,
in: EuR, 1985, 293 ff.
(zitiert: Müller-Graff, EuR 1985, S.)

Müller-Henneberg, Hans/ Schwartz, Gustav: Gesetz gegen Wettbewerbsbeschränkungen und europäisches Kartellrecht: Gemeinschaftskommentar,
5. Auflage, Köln u.a. 2006
(zitiert: GK-Bearbeiter, Art., Rn.).

Palandt, Otto: Bürgerliches Gesetzbuch,
68. Auflage, München 2009
(zitiert: Palandt, §, Rn.).

Parliament of India, Rajya Sabha: Ninety-third Report on the Competition Bill, 2001, Department-related Parliamentary Standing Committee on Home Affairs,
http://www.prsindia.org/docs/bills/1167471748/bill73_2007050873_Standing_Committee_Report_on_Competition_Bill__2001.pdf (27.03.2010)
New Delhi 2002,
(zitiert: 93rd Report on the Competition Bill, 2001, para.).

Podehl, Jörg/ Mathur, C.S./ Agarwal, Shalini: Rechtsfragen des Indiengeschäfts – Praxishandbuch,
Frankfurt 2007
(zitiert: Podehl, S.).

Pollock, Sir Frederick/ Mulla, Sir Dinshah Fardunji: The Indian Contract Act and Specific Relief Acts,
13th Edition, Mumbai 2006
(zitiert: Pollock/Mulla, Sec., S.).

Ramappa, T.: Competition Law in India: Policy, Issues and Developments,
New Delhi 2006
(zitiert: Ramappa, S.).

Ray, Basudev: Commentaries on Monopolies and Restrictive Trade Practices Act, 1969,
Annotated Edition, Kolkata 1985
(zitiert: Ray, MRTP-Act, S.).

Ritter, Lennart/ Braun, W. David: European Competition Law: A Practitioner's Guide,
3rd Edition, The Hague 2004
(zitiert: Ritter/Braun, S.).

Rothermund, Dietmar: Indiens wirtschaftliche Entwicklung. Von der Kolonialherrschaft bis zur Gegenwart,
Paderborn u.a. 1985
(zitiert: Rothermund, Indiens wirtschaftliche Entwicklung, S.).

Roy, Arun: The proposed new competition policy – an analysis,
in: SEBI & Corporate Laws, Magazine Section, S. 83 ff.
(zitiert: Roy, (2000) 28 SCL (Mag.) S.).

Sachs, Michael: Grundgesetz, Kommentar,
5. Auflage, München 2009
(zitiert: Sachs-Bearbeiter, Art., Rn.).

Saharay, H.K.: Dutt on Contract – The Indian Contract Act 1972,
9th Edition, Kolkata 2000
(zitiert: Dutt on Contract, Sec., para.).

Schödermeier, Martin: Die vermiedene Auswirkung,
in: WuW 1989, S. 21 ff.
(zitiert: Schödermeier, WuW, S.).

Schröter, Helmuth/ Jakob, Thinam/ Mederer, Wolfgang: Kommentar zum Europäischen Wettbewerbsrecht,
Baden-Baden 2003
(zitiert: Schröter-Bearbeiter, Art., Rn.).

Schwarze, Jürgen/ Weitbrecht, Andreas:	Grundzüge des europäischen Kartellverfahrensrechts: Die Verordnung (EG) Nr. 1/2003, Baden-Baden 2004 (zitiert: Schwarze/Weitbrecht, §, Rn.).
Singh, Avtar:	The Law of Monopolies, Restrictive and Unfair Trade Practices, Lucknow 1993 (zitiert: Singh, S.).
Srinivasan, K.:	Promoting competition without curbing monopolies, in: Corporate Law Adviser, Magazine Section, S. 33 ff. (zitiert: Srinivasan, (2000) 38 CLA (Mag.) S.).
Srinivasan, K.:	The new competition law not in unchartered waters, in: Corporate Law Adviser, Magazine Section, S. 1 ff. (zitiert: (2003) 52 CLA (Mag.) S.).
Streinz, Rudolf:	Europarecht, 8. Auflage, Heidelberg 2008 (zitiert: Streinz, Rn.).
Streinz, Rudolf:	EUV/EGV, Vertrag über die europäische Union und Vertrag zur Gründung der europäischen Gemeinschaft, Kommentar, München 2003 (zitiert: Streinz-Bearbeiter, Art., Rn.).
Talati, Adi P./ Mahali, Nahar S.:	Competition Act, 2002 – Law, Practice and Procedure, Delhi 2006 (zitiert: Talati/Mahala, S.).
The World Bank/ OECD/ Khemani, R. Shyam:	A Framework for the Design and Implementation of Competition Law and Policy, Washington D.C. and Paris 1998 (zitiert: World Bank/OECD, A Framework for the Design and Implementation of Competition Law and Policy, S.).

United Nations: Model Law on Competition (United Nations Conference on Trade and Development), 2. Auflage, New York (u.a.) 2004 (UN, Model Law on Competition, S., Rn.).

V. Mangoldt, Hermann/ Klein, Friedrich/ Starck, Christian: GG Kommentar, Kommentar zum Grundgesetz, Band 2: Artikel 20 bis 82, 5. Auflage, München 2005 (zitiert: v.Mangoldt/Klein/Starck-Bearbeiter, Art., Rn.).

Viswanathan, Suresh: Law and Practice of Competition Act, 2002, New Delhi 2003 (zitiert: Viswanathan, S.).

Von der Groeben, Hans/ Schwarze, Jürgen: Kommentar zum Vertrag über die Europäische Union und zur Gründung der Europäischen Gemeinschaft, Band 2, Art. 81-97 EGV, 6. Auflage, Baden-Baden 2003 (zitiert: V. d. Groeben-Bearbeiter, Art., Rn.).

Wagner, Achim: Der Systemwechsel im EG-Kartellrecht – Gruppenfreistellungen und Übergangsproblematik, in: WRP 2003, 1369-1389 (zitiert: Wagner, WRP 2003, S.).

Whish, Richard: Competition Law, 6th Edition, Oxford 2009 (zitiert: Whish, S.).

Wiedemann, Gerhard: Handbuch des Kartellrechts, 2. Auflage, München 2008 (zitiert: Wiedemann-Bearbeiter, §, Rn.).

FSC
www.fsc.org
MIX
Papier | Fördert
gute Waldnutzung
FSC® C083411

Kolibri 360 GmbH
Ferdinand-Jühlke-Straße 7
99095 Erfurt, Deutschland
produktsicherheit@kolibri360.de